文化研究丛书

美学麦克卢汉：
媒介研究新维度论集

李西建　金惠敏　主　编
刘　宝　李　璐　副主编

2017年·北京

图书在版编目(CIP)数据

美学麦克卢汉：媒介研究新维度论集 / 李西建，金惠敏主编. —— 北京：商务印书馆，2017
（文化研究丛书）
ISBN 978-7-100-14674-6

Ⅰ.①美… Ⅱ.①李… ②金… Ⅲ.①传播媒介－美学－研究 Ⅳ.①G206.2

中国版本图书馆CIP数据核字（2017）第154876号

权利保留，侵权必究。

文化研究丛书
美学麦克卢汉：媒介研究新维度论集
李西建　金惠敏　主编

商　务　印　书　馆　出　版
（北京王府井大街36号　邮政编码 100710）
商　务　印　书　馆　发　行
三河市尚艺印装有限公司印刷
ISBN 978-7-100-14674-6

2017年9月第1版　　开本 640×960　1/16
2017年9月第1次印刷　　印张 25
定价：86.00元

本书得到陕西师范大学优秀著作出版基金、陕西师范大学陕西文化资源开发协同创新中心资助出版。特此鸣谢!

丛书总序

　　文化研究的许多代表人如斯图亚特·霍尔等并不主张给予其所研究的对象文化以一个清晰的界定，也不建议任何研究方法对于这一对象的优先权。然而就是这种似乎既无具体对象亦无特别方法的文化研究却红红火火地走过了半个多世纪，风靡全球，成为当今世界第一显学。其成功的秘诀或奥秘究竟何在？

　　不言而喻，没有对象，意味着一切可为对象；没有方法，则是说一切方法都可以拿来使用。文化研究之所以能够无所不及（对象）、无所不用（方法），即是说，举凡世间的一切现象、问题都可揽入笔底，细细打量，举凡历史上出现过的一切思想都可任我驱遣，为我所用，其原因便是对于这种无对象、无方法的信仰和坚持。现在随便打开一本文化研究教程，都可看见这一超级学科令人叹为观止的宽度和厚度。读者用不着惊奇，在别的领域所见到的知识，好像不经什么改变就径直涌进了文化研究。浪漫主义、现象学、接受美学、分析哲学、结构主义和后结构主义、后现代主义、后殖民研究、性别研究、身体研究、全球研究，甚至汉学研究，都能在文化研究的范畴内能找到自己的位置和用武之地。当然我们可以批评它是大杂烩、百衲衣，但不能不承认和服膺它的丰富多彩和纵横捭阖于各种话语之间的巨大潜能。

　　美国国际政治理论家塞缪尔·亨廷顿虽非文化研究中人，但他对"文化"概念的宽泛无边的批评和他本人对其狭义化的处理则可能透露出文化研究的活力和意义所在。他有个轰动一时的论点，说是冷战后世界冲突已经由之前的意识形态冲突转向文明或文化的冲突。他所谓的"文化"不是文化理论家如格尔茨、威廉斯等人那个包括了一切文化形式的定义，从物质文化到精神文化，从流行文化到高雅文化，他指出这样的文化概念什么也解释不了。他要把"文化"限定在"一个社会中人们普遍守持的价值、态度、信念、取向以及基本假定"上。简言之，在他看来，文化即价值观。可以发现，亨廷顿的错误在于否认了低级文化形式的价值蕴涵。但这一错误也可能发人深思，借着它我们可以追问一下：价值难道仅仅存在于高级文化而不见于低级文化吗？

文化研究在另一条道路上思考文化。首先，它将文化定义为"意指实践"（signifying practices），即运用符号创造意义的过程及其成果。符号无贵贱之分，无精英与大众之别，一切符号均可用以表情达意，或者说，任何符号均为生命之形式。这种符号界限的模糊将导向对一切文化形式的开放。但这并不意味着，文化研究对于其对象不做选择，来者不拒，非也！其次，文化研究总是倾向于选择那些意义最为重大至少是最为有趣的问题来研究，而当代各种社会问题中，恐怕没有什么比政治牵扯面更广从而意义更为重大的了。就此意义而言，文化研究实乃文化政治学！文化研究的政治有宏观方面的，如霍加特的工人阶级阅读，霍尔所命名的撒切尔主义，如道格拉斯·凯尔纳正在进行中的特朗普研究，也有微观方面的，即日常生活层面的现象，如：服饰、发型、酒吧、餐饮、连锁店、购物中心、娱乐方式等。文化研究一向关注政治问题，这一点与批判理论类同，但其在日常生活方面涉猎之广则为后者所远远不及，因而在英语世界以及中文世界，文化研究便后来居上，几乎囊括或取代了批判理论。一切批判理论当今都可以归在文化研究的名下。已经没有必要再来区分什么批判理论，什么文化研究了，它们已经合流，合二为一。

总之，文化研究固然无所不包，但它背后有一原则，就是研究各种文化形式，即各种意指实践，尤其是其可能被模糊、被掩盖和被歪曲的含义，以恢复其本来的面貌。因此，文化研究与其说是一门学科，如体制内许多学者所希望的那样，倒毋宁说是一种研究方法和观察角度，谁都可以尝试。

本丛书以"文化研究"相标榜，其意即在拣选对于各种意指实践或表征活动的研究成果，为创造美好的人类生活而尽绵薄之力。由于当今的学术已经进入了一个全球化时代，丛书的作者和选题的构成也将是国际性的或星丛性的。不敢借此以表达对国际学术共同体的奢望，但如果说这样做具有文化间性的意义则属于基本的文化自信。虽然限于汉语，这里的文化间性还只是内向的文化间性，即在一种语言内部的文化对话。期待不远的将来汉语也能成为一种国际学术语言。

金惠敏

2017年3月21日星期二

北京西三旗

目 录

理解媒介的延伸
　　——纪念麦克卢汉《理解媒介——论人的延伸》
　　　发表50周年（代序）……………………… 金惠敏　1
五十年以远……
　　——回顾与展望……… 埃里克·麦克卢汉/著　王　蓓/译　10
麦克卢汉与新媒介之十二特性
　　………………… 兰斯·斯特拉特/著　胡菊兰/译　16
媒介研究的诗学源泉：一些定量的初步理解
　　………彼得·穆赖　多明尼克·谢菲尔-杜南/著　梁小静/译　40
后视镜中的麦克卢汉媒介研究：旋涡、螺旋和人文教育
　　………………… 艾琳娜·兰伯特/著　梁小静/译　60
虚拟现实与麦克卢汉"作为艺术形式的世界"
　　………………… 弗兰克·秦格龙/著　刘　宝/译　76
感性整体
　　——麦克卢汉的媒介研究与文学研究……………… 金惠敏　85
麦克卢汉媒介研究的文学根源
　　………………… 艾琳娜·兰伯特/著　李昕揆/译　109
"感知操练"：麦克卢汉的媒介文艺思想……………… 李昕揆　125
艺术感知与技术感知的交合
　　——论麦克卢汉的电媒感知与现代主义艺术感知
　　………………………………………………… 易晓明　140

为什么麦克卢汉说中国人是"听觉人"
　　——中国文化的听觉传统及其对叙事的影响……………傅修延　161
冷媒介与艺术……………………………………………………尤西林　185
麦克卢汉"Global Village"概念的四重内涵………………陈　海　202
理解"反环境"
　　——麦克卢汉媒介观的一个新链接……………………刘玲华　221
消费时代的价值期待
　　——从《娱乐至死》看媒介生态学的人文理论面向及其
　　未来…………………………………………………………李西建　239
论麦克卢汉的媒介生态学思想………………………………张　进　255
《理解媒介》与北美媒介生态学的承传流转…………………何志钧　273
理解社交媒介：马歇尔会如何说？
　　………………………马尔科·阿德里亚/著　刘　宝/译　290
理解大数据的温度
　　——以麦克卢汉"冷热"媒介理论为基础……………李　璐　301
媒介、文化、身份
　　——麦克卢汉思想映照下的当代媒介与文化转型分析
　　………………………克里斯蒂娜·夏希特纳/著　唐　涛/译　312
技术与感性
　　——在麦克卢汉、海森伯和庄子之间的互文性阐释
　　………………………………………………………………金惠敏　326
麦克卢汉的昨天、今天和明天…………………………………何道宽　359
延伸麦克卢汉
　　——"麦克卢汉/媒介研究与当代文化理论"国际研讨会
　　学术综述……………………………………………………陈　海　376

编后记………………………………………………………………………388

理解媒介的延伸
——纪念麦克卢汉《理解媒介——论人的延伸》发表50周年

（代序）

金惠敏

2014年是麦克卢汉堪称20世纪思想经典的《理解媒介》（1964）出版50周年。半个世纪以来，我们生活于其中的世界的最大变化也许不是什么苏联解体、冷战结束、新金融危机，甚至所谓"中国的崛起"或"美国的式微"，而是已经无处不在、无时不有的媒介，它深入地改变了我们最日常的生活、我们的文化行为以及我们看待世界的方式。一切似乎都呈现为"媒介的后果"，连恐怖主义都是媒介的后果。恐怖主义的目的不是制造恐怖情绪，而是恐怖情绪的大众传播。从某种意义上说，当今的"文化理论"也是媒介的后果：试想一下文化理论的主要对象大众文化的由来吧！"大众"是被现代传媒建构起来的。

一切都要从媒介说起，一切都要从媒介获得解释。犹如"资本"曾经是理解19世纪社会的一把钥匙，如今媒介则成为把握我们这个时代的超级方法论！以前我们读马克思，今天我们读麦克卢汉，或者"倾听"麦克卢汉。马克思是全世界无产者的精神导师，麦克卢汉堪称全世界网民的至圣"法师"（guru）。但麦克卢汉之后，谈论"资本"而不同时谈论"媒介"将是野蛮的、言不及义的和不得要领的，因为今日的资本首先为媒介如电子媒介所显形。

站在电子媒介的制高点上，麦克卢汉指出，马克思是19世纪的"硬件人"，其全部思想都是建立在"硬件产品"的生产和销售上，他想象不到20世纪最重要的商品是无形的"信息"（information）。① 由于"信息"为电子媒介所创造，是电子媒介将整个世界包括资本和商品数码化的，麦克卢汉所呼唤的由"产品"到"信息"的转换实质上也就是一个"媒介"转向了，即在观察社会巨变时对一个媒介视角的启动。

媒介是当代人的运命。"运命"意味着展开，但同时也意味着它只能以某种方式而展开。柏拉图曾教诲我们要按照"理念"来观察世界，亚里士多德将此"理念"科学化为"形式"。康德告诉我们这些都是"先验范畴"，我们必须经由它们方可"理解"对象。而麦克卢汉则是非常具体地告诉我们，"理念"、"形式"、"先验"其实一点儿也不玄虚，它就是我们每日都在与之打交道的媒介。他宣称"媒介即信息（message）"，强调媒介对于信息建构之决定性作用。这个决定性作用，在我看来甚至是前提性的，即是说，没有媒介，便没有信息！没有媒介，便没有我们对于对象世界的知识。霍尔说过，不经编码，无以成新闻。套用这个说法，不经媒介，无以成信息。

因而，问题不是我们要不要媒介，而是媒介根本上就内在于我们，它是我们先天的认识机能（faculties）或主体性。媒介是我

---

① 参见 Marshall McLuhan, *Understanding Me: Lectures and Interviews*, Stephanie McLuhan and David Staines (eds.), Cambridge, MA: The MIT Press, 2003, pp. 282-283。此处的"information"和下文的"message"均译为"信息"。大体上说，"information"既包括"媒介"（medium），也含有其所传递的"message"；与此类似，"message"就其拉丁语源"missus"看也有"传送"的意思，即也关涉"媒介"。不过，这并非说在当代英语中二者可以互换使用。

们"内在的尺度"①。要不要媒介，由不得我们，它最终是要由媒介说了算的。人类为媒介所定义！我们人类如果不只是一堆"质料"的话，那么它就还是或者说更是作为"形式"的"媒介"。没有媒介，我们将流为行尸走肉！

麦克卢汉的《理解媒介》即便不是当代世界的百科全书，也可谓理解这一急剧变化世界的工具箱。其"媒介"概念几乎无所不包，包括了人的一切"延伸"，其媒介理论已为人文社会科学所广泛使用。然而在使用或挪用中，我们发现，麦克卢汉媒介研究的内在精神却被模糊了或是被遗忘了，这个精神是美学精神，是以想象性文学为代表的人文价值。请记住，麦克卢汉首先是一位文学教授！文学是其媒介解释学的"前见"、"前结构"。例如，其"地球村"概念是一媒介概念，我们只是在媒介的意义上生活在"地球村"，然其根底里则是一个美学的或曰感性的概念。通过"地球村"以及电子媒介所创新的"听觉空间"，麦克卢汉发起了对建立在机械化基础上的理性主义的猛烈批判，同时他在电子媒介的世纪看到了古老的整体感性的新生，看到了艺术和生态的复苏：

> 也许我们可以想象到的最伟大的信息革命发生在 1957 年 10 月 17 日（应为 4 日——引注），其时人造卫星为地球创造了一个新环境。自然世界第一次被完全囊括在一个人造的

---

① 参见马克思著，中央编译局译：《1844 年经济学哲学手稿》，人民出版社 2006 年版，第 58 页。原文如下："动物只是按照它所属的那个种的尺度和需要来构造，而人懂得按照任何一个种的尺度来进行生产，并且懂得处处都把内在的尺度运用于对象；因此，人也按照美的规律来构造。"就此语境而言，所谓"内在的尺度"就是人类本身所固有的尺度，它不经反思、不为意识控制，从而即是客观的，犹如任何物种的尺度。而"懂得"运用其自身"内在的尺度"以及其他物种之尺度的则是人类自由自觉的意识活动。马克思指出："自由的有意识的活动恰恰就是人的类特性。"（同上书，第 57 页。）因此，人的"内在的尺度"不是"人的类特性"，而是人的动物属性。异乎此，我们在"人的类特性"的意义上使用"内在的尺度"这一概念，这样做有节约词语的考虑。

容器之中。在地球走进这一新的人工制品时，自然终结了，而生态（ecology）却诞生了。一旦地球上升至艺术作品的位置，"生态"思维便成为不可避免的事情。①

麦克卢汉是后现代主义的先驱，以其媒介洞识开辟了后现代主义的思想场域。我以为，所谓"后现代主义"就是一种艺术的思维、文学的思维——如果说这里提及"文学"而不致产生误解的话。有必要重申这个老生常谈吗？文学即艺术！

在西方文艺史上，或许有过所谓"审美现代性"之类的东西，如法兰克福学派所断称的，但对于麦克卢汉来说，美学或艺术，倘使失去了康德、席勒所要求的"自主性"，其在电子媒介时代就不再有"聚焦"、"中心"、"深度"，不再有"视觉性"而只有"听觉性"，不再有"自然"而只有"生态"，一句话，不再有坚硬的"主体性"，则将是"后现代"的。② 我们不必等待麦克卢汉亲手为我们铸造一个新术语——"审美后现代性"，因为，他已经将我们引领到这个术语面前。

古老的中国曾给麦克卢汉以后现代的灵感。也许有读者对麦克卢汉关于中国文化的总体论述不以为意。的确，麦克卢汉未必能够准确地把握中国文化的复杂性和多面孔，然而其他人也未必，包括那些沉潜和濡染其中的中国学人。但是，具体于其对道家、对庄子的引述，我们倒是可以斗胆放言，麦克卢汉绝对是正确地接通了作为道家代表人物的庄子与后现代主义，且恰切地用于支撑他自己的"审美后现代性"的媒介观。在其两部最重要的著作

---

① Marshall McLuhan, "At the Moment of Sputnik the Planet Became a Global Theater in Which There Are No Spectators but Only Actors", in *Marshall McLuhan Unbound* (05), Eric McLuhan and W. Terrence Gordon (eds.), Corte Madera, CA: Gingko Press, 2005, p. 4.

② 麦克卢汉"经常将我们所称的'后现代'的开端在时间上标定在19世纪早期电报的发明和使用"（Glenn Willmott, *McLuhan, or Modernism in Reverse*, Toronto: University of Toronto Press, 1996, pp. 157-158），而"现代"则是发轫于古登堡的印刷术。

《古登堡星汉》和《理解媒介》中，麦克卢汉都引用了庄子"抱瓮出灌"的故事——庄子不是麦克卢汉擦肩而过的陌路：

> 子贡南游于楚，反于晋，过汉阴，见一丈人方将为圃畦，凿隧而入井，抱瓮而出灌，搰搰然用力甚多而见功寡。子贡曰："有械于此，一日浸百畦，用力甚寡而见功多，夫子不欲乎？"
>
> 为圃者卬而视之曰："奈何？"曰："凿木为机，后重前轻，挈水若抽，数如泆汤，其名为槔。"为圃者忿然作色而笑曰："吾闻之吾师，有机械者必有机事，有机事者必有机心。机心存于胸中，则纯白不备；纯白不备，则神生不定；神生不定者，道之所不载也。吾非不知，羞而不为也。"（《庄子·天地》）

故事是从海森伯那里转抄过来的，然而麦克卢汉比海森伯更真切地嗅出了其中技术的感性意味。他从这则故事中引申出两个论点：第一，技术的后果是感性的；第二，每一技术如果作为某一感官的延伸的话将引起整个感觉比率的改变：

> 撇开所有的评价不论，我们今天必须知道，我们的电子技术影响到我们最日常的感知和行为习惯，从而立刻在我们身上重新创造最原始的人类所具有的那种心理过程。这些影响不是发生在我们的思想和观念中，因为在这里我们已经学会了批判，而是在我们最日常的感性生活中，这创造了思想和行动的涡流和矩阵。[1]

---

[1] Marshall McLuhan, *The Gutenberg Galaxy: The Making of Typographic Man*, London: Routledge & Kegan Paul, 1962, p. 30.

与理性之旨在分割和分裂比而论之，感性的本质是整体性的。例如，麦克卢汉指出："广播的效果是视觉的，照片的效果是听觉的。每一种新的作用都会改变所有感知之间的比率。"① 也许此处要稍稍修正麦克卢汉的是，为了强调技术的感性作用，他否认了技术对于思想和观念的作用。而事实上，技术对感觉系统的改变也终将引起思想和观念的改变。技术对人的延伸是深刻而全面的，既在感性层面，亦在理性层面。但无论如何应当感谢麦克卢汉的是，他启发我们，任何意识形态的革命如果不经由或者不引发感性的革命，终将是不彻底的，也因而是昙花一现的。似可以争辩：人类迄今为止最深刻的革命当是感性革命或美学革命。

如果说仅靠如上文献，麦克卢汉还不能顺顺畅畅地将庄子带向其通过电子技术所开辟的后现代场景，那么在他未能征引的庄子文本中，庄子则活脱脱就是他所希望的那样一位后现代主义者：跃然纸上，如在目前！我们不知道应该为麦克卢汉感到惊奇呢，还是为麦克卢汉感到庆幸，惊奇于其敏锐的洞察力，庆幸其不待耕耘而竟有收获，反正庄子哲学即使不能说与后现代主义完全叠合，那也是息息相通、意趣相投的。

限于篇幅，在此我们仅举两例以作证明：

> 南海之帝为儵，北海之帝为忽，中央之帝为浑沌。儵与忽时相与遇于浑沌之地，浑沌待之甚善。儵与忽谋报浑沌之德，曰："人皆有七窍，以视听食息，此独无有，尝试凿之。"日凿一窍，七日而浑沌死。（《庄子·应帝王》）

这个故事要与老子的"五色令人目盲，五音令人耳聋，五味令人

---

① Marshall McLuhan, *Understanding Media: The Extension of Man* (critical edition), W. Terrence Gordon (ed.), Corte Madera, CA: Gingko Press, 2003, p. 95.

口爽"(《老子》第十二章)对照阅读。"五色"、"五音"、"五味"均非自然之色、音、味,它们是人工或技术的产物,其特点是对于色、音、味的提取和强化,是将其与自然相分离。浑沌死因无他,就是儵与忽以分解性思维方式取代其整体性的存在,他们错误地以为所有人都是在"视听食息"中生活、享乐,都是以"视听食息"的方式与世界相沟通;他们全然不能想象竟还有浑沌那种整体性的与世界相沟通的方式。以不同的思维对待对方,只能是相互虐待和虐杀。儵、忽杀死了浑沌,而浑沌又何曾有过"待之甚善"之德?——这怕是庄子偶然的疏忽了!儵、忽与浑沌的格格不入就是麦克卢汉所一再强调的"机械化"与"自动化"的矛盾和对抗。《理解媒介》开卷即指出,人们之所以会对"媒介即信息"感到惊诧,原因在于人们长久生活在一种"分解和割裂的"文化传统之中。①

在另一则寓言中,庄子还揭示了分解式思维如语言与感性经验的对立:

> 桓公读书于堂上,轮扁斫轮于堂下,释椎凿而上,问桓公曰:"敢问:公之所读者,何言邪?"公曰:"圣人之言也。"曰:"圣人在乎?"公曰:"已死矣。"曰:"然则君之所读者,古人之糟魄已夫!"桓公曰:"寡人读书,轮人安得议乎!有说则可,无说则死!"
>
> 轮扁曰:"臣也以臣之事观之。斫轮,徐则甘而不固,疾则苦而不入,不徐不疾,得之于手而应于心,口不能言,有数存焉于其间。臣不能以喻臣之子,臣之子亦不能受之于臣,是以行年七十而老斫轮。古之人与其不可传也死矣,然则君之所读者,古人之糟粕已夫!(《庄子·天道》)

---

① 参见 Marshall McLuhan, *Understanding Media: The Extensions of Man*, p. 19。

在"抱瓮出灌"故事中,庄子似乎是反对技术的,但是在庄子心目中其实还有另外一种技术,就是化入感性的技术,前者是可分析、可分解、可重复的,而后者则是感性的,是一次性的、无法传达的。轮人的技术——准确地说,是"技艺"、"手艺"——是不可言传的,它是内在的,只能"得之于手而应于心",在"心"、"手"之间流转不已而不外泄;而一旦外泄于语言,则如庄子所论,由于"道不当名",故"言而非也"(《庄子·知北游》)。庄子对语言的不信任,就是对具有语言特征的技术的不信任。庄子的语言理想是无语言,庄子的技术理想是无技术。换言之,在语言中看不见语言,在技术中看不见技术,甚至连"看"本身都是多余的、累赘的,它妨碍对真理的接近。也许祛除了"看",语言将成为"道言",而非"方言",技术将成为"道术",而非"方术"。

关于庄子和海森伯的关系,麦克卢汉描述说:"现代物理学家与东方场论亲如一家。"[1] 这话用在海森伯身上可能远不如用在他本人身上更为妥帖,因为无论麦克卢汉抑或庄子显然都要比海森伯重视感性一些。庄子是感性后现代主义者,麦克卢汉亦复如是,虽然感性在他们的思想体系中扮演着不同的角色,具有不同的意趣:简言之,庄子由感性入于"道"境,旨归在"道",感性最终被否弃[2];而麦克卢汉则试图通过对感性的寻找和发掘以召唤和恢复被理性化所撕裂和埋葬的人性整体性,始于感性且终于感性,在在不离于感性,即是说,感性既为其"术"(方法),亦为其"道"(目的)[3]。进一步界定,由于"感性"乃"美学"之基

---

[1] Marshall McLuhan, *The Gutenberg Galaxy: The Making of Typographic Man*, p. 28.

[2] 参见金惠敏:《论"内通"非"通感"——钱钟书道家通感论接读》,《首都师范大学学报》2014 年第 6 期。

[3] 参见金惠敏:《感性整体与反思整体——麦克卢汉、海德格尔与维科的互文阐释》,《南华大学学报》2014 年第 6 期。

本语义，二者互通无碍，那么变换一种措辞，如前所透露的，他们还可以被称之为审美后现代主义者。在感性或审美上，麦克卢汉与庄子亲如一家！

组织本次会议当然是为着"纪念"的意义，为着缅怀麦克卢汉在媒介研究方面的丰功伟业，但纪念绝非考古式的复原，绝非建立一座睥睨众生的雕塑，纪念本身即是说有某物之延伸入现在，有某物织进我们的日常生活，重构着我们的经验世界。我们的纪念立足于现实，着眼于未来。我们关心的重点不是麦克卢汉实际说过什么，而是其言说对当下、对未来可能意味着什么。纪念绝不只是为着逝者，更是为着现在，为着来者。纪念是继往开来！

在此意义上，本书选辑的这些以"理解媒介的延伸"相召唤的论文，既以麦克卢汉的《理解媒介》为本，同时也念想着其当代意谓，堪称《理解媒介》的一个延伸或曰一次文本的再生产。不止于此，我们的"理解媒介的延伸"一语还指向麦克卢汉《理解媒介》一书的核心论点。在这部书中，所谓"理解媒介"就是理解"媒介的延伸"，以及此"延伸"的感性或美学后果——这仍可称之为"延伸"，因为"延伸"总是一种"后果"。

思想的延伸从来不是一条直线地往前走，它总是与波动、往复、迂回等结伴而行，从而呈现为婀娜多姿、异彩纷呈。"孔雀东南飞，五里一徘徊。"当读者在这样一个"延伸"的意义上看待这些受邀而写就的文章，会发现它们是"延伸"而非"复制"我们的编辑意图。每篇文章都有其独立的存在和看点。最后，倘使有读者还能"延伸"这些文章的思路，延伸"延伸"，拙编将幸甚至哉，载歌载舞了！

五十年以远……
——回顾与展望

埃里克·麦克卢汉 著

王 蓓 译

【作者简介】埃里克·麦克卢汉（Eric McLuhan），马歇尔·麦克卢汉之子。

【译者简介】王蓓，中国社会科学院文学所助理研究员。

《理解媒介——论人的延伸》（*Understanding Media: The Extensions of Man*）并不是一部学术著作，也就是说，它既非为学术界的读者而作，亦非资学术之用。这就要求其具备一种与众不同的风格。该书写作风格的诸多特点是对 20 世纪 50 与 60 年代广告风格的改编运用。书中没有注脚，毫无作为学术著作标志的充满学究风范的包装，尽管后来的编辑和出版者曾尝试通过添加注释以及严肃导言的方式对其加以重新包装，而另一些人则试图让它能够进入学术界（以及让学术界可以接受它）。学术界这个群体通常有些冷峻、固执，他们以抗议与鄙薄的声声怒吼来迎接这本书，而我们或许该对他们的反应心存感激。就如同"在波士顿被禁"（指 19 世纪晚期至 20 世纪中期，波士顿当局的官员有权以"令人反感"为由而禁止某个文学作品、歌曲、电影、戏剧出版、发行或上演。——译者注）的情况一样，他们的挑剔、找茬和怨声载道起到了自由宣传的作用，从而使此书引起了公众与学生（真正的受众）的注意，他们的所作所为比麦克劳-希尔（McGraw-Hill）的出版发行商所能够做的要高效得多。

正如在他的其他著作以及不计其数的随笔和文章中所展现出来的那样，麦克卢汉（特指我的父亲，由于您以及其他所有人都以"麦克卢汉"这一姓氏来称呼他，所以我也将遵循此惯例）完完全全有能力以学术风格写作文绉绉的雅言或是其他任何风格的文字。他的第一本书《机器新娘——工业人的民俗》（*The Mechanical Bride: Folklore of Industrial Man*，1951）运用了简洁明快、机智诙谐的风格来探索广告的世界；第二本书《阿尔弗雷德·丁尼生勋爵诗选》（*Alfred Lord Tennyson: Selected Poetry*，1956）是为学术目的而作，其风格恰合其宜。他的第三部著作《古登堡星汉——活版印刷人的造成》（*The Gutenberg Galaxy: The Making of Typographic Man*，1962）现今声名斐然，这是一项博学洽闻的研究，以他所设计并被他称作"马赛克"的风格写就，该称呼将其与学术界惯常采用的线性行文区分开来。两年之后（1964年），《理解媒介——论人的延伸》便问世了。

审视当时与现今的学术界，与其角力并试图适应其先入之见是富有启发意义的。上个星期（2014年10月底）我遇到了一个年轻人，其论文指导委员会中的一员建议他，除非是持不赞同的态度，否则千万莫要在论文或是口头答辩中提及麦克卢汉，若非如此他的论文就一定通不过。如今这样的事情已经不像三四十年前那么普遍了，但它们还是会发生。我认为这些事是鼓舞人心的，因为它们证明了，即便是原作问世之后半个世纪的时间距离也没有完全磨灭该著作及其风格的锋芒。同样的命运也降临在 T. S. 艾略特（T. S. Eliot）及其诗作《荒原》的身上。

麦克卢汉的确出版了诸多学术著作，其中包括《阿尔弗雷德·丁尼生勋爵诗选》、《古登堡星汉》以及在其逝世后出版的《传播理论》(*Theories of Communication*)、《传媒理论与形式因》(*Theories of Communication, Media and Formal Cause*)和《古典三学科》(*The Classical Trivium*)(他的博士论文)。

麻烦部分源于这样一个事实,即,麦克卢汉有两个泾渭分明的读者群体——学术界的读者以及普通大众。不知何故这二者总是设法保持着各自为营的状态。普通大众大多并不知晓他的学术著作,而且对其中的任何一本都毫无兴趣;而学术界的读者则对他知名度更高的著作和文章一清二楚——他们怎能错过这些著述呢?——而他们却对其报以憎恶和鄙薄的态度。

《理解媒介》具有交叉文本的某些标志性特征,期冀得到上述两个群体的接纳。麦克卢汉在剑桥完成他的毕业论文,当时那里的学者正致力于探索一种被他们称作"实用批评"的全新文学阐释形式。剑桥的理论开发者发现他们的批评技巧不仅对于一切文学形式来说鞭辟入里,而且也适用于大众文化范围内的所有产品。《机器新娘》就是将"实用批评"运用于流行文化的完美范例。《理解媒介》是另一个典型的例子,麦克卢汉在圣路易斯大学教书时的一位好友克林斯·布鲁克斯(Cleanth Brooks)与诗人罗伯特·佩恩·沃伦(Robert Penn Warren)共同出版了《理解诗歌》(*Understanding Poetry*)一书,书中充满了同样的技巧。它向麦克卢汉提供了《理解媒介》的形式与范型;这一书名便是对布鲁克斯和沃伦的致敬。尽管他从未告诉过我,但我强烈怀疑他在圣路易斯大学时将《理解诗歌》一书用于教学。当然,他对该书十分推重。在他于1961年送给我的那一本的扉页上,他如此题赠:"我情谊长存的老友克林斯·布鲁克斯以这本书令美国的文学教学彻底变革。"

另外,通过选择一个呼应布鲁克斯与沃伦著作的书名,麦克卢汉表明他会以某种诗学的模式来处理媒介。"媒介诗学"这个概念便在紧接着《理解媒介》问世的《媒介定律:新科学》(*Laws of*

Media: The New Science）一书中公开出现了。

　　近来出现了一些"使《理解媒介》紧跟时代"的尝试。事实上，正是出于与时俱进的目的，我们写作了《媒介定律》。麦克劳-希尔出版社在 1971 年左右致信麦克卢汉，询问他是否考虑一下为那本书发行一个十周年纪念版。自从《理解媒介》于 1964 年首度面世以来大事迭起，因此他们期望收到论述当时新兴媒介的大约十来个附加章节，或许再来一篇新的导言——反正就是诸如此类的东西。人们对任何书籍的第二版所怀有的一项期待当然是对原初文本中错误的校正，而据批评家所说——批评家为数众多——这本书中充斥着错误。不仅如此，其风格与方法被广泛指责为缺乏系统性和古里古怪，即"不科学"，甚至是语无伦次的。① 我们应答后一项反对意见的工作以下述调查的形式进行，即寻找无一例外全部以人工制造品构成的可加以测试的表述。正如我在《媒介定律》的导言中所述，我们找到了四种。我们及时将稿件交予麦克劳-希尔出版社，它与原作大相径庭，以至于遭到拒用，于是《媒介定律》便诞生了。在那篇导言中，我向读者提出挑战，让他们去寻找对四条定律的哪怕是一个例外，寻找某个仅仅遵循三条定律的个案，或是适用于每个个案的第五条定律。时至今日，没有人提出任何例外情况。

　　《媒介定律：新科学》是《理解媒介——论人的延伸》一书与时俱进的、经过修订的新版本。它们应当被视为同一个作品的两个发展阶段。当《媒介定律》问世之时，批评家们又一次忙碌起来，宣称他们就像曾经不喜欢（他们现在仍不喜欢）原版一样并不赞赏这本新书。几乎所有批评家都未曾注意到，这两本书都

---

① 雷·罗森塔尔（Ray Rosenthal）的《麦克卢汉正反辩》（McLuhan Pro and Con）(New York: Funk & Wagnalls, 1968) 一书中节录了对《理解媒介》的具有代表性的回应意见，有些愚蠢，有些则相当机智，值得一读。该书引人注意之处在于它是一组随笔与文章的合辑，因为罗森塔尔邀请麦克卢汉回应那些批评。这是前无先例也后无继者的。

是具有科学性的，不过并非建立在常规（抽象）科学的基础上，而是以经验主义为根基。两本书均不能被视为正统的科学，因为它们都不是源于任何当下的或是先前存在过的理论或理论体系。"新科学"有意将《媒介定律》与先前问世的两部书名相同的著作联系起来，即弗朗西斯·培根（Francis Bacon）的《新科学》（*Novum Organon*）和詹巴迪斯塔·维柯（Giambattista Vico）的《新科学》（*Scienza Nuova*）。维柯选择了这样一个书名，以将其研究与培根的研究联系在一起，而我们选用这样的副标题是想让读者明白，这三部书应该作为延伸了若干世纪的同一课题而被放在一起考量：它们组成了一个三部曲。培根为麦克卢汉所深深敬佩，他选择了这样一个书名作为对亚里士多德（Aristotle）《工具论》（*Organon*）① 反讽式的批判："新"科学属于一个比亚里士多德更加历史悠久的传统，无论是培根的读者还是维柯的读者都注意到了这一事实。

在过去的几年中，我陆续出版了5本小册子，组成一个名为《人类方程式》（*The Human Equation*）的系列，它们的出发点就是《理解媒介——论人的延伸》一书的副标题"人的延伸"。《人类方程式》分析了我们通过自己创造的人工制造品来延伸自身的程序。（巧合的是，这样的程序也是4个，而且也只有4个）该系列与《理解媒介》以及《媒介定律》一起，构成了一部现代三部曲，并且充当了其结论部分。

---

① 亚里士多德撰写了6篇作品，后来被编纂在一起形成《工具论》，这些作品是《前分析篇》（*Prior Analytics*）、《后分析篇》（*Posterior Analytics*）、《解释篇》（*On Interpretation*）、《论辩篇》（*Topics*）、《辩谬篇》（*Sophistical Refutations*）与《范畴篇》（*Categories*）。这些文本被认为构成了亚里士多德论述逻辑的作品之主体，尽管《工具论》中的许多内容并不能被看作是关于逻辑的，而亚里士多德的其他诸多作品也在某种程度上处理了逻辑问题，其中最值得注意的当属《形而上学》（*Metaphysics*）。这6篇作品的共同兴趣并不是主要在于指出什么是真实的，而是在于探究真理的结构以及我们可以认为其为真实的那些事物的结构。大体上说，《工具论》对于如何理解事物提供了一系列指导原则。

《理解媒介》指出，所有媒介都是其人类使用者的延伸。"人的延伸"意味着我们的每一种媒介的"语源"都是其使用者，而这表明《理解媒介》是一部关于语法的著作。

《媒介定律》则指出，一切人类人工制造品，无论是物质性的还是非物质性的，都是表达，也就是说，它们同样都是词语、比喻以及类似于比喻的四部分类比。

《理解媒介》使我们意识到，所有媒介都是其使用者的身体、器官、肢体或官能的延伸。正如《理解媒介》所展现的那样，任何一种新的延伸对于使用者都产生了意义深远的影响，并大大影响着使用者自此之后组织文化与社会的方式。在《媒介定律》中，我们指出，人类话语和人类的人工制造品之间并不存在实质性的差别，话语就像螺丝刀一样是工具，而人造卫星同样也是话语。二者都是人类的表达；二者都彻头彻尾属于人类。（Both are human utterances; both are utterly human. 此处作者用同根词 utterance, utterly 以及 human 一词做了一个小小的文字游戏。——译者注）《人类方程式》的写作目的在于扩展读者对于新媒介的认识，即对于那些由我们的技术所调动起来的新环境的认识。四种程序就是每一项创新的产道，反过来说，它们也是四种语源模式。显而易见，《理解媒介》关注环境（即媒介），其副标题则提醒我们关注它的另一个中心主题：理智与情感。艺术家以及在一个迅疾变化的时代中诸类艺术所扮演的角色等话题由此进入探讨范围。

你可以说，《理解媒介》一书仍在不断发展中。

麦克卢汉与新媒介之十二特性

兰斯·斯特拉特　著
胡菊兰　译

【作者简介】 兰斯·斯特拉特（Lance Strate），美国福德汉姆大学（Fordham University）新媒介计划专业研究中心主任、教授。

【译者简介】 胡菊兰，河南大学大学外语教学部教授。

马歇尔·麦克卢汉，起初就是一位鲜为人知的北美英语文学教授，去世之后，怎么就成了一名互联网革命的守护神呢？他在剑桥大学的博士学位论文论述的是伊丽莎白一世时代的作家托马斯·纳什（Thomas Nashe），完成于1943年（至2006年才出版成书）。在这篇论文中，全球性和生态学的思想已经初露端倪，而这也成为麦克卢汉后来论述媒介的研究特征。因为麦克卢汉考查了西方文化领域中的思想史，并把此思想定位为在三学科之间的霸权争夺。三学科指早在远古时代就已经出现，并在中世纪时期形成的教育课程。他认定的冲突，一方是辩证法和逻辑学，其中包括哲学家苏格拉底、柏拉图和亚里士多德；另一方是修辞学和文法的联合阵营。麦克卢汉拥护古代和中世纪的语法学家，他们的关注点比现代世界的规定性语法学家的关注点要宽阔得多，因为，他们既关注语言又关注文学，因此他们也关注文本的阅读和解释。况且，打开通往现代科学之门的是文法学家而不是逻辑学家，正如他们所断言的：上帝给予人类两本书供其研究，圣经之书与自然之书、文字之书与作品之书。那么，经验主义就可以理解为对世界的阅读，而方法则开始于不带任何偏见和期待的观察，而且通过模式识别过程建构起对具体事实的概括。这与逻辑的或更近的意识形态分析之固定前提形成对比，因为在此分析中，事实被动地要适合于事先已经存在的理论概念。

麦克卢汉就读于剑桥大学，主攻新批评（the New Criticism），并开始成为此种新方法的专家，英美新批评是强调细读文本的一次文学运动。麦克卢汉最初任教于美国的威斯康星大学（1936—1937），而后到美国圣路易斯大学（1937—1944），再后来又经由泰国的易三仓大学（1944—1946），最终回到了加拿大。作为一名年轻教师，在教室里他尽力吸引大学生们的注意力，他利用自己所受的教育分析取自于文学、广告和大众媒介的例证。他的这段教学体验成为他第一本书《机器新娘》（The Mechanical Bride, 1951）的基础。作为流行文化批判的一部原创性著作，麦克卢汉在揭示流行文化如何反映技术背景，以及流行文化如何与技术社会协力，从而麻痹人们的思想，允许个人做适当调整以适应无人情味的工业背景的过程中，组合了文学分析和社会学分析。虽然，麦克卢汉在《机器新娘》中展现出对20世纪中期媒介环境的睿智理解，但是他尚未把媒介用作他的关键词，也丝毫没有强调感官知觉（sense perception），这可是他后来研究的一个中心议题。在20世纪50年代，麦克卢汉从文学学者一举成为媒介专家，出现这种情况主要得益于三个关键性人物的影响。

第一个关键性人物是哈罗德·伊尼斯（Harold Innis）。当麦克卢汉1946年在多伦多大学工作时，伊尼斯不仅是一位杰出的加拿大经济学家，而且是多伦多大学的研究生院院长。虽然，伊尼斯在世时（伊尼斯1952年去世），他们之间的交往是很有限的，但是麦克卢汉从伊尼斯对《机器新娘》所表现出的兴趣里得到了激励，并且受到了伊尼斯在其生命最后几年中出版的关于文化、技术和传播类作品的影响，例如：《传播的偏向》（*The Bias of Communication*，1951）、《帝国与传播》（*Empire and Communication*，1972，疑为1950——译者注）和《变化中的时间观念》（*Changing Concepts of Time*，1952）等。伊尼斯的写作凸显媒介，虽然几乎完全是物质性的感觉（material sense）（如作为书面媒介的纸张、羊皮纸、纸莎草、泥版等等），他谈到为何不同的媒介具有不同的固有偏向（特别是关于时间和空间的偏向），他还说到从口传传统到书面传统的转移，在此他把这种转移视为从耳朵到眼睛的一种转移。在最后一点上，伊尼斯深受他在多伦多大学的同事埃里克·哈弗洛克（Eric Havelock）的影响，哈弗洛克在麦克卢汉到来之前已经离开多伦多大学，前往耶鲁大学任职。但是，他对引入希腊字母所产生的革命性影响的坚持，通过伊尼斯，间接地为麦克卢汉的早期作品提供了材料，而且麦克卢汉后来也承认哈弗洛克开创性地出版《柏拉图导言》（*Preface to Plato*，1963）的重要性。

哈弗洛克还受到沃尔特·翁（Walter Ong）的仰慕，沃尔特·翁即是麦克卢汉转型中的第二位关键性人物。他是麦克卢汉在圣路易斯大学的研究生，麦克卢汉辅导了翁的硕士论文，该论文论述了杰拉德·曼利·霍普金斯（Gerard Manley Hopkins）（翁与霍普金斯一样，是一位耶稣会信徒）的诗歌艺术，阐释了书面文字与大声说出的文字之间的差异。麦克卢汉建议翁观察现代早期教育家彼得·拉姆斯（Peter Ramus）的作用，接着在哈佛大学，翁在佩里·米勒（Perry Miller）的直接指导下，于1954年完成了他论述拉姆斯的博士论文，佩里·米勒是《美国研究》（*American Studies*）的创始人。翁的研究成果于1958年分两卷出版，分别为：《拉姆斯、方法和对话的蜕变：从话语艺术到推理艺术》(Ramus, Method, and the Decay of Dialogue: From the Art of Discourse to the Art of Reason，1958a)，以及《拉姆斯与塔郎图书目录》(Ramus and Talon Inventory，1958b)。翁总结道，印刷机导致知识概念化方式的转变，即：从植根于对话、辩论和驳斥，到以印刷媒介为工具、以对事实的视觉显示为基础的这一概念化方式上的转变，他的这一结论是麦克卢汉在《古登堡星汉》(Gutenberg Galaxy，1962)一书中持续讨论的主题。无疑，翁也促进了麦克卢汉对感官知觉的托马斯主义式强调，以及对视觉世界、口述世界、听觉世界与文字之间差别的托马斯主义式强调。

第三位关键性人物是人类学家艾德蒙·卡彭特（Edmund Carpenter）。在第二次世界大战期间，卡彭特在美国海军陆战队服役，之后他于1948年来到多伦多大学任教，并与麦克卢汉成为同事和合作者，直到他离开多伦多大学到圣费尔南多谷州立学院（后来成为加州州立大学北岭分校）供职。后来，当麦克卢汉于1967—1968学年同卡彭特一起来到福特汉姆大学时，他们再次相聚，并再一次合作。在此，麦克卢汉获得了福特汉姆大学人文科学的艾伯特·史怀哲教授职位（the Albert Schweitzer Chair）。卡彭特提出人类学家之更宽泛的文化概念（同时，他对玛格丽特·米德[Margaret Mead]的研究也怀有一份共享的热情），而且还强调了与爱德华·萨丕尔（Edward Sapir，1921）、本杰明·李·沃尔夫（Benjamin Lee Whorf，1956），以及多萝西·李（Dorothy Lee，1959）有关的语言相对论观念，此观念认为：不同的语言具有不同的固有偏向、形而上学和世界观，而且我们所说的语言会影响我们对环境的感知和设想，以及我们对现实的建构。卡彭特的同事，人类学家爱德华·霍尔（Edward T. Hall，1959），通过论证所有文化都是一种语言或传播系统，从而支持语言相对论的更宽泛视域；卡彭特同样坚持，每一种媒介都代表着属于自己的一种语言，同时每一种语言都是在自己权限之内的一种媒介（霍尔还把技术描写为延伸,虽然第一个这样写的人不是他,但是他对麦克卢汉对此概念的接受产生了最大的影响)。在他们一起在多伦多的岁月里,麦克卢汉和卡彭特合作举行论文化以及传播的跨学科研讨会,并且合编期刊《探索》(Explorations,1954—1959)杂志,同时还从该期刊中精选了一批文章编辑出版成一部论文集,即《传播中的探索》(Explorations in Communication,1960)。

麦克卢汉的主要思想集中出现于20世纪50年代他编辑《探索》杂志期间,并在由美国国家教育广播协会和美国教育部提供资金支持的《理解新媒介专题研究课题》(Project in Understanding New Media)中得到充分的展示,整个研究持续的时间从1959年到1960年,并在1960年出版了作为美国政府文件而被存档的研究报告。这份报告为麦克卢汉两部主要著作打下了基础,一部是《古登堡星汉》,出版于1962年,通常被认为是他最主要的学术著作;另一部是《理解媒介》(Understanding Media),出版于1964年,通常被认为是他影响最大的著作。麦克卢汉也是凭借《理解媒介》这部著作,迅速达到荣誉的顶峰(即便这具有一些来源于公共关系帮助的影响,但是专业人士也信服他观点的重要性),并且他从此以"媒介大巫"(Media Guru)、"加拿大知识分子的彗星"(Canada's Intellectual Comet)、"电子时代的圣人"(Oracle of the Electronic Age)等称号而闻名。其中最后一个称号是特别重要的,这不仅因为麦克卢汉对警句似的短语和表述的偏好,如:"地球村"(the global village)和"媒介即讯息"(the medium is the message),还有他对媒介环境的准确解读,这一切使很多人认为他是一位先知——但他自己却坚持认为并解释道:先知仅仅是能够看到目前正在发生的事情,而其他人,在极大程度上,则沉浸于过去,同时通过凝视后视镜窥视未来之事情(McLuhan & Fiore,1967)。继编辑《探索》杂志之后,电子时代、电子媒介时代之观点,渐渐地占据了麦克卢汉学术研究的中心位置。

由于这一原因，电灯作为一种纯粹的中间物，一种没有内容的中间物，对麦克卢汉却具有特殊的意义。他还指出，电报是第一种形式的电子传播工具，因为电报给我们提供了超越时间和空间的能力，不仅导致了与毕加索有关联的艺术革命（McLuhan，1964），同时还导致了与爱因斯坦有关联的科学革命。虽然第一次指出电报史无前例之能力的是伊尼斯（1951，1972），但是，麦克卢汉对电的作用之更加宽泛的论证，可以追溯到对他产生巨大影响的第四位关键性学者，不过这位学者的影响通常未得到公开承认，他就是路易斯·芒福德（Lewis Mumford）。芒福德对城市的研究在《理解媒介》中得到了探讨，而且他对技术的看法在《机器新娘》中也出现了，麦克卢汉明显受到了他的启发。芒福德把电识别为一种技术，他的这一识别促使他在1934年的研究课题《技术与文明》中定义了一个新时代，对这一点詹姆斯·凯瑞（James W. Carey，1997）已经进行了极其详细的探讨。

电子时代的革命性特征是麦克卢汉畅销的实验性书籍《媒介即讯息》（*The Medium is the Massage*，McLuhan & Fiore，1967）的中心议题，也是他的其他一些出版物的一个重要组成部分，诸如：《地球村里的战争与和平》（*War and Peace in the Global Village*，McLuhan & Fiore，1968）、《穿越消失点》（*Through the Vanishing Point*，McLuhan & Parker，1968）、《逆风》（*Counterblast*，McLuhan & Parker，1969）、《文化是我们的产业》（*Culture is Our Business*，McLuhan，1970）、《从陈词到原型》（*From Cliché to Archetype*，McLuhan & Watson，1970）以及《把握今天：退出游戏的行政主管》（*Take Today: The Executive as Dropout*，McLuhan & Nevitt，1972）等。同时，他理解新媒介的专题研究成了他第二本中等学校教科书《作为课堂的城市》（*City as Classroom*，McLuhan，Hutchon & McLuhan，1977）的基础。另外，在麦克卢汉1980年去世之前，他已经开始着手编写《理解媒介》一书的修订版，这

也成为他全新的研究课题，最终由他的儿子埃里克（Eric）完成，并在他去世之后出版，书名为：《媒介定律》(*Laws of Media*，McLuhan & McLuhan，1988)；另一部与布鲁斯·鲍尔斯（Bruce Powers）合作的类似课题研究，也是在他去世之后出版的，书名为：《地球村》(*The Global Village*，McLuhan & Powers，1989)。大体上，这两本书论述的都是麦克卢汉的四个"媒介定律"（也可称其为四法则［tetrad］），也可以说是编撰他的理解媒介研究并实施其方法的一种尝试，他先前曾经把这种尝试叙述为一连串的探索，况且媒介定律是基于形式上的因果关系概念，这一点也是在他去世后于2011年出版的《媒介和形式的原因》(*Media and Formal Cause*，McLuhan & McLuhan)一书中得到了进一步的阐释。

虽然麦克卢汉在20世纪60年代获得了相当高的人气和荣誉，但是这也使他成为种种攻击的靶子，这些攻击远远地超过了可以接受的知识批评。在20世纪70年代，一股蓄意压制他作品的势力一起滋生起来了，这不完全是一场阴谋，而是来源于种种方向之敌对元素的聚集。其中一些必然涉及他的研究主题——曾经有一段时间，当大部分专业学者仍然认为电视不是一种值得学者或教育上注意的适当客体时，麦克卢汉却已在认真地研究它。一些是方法原因——麦克卢汉把文学理论与文学批评应用于文学之外的一些方面，这种方法现在司空见惯，但是在20世纪60年代却几乎是前所未闻的，因为那是一段科学和科学方法研究在学术合法性上近似于一种垄断的时期；另外，麦克卢汉的研究全部都是跨学科的，这一点虽然在今天屡见不鲜，可是在他那个时代，也仍然是令人皱眉的。之所以如此，一些是起因于他的研究风格，他的研究风格有时以诗歌、警句为特点，有时从表面上看似乎又以玄妙深奥为特性，或许时常又具有讽刺性。这一风格使阅读麦克卢汉的东西具有挑战性，因此大量消耗了读者的耐性，但是，如果不习惯于他这样的散文风格，就不能抓住麦克卢汉研究所展示出的思想。另一些则是政治和意识形态方面的问题，麦克卢汉是保守的，虽然他并没有公开表示他的看法，或者一直坚持拒绝提供判断并且坚持说他没有观点，还有一些人指责他没能批评权力结构，反而支持反对战争运动，以及从事意识形态分析。具有讽刺意义的是，其他人不喜欢他的主要原因在于，由于反主流文化，他被像蒂莫西·利里（Timothy Leary）之类的LSD—狂热者奉为名人。还有一些是宗教原因，麦克卢汉是一位罗马天主教的皈依者（虽然他并没有公开他的宗教倾向）。其他还有一些是个人原因，因为只要不是侮辱性的指责，麦克卢汉都能表现出直率、具有挑战性和不屑一顾的性格。最后一点原因，无疑是对他成功的嫉妒。

对很多人来说，理解麦克卢汉就是他们学术发现中的一种训练，还包含一个开心的时刻，而后你就感觉你理解了，你开始感觉你与许多仍然不理解的其他人属于不同的类型。或许，媒介的转换有时候更容易理解一些，如：在20世纪60年代早期，当时电视作为一种主流媒体刚刚出现；还有20世纪90年代早期，当时互联网在普及和能量方面都处于发展阶段，也就是在20世纪90年代这段时间，渐渐出名的麦克卢汉式文艺复兴开始，这在相当大程度上得益于《连线》杂志，因为《连线》杂志在他们的刊头位置把麦克卢汉列为他们的守护神。虽然麦克卢汉式文艺复兴并不局限于互联网学者和专家、数字媒介专家，以及具有高水平在线活动或网上可见度高的个人，但是，在麦克卢汉与新媒介之间仍然存在着一种专门连接，对这一点，我的同事保罗·莱文森（Paul Levinson）在他的《数字麦克卢汉》（Digital McLuhan, Paul, 1999）一书中进行了确认和探寻。另外，在更近的2010年，麦克卢汉的朋友和合作人罗伯特·K.洛根（Robert K. Logan）在他《理解新媒介》（Understanding New Media）一书中，也进行了确认和探寻。

我的目的不是要列举麦克卢汉思想预示新媒介环境的种种方

法，况且，这种新媒介环境现在已经与诸如网络空间、超媒体、计算机中介传播、虚拟性和数字化之类的术语联系在一起，我的目的是要回到麦克卢汉理解20世纪中期媒介环境的原点，回到芒福德（Mumford）的洞察，即：电是界定我们这个新时代的技术。在这一点上，我还应该解释由麦克卢汉和芒福德，以及诸如伊尼斯、翁、卡彭特、萨丕尔、沃尔夫、李、霍尔、凯瑞等学者分享的视角和知识传统，因为这种视角和知识传统已经渐渐地被指称为媒介生态学（media ecology）。尼尔·波兹曼（Neil Postman）于1968年正式把媒介生态学作为一门研究领域进行介绍，并把其界定为作为环境的媒介研究，而且在1970年他还使这一研究成为研究生教育的一门基础课程（参见：Postman，1970；Postman & Weingartner，1971）。我认为把麦克卢汉的研究置于媒介生态学的语境之中，而且与其他媒介生态学学者的研究联系起来，一切就会变得非常容易理解，本篇文章反映的就是一种媒介生态学研究方法（参见：Strate，2006，2008，2011；Strate & Wachtel，2005；也参见：Lum，2006）。

无论怎样，在我们继续进行探讨之前，关于我们刚刚提到的媒介生态学，我在此还应该再说几句。堪称新媒介的这一范畴的创立自然引出了什么使新媒介可谓新，也就是说，在哪种意义上新媒介几十年之后仍然保持新？另外，使新媒介相比之下显出其新所在的原有媒介到底是什么呢？

对于最后一个问题，我认为最常见的答案可能会是旧媒介就是大众媒介。甚至，在互联网成为一种流行媒介之前，很多人就注意到，从20世纪早期到20世纪中期，起支配作用的大众媒介就一直在退让。在一定程度上，退让给更加专业化、更加具有针对性的形式，其特点是受众分得越来越细，并进行小范围播送。的确，所有这些现象都与大众（mass）这一词语有关，如：大众生产、大众消费、大众传播、大众交通运输、大众社会、大众文化，以及大众人（mass man）（此处用了一个陈旧的男性至上主义的术语），这些现象都是一些主要知识分子对 20 世纪关注最多的焦点，然而，到了世纪交替的时候，这些现象的意义就渐渐被认为越来越小，然而，是麦克卢汉通常不被承认的影响造成了一种转换——一种从强调大众传播，以及随之而来的大众传播媒介，亦称大众媒介的研究，到强调媒介研究的一种转换。那么，新媒介之所谓新，是因为它们再也不是大众媒介，但是它们也不是个人与个人之间的媒介，如电话、书面信笺或便条。从古至今，曾经有两种主要的传播模式，其一是一个对众多的修辞和雄辩（以及讲道）模式，这与古希腊苏格拉底智者学派有关，同时与当今时代的大众传媒也有关系；其二是一对一的对话、逻辑论证、辩论和驳斥模式，这与古希腊哲学家（如：苏格拉底、柏拉图和亚里士多德）有关，同时与电报和更近的电话之点对点的传递也有关系。不管怎样，新媒介引入的是前所未有的多个对多个之传播模式的发展潜能。这牵涉到互动性与积极参与之间的合并，此种积极参与在大众传播模式中是缺失的，大众传播模式的起点可以追溯到古腾堡印刷机。由于这一缘故，新媒介有时又被指称为参与性媒介（participatory media）。

在思考新媒介意味着什么的过程中，首先回忆一下麦克卢汉于 1960 年出版的《理解新媒介课题的报告》（*Report on Project in Understanding New Media*）是有益的，因为其中使用了新媒介这一短语。当然，50 年前新媒介的构成与今天新媒介对我们来说所包含的意义是完全不一样的。麦克卢汉回顾了起源于 19 世纪的传播革命。这份报告揭示了把新旧媒介分离的媒介革命，这场革命使媒介移离了植根于机械和工业的技术，同时也使其脱离了起源于书写和利用印刷完全成形的传播模式。这是一种向基于电的新兴技术和新型传播模式的转移。今天，许多学者和评论员认为，更近一些，这一转折点是伴随着计算机、互联网、数字技术和互动式媒介的到来而出现的，而且这一切也确确实实都是非常有意义的发展。但是，我认为这些是二次开发，而且，新媒介环境的特点通常来自于一般意义上的电、电子技术和电子媒介之特点。为了支持这种看法，我提出如下的类目，有关电和电子技术的12种特征，这已经被认定为新媒介的主要特点。

1. 有机性（organic）

通过路易吉·伽伐尼（Luigi Galvani）的试验，电与生命力之间的关联已经得到凸显，他的这一试验转而又为第一部科幻小说——玛丽·雪莱（Mary Shelley）的《弗兰肯斯坦》（*Frankenstein*）——提供了素材。虽然，伽伐尼的理论很快被证明是错误的，但芒福德（1934）在电功率中看到了颠覆旧技术之机械意识形态的潜能。在工业革命期间，旧技术通过蒸汽动力的使用获得了其最具危害性的表现形式，并且在这种颠覆旧技术之机械意识形态的过程中，恢复和重新得到一种更加自然、更加有机的意识形态，从而取代旧技术。此外，我们的神经细胞传输电气化学信号这一事实引导麦克卢汉提出建议：由于所有的媒介都是人体的延伸，所以电子媒介是神经系统的延伸（这将使电脑成为人脑的延伸，的确，当第一批数字计算机于20世纪40年代得以开发问世时，人们通常称其为电脑［electric brains］）。

其次，麦克卢汉有助于激发美国科幻小说作家威廉·吉布森（William Gibson）对于创造有关"赛博空间"（Cyberspace）的想象力，"赛博空间"这一词语是吉布森基于诺伯特·维纳（Norbert Wiener）的新词"控制论"（cybernetics）（参见 Wiener, 1950；另参见 Strate, 1999；Strate, Jacobson & Gibson, 1996, 2003）杜撰出来的；在吉布森之后不久出版的剧本中，对于个人而言，经由神经细胞与计算机技术之间的直接交界面（interface），把电源插头插入插座进入计算机网络系统已经成为非常普及的事情，这又是一个由于电影《黑客帝国》（*The Matrix*）的缘故而变得相当普遍的概念。多年来，沿着相似的线索，科幻小说体裁一直有塑造半机械人（cyborg）（cyborg 是受控有机体 [cybernetic organism] 的缩略形式，也可以用来指称生物机械学 [bionics]）的想法，科学家和工程师最初引介这一概念是在 20 世纪 50 年代，当时他们是出于非常严肃的考虑，因为当时他们考虑到人类能力的技术提高和把反馈电路用来改进残疾人所使用的修复学；虽然麦克卢汉（1964）在他的研究中并未直接使用这一术语，但是，他探讨媒介时却把其视为对人身肢体的延伸（和截肢），这明显表示的是生物学和技术之完全相同的合并。为了实现在神经系统与电子之间建立一个直接交界面的目标，科学家们已经取得了重大进展，但是更加宽泛地说，在诸如不规则碎片几何体、网络型组织、人造生命和群体搜索（crowd sourcing）等现象中，新媒介的有机特性也是随处可见的。

2. 无线性（nonlinear）

为了能运行起来，电要求电路的完整化，在这层意义上，就要引进一个确实循环的无线元素进入媒介环境，但是，这一媒介环境过去一直受书写、字母、印刷、机械技术和达到顶点的自动生产线的线性控制。麦克卢汉（1962，1964）强调声学空间与非线性之间的关系，因为声音从一个声源中心向所有方向辐射，而且听的感觉使我们觉得我们就在世界的中心，声音从四面八方向我们传来，他还解释道：无线传输遵循着一个相似的模式，正如通常的电磁场一样。声学空间具有一种声音的有机特点，正如我们居住在这个世界上，我们就是这个世界不可分割的组成部分一样，然而视觉空间，尤其是用与文字文化有关系的习惯性立场进行界定，又会使我们位于这个世界之外，疏远我们的环境，我们是外星人看世界，是窥淫者和偷窥狂，我们就像某种东西在这个世界上活动，而不是我们自己，这一点与芒福德（1934）的机械意识形态观念是一致的。无线性的这种有机特征使我们脱离了电的回路，从而走向构成控制论基础的反馈环路，维纳（1950）把这一点视为连接生命、智能和技术的共同基础，代表计算与新媒介的互动性基础。依次，控制论又导致了系统理论和生态学的有机视角，导致了混乱，导致了复杂（在计算机的帮助下得出这样的理论），同时还导致了无线性，我们把无线性与节点和链接的网络联系在一起。

3. 两极性（polar）

电路系统本质上是两极的，因此，电的连接运行于正极与负极之间，同极对立是磁场独有的特征。此外，电子技术自然是在开与关之孪生状态的基础之上运行的。麦克卢汉（1964）如是解释：电的时代开始于19世纪40年代电报的引进，虽然技术是相似的，但是所开发的通过有线进行传播的信号系统，反映的也是电的两极性质，呈现的是莫尔斯电报电码的点和横杠之形式。虽然，莫尔斯电码已经被废弃，这在很大程度上是由于互联网的出现，但是它却更加普遍地预示了信息理论、计算、数字媒介以及技术的二进制代码。

4. 流动性（fluid）

电力研究的先驱者们也认为电是一种流体，一种可以装进瓶子里的流体，正如本杰明·富兰克林（Benjamin Franklin）所做的一样（研制电灯泡的第一步，这一步又是真空管的基础，而后又引出了晶体管和硅片）。虽然这种看法并不正确，但是至今我们仍然说电流（current）、流量（flow）以及电磁波（waves），于是我们在浏览有线电视提供的很多频道时，我们也说频道预览冲浪（surfing），以及网上冲浪。麦克卢汉在《古登堡星汉》（1962

一书中抢先使用了这一比喻,在该书中他写道:"彼得·拉姆斯(Peter Ramus)和约翰·杜威(John Dewey)是两位教育冲浪者(surfers),或者说是两个对立时期的冲浪者(wave-rider),即古登堡与马可尼或电传时期的冲浪者。"(第144页)后来他又写道:"海德格尔沿着电子波乘着冲浪板冲浪,他的冲浪与笛卡尔乘着机械波航行一样成功。"此后他接着论述道:"天真地沉浸(immersion)于我们这个电子环境的形而上学有机体论之中,可以很容易地导致对海德格尔卓越语言学的热衷。"(第248页)在此,请注意沉浸(immersion)一词的使用,它是另一个液体比喻,这一比喻也已经使用于对应用数字技术的体验。道格拉斯·拉什科夫(Douglas Rushkoff, 2006)在提及个人在处理混乱和复杂性的方法时,也使用了与滑板运动有关联的这一比喻。此外,最近对云计算(cloud computing)的引用以及云(the cloud)作为对互联网和远程数据库的比喻,展示了流体比喻的另一个例子。

5. 非物质化(dematerialization)

把电理解为一种流体比理解为固体更好,当然它二者都不是,准确地说它就是一种能量。在物理学中,首先认为宇宙从根本上是由物质构成的,转而我们的现代理解又回到宇宙从根本上是由能量构成的上来,电子技术的发展与物理学中的这一转变是一致的;这后一种理解是用热力学定律和爱因斯坦著名的方程式 $E=MC^2$ 来表示的。这一转移实际上是理论上的非物质化,是继实践中电报的非物质化之后的又一次非物质化,因为电报把用墨水和纸张写成的书面文字转化成了电脉冲;麦克卢汉(1962,1964)把电报表征为对时间与空间的根除,在约书亚·梅罗维茨(Joshua Meyrowitz, 1985)对麦克卢汉的详细阐述中,梅罗维茨将其表征为《地域感的失落》(*No Sense of Place*)。虽然,电报、电话和广播为我们提供了第一次非物质化体验，但是新媒介的引入，带来了诸如无纸传输、信息社会和虚拟现实之概念，而且给我们提供了金钱的非物质化，例如：电子汇款、电子商务、电子业务等；图书的非物质化，例如：电子图书、在线期刊等；唱片、录音带和磁盘等的非物质化，例如：mp3、mp4，以及音频和电影档案的其他版式，等等；就更不用说虚拟教室和虚拟办公室了。麦克卢汉还谈到脱壳之人（discarnate man）（McLuhan & Powers，1989），预示了在线化身之概念，而且他还把身体鄙夷为仅仅是与虚构中和现实中网络朋客有关联的肉体（meat）。

6. 信息（information）

提高电子技术的功能是克劳德·香农（Claude Shannon）发展信息理论背后的动机（Shannon, Weaver, 1949），而且他把与热力学第二定律有关联的信息界定为熵的对立面，以及能量的有机化形式。信息测量的基本单位是"比特"（bit），它是二进制数字（binary digit）的缩略，二进制数字基于二进制数学运算，因此，不管"比特"被编码为 0 或 1、是或不是、正或负，以及开或关，它本质上都是数字的、两极的。比特成为计算机编码的基础，而且与非物质化也有关联，正如尼古拉斯·尼葛洛庞蒂（Nicholas Negroponte，1995）把这场数字革命表征为从原子向比特的转移一样。更宽泛地来说，后工业社会和后工业经济也被指称为信息社会和信息经济。因此，麦克卢汉，同时还有伊尼斯、芒福德、维纳以及其他人，已经被列入"信息化的先知"（postindustrial prophet）（Kuhns，1971）。

7. 速度（speed）

从物质到能量的转移允许社会变化呈现出前所未有的加速度，这也是麦克卢汉（1964）研究的基础主题之一。法国后现代主义理论学家保罗·维瑞利奥（Paul Virilio, 1986, 1991）就把他的后现代主义理论建立在麦克卢汉的这一深刻洞察的基础之上。除了速度之外，非物质化还给我们提供了一个瞬间连接，这也是广播和新媒介二者的共同特点。速度从心理上和文化上改变了我们对空间和时间的感觉，正如爱因斯坦所解释的，这在物理学上也将是一样的。

8. 反馈（feedback）

由于电本质上是非直线性的，因此瞬间连接没必要是单向的。相反，电允许反馈环路，这也是维纳（1950）控制论——科学控制——的关键。正如伊尼斯（1951, 1972）和詹姆斯·贝尼格（James Beniger, 1986）也清楚解释的那样，信息的传输是实施远距离遥控的关键，但是获取反馈，从而修改已发出的指令，是实施从远处进行一种更加精确、更加彻底，并且更加有效之控制的关键。当麦克卢汉（1964）探讨所涉及的电子媒介的性质时，他已经考虑到了反馈环路，但是就广播而言，与新媒介相比，这方面不太明显。而且，反馈是计算机技术互动性的基础，不过反馈也可以连接到电报和电话（电子传播的第一种形式）的双向式传递上。

9. 去中心化（decentralization）

路易斯·芒福德（1934）注意到，电力最重要的地方之一是其去中心化趋势，麦克卢汉转而论证电子媒介对中心—边缘之区别的消解，伊尼斯（1951, 1972）对此也已经做过探讨。在使用电力之前，有工作需要做时，此工作就必须在能量能提供力的地方做。例如：你要磨麦子，你就必须把麦子拿到磨坊，一个中心位置，这里有一台大机器，这台机器由风或水，或动物，或人力驱动。然而，由于导致工业革命之蒸汽机的加入，促使这一趋势得到进一步发展，因为工厂成了完成工作的中心场所，从这里，大批生产出来的产品需要分发出去。这自然导致了等级体系关系，在这种关系中，中心控制边缘。不过，虽然电气化有时用来指称第二次工业革命，但是，它也代表对中心化的极大逆转，因为能量能从中心分散到边缘，允许工作在外部场所完成，由此，又减少了中心位置的分量。麦克卢汉清楚地解释道：这一点对传播技术特别重要。然而，印刷机的产品是在一个集中位置生产出来的，而且依赖于运输才能进行传播，但是，如果把电子信号传到远程位置，接收器在此远程位置就可以复制内容。这具有极大的民主化潜力，因为这样能够提高全体居民的信息获取量。就媒介化之讯息的获取和制作而言，去中心化已经成为新媒介的一个重要特征，从个人电脑用于台式印刷系统的初期阶段，到最近一波的Web 2.0时代和诸如博客、播客和视频上传的社交网络形式，均可以说明这一点。

10. 网络化（networked）

电子媒介也正在变得越来越民主化，因为，电路除了能进行一对一和一对多的传播之外，还允许互动性，因此它不但允许单向传播（如出版、广播），而且还能顾及多对多的传播。与此同时，电路还可以进行双向沟通（如邮件、信息传送、聊天）。虽然，印刷也允许以官僚机构的形式为垂直组织加上一个横向维度，但是电子的多对多传播在形成分散型网络（互联网是一个最好的例子）的过程中，能够潜在地彻底废除各等级之间的差别。然而，尽管当时一些电报员意识到了这种网络化传播的潜能，并构成了英国作家汤姆·斯丹迪奇（Tom Standage, 1998）所说的《维多利亚女王时代的互联网》（The Victorian Internet），但是，其最初却几乎没有得到人们的认可。不过，在古列尔莫·马可尼（Guglielmo Marconi）发明无线电报机之后，直到那些参与多对多传播稀有实例的业余爱好者被迫进入电磁区域（electromagnetic ghettoes），即业余无线电爱好者专门使用的频谱窄带，这种潜能也就变得足够清楚了。如上所述，麦克卢汉（1962）挑选马可尼作为电子时代的象征，就像古登堡是印刷时代的象征一样，因为麦克卢汉和马可尼都意识到电子通信可以用于除广播之外的更多方面。广播和电视在其一对多取向方面与印刷媒介的大众生产是如此近乎一致的相似，以至于它们可以很容易地集合在大众传播和大众媒介的标题之下。但是，麦克卢汉明白印刷和电子媒介在性质上存在着巨大的差异。甚至，当被用于大众传播时，广播仍然是多方向的，因为广播可以向所有方向同时发射，这与书写和印刷的线性，即一次干一件事的定位形成对照。然而，直到以计算机为中介的网络化传播，以及我们称之为互联网的广播电视网之网络的出现，电子媒介的真正潜能才得到了充分的实现。当麦克卢汉（1964）讨论电视时，他实际上是在更广泛地思考电子媒介，这就是为什么他的分析似乎悍然不顾关于电视之世俗认知的原因，这也是为什么他的分析大量涉及互联网的原因。

11. 参与性（participatory）

麦克卢汉（1962，1964）强调电子技术中所固有的连接和参与性之感觉，回想起20世纪60年代，当时很多人感觉很难理解麦克卢汉到底在谈论什么。他把电视叫作参与率很高的一种冷媒介，很多人不理解这怎么可以适用于看电视的被动性，不知道电视是在通往可参与性媒介之路上迈出的第一步，而且麦克卢汉说电视是一种有触觉的媒介，这一评论甚至使很多他最狂热的追随者也目瞪口呆。但是，电脑先驱者道格拉斯·恩格尔巴特（Douglas Engelbart）和艾伦·凯伊（Alan Kay）在20世纪70年代早期就非常重视麦克卢汉的观点，当时他们还在施乐公司（Xerox）的帕罗奥图研究中心（Palo Alto Research Center）工作。

他们开发了图形用户界面，简称GUI，他们以鼠标的形式增加了麦克卢汉论述的有触觉成分。在20世纪的后25年，这对人运算（personal computing）就像遥控之触觉元素对看电视一样重要。更近一些，我们就看到了游戏系统控制器中触觉界面的进一步开发，尤其是在任天堂Wii游戏机（Nintendo Wii）、索尼的体感控制器（Playstation Move）以及微软的体感游戏机（the Xbox Kinect）中。有趣的是，数字（digital）这一词语，其词根含义指的是手指，但是麦克卢汉（1964）辩称，数字作为一种媒介是触觉的延伸。

12. 沉浸感（immersive）

回到沉浸这一流动性比喻，我们发现，谈话无论涉及的是分布于整个物质环境中的虚拟现实还是普适计算，目标都是一种沉浸式体验（Bolter, Gromala, 2003）；甚至像程序设计和文字处理这样的基本功能，也常常被称为程序设计环境和文字处理环境。近来对屏幕和对屏幕研究的学术兴趣，就是麦克卢汉指称为后视镜思考的一个例证（McLuhan, Fiore, 1967），这种思考是聚焦于过去，而不是现在，因为屏幕就是一种用于视觉化的框架残余，它具有像泥版和纸莎草页面一样的书写表面，而且，在舞台口上面的拱形横面以及绘画画框上的文字文化创新中，也可以看到此种情况。在新媒介环境中，框架破碎了，有时导致我们周围到处是支离破碎的众多屏幕，有时导致完全沉浸式环境，麦克卢汉把此与声学空间相联系，后来这种沉浸式环境被叫作网络空间、虚拟现实和思科网真，同时也被称为扩增的现实和普适计算。在此，我们也可以再一次在广播的多方位音响特性以及电报和电话的有线网络中看到先例，而且在看电视的沉浸式体验中，我们也可以看到其试例，麦克卢汉（1964）把此描述为内爆，与印刷媒介的爆炸性特性形成对照。再说，虽然从媒介生态学的角度看，每一种媒介，无论它是以怎样的一种方式，均起着一种人类环境的作用，电子媒介已经把媒介作为环境的概念提高到一种全新的意识和功能的层面。

有机性、无线性、两极性、流动性、非物质化、信息、速度、反馈、去中心化、网络化、参与性和沉浸感这 12 种特性，为我们共同展示了电子技术与新媒介环境之间的紧密联系。虽然，就麦克卢汉所有与新媒介有关联的思想而言，这并非是一个详尽的审视，但是这一概述却能够帮助我们解释麦克卢汉的研究实力，以及鉴于技术作为新媒介的近期发展情况，也能够有助于我们理解他对电和电子媒介的认识如何使他看上去像一位先知。同时，这也证明了媒介生态学研究对理解新媒介和不那么新的媒介，以及对理解电子媒介环境的持续演化和理解我们的技术发展中下一步可能出现的新情况，还有对伴随而来的社会、文化和心理后果等而言所具有的价值和功效。

参考文献

Beniger, J. R. (1986). *The Control Revolution: Technological and Economic Origins of the Information Society.* Cambridge, MA: Harvard University Press.

Bolter, J. D. & Gromala, D. (2003). *Windows and Mirrors: Interaction Design, Digital Art, and the Myth of Transparency.* Cambridge, MA: MIT Press.

Carey, J. W. (1997). *James Carey: A Critical Reader* (E. S. Munson & C. A. Warren, eds.). Minneapolis: University of Minnesota Press.

Carpenter, E. (1960). "The New Languages". In E. Carpenter & M. McLuhan (eds.), *Explorations in Communication.* Boston: Beacon Press, pp. 162-179.

Carpenter, E. (1973). *Oh, What A Blow that Phantom Gave Me!* New York: Holt, Rinehart & Winston.

Carpenter, E. & McLuhan, M. (eds.) (1960). *Explorations in Communication.* Boston: Beacon Press.

Hall, E. T. (1959). *The Silent Language.* Garden City: Doubleday.

Havelock, E. A. (1963). *Preface to Plato.* Cambridge, MA: The Belknap Press of Harvard University Press.

Innis, H. A. (1951). *The Bias of Communication.* Toronto: University of Toronto Press.

Innis, H. A. (1952). *Changing Concepts of Time.* Lanham, MD: Rowman & Littlefield.

Innis, H. A. (1972). *Empire and Communications* (rev. ed., M. Q. Innis, ed.). Toronto: University of Toronto Press.

Kuhns, W. (1971). *The Post-industrial Prophets: Interpretations of Technology.* New York: Weybright & Talley.

Lee, D. (1959). *Freedom and Culture.* Englewood Cliffs, NJ: Prentice-Hall.

Levinson, P. (1999). *Digital McLuhan: A Guide to the Information Millennium.* London & New York: Routledge.

Logan, R. K. (2010). *Understanding New Media: Extending Marshall McLuhan.* New York: Peter Lang.

Lum, C. M. K. (2006). *Perspectives on Culture, Technology, and Communication: The Media Ecology Tradition.* Cresskill, NJ: Hampton Press.

McLuhan, M. (1951). *The Mechanical Bride: Folklore of Industrial Man.* New York: Vanguard.

McLuhan, M. (1960). *Report on Project in Understanding New Media.* Washington, D. C.: U. S. Department of Health.

McLuhan, M. (1962). *The Gutenberg Galaxy: The Making of Typographic Man.* Toronto: University of Toronto Press.

McLuhan, M. (1964). *Understanding Media: The Extensions of Man.* New York: McGraw-Hill.

McLuhan, M. (1970). *Culture Is Our Business.* New York: McGraw-Hill.

McLuhan, M. (2006). *The Classical Trivium: The Place of Thomas Nashe in the Learning of His Time.* Madera, CA: Gingko Press.

McLuhan, M. & Fiore, Q. (1967). *The Medium Is the Massage: An Inventory of Effects.* New York: Bantam.

McLuhan, M. & Fiore, Q. (1968). *War and Peace in the Global Village : An Inventory of some of the Current Spastic Situations that Could Be Eliminated by more Feedforward.* New York: Bantam.

McLuhan, M., Hutchon, K., & McLuhan, E. (1977). *City as Classroom: Understanding Language and Media.* Agincourt, ON: Book Society of Canada.

McLuhan, M. & McLuhan, E. (1988). *Laws of Media: The New Science.* Toronto: University of Toronto Press.

McLuhan, M. & McLuhan, E. (2011). *Media and Formal Cause.* Houston: NeoPoiesis Press.

McLuhan, M. & Nevitt, B. (1972). *Take Today: The Executive as Dropout.* New York: Harcourt Brace Jovanovich.

McLuhan, M. & Parker, H. (1968). *Through the Vanishing Point: Space in Poetry and Painting.* New York: Harper & Row.

McLuhan, M. & Parker, H. (1969). *Counterblast.* New York: Harcourt, Brace & World.

McLuhan, M. & Powers, B. R. (1989). *The Global Village: Transformations in World Life and Media in the Twenty-first Century.*

New York: Oxford University Press.

McLuhan, M. & Watson, W. (1970). *From Cliché to Archetype.* New York: Viking Press.

Meyrowitz, J. (1985). *No Sense of Place: The Impact of Electronic Media on Social Behavior.* New York: Oxford University Press.

Mumford, L. (1934). *Technics and Civilization.* New York: Harcourt Brace.

Negroponte, N. (1995). *Being Digital.* New York: Knopf.

Ong, W. J. (1958a). *Ramus, Method, and the Decay of Dialogue: From the Art of Discourse to the Art of Reason.* Cambridge, MA: Harvard University Press.

Ong, W. J. (1958b). *Ramus and Talon Inventory.* Cambridge, MA: Harvard University Press.

Postman, N. (1970). "The Reformed English Curriculum". In A. C. Eurich (ed.), *High School 1980: The Shape of the Future in American Secondary Education.* New York: Pitman, pp. 160-168.

Postman, N. & Weingartner, C. (1971). *The Soft Revolution: A Student Handbook for Turning Schools Around.* New York: Delacorte.

Rushkoff, D. (2006). *Screenagers: Lessons in Chaos from Digital Kids.* Cresskill, NJ: Hampton Press.

Sapir, E. (1921). *Language: An Introduction to the Study of Speech.* New York: Harcourt Brace Jovanovich.

Shannon, C. E. & Weaver, W. (1949). *The Mathematical Theory of Communication.* Urbana: University of Illinois Press.

Standage, T. (1998). *The Victorian Internet: The Remarkable Story of the Telegraph and the Nineteenth Century's On-line Pioneers.* New York: Walker & Co.

Strate, L. (1999). "The Varieties of Cyberspace: Problems in

Definition and Delimitation". In *Western Journal of Communication* 63(3). pp. 382-412.

 Strate, L. (2006). *Echoes and Reflections: On Media Ecology as a Field of Study.* Cresskill, NJ: Hampton Press.

 Strate, L. (2008). "Studying Media as Media: McLuhan and the Media Ecology Approach". In *Media Tropes* 1. pp. 127-142.

 Strate, L. (2011). *On the Binding Biases of Time and other Essays on General Semantics and Media Ecology.* Fort Worth, TX: Institute of General Semantics.

 Strate, L., Jacobson, R. L. & Gibson, S. B. (eds.). (1996). *Communication and Cyberspace: Social Interaction in an Electronic Environment.* Cresskill, NJ: Hampton Press.

 Strate, L., Jacobson, R. L. & Gibson, S. B. (eds.). (2003). *Communication and Cyberspace: Social Interaction in an Electronic Environment* (2nd ed.). Cresskill, NJ: Hampton Press.

 Strate, L. & Wachtel, E. A. (eds.). (2005). *The Legacy of McLuhan.* Cresskill, NJ: Hampton Press.

 Virilio, P. (1986). *Speed and Politics: An Essay on Dromology* (M. Polizzotti, trans.). New York: Semiotext(e).

 Virilio, P. (1991). *The Lost Dimension* (D. Moshenberg, trans.). New York: Semiotext(e).

 Whorf, B. L. (1956). *Language, Thought, and Reality.* Cambridge, MA: MIT Press.

 Wiener, N. (1950). *The Human Use of Human Beings: Cybernetics and Society.* Boston: Houghton Mifflin.

媒介研究的诗学源泉：
一些定量的初步理解

彼得·穆赖　多明尼克·谢菲尔-杜南　著

梁小静　译

【作者简介】彼得·穆赖（Peter Murvai），法国巴黎高等师范学院、加拿大约克大学教授。

多明尼克·谢菲尔-杜南（Dominique Scheffel-Dunand），多伦多大学麦克卢汉文化与技术研究所主任，加拿大约克大学教授。

【译者简介】梁小静，河南大学文艺学研究中心2013级博士生。

内容提要：如果说现代主义范式支配了19世纪后期以来的文学理论领域的研究，这是否也意味着，它为20世纪的媒介研究也提供了可供采纳的概念和话语体系？当前的研究通过阐明在现代主义美学和媒介传播领域的经典文本中所发现的观念间的联系，尝试解答上述问题。

具体来说，我们展开定量研究的目的有两方面：一是在关于媒介研究（1950—2011）的大型语料库中，描绘出它所暗含的、假设的文学媒介空间，突出现代主义诗学和传播理论间的相似和差异；二是从一般语用效果论的角度对美学和媒介研究进行比较。

当前的研究表明产生于现代主义传统的诗学方法在这个语料

库中发挥了富有成效的作用。但这还只是初步成果,关于审美转向的严格意义上的定量分析,还需要建立在对近来媒介研究话语景观进行更详细、更多元的探究基础之上。目前这种新的研究也整合了与数字化转向有关的具有代表性的争论。

关键词:现代主义诗学;媒介研究;计算机语用分析;应用媒介美学

一、刺猬诗学(The poetics of the hedgehog)

文学文本的非交流性观念在现代主义传统中发挥着重要作用,从德国浪漫主义直到法国后结构主义的批评和理论,它都在其中占据了显赫地位。在这个范式中,文学作品被看成是不及物的实体,具有抵消意义的螺旋上升的自反性。正如弗里德里希·施莱格尔在其著名的《断片集》中所说的,文学作品像刺猬一样,完成自己,又与周围的世界完全隔离。[①]

这种流行的观点与持久的文学[②]实践自动化过程有关,它有赖于两个互补的假设:文学是自治的媒介,它的基本使命在于对受体产生一系列感觉(sensorial)和元政治(metapolitical)的影响。

更准确地说,文学作品不仅仅单一地传达作者的意图,它还将语言从日常交流的目的中解放出来,从而为材料的能指游戏创造不及物的、自由民式的空间(subject-free space)。

这两个假定是现代派的核心观念,浪漫派、形式主义者和后结构主义者在这一点上达成了共识:文学这个词的本来意义,不是参与日常交流的众多媒介之一。换句话说,文学写作的特殊性

---

① Friedrich von Schlegel, *Philosophical Fragments*, University of Minnesota Press, 1991.
② 根据《牛津英语词典》,"文学"(literature)这个词的当前意义至少可以追溯到 18 世纪的英语和法语,那时,这个词语开始逐渐摆脱旧有用法(如书面知识、文献)。

不在于虚构（即亚里士多德诗学中的模仿）的创造性，也不源于对某种知识体系的传达，而在于它发明了一种完全自主的空间，在这个空间里使用于交流的实用规则暂时失效。① 这种向艺术媒介非再现性特征的隐退，它的乌托邦的和元政治学的蕴含是大多数当代理论的周期性风尚。当代理论体系的主要目标是描述出文学性——自律的艺术作品的突出特征——在个体或群体变化中发挥显著影响或起决定作用的条件。从 1800 年至 20 世纪末，现代诗学提供了一个开阔的、非实证的但被广泛共享的文学范式，作为本质主义文学观的继发作用，这个范式的成就多半在于其自我服务的倾向，换言之，在于它有力地增强了文学象征资本，同时使自身的批评实践合法化。

席勒的《审美教育书简》对现代主义传统具有开创性意义②，它将自身表现为自由游戏的审美活动，解除了感性冲动与理性冲动之间的对立。自治的艺术品，它的无为状态赋予受体一种新的艺术体验：一种自由的、有机的、共产主义式的包容性，使各种力量间无止境斗争的结束有了指望。③ 以间接的方式，艺术作品（如 Juno Ludovisi 的雕塑品）同时在感官的和元政治学方面产生影响，这也是艺术品完全自律的结果。艺术的自治（比如"为艺术而艺术"的著名论点）与其社会影响之间的关系是当代诗学最典型、最常论及的主题之一，比如马拉美关于"终极大书"（the absolute Book）的构想计划，曾被宣称预示了未来的共产主义信念。但这只是其中一例。对于席勒和他的追随者来说，审美的自

---

① 正如茨维坦·托多罗夫在《象征理论》（Tzvetan Todorov, *Theories of the Symbol*, Cornell University Press, 1984）中指出的，在早期浪漫主义诗学中，绘画和音乐是"更高级语言"，它们对理性思维所不能及的事物有所传达，其中的艺术信息难以靠日常语言来形容。

② Jacques Rancière, *The Politics of Aesthetics: The Distribution of the Sensible*, trans. and introd. Gabriel Rockhill, London and New York: Continuum, 2004.

③ Friedrich Schiller, *On the Aesthetic Education of Man: In a Series of Letters*, Elizabeth M. Wilkinson and L. A. Willoughby (eds.), Oxford: Clarendon Press, 1982.

律性游戏能够修复主体的感知器官（即个体的感知平衡），因而，这也为乌托邦的各种可能性开拓了空间。我们应该注意到，媒介的物质性和感知反应之间的交集，在媒介影响的各个子领域中将变得十分可观。

在 20 世纪 20 年代，即席勒的《审美教育书简》问世数世纪之后，关于现代诗学，早期的形式主义者提出了一个更科学的语言学构想。① 对于罗曼·雅各布森② 和他的同仁来说，文学的"文学性"（literariness）存在于以诗性功能为主导的语言中，这时，符号将自身作为目的而起作用。雅各布森认为，对以悬置诗歌交流功能为基础的诗性的预设和语言学假定，并不能取消它内含的社会关联，相反，通过一系列艺术策略，诗歌媒介的自反性中断了感知自动化和日常交流的公式化内容。但从根本上说，只有当语言的诗歌用法创造了某种语言共同体（linguistic community）时，也就是说，只有它强有力地推行一种自由的、非异化的崭新规则时，其对意识形态连续体的打破才是可能的。需要重申的是，形式主义立场暗示出，正是因为诗性功能聚焦在信息的为己性，它才影响了社会表征。

文学通过实现它所是来自如地表意政治；只有当它明确了不及物的、自为的功能时，它才完成了自己的使命。这被包括形式主义在内的当代理论普遍认可。将文学与政治教条硬绑在一起，只会使它远离自己的本质。在将"真正的"（real）（即自律的）文学作品与其拟像（simulacra）区分开来时，现代主义传统为我们提供了科学的、灵活的工具。甚至在实用主义者对本质主义美学传统和相关的西方经典进行了数十年的攻击后，这种分类仍深植

---

① 当然，形式主义理论有它早期德国浪漫主义的资源，诺瓦利斯认为，诗歌艺术的显著特点是它对一个外在于自身的目标和意图的适应。语言（language）这个词的最恰当的意义属于诗歌艺术的领域，它的目的取决于交流和对确定信息的传达。(Apud Todorov, 1984, p.172)

② Roman Jakobson, *Language in Literature*, Harvard University Press, 1987.

于我们的文学教养中。受过良好训练的当代读者,能够准确指出给定作品或流派在自治轴上的位置。在这个意义上,现代主义乌托邦在暗示等级制度时仍然有用,它让我们将顶级的、像样的文学产品同那些副文学现象(paraliterature)区别对待。尽管这个范式在近10年来遭到了挑战,当实用主义者谈及美学时尤其如此①,但它仍然作为一种传统,提供文学的内在规范,指出革新规则和尺度。并且,通过它,一个读者得以判断一部作品或某种风格是否能归入"好作品"(good art)②的行列。

二、媒介研究网络中的文学

如果现代主义范式至少从19世纪中叶开始在文学理论领域占据支配地位,那么,这是否也意味着它提供了一个大致框架,使更具关联性和前沿性的领域也能够从中有所汲取和变通?比如媒介研究领域。在它现代化的、可识别的形式中,媒介研究有一个超过50年的历史跨越,在这期间,它探索自身的独特性,从而和文学研究区别开来。更准确地说,媒介研究这个急遽浮现的领域在学科构造的两个先决条件上下了功夫,即明确它的对象,找到它一套独特而有效的方法。

我们当前的研究,试图通过分析③众多的媒介研究资料去窥探现代主义遗产。这些资料以年代顺序编排,其中收录了1950年

---

① 参见 H. Grabes, "The Revival of Pragmatist Aesthetics", in *REAL: Yearbook of Research in English and American Literature* 15 (1999); Richard Shusterman, *Pragmatist Aesthetics: Living Beauty, Rethinking Art*, Rowman and Littlefield, 2000.

② 就像布尔迪厄在他那个有名的论断中所说的,美学理论也为针对符号资本的(它支撑着文学文本的生产)残酷的社会学斗争提供了理论背景。

③ 结果来源于多种文本挖掘工具,如 Tropes 8.4、Termino 4、Voyant Tools。

至 2011 年的相关研究。① 我们的主要目的是在两个层面上探讨公认的现代主义影响的主要特征，即在语料库中文学指称（literary References）的层面和媒介影响的一般范式的层面。②

---

① 这个资料库包含了 20 多本媒介研究的相关著作：
Harold Innis, *Empire and Communications*, 1950.
Marshall McLuhan, *Counterblast*, 1954.
Marshall McLuhan, *The Gutenberg Galaxy*, 1962.
Marshall McLuhan, *Understanding Media*, 1964.
Joshua Meyrowitz, *No Sense of Place*, 1986.
Edward S. Herman and Noam Chomsky, *Manufacturing Consent*, 1988.
James Curran (ed.), *Media Effects and Beyond*, 1994.
Brende Downes and Steve Miller, *Media Studies*, 1998.
Alistair Inglis, Peter Ling and Vera Joosten, *Delivering Digitally*, 1999.
Meenakshi Gigi Durham and Douglas M. Kellne, *Media and Cultural Studies*, 2001.
Tony Charlton, Barrie Gunter and Andrew Hannan, *Broadcast Television Effects in a Remote Community*, 2002.
Jane Stokes, *How to Do Media & Cultural Studies*, 2003.
Andrew Beck, Peter Bennett and Peter Wall, *Communication Studies: The Essential Resource*, 2004.
James Curran and David Morley, *Media & Cultural Theory*, 2005.
Karen Boyle, *Media and Violence. Gendering the Debates*, 2005.
Henry Jenkins, *Convergence Culture. Where Old and New Media Collide*, 2006.
Fiona Cameron and Sarah Kenderdine (eds.), *Theorizing Digital Cultural Heritage. A Critical Discourse*, 2006.
Francisco J. Ricardo (ed.), *Case Studies in New Media Art and Criticism*, 2009.
Erik Qualman, *Praise for Socionomics*, 2009.
John F. Myles, *Bourdieu, Language and the Media*, 2010.
Jody Santos, *Daring to Feel. Violence, the News Media, and Their Emotions*, 2010.
Astrid Ensslin and Eben Muse (eds.), *Creating Second Lives*, Routledge Studies in New Media and Cyberculture, 2011.

② 在研究中，"Reference"是一个技术性的、分析性的术语。我们用它来指语义抽象的第一个层面（the first level of semantic abstraction），例如指一类相关词汇，比如一些相近的表达：Prime Minister（首相）、Lord Chancellor（大法官）、Head of Government（政府首脑）、Minister（部长）、Secretary of State（国务卿），它们在语义抽象第一层面都属于"Minister"。在表达语义抽象的更高层面时，我们使用"Equivalent Classes"将相关的指称（References）归为一类，例如 Politics（政治）就是这样一个术语，它使相关的词汇（References）如 Government（政府）、State（国家）、Democracy（民主）等重聚。（在本文中根据上下文语境，将 Reference 翻译为"指称"、"关联词"、"指涉"、"关联物"等，将 Equivalent Classes 译为"等价范畴"、"大语义范畴"等。——译者注）

这项复杂的工程假定，为了规划语料库中的语义学或主题学论题，分析者必须超越那些屈折语、同现词，甚至组合词和关键词。与词汇层面相比，主题和专题在文本表意的一个更高层面上运转。并且，为了从资料库中获得文学主题的更具概括力的表现，也为了探求与被分析的文本生产有关的思维过程，在对数据概率语义索引的基础上，达到对论题的非主观的表达是必要的。尽管有一种能大致解决词语歧义问题的系统作为自动分析工具 Tropes 8.4 的基础，但为了获得对语义类别连接率（connection rate）的更精确表述，我们仍需要一种以词汇和上下文线索为基础的个人化主题模型作为脚本。

因此，这些技术使我们能够对"脸书"（Facebook）① 这个关键词的语境有所表现，它同样适用于更抽象的等价范畴（Equivalent Classes）**社交网络**（Social Networks），正如在以下两幅图中所显示的：

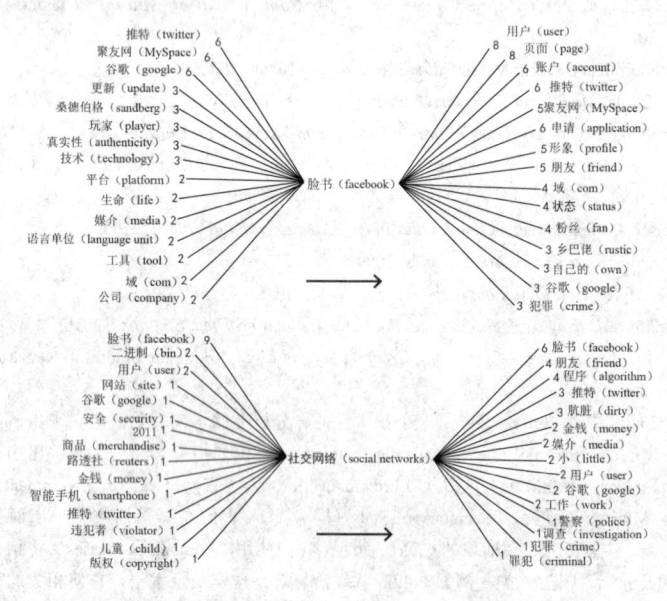

推特（twitter） 6
聚友网（MySpace） 6
谷歌（google） 6
更新（update） 3
桑德伯格（sandberg） 3
玩家（player） 3
真实性（authenticity） 3
技术（technology） 3
平台（platform） 2
生命（life） 2
媒介（media） 2
语言单位（language unit） 2
工具（tool） 2
域（com） 2
公司（company） 2

脸书（facebook）

用户（user） 8
页面（page） 6
账户（account） 6
推特（twitter） 6
聚友网（MySpace） 5
申请（application） 6
形象（profile） 5
朋友（friend） 5
域（com） 4
状态（status） 4
粉丝（fan） 4
乡巴佬（rustic） 3
自己的（own） 3
谷歌（google） 3
犯罪（crime） 3

脸书（facebook） 9
二进制（bin） 2
用户（user） 2
网站（site） 1
谷歌（google） 1
安全（security） 1
2011 1
商品（merchandise） 1
路透社（reuters） 1
金钱（money） 1
智能手机（smartphone） 1
推特（twitter） 1
违犯者（violator） 1
儿童（child） 1
版权（copyright） 1

社交网络（social networks）

脸书（facebook） 6
朋友（friend） 4
程序（algorithm） 4
推特（twitter） 3
肮脏（dirty） 3
金钱（money） 2
小（little） 2
媒介（media） 2
用户（user） 2
谷歌（google） 2
工作（work） 2
警察（police） 1
调查（investigation） 1
犯罪（crime） 1
罪犯（criminal） 1

---

① 这篇文章采用的惯例是：当作为语义范畴出现时，词语用黑体表示，而同现词则添加双引号表示。

另外，像**媒介**（Media）这样的大语义范畴将包罗与传播渠道、赞助商和技术有关的报纸、新机构、书籍、电视、电信、社交网络、网址和网络供应商等一系列关联词（References）。

无疑，语义搭配网络并不能代替上下文的细致阅读，但它们提供了非连续的、超文本的和关于思维模型的系统制图学，从而组织了语料库。对主要论题的相对去语境化和抽象的描述，说明在这个层面上我们不能还原作者的意图和文体特征。[①] 但是针对语料库中的现存知识，我们可以尝试去标注和说明其影响（这表明纵聚合式和横组合式的阅读相互补充）。研究基于这样的假设，即一个语料库从频数列表中获得的主要语义范畴预示着潜在的、通常不向读者敞开的意义模式。

文学机制是一个包含美学理论、作者、文本等关联词的概念，对它与媒介研究之间复杂关系的描绘，应包括对个性化语言、主题和上下文语义网的分析。

在最抽象的层面上，文献指称包含在一般经济的各种传播渠道中，这让我们通过明确所涉及的书写传播（written media）的重要性，而在抽象化进程中更进一步。**书籍**、**报纸**、**电报**和**电子邮件**等种类在当前研究中的高频率出现，说明书写并没有被视听媒介所代替。同时，在其最抽象的形式中，文本仍然是主导性的传播方式，至少对这个语料库中的作者而言。（见下图）

书面媒介的相关词太笼统化，因而不能传达出有效线索来标注文学机制在信息研究制图中的适当位置。更有可能的是，提及特殊的"命名实体"（named entities）（尤其是作者），将使我们获得精确的视角，洞悉呈现于语料库中的文学传统。

作者关联词绘制了一幅经典的文学图景，除了现代西方经典

---

① 比如，语义分析无法对下面这两种表达做出明确区分："电子游戏可能让我们变得更加暴力。"（Video Games might make us more violent.）"电子游戏可能让我们变得更暴力可是，……"（Video Games might make us more violent **but**, ...）

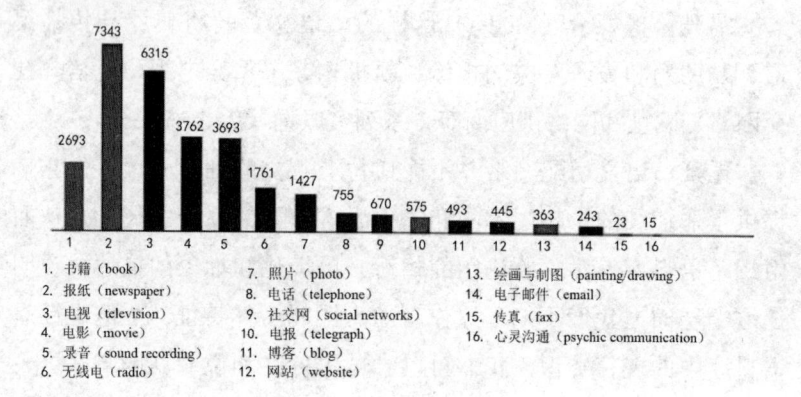

```
                7343
                      6315
        2693                3762  3693
                                        1761  1427
                                                    755  670  575  493  445  363  243  23  15
          1     2     3     4     5     6     7     8    9   10   11   12   13   14   15  16
```

1. 书籍（book）
2. 报纸（newspaper）
3. 电视（television）
4. 电影（movie）
5. 录音（sound recording）
6. 无线电（radio）
7. 照片（photo）
8. 电话（telephone）
9. 社交网（social networks）
10. 电报（telegraph）
11. 博客（blog）
12. 网站（website）
13. 绘画与制图（painting/drawing）
14. 电子邮件（email）
15. 传真（fax）
16. 心灵沟通（psychic communication）

的奠基者（如莎士比亚、塞万提斯和拉伯雷），其他作家几乎都属于现代主义文学传统。① 乍一看，现代主义作家在这个文献关联物的地图中占主导地位，但有许多偶然因素发挥了作用，如麦克卢汉，他对爱伦·坡、艾略特和叶芝等现代主义诗人和实验小说家如乔伊斯、温德汉姆·刘易斯等的兴趣众所周知。② 并且作家的名望并不是一个代表性的标准。尽管名字的出现频率表现了现代派经典的活力，但仍然暗示了两个独立的文化领域的共存：一个将力量集

---

① 出现在这个资料库中的作家有：
莎士比亚　　97
乔伊斯　　　28
塞万提斯　　26
卡罗尔　　　18
普鲁斯特　　17
贝克特　　　11
爱伦·坡　　11
刘易斯　　　9
叶芝　　　　8
艾略特　　　6
拉伯雷　　　6
卡夫卡　　　5
福克纳　　　3
兰波　　　　3

② Elena Lamberti, *Marshall McLuhan's Mosaic: Probing the Literary Origins of Media Studies*, Toronto: University of Toronto Press, 2012.

中在个体的知名度上，另一个致力于突出产品和类型标识。

正是后者即亚文化领域激发了研究者们对媒介研究的兴趣，对大语义范畴**虚构**（fiction）的语义语境的分析显示了这一迹象。（见下图）

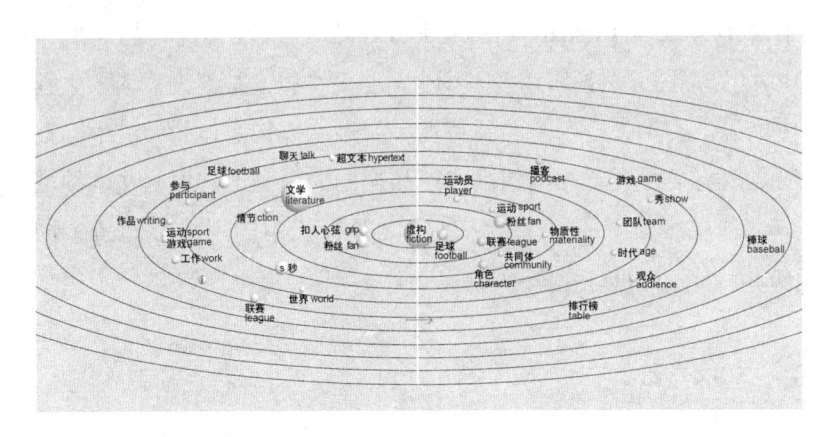

虚构的语义关联网清楚地说明这个范畴所属的理论范式与现代主义政体的逻辑相去甚远，它以差异和鲜明的层次体系为特征。在这个媒介研究语料库中，虚构被认为是一个高度他治的范畴，与它有着显著关联的是：足球（共同出现 42 次）、扣人心弦（如"扣人心弦的悬疑小说"，共同出现 18 次），粉丝（如"……粉"，共同出现 17 次），联赛（如"梦幻足球联赛"，共同出现 15 次）。①

---

① 虚构（fiction）与其他语义范畴间的关联：
虚构 > 足球（fiction > football）　　　42
虚构 > 文学（fiction>literature）　　　25
扣人心弦 > 虚构（grip > fiction）　　　18
粉丝 > 虚构（fan > fiction）　　　　　17
虚构 > 联赛（fiction > league）　　　　15
虚构 > 粉丝（fiction > fan）　　　　　11
虚构 > 共同体（fiction > community）　 10
虚构 > 运动（fiction > sport）　　　　 10
粉丝 > 共同体（fan > community）　　 10
虚构 > 媒介（fiction > media）　　　　10

当然，**虚构**是一个包罗万象的范畴，通常是指小说，但也包括电子游戏和电影等。即便有着清晰轮廓的主题词**文学**（literature），看来也受制于多元的语境因素，正是它们打乱了指向媒介自治性和非交流性的现代主义范式。这些涉及文学主题的语义学关联词（semantic references），同样出现在**虚构**的同现词中。（见下图）这说明，多多少少，这两个概念被混为一谈。更具体地说，文学失去了它的独特性，而融入虚构实体的种类中。很明显，将文学置于与其他虚构产品相同的根基上，说明文学领域中一种层级模型的匮乏，它使缺乏象征资本的副文学产品（the paraliterary products）被冷落了。

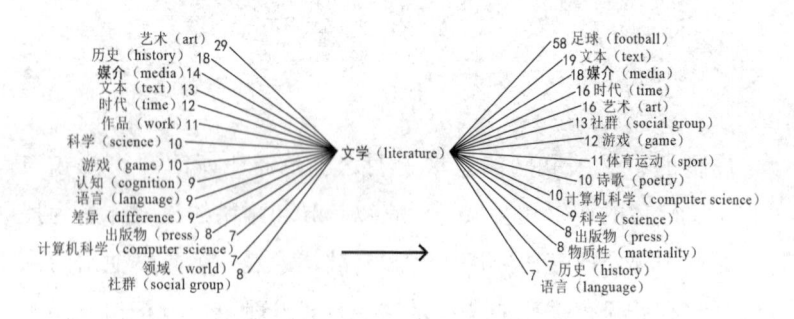

艺术（art）29
历史（history）18
媒介（media）14
文本（text）13
时代（time）12
作品（work）11
科学（science）10
游戏（game）10
认知（cognition）9
语言（language）9
差异（difference）9
出版物（press）8
计算机科学（computer science）7
领域（world）8
社群（social group）

文学（literature） →

58 足球（football）
19 文本（text）
18 媒介（media）
16 时代（time）
16 艺术（art）
13 社群（social group）
12 游戏（game）
11 体育运动（sport）
10 诗歌（poetry）
10 计算机科学（computer science）
9 科学（science）
8 出版物（press）
8 物质性（materiality）
7 历史（history）
7 语言（language）

文学是一个大的语义范畴（广义上指所有的文字作品），它出现在各种各样的非文学文本中：比如资料库中提到的"烹饪文学"、"自助文学"和"信息管理文学"。（见下表）

cooking habits would be destroyed by the proliferation of culinary **literature**; interpreting that literature was only possible within a rich tradtion
be destroyed by the proliferation of culinary literature; interpreting that **literature** was only possible within a rich tradition of cooking. Science
within a rich tradition of cooking. Science fiction and utopian **literature** of those eras do contain many a fine testament to
has played in the Wikileaks saga: A magazine of politics **literature**, Google's angry e-mail was triggered by a short story called

续表

emancipatory potential of disintermediation is pronounced most in the vast **literature** on the future of book publishing, or Tolstoy novels doesn't
statistics like this reveal the pro-innovation bias of most academic **literature** on the subject.) If one thinks that the goal of
on the subject.) If one thinks that the goal of **literature** is to maximize the well-being of memes then Amazon should
memes then Amazon should be seen as the savior of **literature**. And that one of the goals of literature is to
savior of literature. And that one of the goals of **literature** is to challenge regardless of whether they want to improve
challenge regardless of whether they want to improve politics or **literature**. Ostensibly a work of fiction written by a Google data-mining
like characters in a Kafka novel, and the burgeoning behaviorist **literature** on nudging are focused not on fostering another novel solution
into a moving surveillance castle, as if it were self-help **literature**, or knowledge to invoke the famous pyramid that dominated much
to invoke the famous pyramid that dominated much of information-management **literature** for decades? Without even noticing that his appreciation of literature
literature for decades? Without even noticing that his appreciation of **literature** has suddenly become hostage to his totalizing fetish for documenting

尽管我们也做了细化分析，考察个人化的词语而不是语义学主题，但结果仍然十分相似："幻想"、"数码"、"足球"、"粉丝"是出现频率最高的"文学"共现词。①

---

① "文学"（literature）的共现词：
幻想（fantasy） 134
数码（digital） 79
虚构（fiction） 65
小说（novel） 57
足球（football） 52
粉丝（fan） 41
艺术（art） 36
媒介（media） 34
作品（work） 32
小说（novel） 30
电子的（electronic） 29

以同样的方式,当同时输入**文学**与**媒介**时[①],它们之间的联系说明文学文本纯粹的非交流性观念逐渐崩溃,即风格、流派的现代主义层级模型的崩溃。可不管怎样,这也并不就是说基于媒介独特的物质性的自律原则被普遍地否认,相反,从典型的法兰克福学派现代主义式地对文化产业的激烈批评向锻造更民主的视角的方向扭转的运动,才是它想要表达的。

意料之中的是,面对挑战,媒介研究者必须去探寻新的、常常被当代理论和批评实践所贬低和忽视的文学对象;同时,又必须将它们融入更广泛、边界更模糊的媒介研究中。

三、媒介效果

媒介研究的悖论是:一方面,这种研究机制亟需一种更加平等协调的制图法去面对多元、异质的实践和风格;另一方面,它又依赖于媒介形式的和物质的自治准则。这种双重束缚要对媒介研究与现代主义遗产间模棱两可的关系负一定责任。

在这一点上,麦克卢汉的例子堪称典范:尽管他的思想遗产存在争议,但他的影响无可否认,尤其在文化研究领域,作为开创者之一,他确立了大众文化研究的学术性和合法性。

剑桥学习阶段是麦克卢汉思想的形成期,他受到了 I. A. 理查兹和利维斯的美学影响,这两位现代批评家当时正致力于推翻传

[①] 关于"媒介"和"文学"关系的一些例子将有助于说明这一点,窗口中的这些例子都在十个词语之内:
  of digital **media** especially digital **literature**, video games, and
  intersections among contemporary culture, **literature** and new **media**. Her
  could convey the fusion of **literature** and art beyond **media**,
  In digital **media**, **literature** is digital in a double
  a new medium only creates **literature** in digital **media**, but

统的文学研究模式。由理查兹开创的新批评试图将研究重心从意义和作者意图转向文本的修辞力量，在麦克卢汉的意义上，即是"视觉"（sight）向"听觉"（sound）的转向。

剑桥小组转向了包括音乐在内的其他研究，将句法方向的语义学——即内容研究，转向结构和形式的研究。因为这个原因，麦克卢汉对埃德加·爱伦·坡和其他现代主义诗人，如艾略特、乔伊斯等产生了兴趣，他们在诗中表现了"声音"，同时更加重视读者角色。利维斯就表示，为了理解一首诗，必须在脑中重建它。几年后，麦克卢汉也说，内容是贼扔给看家狗的一块肉，以便媒介开始工作，因为内容永远在警惕媒介和其信息的操纵力量。

文学、美学研究的进展与剑桥大学神经病学、感知心理学和人类学的发展相一致。面对富于想象力的作者所提供的信息，神经系统会对它们进行加工和吸收，理查兹丝毫不掩饰自己对其运转方式的兴趣。

对感知的兴趣引起一项关于大脑和感知（尤其是视听）如何运转、工作的研究。艺术解决问题的技巧揭示了大脑的运转方式，这个假设使艺术在精神心理实验室中具备了预期感知的功能。由此麦克卢汉使神经病学、感知、艺术和媒介间的联系被广泛接受。这种思考方式自然导向了这个发现，即"形式即内容，媒介即讯息"。[1]

对于麦克卢汉，这意味着电子媒介的普及不仅将引起看得见的社会变化，还将以可衡量的、客观的方式完善人的感知力（即"感知平衡"）。

尽管麦克卢汉的诗学模式已被更具实证性基础的方法所扬弃，但在媒介的物质性和其社会认知影响这二者的关系中，存在着一

---

[1] Donald F. Theall, *The Medium is the Rear-View Mirror, Understanding McLuhan*, McGill-Queen's University Press, 1971, p. 12.

种持久性的范式，这也是这个语料库中的语义学分析加以展示的。例如，在语料库中，我们可以肯定**暴力**这个大语义范畴与其语境主题如**媒介、妇女、电视和儿童**之间是强相连的关系。（见下图）

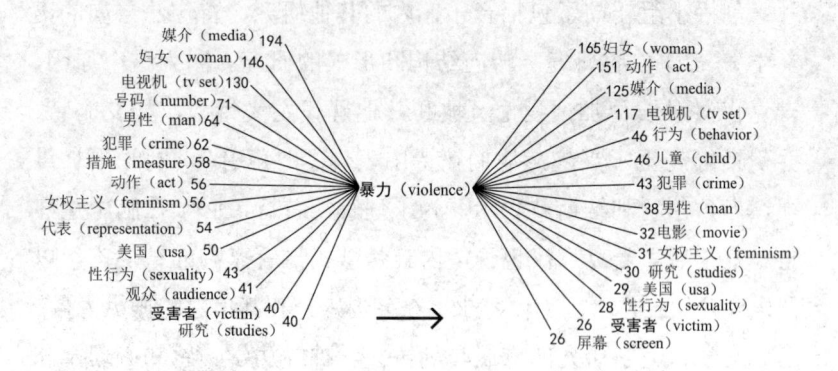

```
媒介（media）194                          165 妇女（woman）
妇女（woman）146                          151 动作（act）
电视机（tv set）130                        125 媒介（media）
号码（number）71                          117 电视机（tv set）
男性（man）64                             46 行为（behavior）
犯罪（crime）62        暴力（violence） →  46 儿童（child）
措施（measure）58                          43 犯罪（crime）
动作（act）57                              38 男性（man）
女权主义（feminism）56                     32 电影（movie）
代表（representation）54                   31 女权主义（feminism）
美国（usa）50                              30 研究（studies）
性行为（sexuality）43                      29 美国（usa）
观众（audience）41                         28 性行为（sexuality）
受害者（victim）40                         26 受害者（victim）
研究（studies）40                          26 屏幕（screen）
```

联系是相互的，就是说，当中心点是**电视**，**媒介**是主题，那么**暴力**也与之密切相关。（见下图）

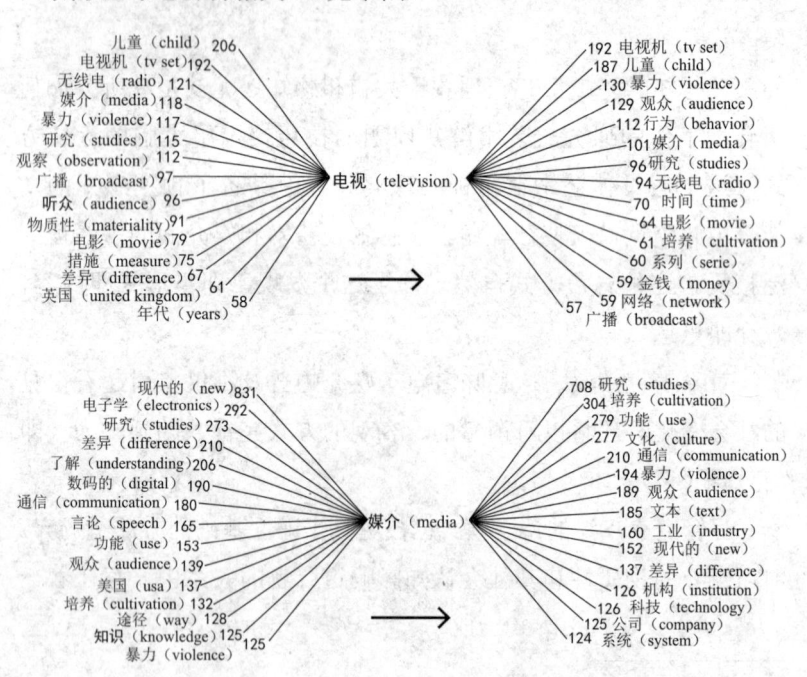

```
儿童（child）206                           192 电视机（tv set）
电视机（tv set）192                         187 儿童（child）
无线电（radio）121                          130 暴力（violence）
媒介（media）118                           129 观众（audience）
暴力（violence）117                         112 行为（behavior）
研究（studies）115                          101 媒介（media）
观察（observation）112  电视（television） →  96 研究（studies）
广播（broadcast）97                         94 无线电（radio）
听众（audience）96                          70 时间（time）
物质性（materiality）91                     64 电影（movie）
电影（movie）79                             61 培养（cultivation）
措施（measure）75                           60 系列（serie）
差异（difference）67                        59 金钱（money）
英国（united kingdom）61                    59 网络（network）
年代（years）58                             57 广播（broadcast）
```

```
现代的（new）831                           708 研究（studies）
电子学（electronics）292                    304 培养（cultivation）
研究（studies）273                          279 功能（use）
差异（difference）210                       277 文化（culture）
了解（understanding）206                    210 通信（communication）
数码的（digital）190                        194 暴力（violence）
通信（communication）   媒介（media） →     189 观众（audience）
言论（speech）165                           185 文本（text）
功能（use）153                              160 工业（industry）
观众（audience）139                         152 现代的（new）
美国（usa）137                              137 差异（difference）
培养（cultivation）132                      126 机构（institution）
途径（way）128                              126 科技（technology）
知识（knowledge）125                        125 公司（company）
暴力（violence）125                         124 系统（system）
```

一个更普遍的、从定量观来看同样重要的关联存在于更常见的主题词**行为**和**媒介**中。（见下图）

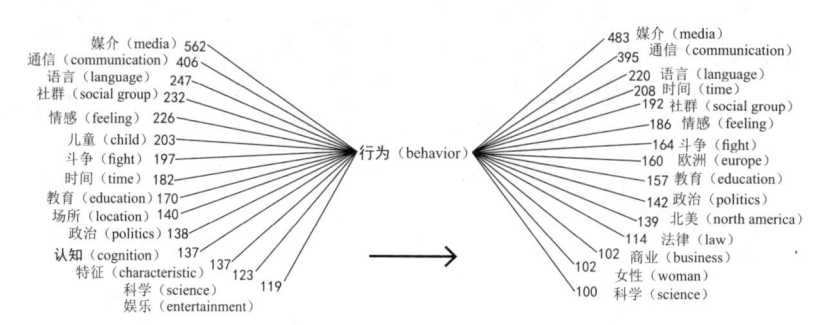

```
媒介（media）562                              483 媒介（media）
通信（communication）406                      395 通信（communication）
语言（language）247                           220 语言（language）
社群（social group）232                       208 时间（time）
情感（feeling）226                            192 社群（social group）
儿童（child）203                              186 情感（feeling）
斗争（fight）197          行为（behavior）    164 斗争（fight）
时间（time）182                               160 欧洲（europe）
教育（education）170                          157 教育（education）
场所（location）140                           142 政治（politics）
政治（politics）138                           139 北美（north america）
认知（cognition）137                          114 法律（law）
特征（characteristic）137                     102 商业（business）
科学（science）123                            102 女性（woman）
娱乐（entertainment）119                      100 科学（science）
```

这个范式为媒介研究者所熟悉：这不仅是一个丰富的文献目录，而且还构成一个学术研究领域，它致力于观察不同媒介在犯罪、暴力和政治控制等社会问题方面的影响。[①] 正如语料库中的大部分文章所表明的，当前的趋势是抛开已失去说服力的"皮下注射"理论，而代之以更复杂的间接法去研究媒介的促进因素和它的社会影响[②]，而这又可能深化"注射"这个认知隐喻。这次变革也趋向于弱化媒介内容的重要性，整体来看，大多数研究对媒体涵养信息的方式更加关注，如形式、材料、制度等方面，而降低了对媒介传递内容的关注。即使当对象是暴力或宣传时，我们选择的文本也着重于强调笼罩着其影响的媒介环境的重要性。

类似地，在对资料进行仔细阅读时，大部分文本将会敞开它的论说方式，即关于媒介影响的所有陈述都处在由本质主义和实用主义构成两端的轴线上。本质主义者认为，媒体（如电视台、网站）是自治的，它对模仿行为发挥特殊影响。而对于实用主义

[①] 关于它的概述可以参考：Jennings Bryant (ed.), Mary Beth Oliver (ed.), *Media Effects: Advances in Theory and Research*, Routledge, 2009. 并非局限于学术圈，媒介影响研究也在构造公共感知上发挥积极影响，具体可参考：*Copycat Kids? The Influence of Television Advertising on Children and Teenagers*, report by Pam Hanley et al., October 2000.

[②] Erving Goffman, *The Presentation of Self in Everyday Life*, Anchor Books, 1959.

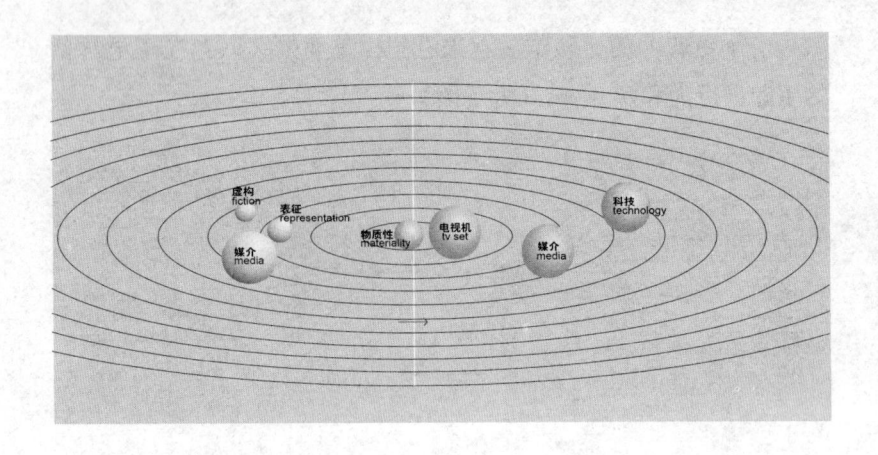

者来说，媒体是他治的、被语境定义的客体，它缺乏以一种量化方式去影响行为的能力。但非本质主义研究也假设在媒介理论和人际交往行为理论之间存在着桥梁式的关联，这种关联近似于在人际行为规则与电视节目制作常规之间存在的结构的相似性。①正如我们通过文学现代主义所看到的，关于媒介影响的思考，是在对媒介自身的定义问题和对决定论模型与其反对者之间的对立问题这两方面同时展开的。我们努力证明在行为中存在着一整套的来自媒介的直接影响，但成果不尽人意，以至于我们要对这种来自于还原论和功利主义者的思维模式令人惊讶的耐力做出解释还存在困难。如果学科基础岌岌可危，那么大众媒介消费和随之产生的行为之间的联系是一个只能持续 60 到 70 年的研究话题。但是，为了探寻研究对象和方法，研究者就必须给出一种关于媒介影响的模式，而只有突出媒介的重要性，并把它作为一种拥有自己语法的语言去思考，才能达到这个目的。从麦克卢汉对四分体的探索，到伊丽莎白·爱森斯坦对印刷的影响研究，再到对电视作为重塑社会与空间联系的重要角色的各种推断，所有这些强

---

① Joshua Meyrowitz, *No Sense of Place: The Impact of Electronic Media on Social Behavior*, Oxford University Press, 1986, p. xi.

调媒介自治特征的研究成果的获得，都有内需作为它们经得住推敲的原因。①

在这个层次上，文学理论和媒介研究汇于一点，某种意义上说，也正是在这一层面，具有实证基础的媒介影响的研究探索甚至是后浪漫主义自治诗学观看起来不大可能的继承者。目前的研究表明，尽管文献指称并不像它在现代主义传统中那样享有特权，但产生于现代主义传统的诗学方法在这个语料库中发挥了富有成效的作用。这些成果只是初步的，对物质性、差距、关系和区间等主题的探索，还需要我们通过分析最近媒介研究中出现的调整了的认知方法，对其展开更详细的、历时性的定量式研究，才能对形式主义转向的重复出现进行有效的定量式分析。这样，我们才能整合那些讽喻式表达和富有争议性的话题，而这与数字化转向息息相关。

参考文献

Innis, Harold. *Empire and Communications*. Toronto: Dundurn Press, 1950.

Jenkins, Henry. *Convergence Culture. Where Old and New Media Collide*. New York: New York University Press, 2006.

Lamberti, Elena. *Marshall McLuhan's Mosaic: Probing the Literary Origins of Media Studies*. Toronto: University of Toronto

---

① 例如，在 20 世纪 80 年代出版的语义学研究著作有：Marshall and Eric McLuhan, *Laws of Media: The New Science,* University of Toronto Press, 1988. Elizabeth Eisenstein, *The Printing Press as an Agent of Change,* Cambridge University Press, 1980. Neil Postman, *Amusing Ourselves to Death,* London: Methuen, 1986. Joshua Meyrowitz, *No Sense of Place: The Impact of Electronic Media on Social Behavior,* Oxford University Press, 1986.

Press, 2012.

McLuhan, Marshall. *Counterblast.* University of Toronto Press, 1954.

McLuhan, Marshall. *The Gutenberg Galaxy: The Making of the Typographic Man.* Toronto: University of Toronto Press, 1962.

McLuhan, Marshall.*Understanding Media.* New York: McGraw-Hill Publishing Company, 1964.

Meenakshi, Gigi Durham and Kellne, Douglas M. *Media and Cultural Studies.* Wiley-Blackwell, 2005.

Meyrowitz, Joshua. *No Sense of Place. The Impact of Electronic Media on Social Behavior.* Oxford University Press, 1985.

Myles, John F. Bourdieu. *Language and the Media.* Palgrave Macmillan, 2010.

Peter and Joosten, Vera. *Delivering Digitally. Managing the Transition to the Knowledge Media.* London: Kogan Page, 1999.

Postman, Neil. *Amusing Ourselves to Death: Public Discourse in the Age of Show Business.* New York: Viking, 1985.

Rancière, Jacques. *The Politics of Aesthetics: The Distribution of the Sensible*, trans. and introd. Gabriel Rockhill. London and New York: Continuum, 2004.

Ricardo, Francisco J. (ed.). *Literary Art in Digital Performance. Case Studies in New Media Art and Criticism.* New York: Continuum, 2009.

Rosengren, Karl Erik. *Media Effects and Beyond: Culture, Socialization and Lifestyles.* Routledge, 2005.

Santos, Jody. *Daring to Feel. Violence, the News Media, and Their Emotions.* Lexington Books, 2010.

Schlegel, Friedrich von. *Philosophical Fragments.* Minneapolis: University of Minnesota Press, 1991.

Shusterman, Richard. *Pragmatist Aesthetics, Living Beauty,*

Rethinking Art. Rowman and Littlefield, 2000.

Stokes, Jane. *How to Do Media & Cultural Studies.* SAGE Publications Ltd., 2012.

Todorov, Tzvetan. *Theories of the Symbol.* Ithaca: Cornell University Press, 1984.

Tony Charlton, Barrie Gunter and Hannan, Andrew. *Broadcast Television Effects in a Remote Community.* Lawrence Erlbaum, 2002.

后视镜中的麦克卢汉媒介研究：
旋涡、螺旋和人文教育

艾琳娜·兰伯特　著

梁小静　译

【作者简介】艾琳娜·兰伯特（Elena Lamberti），意大利博洛尼亚大学北美文学与媒介研究所教授。

【译者简介】梁小静，河南大学文艺学研究中心2013级博士生。

内容提要：本文探讨了麦克卢汉的媒介研究与他深厚的人文背景之间的关联。20世纪30年代末，麦克卢汉在剑桥大学攻读博士学位时对人文艺术（the liberal arts）中的三艺（trivium）做了专门研究，同时也机警地关注着先锋运动在两次战争间所取得的成就。数年后，作为多伦多大学年轻的英语教授，麦克卢汉满怀着在大众意识中播植"光"而不是"热"的希望，将"文学分析方法运用于社会的价值批评"（《机器新娘》，1951）。

在一个充满文化和社会变革的时代，他早期对新旧科技环境的研究引起了一大批艺术家和批评家的注意。与之迥然不同的艺术家昆汀·菲奥里（Quentin Fiore）和索雷尔·伊特劳格（Sorel Etrog）就将麦克卢汉的方法作为案例——如果还不能说是模型——加以研究。本文对麦克卢汉自身的媒介探索所依据的根基展开论述，探讨了这种根基在20世纪60年代末直至70年代的那些独创性艺术实验中所扮演的角色，同时也阐述了人文主义思想在复杂的媒介研究领域中所发挥的作用。

关键词：人文传统；旋涡派；媒介法则；叙述

一、对麦克卢汉人文背景的重探

今年，国际上举办了麦克卢汉《理解媒介——论人的延伸》一书出版 50 周年的纪念大会，现在这本书已经成为媒介探索的经典著作。它在《古登堡星汉》出版 2 年之后问世，使被誉为"媒介先驱"的麦克卢汉声名远播，并受到国际瞩目。麦克卢汉在书中以新的方法展开探索，进而在世界范围内改变了媒介研究的历史。对细心的读者来说，这本书又不止于此，它在文学、艺术和哲学等方面也让我们产生共鸣，因为麦克卢汉的媒介研究都深植于西方社会悠久的人文传统。所以，重新认识麦克卢汉自身知识体系的基本构成与他的传播理论探索之间的关系是非常重要的。

事实上，根据地方性的学术传统，当然也与他的鼓动性口号（如"媒介即信息"、"地球村"等）所产生的长期的接受偏向有关，西方国家对麦克卢汉各自有着层出不穷的定义。维基百科表明了这个事实。比如，在网上英国"自由百科"界面称他是"加拿大传播学哲学家"，意大利"自由百科"也简要地以"加拿大社会学家"介绍他。被认为是最精确的语言之一的德语则在"麦克卢汉"这个条目后列出了较长的解释项："赫伯特·马歇尔·麦克卢汉是加拿大哲学家，人文学者（更准确说，是关于人类精神的学者），英国文学专家，修辞学者和传播理论学者。"这里唯一疏漏的是"艺术家"这一项，在《理解媒介》这本经典著作里，麦克卢汉对"艺术家"有这样令人震撼的定义：

所谓艺术家,在各行各业都有。无论是科学领域还是人
文领域,凡是把自己行动的和当代新知识的含义把握好的人,
都是艺术家。艺术家是具有整体意识的人。①

尽管如此,我还是很赞成德国百科条目,它注意到麦克卢汉
的修辞学兴趣,并称他为人文学学者;它挖掘了《理解媒介》这
样卷帙浩繁的著作最终成书的学术背景。

实际上,麦克卢汉最初是作为人文学者接受学术训练的,20
世纪30年代,他在剑桥大学完成他研究英国文艺复兴的博士学
位论文,对人文学科中的三学科(语法、修辞、逻辑)做了深入
分析。在随后几年里,他将这些中古知识重配为理解新媒介语法
和他所处现实的一把钥匙,这个"现实",也就是批评家所说的
"大众社会"或"大众传媒社会"。作为才华横溢的文法学家,麦
克卢汉对媒介的兴趣渐趋浓厚,他要通过媒介去充分理解变动的
科技、文化和社会进程对人类产生的影响。正如麦克卢汉在他第
一本出版物《机器新娘》导言中所做的假定,对周围世界进程的
认知和理解让人自由、自主和自为:

在我们这个时代里,成千上万最训练有素的人耗尽自己
的全部时间,以便打入集体的公共头脑。打进去的目的是为
了操纵、利用和控制。旨在煽起热情而不是给人启示,长期
在脑子里留下烙印,使大家处于无助的状态,许多广告和娱
乐的结果就是这样的。②

---

① Marshall McLuhan, *Understanding Media. The Extensions of Man*, 1964, W. Terrence Gordon (ed.), Corte Madera, California: Gingko Press, 2003, p. 95. 译文参考〔加〕马歇尔·麦克卢汉著,何道宽译:《理解媒介——论人的延伸》,商务印书馆2000年版,第102页。

② Marshall McLuhan, *The Mechanical Bride. Folklore of the Industrial Man*, 1951, Corte Madera, California: Gingko Press, 2002, pp. v-vi. 译文参考〔加〕埃里克·麦克卢汉、弗兰克·秦格龙主编,何道宽译:《麦克卢汉精粹》,南京大学出版社2000年版,第45页。

作为"人文专业的从事者",麦克卢汉的第一部著作,颠倒了一个过程,而使读者警醒于新的传播方式和其神秘影响的揭示。他游戏于时代的流行形象中,尤其是广告世界的图像,从而详细定制了一个深植于新旧艺术探索的文化"解药":

> 有一位电影专家述及电影把北美向南美出售的价值。他说:"视听同步印象的宣传价值很高,因为它给观者提供现成的视觉形象,观者还来不及对这一形象做出自己的解释,他的思想就已经被标准化了。"
> 本书把这个过程颠倒过来,它给我们提供环境中典型的视觉形象,提高审视的目光,使之脱离原来的位置而获得可以理解的意义。过去人们使用视觉符号的目的,是要使头脑僵化,我们的目的,是要给头脑充电。①

在《机器新娘》中,麦克卢汉采纳了新的调查技术,这与他对语言、人文传统、视觉艺术和当代先锋艺术成果的强烈激情和兴趣息息相关。

二、从古典传统到先锋实验

在剑桥大学,麦克卢汉主要研究当代英语文学,他对富有革新性的诗学策略的潜力进行了探究,这段经历锻造了他的文学理解力。它一次性的同时又是永久性地改变了他的文学和艺术研究方法,并且,作为一个栖居于不断演变的技术世界中的学者,他

---

① Marshall McLuhan, *The Mechanical Bride. Folklore of the Industrial Man*, 1951, Corte Madera, California: Gingko Press, 2002, pp. v-vi. 译文参考〔加〕埃里克·麦克卢汉、弗兰克·秦格龙主编,何道宽译:《麦克卢汉精粹》,南京大学出版社2000年版,第45页。

也改变了对自身责任的理解。在这个意义上,剑桥的经历无疑造成他思想上的地震:

> 在古典的、专一的诗歌启蒙阶段,对我来说,诗歌是充满浪漫色彩的反抗,它与机械产业和蒙昧的官僚主义对抗。但这些在剑桥大学受到了冲击。在短短几周内,理查兹、利维斯、艾略特、庞德和乔伊斯就打开了诗意感知之门,随之,诗歌担任的使读者适应当代世界的角色,也向我敞开了。
> 我的媒介研究由此展开,并长久扎根于他们的工作和作品中。①

文学、艺术和创造性思维中的诗意过程,正是麦克卢汉所说的"使读者适应当代世界"的首要策略。所以,1963年麦克卢汉在多伦多大学创立名为"文化与技术中心"的研究所并非偶然,它明确地要将人文的和科学的**两种文化形态**(two cultures)在一项独特的育人工程中连接起来。

这是从剑桥毕业之后的30年的事情,作为新型学者,麦克卢汉投入毕生精力的工程逐渐完成。他是英语教授,是当代学者,是研究先锋探索和新媒介环境之间关系的最早的一批人,而这触怒了许多所谓的高雅、正统学者。他也对乔伊斯、庞德、福特、艾略特等作家倾注了极大热情,这种热情也波及温德海姆·刘易斯(Wyndham Lewis)这样独树一帜的艺术家,他们都通过创作摸索着突破,他们实现了从机械线路到电热圈,从古登堡到马可尼,从直线到声觉空间的突破和变更。而这些形式实验是他们时

---

① Marshall McLuhan, Foreword to *The Interior Landscape. The Literary Criticism of Marshall McLuhan, 1943-1962*, selected, compiled and edited by Eugene McNamara, New York: McGraw-Hill, 1969, pp. xiii-xiv.

代新媒体景观的反映：

> 奇怪，作为艺术形式的大众报纸常常吸引艺术家和美学家的热情，同时却激起了学术界忧郁的顾虑。①

麦克卢汉与这些艺术家同声相应。他在剑桥时就肩负一个使命，如其所言，他准备着用最激烈的声音反对同时代的贬值了的经院哲学。这是他对陈旧的教育权威、教育环境发起的战争宣言。从那时起，对麦克卢汉来说，是外面的世界而不是课堂向他彰显着世态的变化。当时一个基本的假设是课堂外比课堂内拥有更多的信息和知识，若干年后在与埃里克·麦克卢汉（Eric McLuhan）和凯西·哈钦（Kathy Hutchon）合著《作为课堂的城市》这部教育性书籍时，麦克卢汉反思了这个观点。他确实到社会上去闯荡并经受历练，但他的媒介探索仍然扎根于他的文学研究之中。麦克卢汉作为学者的革命意义不仅在于他对媒介的洞察，更在于他推进的方法论革命，他看似矛盾地将传统嫁接在世界媒介与新技术的研究中，先锋运动帮助他为这种联结架设了桥梁。

事实上，诞生于《机器新娘》之后的《逆风》（1954）（Counterblast）成了麦克卢汉发起的宣言，在当时的文化和环境形势中，它是一股劲风，也是福音。它是"媒介记录"（Media Log）的首次呈现，并将诗歌和艺术作为基础文本运用于对社会的批判式探索。这本书也不是对温德汉姆·刘易斯旋涡派风格的机智模仿，其中展示了麦克卢汉发明的新形式：**马赛克**（the mosaic），它使麦克卢汉把握了媒介旋涡，并将之呈现为"可视的"。几年后麦克卢汉使它臻于完善，在他1962年的著作《古登堡星汉》的卷首，麦克卢汉称这种新形式是他研究运转方法的客

---

① Marshall McLuhan, "Joyce, Mallarmé and the Press", in *The Interior Landscape*, p. 5.

观对应物：

> 《古登堡星汉》发展了一种马赛克的或者说场域式方法去解决它的问题。对大量的数据和引文的"镶嵌"式处理，提供了适当的实践方法，以对历史中的因果关系运转有所揭示。①

马赛克让麦克卢汉能够将"艺术分析法用于社会的价值批评"②，这种新颖的写作方法，反映了麦克卢汉作为媒介研究者的独特的思维结构。在具体的操作中，马赛克作为探索工具，将文学、艺术和媒介文献并置、融合，它将对弗朗西斯·培根的名言的征用与对电力时代包容、并列的语义并置的预见混合在一起。麦克卢汉的马赛克观念生发于一个技术隐喻：**探针**（the probe），它的灵活性使我们不仅从外部还能从内部对不同主体展开探索。结果，围绕"探针"的书写将读者也纳入了文本风景中。

麦克卢汉将"探针"作为马赛克和传播理论的核心，不断加以阐释。在他的一些著作中，"探针"有时作为双关语，有时是充满意味的标题挑动、刺激着它的读者，这在《机器新娘》、《古登堡星汉》包括较不为人知的《把握今天：退出的行政主管》（*Take Today: The Executive as a Dropout*）等著作中都有所体现。而在其他书中，对各种探索的并置不仅展现在语言的机智运用中，还通过绘画、图片、大标题、照片等体现。在此处，麦克卢汉的马赛克不只是不同语体的合并，还是对不同传播模式的借鉴。这种视觉效果使我们想起立体派和达达主义的蒙太奇手法，它使读者进入对各种没影点的共时感知中。它也是麦克卢汉矫正"后视镜综

---

① Marshall McLuhan, *The Gutenberg Galaxy: The Making of Typographic Man*, 1962, Centennial edn., Toronto: University of Toronto Press, 2011, p. 7.

② Marshall McLuhan, *The Mechanical Bride*, pp. v-vi.

合症"(rear-view mirror syndrome)的良方:我们透过过去来审视现在,因为只有当新环境已经充分展开时,原有环境才变得完全可视。麦克卢汉的马赛克方法旨在唤醒我们对未来的感知,而不是回顾。

因而,作为一种充满活力的形式,马赛克充分体现了麦克卢汉视角的灵活性,学术界对此感到震惊,但艺术界却表示出对他的真诚欢迎。麦克卢汉断语式的表达和声觉写作吸引了同时代的新派艺术家们。反过来,正如他所说的,马赛克本身也受惠于先前的艺术实验。可以这样说,马赛克承担着"梭子"的功能,它在过去的先锋实验和新的艺术探索中做着编织的工作,从温德汉姆·路易斯到昆汀·菲奥里(Quentin Fiore),再从达达到索雷尔·伊特劳格(Sorel Etrog)。

三、从温德汉姆·路易斯的旋涡主义到索雷尔·伊特劳格的新达达主义

在视觉艺术中,温德汉姆·路易斯的旋涡主义引起了当时在剑桥学习的麦克卢汉的关注。1943年他们见面之后,这种关注可以在路易斯与这位加拿大籍艺术家的交谈和通信中得到进一步的证实。路易斯当时在多伦多温莎大学任教,他把自己形容成一个战俘,"二战"迫使他滞留于此。他对多伦多没多少好感,在半自传体小说《自责》(1954)中他斥责了这座城市。这里不展开更多的篇幅谈论他的指责,在本文中,将注意力集中在麦克卢汉对路易斯诗意而先锋的艺术实验的兴趣上,对我们更有帮助。在路易斯的旋涡论和空间哲学中,艺术被认为是"使我们驻足于具体事物的一种被卷吸的体验",作为马赛克的先驱,它为麦克卢汉提供了写作的框架形式,作为停顿和间隔的并置术,它刺激了人们

已经麻木的现实感知能力。

实际上,路易斯在《时间与西方人》(Time and Western Man)中,以新颖的空间哲学(spatial philosophy)的措辞阐释了他独创性的审美观。"哲学之眼"将"它自己与具体的、辉煌的视觉现实联系起来"①,不过,这并不是对先前机械技术对空间处理方法的回归,相反,它努力恢复一种已经失去的感知平衡,这种丧失源于长时期以来对某方面的过分强调。他认为柏格森主义是"集体催眠"的罪魁祸首,将强度(intensity)凌驾于广延(extensive)之上,柏格森的时间哲学完全依赖于感觉领域,而路易斯认为这个领域是人的意识中不自觉的和自动化的那部分。

所以,路易斯的"旋涡"并不只是"流动",而是与时间相关的动态的、渐进的、变动的形象。同时,它保持着一个稳定的中心,空间元素是其能量螺旋式的起源。在路易斯的美学观念中,怪诞的透视法带来了意外的启示,它颠覆了原有的背景与人物的关系;相应的,在麦克卢汉的《机器新娘》中,扭曲的视角再建了现实,并通过提供"**环境中典型的视觉形象**"(typical visual imagery of our environment)② 提供了新的视角。

旋涡主义重申了广延相对于强度的重要性,它重建了背景从而重新审视了人物。在麦克卢汉走出校园开始新的尝试时,他大胆地借用了这个概念去垦拓他的疆域,并将这个版图作为人工艺术品加以呈现。他在第一本著作《机器新娘》中实验了这个概念,在《逆风》(1954)中再次检验了它。他的策略是驻留在一系列具体的大众符号和大众经验中,从而将那些麻木的人潮卷吸进来,因为这些大众符号和经验表征了工业人的风俗(the Folklore of Industrial Man),同时表现了他所处的媒介记录(the Media Log)

---

① Wyndham Lewis, *Time and Western Man*, 1927, London: Chatto and Windus, 1931, p. 392.

② Marshall McLuhan, *The Mechanical Bride*, pp. v-vi.

时代的特征。麦克卢汉以活体解剖和并置的马赛克形式对此进行书写，与路易斯不同的是，麦克卢汉并没有表露出敌意，反而，他撤除了尖酸刻薄，在适度的幽默中展开了他的研究。他在材料中嬉游，没有谴责，也没有辩护，他拒绝将道德偏见强加给新媒介环境。并且，游戏的态度使更多事物向他涌现，就像他曾说的："在游戏时，人能够放下顾虑全力以为；而当转入工作，人就变得专业化了。"①

与现代先锋美学相响应，麦克卢汉的马赛克方法发展出一种开放、机智、有趣的写作风格，在这儿，时空溃散，年表失效，整个世界同时得以呈现。自然而然的，他的媒介探索连同他探索的模式，吸引了同时代的视觉艺术家。昆汀·菲奥里和哈利·帕克都是著名的、麦克卢汉的合作者，前者与麦克卢汉合著了《媒介即讯息》（1968），后者合著了《逆风》（1969）和《透过消失点——诗歌与绘画中的空间》（1969）。出于特殊的兴趣，麦克卢汉和较不为人知的视觉艺术家索雷尔·伊特劳格也有过合作，索雷尔·伊特劳格是欧洲人，移民到加拿大，在 1975 年制作了电影《螺旋》（Spiral）。关于这部电影，麦克卢汉曾说："无处不在的、变动的中心加剧了存在的脆弱和无常感……螺旋代表着迷宫，它是人类认知过程的写照……整部电影都是对创造性之谜的形象表达。"

作为艺术家，伊特劳格在他所形容的"达达马戏团"（The Dada Circus）的风潮中成长，他的创作横跨 20 世纪早期的历史前卫主义至 20 世纪 60 年代晚期的艺术实验等多种风格。查拉（Tzara）在一篇回忆性的文章中说："达达的开始并不是艺术的开

---

① Marshall McLuhan, "The Art of Wychwood Park", Albert W. M. Fulton and Keith M. O. Miller (eds.), Toronto: Wychwood Park Library; quoted in Barrington Nevitt and Maurice McLuhan, *Who Was Marshall McLuhan? Exploring a Mosaic of Impressions*, Toronto: Comprehensivist Publications, 1994, p. 34.

始，而是厌恶的开始。"① 与这并不矛盾的是，对于达达所提倡的
"反艺术准则"伊特劳格是认同的，他将它作为反抗"传统信条的
自相矛盾性"的关键。像之前的达达一样，伊特劳格也"毅然应
对着公众头脑中艺术和知识习性的问题，并通过这些去改善意识
状况"，麦克卢汉也致力于此。作为"艺术家"和知识分子，他
的任务在于使读者对持续的环境变化保持警醒，使他们领会到这
种变化给人类感知带来的持久的副作用。因此，伊特劳格的探索
在多方面引起麦克卢汉的共鸣，他们都植根于麦克卢汉所热爱的
现代先锋运动，都在探讨不同的感知方式，又都关注作为工具的
形式如何让我们以崭新的方式去看、去感觉、去听。

他们在多伦多见面了，在这里，也就是麦克卢汉主持的文化与
技术研究中心，放映了伊特劳格的电影《螺旋》。也正是麦克卢汉
提议伊特劳格从电影中选出一些剧照，由他为这些照片提供注解和
评论，因而一本充满对不同作家征引的形式自由的著作面世了。这
本书出版时，两位作者都已逝世，它的出版，是对这两位远见卓
识者之间不寻常合作的纪念。在这本书中，麦克卢汉赞成索雷尔对
"螺旋"的描述，索雷尔认为"螺旋"是自己作品的关键词，它使
他进入多维感知："螺旋是单条连续线，它在内部创造了通常存在
于两条线之间的空间。所以，这条单一的线使人能在瞬间同时把握
过去、现在和未来的时空，它们能并行出现在这种独特的情境中。
时间、空间都溃散了，年代学在这里也丧失了意义。"②

作为作家型学者和人文主义者，麦克卢汉的探索是艺术家式
的，他使年代学变得陈旧无用，时间和空间顺序模糊了，过去、
现在和未来浑融为一体。这些使这两位探索者成为沟通新旧艺术

---

① William Rubin, *Dada, Surrealism, and Their Heritage*, New York: The Museum of Modern Art, 1968, p. 12.

② Sorel Etrog and Marshall McLuhan, *Images from the Film Spiral*, Toronto: Exile Editions, 1987, p. 123.

诗学和想象的伟大桥梁的起始。从旋涡到螺旋再到笼子（cages），他们的初衷没有改变，即使读者置身于快不暇接的图片中，感知机械力量——印刷、广播、影视和广告等制成品对我们置身的"现代社会"的操控。

四、文学问题

综上所述，重新分析麦克卢汉的文学背景是十分重要的，但简单的溢美之词并不能说明问题，重要的是论证文学问题和人文思考实践在多媒体环境中所必然承担的重要角色。这并不是说要褒扬文学而贬抑新媒体，也不是要在传统的书籍阅读者和新型读者之间掀起一场较量，而是，它要让更多的读者意识到巨大变动时代所要面对的事实。借助于传统知识和新先锋实验，麦克卢汉致力于探寻面对不可端倪的新环境时可能的策略。作为英语教授，他毅然站在新的环境挑战的最前沿，充分发挥文学和人文主义传统的作用，去探掘突变时代内部所隐含的意义。

这样，文学和人文科学就成了麦克卢汉描绘环境变化过程的重要策略。也就是说，他不把文学作为一门学科去教授，而是把它作为勘探工具来"使用"，启发读者有效地去看、去听，去感受新环境。借此，他也为学习和教育观念的革新做出了贡献。不管多么令人吃惊，也不管是否受人欢迎，我们今天都必须承认早在20世纪60年代的革命思潮对封闭的象牙塔式的大学教育进行挑战之前，麦克卢汉已经身体力行地将大学教育与更广阔的社会实践结合在一起。

从《机器新娘》到《理解媒介》再到《媒介法则》，麦克卢汉使用言语—声像—视像（verbi-vocal-visual）的马赛克方法使我们对变动保持敏锐性，这种变化在读写向后读写、机械专业化向全球电力化的演进中无处不在。所有试图深入麦克卢汉所发现的新旧媒介世界的研究，都必须从他内在人文景观的再认识开始。麦克卢汉本质上是一位人文主义者，通过恢复传统的教育原则，并将之应用于电力化的"魔术"世界，他揭示了一个新的认知空间。当然，他说了什么是重要的；但他**如何**（how）说，**如何使**这些原创形式得到彰显，这是一份更重要、更持久有效的遗产。它使我们意识到我们的一切探索都有待完善，在对特定现象进行有效解释时，我们的工作是这种有效性的无限接近，就像麦克卢汉一再说的："对我所说的，我不一定都满意。"

重新发掘麦克卢汉"如何"（how）的遗产，也就是说，要从对嵌入在《媒介法则》一书中的启发和潜力的重新探索开始。《媒介法则》原本是麦克卢汉生前的未竟稿，经其子埃里克（Eric）整理后出版，它深刻体现了人如何自觉地参与和感受时代的变动。我们也从中意识到，在探索和描绘一个尚未完成的领域时，讲故事（storytelling）不失为一个好方法。笔和文字的力量胜于刀，在新千年，这不是旧调重弹，这句格言是所有普通教育模式的立足点。用语言来交流使我们变得与众不同，更何况，我们通过讲故事来处理现实。

麦克卢汉的媒介法则依赖于大众而不依赖于某种理论支撑，这并非偶然。他的探索模式，即"四元组"（tetrad）激发着语言的活力。以提出四个问题的方式，四元组提供了一个简易的研究模型，它使每个被观察的媒介内部的叙事要素凸显出来：
一种媒介增加或者强化了什么？
它淘汰或者更替了什么？　　　　　ENH（增加）REV（激活）
已经被淘汰的，它做了什么样的恢复？　-- medium（媒介）--
当达到极端时，它产生或演变什么？[①]　RET（恢复）OBS（淘汰）

[①] Marshall McLuhan and Eric McLuhan, *Laws of Media: The New Science*, Toronto: University of Toronto Press, 1988, p. 7.

麦克卢汉的四元组技术通过叙述的方法强化了观察和对观察的表达力。这不禁使我们去打量作为意义和经验容器的"词语",在古老的人文传统中,词语在容纳、感受和塑造现实时,是拥有强大力量的工具:

> 语言是复杂的比喻系统和符号系统,它们把经验转化成言语说明的、外在的感觉。它们是一种明白显豁的技术。借助语词把直接的感觉经验转换成有声的语言符号,我们可以在任何时刻召唤和召回整个的世界。①

以讲述故事的方式,麦克卢汉向我们呈现他如何创造性地运用词语,如何跳出思维定式,如何在环境中以逆环境的方式洞察事态。这是我们仍然应该从人文学科中所要吸取的,也是为什么人文知识和实践在大学制度和多媒体社会中的发扬光大仍然至关重要:它使我们保持着对变化的敏感性。创造性思维使我们进入动荡但充满生机的探索和自我探索的旋涡内部。我们能够有效把握复杂性,拒绝简单化的陈述;并且,通过词语,我们理解了媒介、媒介图景,也理解了我们自身。

福特·马多克斯·福特,这位麦克卢汉最为忽视的现代主义大师,在他下述文字中有力地提醒我们:

> 人文主义所渴望的是一个信念,这比其他任何事物都更热烈、充满激情。它追求着可以被采纳的理念,它渴求心灵的平静。现在所有问题都变得过度复杂了,为道德热忱留下的余地越来越少,以至于公众的旨趣越来越远离公共问题,

---

① Marshall McLuhan, *Understanding Media*, p. 85. 译文参考〔加〕埃里克·麦克卢汉、弗兰克·秦格龙主编,何道宽译:《麦克卢汉精粹》,第 93 页。

而任由它们被少数专家掌控。①

在剑桥大学的时候，麦克卢汉的精神从未平静过；当然，他也没有将他的公共问题的探索委托给"少数专家"。和福特·马多克斯·福特包括其他充满想象力的作家一样，麦克卢汉明白这一点，即"没有什么比迎面相对更麻烦的了"。但麦克卢汉并没有踌躇不定，他付出了毕生精力去探索和追求。他研制了一些工具，供我们参考借鉴以解决问题。毕竟，福特的告诫是明确的："'作者'这个词，意味着他对你的意识有所强加。"如果作者是**我们**，那就是**我们**，而不是少数专家，在我们自身的意识中持续地有所注入。

50年前，《古登堡星汉》和《理解媒介》等著作使一位加拿大的英语教授引起了轰动，因为他讲了一个美丽的**故事**（story）："文学"，他写道，"不是一门学科，而是与我们的社会存在不可分割的一种变量"。他这样说，同时也这样遵守着去做。我们看到，他将乔伊斯、福特·马多克斯·福特、埃德加·爱伦坡等作家运用于技术和媒介研究时，虽靠一己之力但触发了多少机关！想象一下，当我们也这样运用**麦克卢汉**时，就拿他那研究变动的媒介图景的四元组方法来说，想象一下它为我们的研究带来的进展。也就是说，采用不同的心态，不同的态度来面对变化、现实和科技：没有定见，没有"两种文化"的事先划定，而是面对困惑时乐知的探索态度。

不可避免的，无论西方还是东方，学者、政治家、教育家乃至我们所有人都要面对这样的约请：不要放弃文学、人文学的研究计划。相反，应使它们成为胼胝体，成为不同知识领域间的联合纤维。还应该将四元组，将它所巩固的人文传统和它在硬科学、

---

① Ford Madox Ford, *The Critical Attitude*, London: Duckworth, 1911, pp. 113-114.

社会科学和其他知识领域内部讲故事的方法用来创造一种在新千年能够使学习、知识产生真正共鸣和回响的新的大学教育理念。同时，也将乔伊斯、福特和麦克卢汉致力于对这颗变动的、典型的地球行星的探索发现上。

这即将被书写、被讲述的故事，该多么动人。

虚拟现实与麦克卢汉"作为艺术形式的世界"

弗兰克·秦格龙 著
刘 宝 译

【作者简介】弗兰克·秦格龙（Frank Zingrone），英国约克大学教授。

【译者简介】刘宝，中国矿业大学徐海学院外语系讲师，中国社会科学院研究生院2015级博士生。

没有人天生就知道所有事实的真相。

——威廉·詹姆斯

对于那些心有热情而阅读浅泛的读者来说，麦克卢汉的作品究竟能被他们读懂多少？那些一知半解的外行网民，东一榔头西一棒槌地寻找深刻见解，对麦克卢汉超前而又及时地向电子时代转向的整体氛围进行挖掘，可是他们真的能够从更深层面上把握他的观点吗？这个问题很复杂，比我们思考这些网民能不能一口吃掉一个巨无霸汉堡要复杂许多。

麦克卢汉总是能吸引一些带有虚拟性质的观众，他们能感受到他的价值却不会真正做出努力去认真阅读他的作品，麦克卢汉曾在我面前对此多有怨言。阅读麦克卢汉确实困难，要消耗大量时间，还要进行相当复杂的原始资料的分析工作。令人觉得讽刺的是，那些最不可能读懂他的人却有着无比浓厚的兴趣去理解他，比如电子文化时代的媒体人士、艺术家以及试图涉猎严肃作品的学生。这就产生了如乔治·斯坦纳（George Steiner, 1972）所说的"传统的文字读写与麦克卢汉所能洞察的大众媒介令人索然无味的谎言之间的关系危机"（p. 251）。

对于麦克卢汉研究来说，登堂入室者与门外汉之间有很大的学术差距，这个差距并不在于你对他的了解有多少，或者是否参加过他关于艾略特或乔伊斯的研讨会，或者对他的智力地图有一种地理学上的感觉。这种学术分化更关乎你有没有读过或者是否能读懂《芬尼根的守灵夜》（*Finnegans Wake*），而不在于你是否重视对虚拟现实（VR）的理解。它无关乎年龄和熟稔程度，它更关乎你如何去看待乔伊斯以一种独特的方式为现代传播理论所设置的文学环境。这一视野，与技术相伴而生。

唐·西奥（1992）在他的开山之作——《口语与文字之外：詹姆斯·乔伊斯与网络空间前史》——中指明了这种挑战："要想理解虚拟现实和网络空间的社会与文化内涵，需要重新评价吉布森（Gibson）的网络空间、麦克卢汉受现代主义影响的电子媒介发展观点以及乔伊斯对麦克卢汉所产生的特别影响三者之间的内部关系"（p. 4）。西奥的文章提供了这种重新评价视角，我对此深以为然。

麦克卢汉在他的作品中告诫读者："如果对詹姆斯·乔伊斯和法国象征主义没有通透的了解，任何人都无法装作对我的作品有真正的兴趣。"（E. McLuhan, 1996, pp. 151-157）据埃里克·麦克卢汉所说，在《安蒂格尼什评论》（*Antigonish Review*）杂志上，"他希望自己的言论能够从字面上被准确地理解"（p. 157）。由此可见，成为一名文学博士的先决条件不是仅仅能够做"煽动性的夸张"（p. 157），不过埃里克不可能意识不到他的父亲是一名极具天赋的艺术家,擅长使用夸张的策略来吸引读者的注意力。如果那些如有强迫症一般的英语专业学习者就能够充分读懂麦克卢汉,那其他人,那些不属于毕达哥拉斯社团成员的人,还能对《芬尼根的守灵夜》这部著作中的"骗局"做些什么?同时,这一切又与虚拟现实以及现代人们对于计算机化的迷恋有什么关系呢?

如果真如西奥所说,麦克卢汉的作品、威廉·吉布森的著作以及麻省理工学院的媒介实验室,此外我想再加上鲍德里亚的《拟像》(Simulations)、将麦克卢汉与海德格尔相提并论的迈克尔·海姆(Michael Heim)的虚拟现实研究、理查德·兰海姆在《电子文字》(The Electronic Word)中开明的平衡,以及巧妙揭示"高科技资本主义"排他行为——这种资本主义否定了那些被剥夺信息权利的社会底层阶级进入"虚拟阶级"(virtual class)所谓"乌托邦的视觉空间"的权利——的阿瑟·克洛克(Arthur Kroker),如果上面这所有虚拟现实的决裁者们的研究都与乔伊斯的证据以及他关于电子现实的观点相悖,那我们就需要稍加注意,不能因为虚拟现实所产生的诸如虚拟手术、仿真训练以及社交游戏等新事物而得以暂时的满足。

我想举一个麦克卢汉使用乔伊斯从而对虚拟现实的过程进行形而上的洞察的例子。在一盘遗失多年的录音带里,记录了麦克卢汉在 1965 年水牛城春季艺术节上讨论媒介作为环境话题时所做的演讲,他在论文中概述说电子化过程将所有艺术和科学转变为反环境的样式,整个世界也因此通过媒介变成了综合的艺术形式。20 世纪 60 年代,他一直把"融合"(merge)这个词作为基本术语进行强调。(这与经常带有贬损意义的"突现"[emergence]的概念有所不同,"突现"是神奇的进化过程中所难以解释的偶然现象,比如"意识"[consciousness]。"融合"[mergence]是一种被抑制的适应性,或者说一种去敏感化的兼容过程,这个过程是意识中的经验进入到一种前意识或潜意识的状态。)

为了清晰描述电子化进程是如何把理性的文学空间转化为相当原始的世界与艺术的观念，麦克卢汉在两个事物之间建立了引人注目的差异界限：一方面是反环境新技术的发明创造，也就是那些能通过探索旧概念而产生新感知的艺术形式；另一方面，是为了抑制感知变化的意识而将经验与新技术"融合"的趋势。

新的感知对旧的形式的适应，是一种试图消除那些混乱变革的尝试，因为这些变革威胁了已建立起来的意识与现实之间的平衡。比如，一个人看到利用延时拍摄的电影技术展示的玫瑰开放过程，也就发现了花朵慢慢开放过程中隐藏的美，之后他再看到花瓶或园子里的鲜花的时候，就不会像以往那么简单地看待它们了。但是对这种新感知意义的意识一般来说都是被抑制着的。麦克卢汉将这种行为称为"把艺术仅作为融合方式的劣势"，或者说，对迪士尼式的、虚拟化的自然观念的适应性同化。迈克尔·海姆（1993）讨论了20世纪80年代末期虚拟现实向数字心理框架转变过程的本体论重要意义。"我看到的现实转变并不是一个能够清楚观察到的表面上的断裂，而是在我们意识板块之下深层的、潜在的、移动缓慢的流动。"（p. 140）

我们知道，麦克卢汉把反环境看作是艺术的探索，用它来训练为我们产生新的意义和作用的新感知，使我们能够把整个世界看作是一座"没有院墙的博物馆"——充满了艺术，本身也是艺术。但是他说，如果艺术只仅仅用来"融合"，而不是去创造或者"表达"新的意义，那我们将会对向我们揭示新的世界与新的生存策略的变化模式依然一无所知。我们可能会变成那种力量的牺牲品，甚至只是对公众意识管理实验中的样品。"融合"是一种有意而为的"失明"，或者是技术普遍合并的证据，技术的配对或组合是在更为复杂的设计下产生的，而新的艺术形式的目的是为了征服更新的现实。

对于带有乔伊斯风格的麦克卢汉来说,"融合"还应该暗含了《芬尼根的守灵夜》中那个华丽的字眼"重新合并"(reamalgamerge)的意思,说的是莱布尼茨无法辨别的身份。

> 现在让我的……自我驱动力的百倍自我……依靠他们的对立面偶然重新合并到那个无法辨别者们的身份中。①(pp. 49-50)

这个词语是莱布尼茨对单子(monads)之间结果对原因关系的睿智分析,它清晰地表明了"宇宙间不可能存在两个完全相同的事物(单子)"(p. 424)这一原理。这也同时含蓄地表明,对于人类的一般经验,尤其是对于科学来说,起始条件永远不可能被复制。莱布尼茨由此很自然地想到了混沌理论。混沌与虚拟现实不可分割地联系在一起,比如电子卡通形象等。电影《侏罗纪公园》(*Jurassic Park*)标志着石器时代的结束,标志着作为模拟未来媒介的分形图像的诞生。

虚拟现实将真实与人工融合,保护了感知的同一性与确定的秩序。讽刺的是,冗余(同一性)又是让我们首先能够交流的模式识别的中心所在。虚拟现实总是在表述差异性,由此走向艺术并与意识新的维度对话。但是,如果不能够慢慢融入感知,真正的艺术是极为不同且具有革命性的。

在《芬尼根的守灵夜》中,乔伊斯对混沌的使用,好像是为了创造出一个巨大而又新奇的吸引力,来模仿语言向秩序、诺伯特·维纳的负熵概念接近的一般趋势。通过对莱布尼茨的介绍,

---

① 原文为 "Now let the centuple celves of my egourge ... by the coincidence of their contraries reamalgamerge in that indentity of indiscernible"。此处采用戴从容译《芬尼根的守灵夜》(上海人民出版社 2013 年版,第 188 页)译文。——译者注

他想表明《芬尼根的守灵夜》中没有任何单词是相同的。即便有些单词看起来相似，但因其占据不同的时空位置而产生本质上的差异，许多虚词都是如此。这就是莱布尼茨关于无限变化的单子理论。乔伊斯对语言结构的使用十分大胆，他将语法与词汇融入进对无意识现实仿造的延伸之中，从而使作品的每一行都成为他全新的媒介表达形式。在这部作品中，意义由媒介形式与外在内容共同表现出来。

电气时代的进程使乔伊斯混杂的语言内爆为丰富的前意识话语体系的范畴，对于《芬尼根的守灵夜》的读者来说，他们孜孜以求试图在这混杂语言中所发掘的内容，用"无法辨别者的身份"（Identity of Indiscernibles）来描述是最恰当不过的了。麦克卢汉的"融合"一词有着深奥的含义（hermetic implications），隐于术语"混合词"（amalgam）之中①，这个复杂的含义兼有冶金术和文法两个方面的特征，就使得我们不得不思考，就像其他那些醉心于对现实抱有神秘观点的文法大家们一样，麦克卢汉的想象力到底有多么的玄妙呢？

1965年，麦克卢汉提出一个主张——现实由"许多空间"组成，如同莱布尼茨的"可能世界"（possible worlds），它不仅是理性的视觉空间，还包括声觉空间、本体感受空间、听觉/触觉空间等，尽管当时他并没有使用"赛博空间"（cyberspace）一词来描述每一个空间及其精神状态都依赖于某一具体的媒介模仿。

麦克卢汉当时还指出，自动化使人们的所有感觉回归到一起——当然，放到今天，他可能会加上"以虚拟的方式"——揭

---

① Hermetic 一词既可以指"神秘的、奥秘的、难以理解的"，也可以指"炼金术的"，hermetic implications 既可以说成"深奥的含义"，也可以理解为"冶金术方面的含义"；同样的，amalgam 一词既可以指语言学上讲的"混合词"，也可以指冶炼方面的"混合物"。此处作者使用 hermetic 和 amalgam 来解释"融合"（merge）一词，有双关的含义。——译者注

示了电气化进程中人类视觉主导地位的失败以及各种感觉系统的重新整合。他说,"电气化进程延伸了我们的神经系统,使我们能够将视觉与听觉外化为整个环境"。艺术与科学的电气化产生了"它们反环境的需求",产生了最为强烈的媒介增殖需求。

用无意识语言的模仿,来换取有意识的解读和欣赏,《芬尼根守灵夜》在这方面做了一个伟大的实验,它提供了打开人们最深层意识的钥匙,对不同人群进行了文化心理的治疗。这个作品是一项技术,它将史前口头表达形式与后现代口头表达形式融合起来,把文字的解构作为感知重新加工的分析工具。该书字字不同,消解了意义上的传递,同时,作为对语言的模仿,词语通过某些模式而不是通过句子进行缀连,然而即便如此,电气化的基本影响已初露端倪。

关于网络空间,麦克卢汉在水牛城的录音中提到:"整个世界已经穿过这面镜子,在镜子的另一面我们处于一个全新的世界,人类在此开创了自己的时空。"(或者就是所谓虚拟现实?)这种因技术而产生的新的局面,把"世界作为人为产物,作为艺术形式,作为被设计的体验"。麦克卢汉紧接着又唤起了人们对威廉·巴洛斯(William Burroughs)创作的原型恐惧感,威廉将环境设计成"人们同类相残,技术将我们生吃活剥,撕成碎片——我认为有充分的证据表明威廉·巴洛斯笔下的情况确实可能发生",麦克卢汉如是说。我们有什么方式来保护自己,避免这种残忍野蛮的改变呢?"媒介的确创造了这些新的环境,也的确需要新的反环境,新的艺术形式的确使我们有能力处理这些新的环境驱动力"(1965),由此,我们必须改变以往对于事物意义根深蒂固的自大看法,逐渐学会利用虚拟现实使我们在这个喧嚣的世界保持人性的稳定。

反环境艺术的未来尚在两可之间,它会继续分化,也会越来越复杂,而融合会通过媒介对感知的潜意识作用逐渐简化不加批判的同质化现象。在这个简化过程中，媒介消解了让人类意识产生真正变革这一更高目标。关于媒介的知觉对人类公众意识的控制与管理，融合提出一条各自独立而又共生的道路。今天，当我们走进任何一间最新潮的虚拟现实房间，看到一个个认真做着鬼脸的年轻人，目光呆滞如空虚的精神病患者，努力追逐幼稚而虚无缥缈的积分等级……通过虚拟现实通向千瓣莲花一般美好而又圣洁天堂的愿望，又何止万里之遥。

参考文献

Baudrillard, J. (1983). *Simulations* (P. Foss, P. Patton & P. Beitchman, trans.). New York: Semiotext(e).

Heim, M. (1993). *The Metaphysics of Virtual Reality*. New York: Oxford University Press.

Joyce, J. (1959). *Finnegans Wake*. New York: Viking Press.

Kroker, A. & Weinstein, M. (1994). *Data Trash*. Montreal: New World Perspectives.

Lanham, R. A. (1993). *The Electronic Word: Democracy, Technology, and the Arts*. Chicago: University of Chicago Press.

Leibniz, G. W. (1972). *The Encyclopedia of Philosophy* (vol. 4). New York: Macmillan, The Free Press.

McLuhan, E. (1996). "Joyce and McLuhan". In *The Antigonish Review*, p. 106.

MuLuhan, M. (1965). *New Media and the Arts. Buffalo Spring Festival of the Arts*. State University of New York. (The author holds the rights to this tape which was never published. Copies may be arranged on special request. E-mail the author at zingf@yorku.ca)

Steiner, G. (1972). "Beyond the Orality/Literary Dichotomy: James Joyce and the Prehistory of Cyberspace". In *Post Modern Culture*, 23. (an electronic journal, available at gopher://jefferson.village.virginia.EDU/O/pubs/pmc/issue.592/theall.592)

感性整体

——麦克卢汉的媒介研究与文学研究

金惠敏

【作者简介】金惠敏，中国社会科学院文学所理论室主任、研究员。

内容提要：提出"全球村"、"媒介即信息"等理论的麦克卢汉主要是被作为媒介学者来定位的，但其媒介研究的范式和真髓则是文学研究或者美学研究。他曾坦承其媒介研究就是"应用乔伊斯（applied Joyce）"。本文认为，沟通这两个领域的是他对感性整体的寻求，由此他可以被归类为媒介研究领域的审美现代派。在中国媒介研究日益走向实证的今天，我们尤其需要加强其文学性和批判性；而对于自我封闭已久的文学研究来说，则需要关注其身外媒介技术的内在性影响或影响方式，按照麦克卢汉的说法，这是感知比率的变化。

关键词：麦克卢汉；感性整体；统一场；媒介技术

许多人都听闻过"地球村"、"媒介即信息"、麦克卢汉，但少有人了解到麦克卢汉首先是一位"文学家"，其"地球村"、"媒介即信息"不只是媒介概念，更是文学的或美学的概念。麦克卢汉穿行在媒介研究和文学研究两个领域之间，其媒介研究的范式和真髓是文学研究，而其文学研究反过来也为其媒介研究所照亮。本文不拟分别论述其媒介研究和文学研究成就，而是试图抓住在麦克卢汉那里这两个领域之间的相通性，即感性整体，由此入手，以期在媒介研究中坚持文学性和批判性，同时在文学研究中关注媒介的作用。

麦克卢汉曾以统一场论将海森伯和庄子召唤在一起，他指出："现代物理学家与东方场论亲如一家。"① 这个统一场论的主要特点是整体性思维。我们知道，哲学史上有各种各样的整体性思维，有康德式的，黑格尔式的，海德格尔式的，也有老子式的，或庄子式的，等等，不一而足。那么，麦克卢汉的整体性思维又具有怎样的面貌呢？

一、同时性关系的统一场

与机械时代"分割式、专业化之研究"大异其趣，麦克卢汉指出，整体性思维倡导的是"一种整体的和涵括的研究（a total, inclusive approach）"②。他举了一个医学上的例子：在诊治疾病时，庸医是头疼医头、脚疼医脚，并不关注头疼和脚疼之间究竟有什么关系，而高明的医生则是懂得分析"疾病的症候群"，施行中医所谓的"辨证论治"（麦克卢汉未用此术语），将头疼和脚疼放在一起考论。与此相类，麦克卢汉进一步指出，当新媒介和技术对社会身体施行手术时，"必须考虑在此手术过程中不可避免地影

---

① Marshall McLuhan, *The Gutenberg Galaxy: The Making of Typographic Man*, London: Routledge & Kegan Pauol, 1962, p. 28.

② Marshall McLuhan, *Understanding Media: The Extensions of Man*, New York: McGraw-Hill Book Company, 1965 [1964], p. 64. 引文中的"inclusive"意指将看到的一切都纳入考虑的范围，将其翻译为"无所不包"较为准确，但会产生歧义的联想，故以"涵括"强为之。

响到整个系统"，因为"手术切口部分所受到的影响并不是最大的。切入和冲击的区域是麻木的。是整个系统被改变了"。① 说被手术的部位"麻木"不是说它们不受影响，它们当是受到了严重的影响，且是首先受到了影响，但更严重的影响在麦克卢汉看来则是其后续的效果，即由此局部之影响而导致整个社会机体功能的改变，俗语"牵一发而动全身"即此之谓也！以是观之，作为听觉媒介的收音机影响的则是视觉，而作为视觉媒介的照片影响的则是听觉，麦克卢汉认为："每一种新的影响所改变的都是所有感知之间的比率。"② 这是整体性思维的第一层内容，即在处理问题，例如技术的后果时所采取的一种联系的、相互作用的和系统性的观点和方法论。

在此意义上，麦克卢汉认为，整体性思维与"中国圣人（即庄子——引注）的观点相当契合"③。也许在麦克卢汉对"抱瓮出灌"故事的阅读中，庄子的整体性思维是不言而喻的，因而他只是点到为止，我们则略做说明。麦克卢汉媒介研究的特点蕴含在其经典命题"媒介即信息"之中。所谓"媒介即信息"这个通常读若天书的断语其实并不难以理解，麦克卢汉以轻松的语气指出，"这仅仅是说，任何媒介，亦即我们的任何延伸，其个人性和社会性的后果都导源于我们的每一延伸或者任何一种新的技术之将新的尺度引入我们的事务"④。如果说麦克卢汉这轻松的解释仍有欠明晰，其原因恐怕就不在麦克卢汉而是我们自己了。在提出这一命题之先，具体说，在方才引文的紧前边，即《理解媒介》开卷第一句话，作者就已经预料到我们接受它的难度："在我们这样一种长期习惯于分解和切割所有事物，以此作为控制手段的文化中，

---

① Marshall McLuhan, *Understanding Media: The Extensions of Man*, p. 64.
② Marshall McLuhan, *Understanding Media: The Extensions of Man*, p. 64.
③ Marshall McLuhan, *Understanding Media: The Extensions of Man*, p. 64.
④ Marshall McLuhan, *Understanding Media: The Extensions of Man*, p. 7.

若是有人提醒我们说，在操作的和实践的事实上，媒介即信息，我们有时是会感到些许的震惊的。"① 麦克卢汉的意思是，要想认识到"媒介即信息"，我们就必须放弃一种陈旧的思维习惯或文化，即不能将技术仅仅当作技术，而是要将技术的后果看作技术本身。没有孤立的技术，所有的技术都是"技术事件"，都预设了它的展开，预设了它在被使用时将产生的意义裂变。媒介技术也一样，即作为技术的媒介一定就是媒介的后果，媒介的意义裂变。这是其一。与此相关，其二，麦克卢汉的另一重指谓是，要理解"媒介即信息"，就需要进入一种新的技术语境，即电子的技术语境，它意味着"一种全新的环境"②，一种不再是由机械时代"分解和切割所有事物"所带来的"分割的、中心化的和表面性的"③ 而是电子时代的"整合的、解中心的和有深度的"④ 思维方式。麦克卢汉不想只是一般地谈论技术，他更想做电子媒介技术时代的先知，向为机械文化所荼毒的人们指示一种解放的前景：从分割走向整体。要而言之，麦克卢汉的命题"媒介即信息"旨在倡导一种整体性的思维方式，这种思维方式将由于电子媒介时代的到来而成为现实。因此，麦克卢汉的媒介研究实质上就是关于媒介后果的研究，说具体点，是关于电子媒介之后果的研究。

确乎是不言而喻，庄子"抱瓮出灌"故事对于技术的整体性思考就在一望即知的表面上。在庄子，机械绝不只是机械，它本身即潜在地包含或预示了机事、机心，并且有更严重的后果：纯白不备，神生不定，道之不载，等等。同样，也是在最显然的层面上，海森伯承认了庄子对技术的整体观，即技术对其后果的假定，这后果多是消极的。不过，也同样是借着"技术即其后果"

---

① Marshall McLuhan, *Understanding Media: The Extensions of Man*, p. 7.
② Marshall McLuhan, *Understanding Media: The Extensions of Man*, p. vii.
③ Marshall McLuhan, *Understanding Media: The Extensions of Man*, p. 8.
④ Marshall McLuhan, *Understanding Media: The Extensions of Man*, p. 8.

这样的整体观，海森伯还深刻地揭示了技术的哲学后果。但是必须指出，海森伯在麦克卢汉所引论的"现代物理学中的自然观"一章并非十分自觉地将整体性思维作为他技术研究的方法论，那体现了整体思维的统一场论只是一种影影绰绰的存在；而且麦克卢汉也并非足够清晰地、确定地以技术后果意义上的整体性思维将庄子与海森伯相沟通。毋宁说，这是我们对他们三人思想关系的一个解读，但绝非无中生有，因为至少麦克卢汉是引用了海森伯对于庄子文本的导语（在《理解媒介》中是间接引语，在《古登堡星汉》则是直接引语），其中的核心意思，我们已经知道，是关于技术的后果的。相对清晰的是，我们先看《古登堡星汉》一书，麦克卢汉以"场"概念多少揭开了海森伯与庄子对于整体性思维的分享，这当然不是与"技术即技术之后果"这一理论全然无关，但更多的则是指向整体性思维的另一项内容。

海森伯一生的物理学研究有两大主题：一是测不准原理，一是统一场论。前一项研究使他少年得志，暴得大名；而后一项研究则至多可以说是"烈士暮年，壮心不已"，用功依旧，但收效甚微，因为它太艰难了。迄今我们也只是知道，所谓"统一场论"，在海森伯就是以某种数学公式去描述所有基本粒子的原始物质。[①] 麦克卢汉对"场"的理解是：

> 现代物理学不仅抛弃了笛卡尔和牛顿专门化的视觉空间，而且它还再次进入了非文字世界的微妙的听觉空间。在最原始的社会，正如在现时代，这样的听觉空间就是包含了各种

---

① 统一场论有许多研究者，包括爱因斯坦以及华裔学者杨振宁、李政道、吴健雄、丁肇中等，是一个多世纪以来物理学家们为之前赴后继的一项伟业，虽不乏一些进展，例如从爱因斯坦到海森伯就是一个巨大进展，但至今均未取得公认成果。（参见 W. Heisenberg, *Der Teile und das Ganze: Gespräche im Umkreis der Atomphysik*, S. 269-276; P. Breitenlohner and H. P. Dürr, "Preface", in P. Breitenlohner and H. P. Dürr (eds.), *Unified Theories of Elementary Particles: Critical Assessment and Prospects, Proceedings*, Berlin: Springer-Verlag, 1982, p. III。）

同步关系的整体场,在其中,不像在莎士比亚的意识中或塞万提斯的心里那样,"变化"几乎毫无意义和魅力。撇开所有的评价不论,我们今天必须知道,我们的电子技术影响到我们最日常的感知和行为习惯,从而立刻在我们身上重新创造最原始的人类所具有的那种心理过程。这些影响不是发生在我们的思想和观念中,因为在这里我们已经学会了批判,而是在我们最日常的感性生活中,这创造了思想和行动的涡流和矩阵。①

这一指明了其中"包含了各种同步关系的整体场"的现代物理学当然不会排除海森伯晦涩难解的基本粒子统一场论,更准确地说,麦克卢汉此处所理解的"现代物理学"基本上就是海森伯的基本粒子统一场论或者以它为基础的某些扩展,至少麦克卢汉主观上如此,因为就在这段引文(作为对海森伯之援引庄子的评论)早前一些的地方(作为对关于海森伯与庄子之比较观察的导引),麦克卢汉这样说道:

> 从维尔纳·海森伯《物理学家的自然观》相关的一个故事(指庄子"抱瓮出灌"的故事——引注),我们可以多少了解到传统取向社会的成员对待技术改进的态度。一个现代物理学家以其"场"感知的习惯,以其惟精惟微地区别于我们对牛顿空间的相沿成习,很容易就在前文字世界找到了一种与他意趣相投的智慧。②

尽管麦克卢汉作为人文学者对于那一甚至让专业人士都望而生畏

---

① Marshall McLuhan, *The Gutenberg Galaxy: The Making of Typographic Man*, p. 30.
② Marshall McLuhan, *The Gutenberg Galaxy: The Making of Typographic Man*, p. 29.

的海森伯粒子统一场论多半可能不知其详，止乎道听途说，但知道海森伯具有"'场'感知"也就足够了。对于麦克卢汉，海森伯与"场"的关联是一个绝好的契机，他可以由此而将海森伯引入庄子的智慧，他称之为"东方场论"，由此而将海森伯引入其他各种"场"论，即放大海森伯的"场"论，一直到它呈现出其清晰的图像。我们或许不会错误地认为，是庄子以及其他各种"场"论合力建构了麦克卢汉关于海森伯基本粒子统一场论的知识。也就是说，麦克卢汉是擎着互文之烛光而进入海森伯的"场"的。

我们尚有其他证据。不只是在其《古登堡星汉》与《理解媒介》两书，麦克卢汉在他别的著作中对海森伯也有一些点评。虽然这些点评并未直接指涉我们正在剖开着的海森伯的"场"概念，但无疑可视为是一种相关性，一种间接的解释。例如，在其《从套话到原型》中，麦克卢汉说道：

> 正是海森伯在 1927 年引进了共振（resonance）的观念，这一共振指的是宇宙中物质"粒子"之间的物理键（physical bond）。关于这一主题的经典是莱纳斯·鲍林（Linus Pauling）所写的《化学键的本质》（*The Nature of the Chemical Bond*）。[①]

> 字词只是与现实相符合这一观念，即匹配的观念，不过是高度书面化文化的特征，其中视觉居于主导地位。如今在一个量子力学——对它而言，按照海森伯、鲍林和其他人，"化学键"就是"共振"——时代，获取一种对于语言的"魔

[①] Marshall McLuhan with Wilfred Watson, *From Cliché to Archetype*, New York: The Viking Press, 1970, p. 82.

幻"态度乃是再自然不过的事情。①

在其《把握今天》中，麦克卢汉再次提及这一话题：

> 自海森伯和莱纳斯·鲍林开始，仅存的物理键就是共振。在物质宇宙中，已不再能够看到欧几里得那种视觉空间的连续性。在"存在的粒子"之中已不复有例如出现在机械模式中的那些联系。相反，倒是有了大量的共振强度，它们构成了同样大量的各色各样的"听觉空间"。古代哲学家经常把神想象为其中心无处不在而又毫无边界的一种存在。这也是双关语和听觉空间本身的性质。②

"共振"在他就是"相互作用"、"相互应答"，而"键"则是"束缚"，但他还看到，"束缚"同时也意味着相互牵制、相互作用，与通常被理解为单向钳制的"束缚"完全是两码事，甚至恰恰相反。简言之，"键"划定了一个相互作用的范围。而在这个意义上，"键"就是麦克卢汉理论所十分倚重的统一场。

可以发现，在背后主导麦克卢汉对"共振"与"物理键"或"化学键"之解释的，其一，是这些术语的日常语义，而非其专业意义。"共振"和"键"在英语中都是常用词，即使量子力学的门外汉也不会对它们感到生疏，也不会不了解它们的日常语义。顺便说，在汉语中，普通人在听到"化学键"一词时是不会往关系、组合、聚拢方面去想的。其二，人文视角也是麦克卢汉理解这些科学术语的一个主导或向导，换言之，麦克卢汉对这些术语做了人文学科的阐释。如果说当其将"共振"等视为"物理键"或

---

① Marshall McLuhan with Wilfred Watson, *From Cliché to Archetype*, p. 117.
② Marshall McLuhan and Barrington Nevitt, *Take Today: The Executive as Dropout*, Don Mills, Ontario: Longman Canada Limited, 1972, p. 10.

"化学键"时，他尚在量子力学的专业范围内，那么当其用视觉文化、魔幻语言、听觉空间、双关语、神之无处不在来趋近上述行话时，他实际上便跳出了这些行话所属的专业圈子，而接通了我们的日常经验以及我们日常可经验的人文世界了。

紧接着我们上面的第一段与第三段引文，麦克卢汉分别附缀以他自己的两种引文，以对那些密传似的现代物理学概念做进一步的阐释。第一处："雅克·艾吕尔在《宣传》中观察到：当对话开始时，宣传就终结了。"[1] 第二处："界定就是屠杀，暗示就是创造。——斯蒂芬·马拉美。"[2] 艾吕尔是哲学家，马拉美是诗人，自不待言，这再次证明了麦克卢汉是从人文学者的角度来理解和使用科学术语的。

现在我们转向他的《理解媒介》一书。

该书多次涉及其他"场"概念及其对于理解媒介之性质的意义，不过分析下来，其中最核心的"场"意象则是属于生物学的。对麦克卢汉来说，电子技术相对于机械技术而言就是将分割性的、断片式的人恢复为一个感知的整体，他从而能够将世界反映为一个整体，这正是一个"自然"人的状态，"原始"人的状态，或者，"前文字世界"的人的状态，而"场"或"场"感知所描述的就是这样一种人的机能，或者也可以简洁地说，"场"即生物有机体。麦克卢汉这样说：

> 电子时代一个根本性的方面是，它建立起一个全球网络，这一网络具有我们神经中枢的许多特性。我们的神经中枢不只是一个电子网络，而且它还构成了一个单独的经验的统一场。如生物学家们所指出的，大脑是一个相互作用的地方，

---

[1] Marshall McLuhan with Wilfred Watson, *From Cliché to Archetype*, p. 82.
[2] Marshall McLuhan and Barrington Nevitt, *Take Today: The Executive as Dropout*, p. 10.

其中所有的印象和经验都可以被交换、翻译，我们于是能够将世界作为一个整体来回应。诚然，当电子技术开始发挥作用时，工业和社会极其繁复和无穷无尽的活动便迅速取得了一种统一的姿态。但是，这种由电磁所刺激起来的在大相径庭和专门化的行动领域和器官之间相互作用过程的有机统一体，是全然不同于机械化社会的组织的。任何过程的机械化都靠分割而取得，这种机械化开始于活字印刷，它是对书写活动的机械化，被称作"对制造的单体分裂"（monofracture of manufacture）。①

机械化不是不组织，而是"机械化"的组织，是以分割为前提的组织，而电子化的组织，则恢复了"组织"的本义，是生物学的、身体的和神经性的组织，是为统一场所界定的组织。麦克卢汉常常称电子技术的应用为"自动化"，准确地说应当叫作"电子自动化"，其根本特点是与机械化之分割相对立的整体意识或知觉。为进一步彰显此区别，对麦克卢汉我们再做两则征引：

> 构成机械原则的是将人体各别的部分如手、臂、脚等分离和延伸为笔、锤子和轮子。如果要把一项任务机械化，其方式就是将一个行为的每一部分分割成一系列连贯、可重复和可移动的部分。自动控制（或自动化）的特点与此截然不同，它被描述为一种思维方式，同样它也是一种行为方式。自动控制不再关注一台台独立的机器，而是视生产问题为一整合性的（integrated）信息处理系统。②

---

① Marshall McLuhan, *Understanding Media: The Extensions of Man*, p. 348.
② Marshall McLuhan, *Understanding Media: The Extensions of Man*, p. 248.

> 自动化不是机械原则,即对活动的切割和分离的一种延伸。毋宁说它是凭借电能的瞬间特性对机械世界的入侵。这就是为什么那些处身在自动化中的人们坚持认为,它是一种思维方式,同样它也是一种行为方式。将无数的活动瞬间同步化已经终结了那种将各种活动线性排列的陈旧的机械模式。①

已经讲得够明白了,机械化即意味着分割,而自动化则是整合,它们被麦克卢汉提升为两种大异其趣的思维方式以及行为方式。回到我们对"场"概念的探求,这里的"自动化"就是"统一场论"的体现和实现:

> 今天,经典物理学、经济学和政治科学的伟大原则,即认为一切过程均可分割的原则,由于十足地深进了统一场论而反转了自身;工业上的自动化丢弃了过程的可分割性,而代之以在复合中所有功能之间的有机交织。绝缘电线接替了装配线。②

尽管不只是人文学者的门外人对海森伯的粒子统一场论可能不甚了了,但通过以上对麦克卢汉的反复征引以及我们相关的解读和求索,"场"的大门当已豁然洞开:"场"是一种整体性思维,是人类神经系统一种整合性、协调性的功能,麦克卢汉用它来描绘从机械技术艰难跋涉过来的电子技术或电子媒介的一种崭新图景。

不过,且慢,讲求整合性只是包括海森伯粒子统一场在内的"场"概念的第一重内容;如果"场"概念仅仅如此而已,那么

---

① Marshall McLuhan, *Understanding Media: The Extensions of Man*, p. 349.
② Marshall McLuhan, *Understanding Media: The Extensions of Man*, p. 36.

像我们这样将它作为整体性思维的、与"技术即技术的后果"命题并立的一项内容就没有什么特别的意义了。进一步,如果还能澄清一种误解,即以为技术即其后果的思想仅仅是"历时性"的而无"共时性"的视点,我们就更无必要对它们分而论之了。前文举过的那个医学例子,看病要看"症候群",已经说明,后果研究绝非仅仅限于"历时性",纳入"场"思维,它也将是"共时性"的。综合言之,它研究的是在一个统一场即一个空间之内技术与其后果之间的因果性关联;尽管因果性可能暗示一种时间序列,但在神经系统、自动化和电子媒介中其典型表现是瞬间发生,用麦克卢汉所使用的术语即"同时性关系"(simultaneous relations)①,具有"瞬间特性"([i]nstantaneous character)②,是"瞬间同步化"([i]nstant synchronization)③,那么时间便消融进空间了。其实在统一场中的技术后果研究,既不关时间,也无涉空间,因为统一场中不存在时间和空间,例如在如今的互联网传播中时间和空间已消失殆尽,我们进入了非空间和非时间,进入了"同时性发生"——趁便提醒,经麦克卢汉之口而响彻全球的闹词"地球村"既无时间亦无空间,它仅仅表示一种"同时性关系"。④ 最

---

① Marshall McLuhan, *The Gutenberg Galaxy: The Making of Typographic Man*, p. 30.
② Marshall McLuhan, *Understanding Media: The Extensions of Man*, p. 349.
③ Marshall McLuhan, *Understanding Media: The Extensions of Man*, p. 349.
④ 关于"地球村"概念,麦克卢汉常被引用的一个表述是:"'时间'停止了,'空间'消失了。我们现今生活在一个地球村……一个同时性的发生。"(Marshall McLuhan and Quentin Fiore, *The Medium is the Massage: An Inventory of Effects*, Berkley, California: Gingko Press, 1996 [1967], p. 63.)由于这种标志"地球村"特性的"同时性"只出现在人的感觉或通感之中,故而也可以说,本质上"地球村"乃一美学概念。在麦克卢汉,"地球村"绝非如某些学者所以为的(参见 Everett M. Rogers, "The Extensions of Men: The Correspondence of Marshall McLuhan and Edward T. Hall", in *Mass Communication & Society*, 2000, 3:1, pp. 128-129; Lori Ramos, "Understanding Literacy: Theoretical Foundations for Research in Media Ecology", in *New Jersey Journal of Communication*, 2000, 8:1, p. 54)仅仅表示"相互联结"的媒介概念,即便在他据说是第一次铸造这个术语的时候,他也是以之为"同时'场'"的,与原始的、部落的"声觉空间"相关。(参见 Marshall McLuhan, *The Gutenberg Galaxy: The Making of Typographic Man*, pp. 31-32。)

后，"场"概念所表达的以对各种不同活动的瞬间同步化处理为标志的整体化思维之所以尚不能完全独立于后果研究模型，还有一个原因是麦克卢汉反过来也将前者纳入后者，前文已经透露，自动化或电子媒介将带来一种新的思维方式和行为方式，这便是后果研究的套路了。不过，这里指出"场"概念第一重含义与后果研究的交错和重叠，我们的意思绝不是说它们因此而相互抵消，积极言之，这将凸显麦克卢汉思想的完整性和连续性，并在此脉络中强化整体性思维之"相互作用"的一面；换言之，麦克卢汉的整体性思维必须首先落实为"相互作用"，无论是在"场"概念抑或在后果研究模型之中。

二、感性整体

但是，对于麦克卢汉的媒介研究，或许更居核心的不是作为整体思维第一重含义的"相互作用"，而是这"相互作用"发生的方式或机制，即感性整体，这是其整体思维的第二重含义。实际上，麦克卢汉之引入"场"概念及其相关阐发已经明白无误地告诉我们他所推崇的整体思维的两重内涵：一是表现于"自动化"之中的"相互作用"，更准确地说是"协同作用"，而"机械化"则是"单独作用"或"分解作用"；二是"自动化"所体现的"相互作用"，类似于神经中枢的功能，具有感觉和"统感"的特性。虽然认识到"相互作用"已经暗含了一个过程整体的存在，一个有机统一体的存在，但是将之比喻性地归属于人的大脑或者生物体，则是确认了其主体属性，确认了其与主体性感受的根本性关联，**世界之客观的统一性因而被表述为主体的感受的统一性**，从前被机械化所分裂的世界在整体性感受中重新聚合和呈现为一个整体，所谓"将世界作为一个整体来回应"。麦克卢汉不只是在一般性地使用比喻,即用神经中枢系统解释、照亮"自动化"的潜在意义,更重要的是他以此比喻为桥梁而迅疾进入对于技术与感性之关系的研究,在此研究中最为突出的是将是否有利于人的感性整体作为评判技术的准则。与启蒙学者的做法正相反,**麦克卢汉将技术不是带往理性的法庭,而是带往感性的法庭,要么申明其合"感"性(不是合"理"性),要么放弃其存在**。这是一场革命,一场"后现代"革命,麦克卢汉在后现代运动到来之前已经早早地孤军突击了。如果你愿意,也可称此为"复辟",因为麦克卢汉从媒介技术的角度将历史分作前文字(pre-literacy)、文字(literacy)和后文字(post-literacy)三个时代[①],但考虑到工业革命所带来的理性主义对整个社会在价值、文化上的霸权,考虑到启蒙运动之并非针对感性而是神性或神性话语,以整体感性对碎片理性的颠覆和取代是可以被誉为"革命"的;如果你不高兴,斥之为"暴动"亦无不可。但说它是"复辟",或"革命",再或者"暴动",其实所指都一样,即麦克卢汉在发动一场感性主义对理性主义的"北伐"。技术被投进这场战争,要么站在理性主义的旗帜下,要么加入感性主义阵营。

麦克卢汉将字母文化及被技术发展所强化了的印刷文化称为"视觉文化",将电子文化称为"听觉"(auditory)文化。其《古登堡星汉》一书全面描述了印刷术之于现代文明形成的奠基性作用。或许算不得夸张,他将民主、国家、科学、物质生产方式(如装配线和批量生产等)、文化生产方式(如作者身份[authorship]、知识产权[intellectual property]、阅读公众[reading public]以及诗歌与音乐的分离[the divoice of poetry and music]等)、思维方式(线性思维、感性贬值和理性独大)、价值观念(大至民族主义,小到个人主义)的形成和变化统统归之于印刷术

[①] 参见 Marshall McLuhan, *The Gutenberg Galaxy: The Making of Typographic Man*, p. 46。

的出现,这无异于说,印刷术即便不需要为现代社会的一切方面负责,也是深浅不同地影响到了它的任何一个方面。① 但是在其所有的影响中,如果它们显现为一个系列的话,排在首位的因而也最具决定作用的则是对于感觉或感觉方式的影响。

三、诗性统一场

　　麦克卢汉经常从文学中汲取灵感。例如,他读到威廉·布莱克《耶路撒冷》中的诗句:"倘使感知器官不同,感知对象/将呈不同;倘使感知器官关闭,其对象/亦呈关闭。"第一,他由此认定了感知或感知方式对于感知对象的决定性关系。这基本上就是贝克莱那一哲学命题"存在即被感知"的意思,尽管准确地说,如麦克卢汉所读到的,布莱克在此是"解释在个人和社会两个层面上心理变化的因果关系"。第二,麦克卢汉在布莱克的诗中悟到其"感知比率变化,人亦随之变化"的洞识。如果说"存在即将被感知"大致不错,那么当布莱克反复吟诵"他们成了他们之所见"时,他是不会反对将贝克莱命题扩展为"人之存在即人之所感知"的。不言而喻,在麦克卢汉,感知造人,或者,感知"是"人。第三,具体于布莱克时代,造成感知比较率变化因而人的变化的是"理性化威能"的崛起:"如同幽灵,人之理性化威能;当其分离/于想象,并将自身封闭于铁石般的比率/记忆之物的比率;它于是就铸造了法律和道德的范型/以毁灭想象,神圣的肉身,借着殉难和战争。"麦克卢汉绝非简单地反对理性,让他痛惜不已的是"经验之间全面的相互作用"的消逝,即各种

---

① 一位麦克卢汉学者指出:"无论就象征符号抑或物质现实方面看,技术与现代性的所有方面相关。"(Marco Adria, *Technology and Nationalism*, Montreal & Kinston: McGill-Queen's University Press, 2010, p. 33.) 其心目中的"技术"主要就是媒介技术。

感知和官能之间一个恰当比率的被破坏。麦克卢汉庆幸地看到布莱克在其雕刻作品和具有雕刻形式的跌宕的诗行中所追寻的恰是"这种相互作用或统觉","一种质感"。第四,麦克卢汉将布莱克所反抗的"理性化威能"及其所引发的感觉比率的变化归咎于"人类以其变态的巧智将自身存在的某一部分外化于物质技术";在这些技术中最关键的,麦克卢汉强调,就是"古登堡技术"了,是它生产出并极度扩张了"分裂的和线性的意识"。这是《古登堡星汉》一书的主题,而这一主题,麦克卢汉惊叹,布莱克很早以前就在其诗歌中达到了:他追求一种神话形式,以此传达其灵异之见,而在麦克卢汉看来,"神话就是能够同时意识到一组复杂因果关系的方式"。①

不是唯有布莱克才反抗理性霸权,这是诗歌及其他一切文学形式的本性和特征。在其《古登堡星汉》中,麦克卢汉举出了许多例子,如在乔伊斯,在兰波,在马拉美,在罗斯金,在蒲柏,在莎士比亚,等等。但非常不幸的是,文学生来就扭结在一个悖论之中:其存在与其存在方式的对立。麦克卢汉解释说:

> 文学视野这种事情是集体的和神话性的,而文学的表达和传播形式则是个体主义的、断片的和机械的。视野是部落的、集体的,表达却是私人性的和可出售的。这种两难处境一直到现在都在撕裂着个体性的西方意识。西方人知道其价值和模式是文字的产物。但传播那些价值的方式本身从技术上看则似乎是要否定和颠覆它们。②

---

① 参见 Marshall McLuhan, *The Gutenberg Galaxy: The Making of Typographic Man*, pp. 265-266。

② Marshall McLuhan, *The Gutenberg Galaxy: The Making of Typographic Man*, p. 269.

我们知道，整个《古登堡星汉》一书都在揭示印刷术的后果，但我们不应由此而以为麦克卢汉的探索和批判只是停留在印刷术跟前；沿着"文学"这条线索，越过印刷术，将现代西方意识形成的起点追溯到"拼音字母"或"文字"（literacy），无须拜托印刷术它们便已经"将人从耳朵的魔幻世界转移到中立的视觉世界"①，即"中立的眼睛世界"②了。其结果必然是一个精神分裂的人的出现。拼音书写将思想与行动分裂，因为它将"意义"从"声音"中抽象出来，将声音转化为视觉符码，而"声音"，麦克卢汉援引卡罗瑟斯（J. C. Carothers），"在某种意义上就是动感十足的东西，或者至少总是指示动感十足的东西——运动、事件、活动"③；换言之，"耳朵的世界是一个热烈的超级感性世界"，而"眼睛的世界相对来说则是一个冷漠的和中立的世界，西方人因而在耳朵文化的人们看来确实显得就像一条冷冰冰的鱼"④。他是变得够理性的了，但他另一方面也为"精神分裂"这过度理性化的伴生物而饱受折磨，麦克卢汉不避大词，将此折磨描述为"剧痛"（throes）和"创伤"（trauma）⑤。既然"文学"（literature）来自于"文字"（literacy），那么同样道理，创造一种"文学"也就是将感性从其原始状态中强行抽取出来，置之于冰冷的"文字"铁范。麦克卢汉总是强调拼音文字与象形文字的不同，其实表达的痛苦，或用他的措辞，"文字的创伤"（the trauma of literacy）⑥，是生活在每一种文化中的作家、诗人所共有的体验：苏格拉底从不写作，据说他不相信文字能够传达他的学说。不著文字因而对他可能就是彻底逃避文字伤害最稳妥的方法。"苏格拉底站在口语世界与视

---

① Marshall McLuhan, *The Gutenberg Galaxy: The Making of Typographic Man*, p. 18.
② Marshall McLuhan, *The Gutenberg Galaxy: The Making of Typographic Man*, p. 22.
③ Marshall McLuhan, *The Gutenberg Galaxy: The Making of Typographic Man*, p. 19.
④ Marshall McLuhan, *The Gutenberg Galaxy: The Making of Typographic Man*, p. 19.
⑤ 参见 Marshall McLuhan, *The Gutenberg Galaxy: The Making of Typographic Man*, p. 22。
⑥ Marshall McLuhan, *The Gutenberg Galaxy: The Making of Typographic Man*, p. 22.

觉和文字文化的分界线上"①，他同时具备口语和文字的知识，在一个堪以比较的位置上，他应当是最清楚文字的后果了；我们与其像西塞罗那样责备他是"制造意识与情感分裂的始作俑者"②，毋如理解他为首先预见到并自觉避开文字"精神分裂"的智者。而胶着于文字，即便是象形文字的中国唐朝苦吟派诗人贾岛将必然遭遇"文字的创伤"了，其有名的感叹"两句三年得，一吟双泪流"可谓此创伤的经典写照。但苦吟也好，精明地避开也好，都与一个丰富的、生机盎然的感性世界有涉：前者是召唤，后者是放逐。

　　麦克卢汉显然是召唤感性复归的"苦吟派"，是文学上的布莱克。③但是我们需要追问：被召回的感性将如何与理性相处？前文麦克卢汉在对各种感觉的"相互作用"或曰"统觉"的论述中已经建立起感性与理性的"比率"或统一场，即它们二者之间的一个和谐，然而对于任何一种"和谐"或"和谐"场来说都有一个存在的方式和样态问题，而如果说"和谐"或"和谐"场是一种"结构"，那么在此"结构"中各种要素譬如说感性和理性之间有无主导与从属之分呢？我们知道，德里达拒绝"结构"中有"中心"而承认"结构的*游戏*"（le Jeu de la structure）④，但所有"游戏"都是"相互游戏"，在其每一特定时刻都有一个主导的力量；"结构"不稳定，因为其中有"游戏"，但此"结构"之所以是此"结构"而非彼"结构"，概在于其有"中心"，差异的"游戏"服从于此"中心"。德里达无"中心"的结构其实并不能完

---

① Marshall McLuhan, *The Gutenberg Galaxy: The Making of Typographic Man*, p. 23.
② Marshall McLuhan, *The Gutenberg Galaxy: The Making of Typographic Man*, p. 28.
③ 为了表现对"文字"霸权的反抗，麦克卢汉甚至在其著作的形式设计上也煞费苦心，如其与人合著的《媒介即按摩》被评论者认为是"一本荒诞主义的反书籍"，其中混合了语言、视像、图标等各种媒介，有意地混乱无序，即有意地破坏印刷文化的线性结构。（参见 Barry Sandywell, "The Medium Is the Massage", in *Information, Communication & Society*, 2013, 1-5, p. 1。）
④ Jaques Derrida, *L'écriture et la Différence*, Paris: Éditions du Seul, 1967, p. 409.

全取代传统形而上学的"有中心的结构"（structure centrée）①。德里达之后，我们仍可究问麦克卢汉统一场中"相互游戏"着的感性和理性的主次关系；即便不能如此，那么也可尝试将它作为一种视角，用此观察并可能确认麦克卢汉统一场论对于理性化霸权的革命性意义，以及由此而描述进入统一场或"游戏"的感性与理性之新的存在样态。

我们先来看麦克卢汉所倚重的布莱克。在前文麦克卢汉援引过的布莱克的诗行中，"理性化威能"摧毁想象，铸造规范，它显然是君临于一切感性和官能之上，而布莱克则决定将此作为"有中心的结构"而颠覆之。在其《所有宗教皆为一》中，我们读到："既然真正的求知方法是实验，那么真正的认识能力则必须是经验的能力。"②在其《不存在自然宗教》中，布莱克认为："通过理性化威能，人只能比较和判断他已经得之于感觉的东西。"③这意味着，在布莱克，经验或感觉是知识亦即理性的唯一源泉，前者是首要的，而后者则是派生的或寄生的。进一步，布莱克还将感知落实到感知器官以及扩大而言的身体的层面："人不能无由地感知，而只能经由其自然的或身体的器官"④，而"如果人只有感官的感知，他也就只能有自然的或感官的思想"⑤。再者，与我们通常所以为的有限感官正相反，他看到的是感性世界与无限、与神的相交接，而"计算"（ratio）理性倒是有限的："能在所有事物中发现无限的人，他看到的就是神。那仅仅看见计算的人，他看到的仅仅是他自己。"⑥显而易见，在一个"理性化威能"崛起的时代，

---

① Jaques Derrida, *L'écriture et la Différence*, p. 410.
② William Blake, *The Complete Poetry and Prose of William Blake*, David V. Erman (ed.), Berkley, California: University of California Press, 2008, p. 1.
③ William Blake, *The Complete Poetry and Prose of William Blake*, David V. Erman (ed.), p. 2.
④ William Blake, *The Complete Poetry and Prose of William Blake*, David V. Erman (ed.), p. 2.
⑤ William Blake, *The Complete Poetry and Prose of William Blake*, David V. Erman, (ed.), p. 1.
⑥ William Blake, *The Complete Poetry and Prose of William Blake*, David V. Erman (ed.), p. 3.

布莱克却是将赞美诗献给了被压抑的感性。如果说在他的确存在一个理性高高在上而感性屈居其下的金字塔结构的话，那么一个诗性的或天才的"结构"则必须取而代之，其中"力是唯一的生命，来自于肉身，而理性是力的边界或外围"①，这即是说，相对于理性，力和肉身是此"结构"的"中心"。

布莱克的"诗性天才"（Poetic Genius）② 就是麦克卢汉的统一场，由于这种统一场以诗性或文学性为其特质，我们因而也可以顺着麦克卢汉的思路称之为"诗性统一场"。这里之所以放弃可能的概念"文学统一场"而拣选"诗性统一场"，是因为如前所揭示的文学在其传播形式上与其内容相敌对，而这个内容的实质是"诗性的"。在其"诗性统一场"中，麦克卢汉并未放逐视觉，而是让各种感觉相互作用，同时性地或瞬间性地反应于外部对象。如同布莱克，麦克卢汉反对的只是视觉的强权，它要"将我们世界的**所有**方面转化为仅仅**一种**感觉的语言"③，即得之于其他一切感觉的东西都必须经由视觉的转换才堪称"知识"；相反，那"说"不清、"道"不白即不能形诸语言的就根本不是"知识"，神话不是"知识"，集体无意识不是"知识"，诗或文学也不是"知识"。麦克卢汉认为，"荣格和弗洛伊德的工作就是将非文字的意识艰难地翻转成文字术语"④，就此而言我们或许可称他们为理性中心主义者，而非教科书上习见的非理性主义者。他们看到了人的非理性状态，但以恢复理性为己任；因而很难说他们是什么真正的非理性主义者。在反抗理性专制这一点上，布莱克和麦克卢汉要比弗洛伊德和荣格激进得多。麦克卢汉欣喜地看到，布莱克当时以

---

① William Blake, *The Complete Poetry and Prose of William Blake*, David V. Erman (ed.), p. 34.
② William Blake, *The Complete Poetry and Prose of William Blake*, David V. Erman (ed.), p. 1.
③ Marshall McLuhan, *The Gutenberg Galaxy: The Making of Typographic Man*, p. 73.
④ Marshall McLuhan, *The Gutenberg Galaxy: The Making of Typographic Man*, p. 72.

为其使命的是"追求'从单一视觉和牛顿的昏睡中'解放出来"①，其原因是："一种感觉之居于主导地位就是催眠的处方。"② 其实不单是视觉，任何一种感觉之独大都会陷其他感觉于麻痹或昏睡状态，而任何一种感觉之被麻痹或处于昏睡状态都将关闭一种文化。若要"昏睡者醒来"，要唤醒一种感觉，要恢复一种文化，则需"被任何其他感觉所挑战"、所刺激。③ 对布莱克，对麦克卢汉，都一样，在他们眼前确实地存在一个为视觉、文字或理性所主宰的、对其他感觉实施压制的"结构"，且这一"结构"是有"中心"的。那么揭竿而起的布莱克、麦克卢汉是否在其义旗上书写着一种新的"结构"呢？仍然是"结构"，只是一种不同的"结构"？问题并不十分简单。

麦克卢汉将所有的感觉都置于统一场或在统一场中的"相互作用"，将有"中心"的"结构"置换为"相互作用"，这似乎表明他不是以一种"结构"替代另一种"结构"而其间强权依旧，就像中国过去改朝换代而专制不灭一样。即使矫枉必须过正，麦克卢汉都不是一个感性专制主义者或感性暴君。但是作为一位文学的研究者④，麦克卢汉始终以文学的感性为其媒介研究的主导视点。⑤ 在其著述中，走在前台的是媒介研究，而幕后则是文学研

---

① Marshall McLuhan, *The Gutenberg Galaxy: The Making of Typographic Man*, p. 73.
② Marshall McLuhan, *The Gutenberg Galaxy: The Making of Typographic Man*, p. 73.
③ Marshall McLuhan, *The Gutenberg Galaxy: The Making of Typographic Man*, p. 73.
④ 也有人称"麦克卢汉首先是一位'艺术家'"，其意谓与我们的没有什么不同，即"致力于磨砺感知而非概念"（参见 Barrington Nevitt, "Via Media with Marshall McLuhan", in George Sanderson and Frank Macdonald (eds.), *Marshall McLuhan: The Man and His Message*, Golden, Colorado: Fulcrum, 1989, p. 150）；用麦克卢汉本人的话说："他是一个具有整体意识的人。"（Marshall McLuhan, *Understanding Media: The Extensions of Man*, p. 65.）故而，把麦克卢汉作为文学家或者作为艺术家，实际上都是一个意思；其关于文学本性的论述也适用于艺术。
⑤ 麦克卢汉在其媒介研究中对文学资源的信手拈来被那些重视调查和实验数据以及内容分析的传媒学者认为是印象式的和无效的（参见 Everett M. Rogers, "The Extensions of Men: The Correspondence of Marshall McLuhan and Edward T. Hall", in *Mass Communication & Society*, 2000, p. 119）。但在我们看来，这恰是其特色和力量之所在。

究；我们甚或能够说，其媒介研究不过是其文学研究范式的推演，这一范式的精髓是如布莱克所展露的感性的审美现代性，即以感性的或审美的方式抵抗理性的现代性。麦克卢汉标榜"自动化"、电子媒介，贬抑"机械化"、印刷媒介，前者是感性的或审美的，即整体性的，而后者则是理性的或线性的，即分裂性的。显然在价值上，麦克卢汉是置感性于理性之上的。就此而言，麦克卢汉无疑是一个批判理论的法兰克福学派！① 此其一也。其二，在"自动化"所揭橥的统一场中，不是感性通过理性而表现出来，而是相反，理性化入感性，以感性的方式，更准确地说，以感性整体性的方式，作用于外部世界。我们不会看到一个宰制的理性之单独活动，我们看见的是一个生命有机体的协调一致的整体性活动，一个完整的人的存在。这就是说，如果坚持从感性与理性何主何仆的视角，我们似可断言，不是感性服从理性，而是理性必须相宜地服从于感性。对此我们前文不厌其烦地对麦克卢汉统一场学说的征引已有充足的文献支持，此处不赘。

四、结语：技术审美主义

麦克卢汉并无充分材料证明海森伯主张整体性思维，其对于海森伯统一场论的援用和阐述基本上是在不知其详的情况下对海森伯的大胆想象和穿凿附会，或者引用《诗经》的话说，"他人有心，予忖度之"。但是在以上较为细致地考察了麦克卢汉本人借着统一场以及布莱克所阐发的整体性思维之后，现在我们能够指出，海森伯在其《物理学家的自然观》中所破除的主客体间的

---

① 参见金惠敏：《"媒介即信息"与庄子的技术观——为纪念麦克卢汉百年诞辰而作》，《江西社会科学》2012 年第 6 期。

森严壁垒，并有通俗之言，"在生活的舞台上，我们不仅仅是观众，而且也是演员"，多多少少暗含麦克卢汉所要求的与"分割式、专业化之研究"相对立的整体性思维，除了其另一重内容即技术之为技术后果之外。看来，在整体性思维的两重含义上，麦克卢汉断言海森伯与庄子亲如一家，显然缺乏足够的文献证明，但亦绝非全然的无稽之谈，我们愿意相信，麦克卢汉和海森伯是"心有灵犀一点通"，他不拘泥于文本，而是"以意逆之"，"是为得之"。

不过也必须承认，无论怎样阐释海森伯的科学观或技术观，其整体性思维的感性色彩还是有欠明朗的，或者说，几近于无。而明朗的和丰富的是麦克卢汉。也是对麦克卢汉来说，较之于对海森伯，更其陌生的庄子，我们随后展开论述。尽管如此，在将技术之纳入感性方面，海森伯、麦克卢汉和庄子具有原则上的共同性。麦克卢汉对统一场的阐述，通过对诗或文学的感性的阐发，已经将他与海森伯和庄子勾连起来，同时也从而将其本人关于技术与感性关系的思考和立场展示出来，相信敏锐的读者已早有所悟，但为明晰起见，我们仍须退一步做一些简单的归纳，一方面是为了理解麦克卢汉，另一方面也是为了向麦克卢汉以及海森伯澄清对他们尚闭锁在烟雾朦胧之中的庄子。而由于庄子形象不清，前文一直试图坐实的麦克卢汉关于海森伯与庄子亲如一家的论断就仍然有所空悬。

麦克卢汉将技术作为人的器官的延伸，这从根本上规定了技术与感性的关联。他可以据此而考察技术的感性后果，技术之通过改变感性比率而对整个社会和文化的改变，包括对于生活方式、思维习惯、价值观念、政治体制、文学生产等的改变。技术之作为感性是麦克卢汉运行于其媒介研究的技术研究的方法论以及价值论。这是我们理解麦克卢汉整个思想体系的第一把钥匙。

不是将感性作为技术，而是将技术作为感性，麦克卢汉以此建构了他以感性相标榜的技术"批判理论"。麦克卢汉绝不像他本人所宣称的只是媒介技术后果的一个客观、冷静的观察者、探索者和描述者，他其实是一个非常典型的人文主义知识分子，如前所说，他将赞美诗写给了感性和感性世界的完整性和丰富性，他据此而揭露和批判以印刷术为代表的现代技术，他以"机械化"称之，其特点是整体感性的分裂和片面化；也是据于此，他热烈地欢呼电子媒介/技术即他所谓的"自动化"之时代的到来，那将是一个被拼音文字和印刷术所消灭掉了前文字时代的整体感性的伟大复兴。① 我们不能将麦克卢汉简单地界定为技术悲观主义者或技术乐观主义者，因为他从来不是略无来由地褒贬技术，在其关于技术的研究和评论背后是他对整体感性的根深蒂固的信念以及殚精竭虑的呵护和维护，这是他关于技术的价值论或批判理论。舍此，即使我们已经进入了麦克卢汉的世界，也会迷失于其博尔赫斯式的"交叉小径的花园"。

---

① 需要声明，这复兴不是"原始"感性的复仇或复辟，而是一种前此一切感受方式的扬弃或升华，是统一场的圆满实现。意大利美学家马里奥·佩尔尼奥拉认为："对麦克卢汉来说，存在两种基本的感知方式。一种是同质的、单纯的、线性的、视觉的、等级制的、外爆的（与书写、印刷、摄影术、收音机、电影、汽车等紧密相连）；另一种则是多中心的、参与性的、触觉的、瞬间的和内爆的（与电力、电报、电话、电视和计算机相应）。"（Mario Perniola, *20th Century Aesthetics: Towards a Thoery of Feeling*, London: Bloomsbury, 2013, pp. 53-54.）但两种感知方式的划分其实只是麦克卢汉的表面意思。严格说来，任何一种感知都是通向统一场的，即任何一种感官的使用都会引起其他感官的回应和整个感知比率的变化。感性本身即意味着整体性。从感性角度看，所有技术都会带来整体性效果。

麦克卢汉媒介研究的文学根源

艾琳娜·兰伯特 著

李昕揆 译

【作者简介】艾琳娜·兰伯特（Elena Lamberti），意大利博洛尼亚大学北美文学与媒介研究所教授。

【译者简介】李昕揆，中国人民大学文学院讲师。

内容提要：本文是作者在中国社会科学院的演讲，共分四个部分："问题研究的缘起"、"作为人文主义者的麦克卢汉"、"媒介研究的文学根源"和"拼接：麦克卢汉的诗学表达"。本文认为，麦克卢汉的媒介研究实以文学为根基和底色。扎根于古典人文学科和现代派形式实验的"拼接"方式，是麦克卢汉媒介研究之文学根源的外显，或者说，是麦克卢汉式的诗学表达。卸下麦克卢汉的媒介面具，还原其文学学者本色，有助于理解文学在帮助人们适应当下媒介环境和现代世界方面担当的重要角色。

关键词：麦克卢汉；拼接；媒介研究；文学根源

当前，西方学界对麦克卢汉的研究正在发生一个从媒介视角到文学视角的转向。从麦克卢汉的人文主义背景入手，探讨其媒介研究的文学根源问题，是麦克卢汉研究的一条全新路径，它引领我们重新思考媒介文化的各种可能。我今天的演讲主要围绕麦克卢汉的书写方式——拼接（mosaic）①——展开。"拼接"是麦克卢汉媒介研究之文学根源的外显，它深深扎根于麦克卢汉的人文主义知识背景、现代主义先锋派的形式实验和东方表意文化形式的基础之上。

一、问题的缘起

2006年4月初的一个美好清晨，我提前来到研讨室，倚着座椅，啜饮着咖啡，浏览着邮件，陶醉于课前这段短暂而迷人的光景。很快，一阵响声传来。他们来了！一切如常，同样的问题、相同的答案。忽然，一个问题传来："教授，请问阅读多少页小说才能通过您的期末考试？"轻声的提问，并未减轻问题本身带来的爆炸效应。我忠实于自己的教学，对清晨的讨论准备充分，然于这场爆炸却始料未及。有人可能无法理解我的烦恼；甚或认为是学生的"小付出／大回报"（minor effort / maximum result）哲学让我局促不安。不！它是来自更深层次的冲击，这需要联系我的文学学者身份以及我所供职单位的学科性质（人文学科）来评估。它逼迫我思考，倘若选择文学作为安身之所的人都已减少对小说的阅读兴趣的话，那么，文学在现代社会还扮演着怎样的角色？

学生的提问让我警醒：自己已适应那封闭的教育系统，并成为学者这一身份的伺服机制。我曾经认为，无论课上学生的年龄和经历如何不同，他们都共同分享我对文学的激情和研究方法。然而，数字革命已不可避免地改变了人们的学习、生活和体验方式。数字小说迫使我们采取完全不同于纸媒小说的阅读方式，带

---

① 拼接（mosaic），又译"镶嵌"、"拼贴"、"马赛克"。译者认为，"拼接"更能传达麦克卢汉借助语言（格言警句、俏皮话、双关语）、绘画、图像、标题和照片等并置实现的书写方式。——译者注

给我们迥异的艺术体验。我是在杂合的后文字社会①（post-literate society）中接受训练的那代人，而社会正在迈入新的次衍生性口语文化（post-secondary-orality phase）时代——即我的学生们出生并成长的后电视媒介环境。过去20多年，新兴多媒体和信息技术发展迅猛。尽管我与学生们的年龄差距不大，但就媒介环境而言，我已成为落后于时代的"老古董"。

当然，我的研究不是为了激起纸媒读者与新媒介受众间的矛盾，也不是为了抗拒新媒介而为文学大唱赞歌，因为社会变革不会因个人信念和喜好而放慢脚步。这让我与麦克卢汉相遇：他是人们心目中的"媒介大巫"（media guru），而其本色身份则是文学教授。我未曾与其相识，但他在音像资料及书籍中谈论事物的方式和睿智让我深深着迷。他给我的最大启发是："文学不是一门学科（subject），而是一种功能（function），一种与集体存在密不可分的功能。"②

对于我们这些投身于人文学科的人来说，已经到了重新发现麦克卢汉并向他认真学习的时候了。他不是将文学作为一门学科去处理，而是将之用于探索现实。"拼接"正是他连通现实的工具，它让我们充分领会文学作为功能的诸种可能。这位媒介大巫成长于文学土壤，认识到这一点，有助于我们重新考量文学在数字时代扮演的角色。他的"拼接"方式，让我走出学术象牙塔，通达现实世界，去更好地理解那些成长于电子媒介环境的学生们。换句话说，是麦克卢汉鼓励我转向控制塔，并传授给我培根"后

---

① 后文字社会（post-literate society），亦译后文学社会，指随着多媒体、互联网和信息技术的扩张，认为已无须文字继续存在的一种假定理论。与前文字社会的不同在于：前文字社会尚未发现如何读写，后文字社会则是对读写的超越。后文字社会的出现，有时被认为是社会接近技术奇异点的象征。——译者注

② McLuhan, "Letter to Walter J. Ong, 18 May 1946", in *Letters of Marshall McLuhan*, selected and edited by M. Molinaro, C. McLuhan and W. Toye, Oxford: Oxford University Press, 1987, p. 187.

观为进"(to look forward, to enquire farther)的探索策略。这让我能够在当前的媒介图景中,去回溯媒介研究的文学根源,并对文学的角色做出新的考察。

二、作为人文主义者的麦克卢汉

在去年各界举办麦克卢汉 100 周年诞辰纪念活动中,不同机构、学者的介入,各种学术和公共事件的出现,给我们提供了重新思考"整体麦克卢汉"(McLuhan as a whole)的机会。这恰与当前的媒介和技术环境相适应:自 20 世纪 60 年代麦克卢汉开始探索电子时代以来,数字景观逐步蔓延并日渐成为我们日常置身其间的环境。与当时的读者和听众相比,今天的人们更易于理解麦克卢汉的深邃洞察。其名声已响彻世界,"媒介即信息"、"地球村"等洞见已深入人心,我们已毫不犹豫地接受了他作为"流行崇拜中的高级祭司和媒介形而上学家"[①]的角色。我的研究与此不同,它旨在提供一个逆反环境(counter-environment),以彰麦克卢汉的文学教授身份。

在既往的研究中,麦克卢汉的人文主义背景作为其媒介研究的根基常被提及,但研究者们对此很少做深入分析。由此,探索麦克卢汉的文学根源,成为一项艰巨而迫切的任务,它对多个领域的研究有所助益:不仅仅是媒介研究,也包括现代主义研究、文化研究、文学研究、文学批评以及传播研究等。在这些领域,我们正在目击一场认识论的危机,它总是企望凭借新方法去观照传统学科,以对全新的文化和社会母体做出理解。对此,我意在

---

① 这是 1969 年《花花公子》杂志对麦克卢汉访谈文章标题中的称呼。参见 "A Candid Conversation with the High Priest of Popcult and Metaphysician of Media", in *Essential McLuhan*, edited by Eric McLuhan and Frank Zingrone, London: Routledge, 1997, p. 222.——译者注

提供与众不同的符号和语境，去推进对新理论方法的讨论和发展，并鼓励一种媒介生态学的研究视角。它将不仅仅适用于麦克卢汉及其媒介研究，而且对其他传统知识领域亦具有方法论意义。

承麦克卢汉的启发，我不把传播简单地理解为一个研究领域（一门学科），而将之视作一项展示基本功能的人文活动以及与我们每个人息息相关的社会实践。在所有传播过程中，我们都试图去掌握不断浇铸和改造着我们现实的文化、社会、艺术、政治和技术现象。我希望我的研究能够引领学生不再询问页码数量，而去考虑投入小说阅读（将之作为一种功能）的时间量。

由此，我就不是以媒介理论家的身份，而是从文学及文学批评的角度来处理这位电子时代——衍生性口语文化——的探索者和人文主义者麦克卢汉。衍生性口语文化（secondary orality）①是麦克卢汉的关注领域，它与电子时代、纳西索斯自恋、后视镜视角、听觉空间、触感等术语关系密切。这些术语界定了我们的媒介环境，有助于澄清并阐明我们的现实，它们不应被限于专业领域，而应成为常识的一部分。通过语言，麦克卢汉教会我们理解新媒介在地球村图景中重组世界的方式，教会我们如何在高度技术化环境的内部去识别文化、社会和传播的动力学机制，教会我们如何去理解技术变革带来的心理和社会后果。在 20 世纪 50 年代，麦克卢汉是如何先于他人"看到"并"理解"直到今天才司空见惯的事情？是什么让他拥有如此睿智的眼光并显赫一时？

---

① 衍生性口语文化（secondary orality）最早由沃尔特·翁在《口传与书写》（*Orality and Literacy*，1982）中提出，但关于口传与书写的争论最早出现在 20 世纪 60 年代。1962—1963 年间，西方学界出现了一批讨论口语与书写差异的著作，并引发一连串的文化争论。它们包括列维-斯特劳斯的《野性的思维》，古迪和瓦特的长文《书写的后果》（*The Consequences of Literacy*，1963）、麦克卢汉的《古登堡星汉》（*The Gutenberg Galaxy*，1962）以及哈弗洛克的《柏拉图导论》（*Preface to Plato*，1963）等。他们之所以不约而同地在 20 世纪 60 年代谈论口说和书写语言间的对比，与电子媒介兴起带来的崭新视听经验有关；也是由于电子媒介所形成的衍生性口语文化唤醒了在书写文明遭到忽视的口语思维使然。——译者注

在我看来，谜底在于他作为人文主义者的知识背景，在于他对文学的巨大热情，以及他在长期人文主义训练中发展出的那种同步洞察事物的能力。

所谓人文主义者是指：(1) 人文主义原则的崇奉者；(2) 关心人类利益和福祉的人；(3) 古典学者；(4) 文科学生；(5) 致力于人文主义研究的文艺复兴学者。麦克卢汉同时集以上内涵于一身：其博士学位论文致力于考察英国文艺复兴时期文科三学科（文法、逻辑、修辞）之间的复杂互动关系；作为知识分子，他崇奉人文主义原则，深切关心当时人们的利益和福祉，不仅包括人类生存的物质层面，也包括情感和智识层面；他对媒介的兴趣源于技术、文化和社会过程对人类影响的理解需要。就像他在《机器新娘》(*The Mechanical Bride*, 1951) "前言"中清楚地表明的那样，自由、独立和自由意志发端于我们对周遭现实的认识和理解。

与每位古典语文学家一样，麦克卢汉深谙阅读之道，并将书籍看作一个认真编排的符号和象征系统。麦克卢汉运用其熟练的人文知识，解读电子环境这部全新的"自然之书"，以在由新闻、录音、电影和广告机构所营造的旋转图景中，引导读者观察每天变动不居的、人人均被卷入其中的行为活动。[1] 在《古登堡星汉》(*The Gutenberg Galaxy*, 1962) 中，他一再重述：我们应停止对"事件的好坏"做出评判，而开始探究那"正在发生的事情"[2]（what's going on）。恰如埃里克·麦克卢汉（Eric McLuhan）所忆，作为一名人本主义者，麦克卢汉借用培根破碎的知识和格言警句，从现代主义大师的研究中撷取灵感，去鼓励读者做进一步思考和探索。麦克卢汉倡导破碎的知识，旨在将置

---

[1] McLuhan, *The Mechanical Bride: Folklore of Industrial Man*, New York: The Vanguard Press, 1951, p. v.

[2] Benedetti and DeHart, eds, *Forward Through the Rear-View Mirror*, Cambridge: The MIT Press, 1997, p. 10.

身传播过程中的个体转变成积极的个人，以改善他们对于现状、自身行为和反应的阅读策略，这是其服务全体人类利益和福祉所表现出的方式。

麦克卢汉的写作是对其阅读过程（或者说，环境探索）的转译，因此，阅读其著作就是重新经历他对世界和现状的加工过程：他所运用的拼接手法，成就了他作为"次衍生性口语文化"的人文主义者和媒介理论家的身份。理解麦克卢汉全新的诗学方法，首先需对"诗学"有所了解。我的诗学定义遵循了翁贝托·艾柯（Umberto Eco）的观念。在他看来，诗学是一种运作模式，它最终导向一个同时包含原创与传统因子在内、与当前其他形式相联系的给定形式。由此出发，麦克卢汉的诗学就远比人们通常所理解的要复杂得多，这尤为突出地表现在他对"形式"的关注之上。因此，尽管麦克卢汉的诗学运作模式已广为人知——即探讨新媒介对人类意识和环境的影响，以预见、呈现并抵消其负面效应，但塑造并给予此模式以全新功能的"形式"要素却被严重低估了。在麦克卢汉手中，"形式"要素得到彰显，它不仅表现在其书写的不连续性上，也表现于其著作中源出不同艺术表现的大量文学文献和例证。阅读他对于媒介的分析和考察，你会发现文学/艺术对于形塑麦克卢汉书写方式所发挥的关键作用。但更为隐晦也更值得深入探讨的是，这种书写方式是如何形成的？麦克卢汉采用这种方式的目的何在？

三、媒介研究的文学根源

文学/艺术是贯穿麦克卢汉媒介研究的一条主线。"拼接"或曰"栅格化方法"（field approach）是麦克卢汉的探索工具和书写方式。它源于麦克卢汉的人文知识背景并指向我们置身其中且不断变化着的现实处境。在新近出版的著作①中,我从三个方面——拼接、现代主义者的主导、应用麦克卢汉——对这一问题做了探讨。长期以来,麦克卢汉被戴上了四种不同的"媒介"面具,即媒介神谕者(media oracle)、媒介大巫(media guru)、现代主义者(modernist)、媒介/技术爱好者(media/techno fan)。因此,在"拼接"部分,我主要探讨麦克卢汉卸下"媒介"面具之后,其媒介研究背后的人文根源问题。事实上,早在20世纪50年代早期,麦克卢汉就致力于改编古代的教育理想(突出表现为文法、修辞和语言三学科),使其成为适应新的传播和艺术表现形式的现实观照方式。恰如特沃尔(Donald Theall)、马尔尚(Philip Marchand)、维姆特(Glenn Willmott)、马尔切索(Janine Marchessault)、卡维尔(Richard Cavell)在各自著作中所论述的那样,古代语法、修辞和逻辑是麦克卢汉媒介探索的基础。② 古典三学科与先锋派实验结合孕育出的书写方式,就是要超越印刷页面的限制,使读者卷入一种关于现状和思考的动力旋涡之中。麦克卢汉这一原创性的"言语—声像—视像"(verbi-voco-visual)③书写形式,是听觉的而非线性的,体现的是触觉的(或参与式的)而不仅仅是视觉的人类感知系统。

在"现代主义者的主导"中,我立足于福特(Ford Madox

---

① Lamberti, *Marshall McLuhan's Mosaic: Probing the Literary Origins of Media Studies*, Toronto: University of Toronto Press, 2012.

② Theall, *The Medium is the Rear-View Mirror*, Montreal: McGill-Queen's University Press, 1971; Marchand, *Marshall McLuhan: The Medium and the Messenger*, New York: Ticknor & Fields, 1989; Willmott, *McLuhan, or Modernism in Reverse*, Toronto: University of Toronto Press, 1996; Marchessault, *Marshall McLuhan*, London: SAGE Publications, 2005; Cavell, *McLuhan in Space: Cultural Geography*, Toronto: University of Toronto Press, 2003.

③ 这里"言语—声像—视像"借用了麦克卢汉著作《言语—声像—视像探索》(*Verbi-voco-visual Exploration*, 1967) 的术语。麦克卢汉认为,在电子媒介技术的压迫下,一切媒介都成了电磁波谱,其结果是对共鸣的电子联系的强调;科学与艺术混合为言语—声像—视像"一切同时"(all-at-onceness)的综合体,这种形态是电子媒介时代的产物。——译者注

Ford)、乔伊斯、庞德和刘易斯（Wyndham Lewis）四位现代主义艺术家的诗学语境，探讨了现代主义在麦克卢汉媒介研究中的基础作用。他们分别在麦克卢汉媒介分析进程中扮演了重要角色。英国小说家、评论家福特是麦克卢汉媒介研究的开路人：他引入一种对全新社会模型进行认知和意识反应的"新形式"（new form）观念，使麦克卢汉认识到形式与内容的同等重要。作为第二诡辩学派修辞学信徒[①]的乔伊斯，为麦克卢汉提供了探索现实的新工具和运作模式：即通过语言进行活体解剖，通过嬉笑挑逗的词语组合去理解现实。出色的手艺人庞德，教会麦克卢汉如何通过文化／艺术与传播形式的结合将运作模式通俗化：从孔子到填字游戏，从但丁到新闻界，庞德展示了如何将纽约文学杂志 *Kulchur* 扭转为自己迫切需要之物（desiderata）。追随庞德诗歌中对语言、形式，特别是对汉字的实验，麦克卢汉将表意文字解读为一种保存了符号与意义之间和谐联系的、表音文字所不具备的、涉及全体感官同时互动的复杂形式。如书中所述，汉字作为一种认知形式，代表了麦克卢汉的"拼接"手法。英国旋涡画派的发起人刘易斯揭示了新型传播过程的本质，其"艺术即传播"观念以及对"地球村"的隐晦表述，给麦克卢汉以重大启发。以致麦克卢汉在《内部景观》（*The Interior Landscape*，1969）中坦陈：

> 作为对机械工业和官僚主义愚昧的浪漫主义反抗，在惯常的和忠实的诗学启蒙之后，剑桥的表现令人吃惊。短短几周内，瑞恰慈、利维斯、艾略特、庞德和乔伊斯就开启了促使读者适应当今世界的诗歌感知之门。**我对媒介的研究始于**

---

① McLuhan, *The Place of Thomas Nashe in the Learning of His Time*, PhD diss., Cambridge University, 1943, p. 447.

并深深扎根于这些人的工作之中。①

多么令人吃惊的句子！它值得我们一遍遍地阅读和琢磨。诗歌过程——文学、艺术、创造性想象——是麦克卢汉引领读者适应当今世界的首选策略。这一观念是麦克卢汉诗学的核心，它构成了麦克卢汉尝试理解变动着的世界的指导原则。通过文学和艺术传统，麦克卢汉找到了探索传播的工具。1963年，麦克卢汉在多伦多大学成立"文化与技术"研究中心，该中心建立之初即明显地与两种文化——人文文化和科学文化——相联系。麦克卢汉投身于一项今天被称为有先见之明的探索策略，但在当时并未获得认可。媒介生态学作为源于麦克卢汉文学研究的学术领域，得到了具有人文主义学科方法的学者们的进一步巩固和开发。

在"应用麦克卢汉"部分，我借助麦克卢汉在《媒介定律》(Laws of Media, 1988) 中对媒介运行模式的宏大叙述——媒介效应四元论②——对部分小说和电影进行了解读。这是我通过文学和媒介生产——它们为观察两种媒介的并置提供了有趣策略——探索马可尼星汉（the Marconi Galaxy）形成的方式，也是在相互作用的跨文化模式中理解媒介、文学和电影的方式。也就是说，这是将麦克卢汉运之于人文科学领域，以尝试在不同学科流派中鼓励生态学研究路向的方式。它旨在通过营构一种扎根于文学土壤的逆反环境，来淡化麦克卢汉身上具有压倒性影响的"媒介大

---

① McLuhan, *The Interior Landscape: The Literary Criticism of Marshall McLuhan, 1943-1962*, selected, compiled, and edited by Eugene McNamara, New York: McGraw-Hill, 1969, pp. xiii-xiv.

② 媒介效应四元论即麦克卢汉在《媒介定律》(*Laws of Media*, 1988) 一书中提出的"媒介定律"，简单说来，就是麦克卢汉总结的关于媒介效应的规律，因其包括"提升、削弱、反演、转化"四个共时面向，故又称作媒介效应四元论。参见 Marshall McLuhan with Eric McLuhan, *Laws of Media: The New Science*, Toronto: University of Toronto Press, 1988, p. 129.——译者注

巫"身份。"媒介大巫",或者说杰出的流行文化哲学家、新电子媒介的辩护者与狂热者,只是麦克卢汉"神话"的一个方面。这种"神话"建构是对麦克卢汉整全形象的破坏,是对其著作复杂性的粗暴否定。而如果首先将麦克卢汉定位为一名文学教授,其著作的复杂性就会立即得到确认。作为文学教授,他精通古典学、托马斯传统以及浪漫主义和象征派的成就;他注意并运用现代派的形式实验。麦克卢汉将古代口头传统和现代艺术探索相糅合,形成了其独有的书写方式——拼接。批评者们常为其混杂风格所困扰,并以"荒诞的麦克卢汉风格"来反对麦克卢汉的媒介观。对此,我则更愿意将之视作麦克卢汉的"诗学表达"(poetical prose)。

四、拼接:麦克卢汉的诗学表达

担任文学教职之初,麦克卢汉就曾撰写诗歌选集,并完成了名为《托马斯·纳什在他那个时代学术中的地位》的博士论文;他撰写了肯纳《切斯特顿悖论》的导言,发表了《庞德、艾略特和荒原的修辞学》、《马利坦论艺术》、《诗学与修辞学注释》、《从艾略特到塞涅卡》、《吉卜林和福斯特》以及《爱伦·坡的传统》等一大批文学论文。或如尤金·麦克纳马拉(Eugene McNamara)所述,"文学对麦克卢汉非常重要……尽管他在媒介效应方面的探索光彩夺目,但其观察视角和内部景观完全相同,即主要是人文主义的"。文学事关紧要,它更多地与功能而非学科相关。作为一个文学批评家和英语文学教授,麦克卢汉考察了不同作家和诗人在艺术形式上的成就,并将这些成就与新的感性论相联系。在探索如何抵消技术重塑文化环境所引发的麻木效应方面,麦克卢汉扮演了语法学家的角色。

在麦克卢汉征引的各类文学文献中，尤以爱伦·坡的《身陷旋涡》（*A Descent into the Maelstrom*）最为有名。他在《机器新娘》序言中以此来隐喻其媒介探索之法：渔船被卷入旋涡，面对全新境况，水手通过观察旋涡运行方式，顺势而行并最终逃生。① "爱伦·坡笔下的水手通过研究旋涡的运行并与之合作而挽救了自己。"② 麦克卢汉的研究策略与此类似，他以旁观者的态度观察新媒介的运行，与之合作，并试图找出能够抑制其压倒性影响的策略。水手逃生的例子告诉我们，采取新的感知和推理策略，能够让我们在"旋转的图景中心"③游戏，并与置身其中的环境实现互动。

麦克卢汉的"拼接"手法，不仅深植于其人文主义背景之中，而且超越了媒介圣人、媒介大巫、现代主义者和媒介爱好者四种面具。换言之，"拼接"作为麦克卢汉独有的表述方式，是其整体意识的具体化，是我们进入与集体存在水乳交融的阅读过程的途径。那么，何谓拼接？它可以是一种艺术形式（如罗马和拜占庭的艺术风格），可以是进入社会和文化现象的多元文化方法，也可以是人行道铺设风格（如镶嵌地板）。不同领域存在一些明显的例子，涉及艺术、美学、社会文化、政治、建筑设计等不同方面。它们在"运作结构"上存在共同点：以片段为基础，各单元相互分立，通过显像（figure）与基底（ground）的相互作用获得意义等。模式识别是进入拼接的方式：探索聚集了各种片段并超越单体累加之和的整体设计。它要求我们的意图与拼接的运行结构相一致，通过获得侦探能力去洞察古罗马或拜占庭的拼贴叙述、跨文化拼接乃至镶嵌地板的表述方式。借助拼接，我们参与到意义生产过程之中。这适用于拼接的所有定义，包括麦克卢汉的写

---

① McLuhan, *The Mechanical Bride: Folklore of Industrial Man*, pp. v-vi.
② McLuhan, *The Mechanical Bride: Folklore of Industrial Man*, p. v.
③ McLuhan, *The Mechanical Bride: Folklore of Industrial Man*, p. v.

作方式，以及观察者对地毯拼贴图案的识别。"拼接"为麦克卢汉的原创性探索提供材料和内容，让我们借助知识去重新经历麦克卢汉及其语境，使我们向有意味的整体效果前行。其"拼接"将东西方文化带到一起，实现了对文化传统之间的互动阅读。由此，麦克卢汉的拼接就不是一种线性的书写形式，而是对线性字母表模式进行重组，目的是使被设计为"言语、声像、视像"的书写页面具有触觉效果或多维感知。

麦克卢汉的拼接反映了人们处理事务的新方式，它更多地以集体的相互作用而非个体活动为基础。以此出发，现代主义在麦克卢汉那里的作用最为基本：它提供全新的"形式"实验模式，并将此实验铭刻于文学与文化统一体中。在此意义上，麦克卢汉媒介研究的现代主义文学根源就在传统与革新之间搭建了桥梁。为此，我们不应对以下发现感到惊奇，即麦克卢汉所深深着迷的，是那些对传统进行处理并将新旧文学艺术模式组合为富有原创性结构的现代主义大师。当然，他还痴迷于先锋派运动实践。其方法也来源于对早期现代主义作家的研究，这些现代派作家守持艾略特对文学传统的经典定义，在19世纪与20世纪之交对文学艺术之林中的虚构和再现性经典提出质疑。

麦克卢汉的拼接以类似的方式结合了实验的需要，打开了他那个时代通向新传播方法的批判性书写方式（广告、口号、视觉双关语及其他文化策略）。其中，古代修辞策略和传统知识是实现这一"拼接"方式的催化剂。具体地说，通过对教父传统和17世纪英国玄学派诗歌的研究，麦克卢汉恢复了古典三学科，混合了不同的传播符码并打破了既有的学术准则。由此，拼接就不再像培根说的那样"不适合指向行动，更适合赢得认可或信任"；它不再属于方法，不去引导人们获得既定真理，而是使读者投身于在与文本合作中得到实现的发现过程。像多数现代主义作品一样，麦克卢汉的著作是开放性文本，其意义随阅读行为和作为意义共同生产者的读者的变化而变化。麦克卢汉将这个持续的相互作用和注释过程称作"读者自己动手参与"。让我们同拉斐尔画作《雅典学园》①（*The School of Athens*）中所展示的学习观念相类比。尽管画作创作于文艺复兴时期——即麦克卢汉认为眼睛成为主导感官的历史时期，但画面却把我们带入古代教育的核心，即不是基于对知识的被动接受和记忆，而是以持续不断的探索和师生之间永无休止的对话为基础。这幅画描绘了包括亚里士多德、柏拉图、第欧根尼、苏格拉底、巴门尼德、伊壁鸠鲁等西方哲学圣贤们在学园中交谈的场景。异教徒哲学和基督教神学通过知识走到一起，学生们被鼓励去"寻求知识本源"：或交谈，或著述，或通过研究，"自己动手参与"使求学者与先贤们的宇宙观进行直接互动。想想看，在万维网——不论好坏——成为新雅典学园的时候，我们也可以找到与现实进行类比的方式。通过浏览网页，我们直接与知识接通，并自由地组合各种即时数据、新闻、观念和信息。现在，我们成为互动的主人。在当时雅典和当前的学习情境之中，我们肩负着提供意义的使命：当时主要的哲学家和现在的互联网分别给我们提供了一套自己动手探究的工具。我们必须在停止不前和继续探索之间做出决断。作为雅典学园的学者，或作为网上冲浪者，我们都在重新连接观念、片段以及其他不同单元。同样，面对麦克卢汉拼接的杂交性质，我们成为知识与愚昧的界面。我们能够决定付出多少努力，去推进知识并穿透其"拼接"的断续结构。

在麦克卢汉的书写中，其探索借助语言、绘画、图像、标题、照片等的并置来实现。因此，"拼接"不仅结合了不同的记录形

---

① 《雅典学园》是拉斐尔于 1509—1511 年为罗马教廷所作的壁画，现藏梵蒂冈博物馆，又名《哲学》。该画以古希腊哲学家柏拉图所建的雅典学园为背景，表现了语法、修辞、逻辑、数学、几何、音乐、天文等 7 种艺术，借以表现作者对古代的向往以及对智慧和真理的追求。——译者注

式，也借自不同的传播符码。麦克卢汉后期一些著作采用立体蒙太奇的方法，以诙谐机巧的措辞和绝对口吻提供观念和直觉，读者以同步意识同时面对多个灭点（vanishing points）。就像麦克卢汉在《古登堡星汉》中所言，"拼接是一种集体或共同的图像模式，它要求一种深度参与"。换句话说，麦克卢汉的拼接，是对从固定观点到部落视域这一他并非真正喜欢的变革的讽刺或诙谐表达。这是麦克卢汉的天才展现：采取共同的知识目标以及以更新文化策略为目的的运思方式。这尤其适用于他那些出版于20世纪60年代后期和70年代早期的听觉"袖珍本"，即《媒介即按摩》（*Medium Is the Massage*, 1967）、《地球村中的战争与和平》（*War and Peace in the Global Village*, 1989）、《逆风》（*Counterblast*, 1969）等。这些袖珍本是麦克卢汉同当时世界著名媒介理论家、图画艺术家合作的成果，它们常被贴上重炒早期观念之市场产品的标签。在我看来，贴标签的方式过于简化。这些图文并茂的著作固然可以根据市场盈利策略去评估，但它们在很大程度上还是图画小说的先声，并像波普艺术探索那样，具有掩饰严肃智识考量的功能。认真阅读《地球村中的战争与和平》就会发现，书中预示了一整套类比、交叉阅读、艺术理论以及大众传播的阅读策略，它们为读者提供了了解全新媒介环境的机会，并使屏幕浏览者在短短数年内就获得同等的网络参与程度。"拼接"作为一种认知，是麦克卢汉处理多样化境况和进行探索的最基本原则，它拓展了麦克卢汉对文学的热情及其对媒介效应的理解。这在其《内部景观》一书"前言"中得到清楚表达："新媒介对我们感官生活的影响与新诗的影响类似，它们不仅改变我们的思想，也改变世界的结构。"就像艺术评论家所熟知的那样，通过图像并置或蒙太奇组合，是实现新型传播媒介与传统艺术形式连接的极富于启发性的方案。

恰如弗洛伊德"口误"（Freudian slip）研究所表明的，对词语的变形不仅可以产生幽默，也可以扩展知识、增进理解。麦克卢汉从未因个人目的或艺术缘故去处理词语，相反，他将之作为推动词语效果以更新知识形式的策略。媒介即信息（the message）/ 按摩（the massage）/ 大众时代（the mass-age）/ 混乱时代（the mess-age），这是麦克卢汉借词语变形实现的著名双关语组合。就像乔伊斯在《芬尼根守灵》中所传达的，双关语不是用于娱乐读者的文字游戏，而是用作显示力之互连模式的多维度诗学尝试。借用艾略特的观念：当你专注于诗歌内容之时，诗歌本身已对你发生作用。形式与内容同等重要，读者应该意识到故事内容（显像）背后隐藏的深层结构（基底）。由此，媒介即信息（传播形式对内容具有持久影响），即按摩（没有意识到媒介影响的人在媒介面前表现麻木），即大众时代（大众社会产生塑造个人的新媒介和新机构），即混乱时代（那些不能通过媒介形式进行识别的人们不可避免地对媒介的斡旋有所误读和茫然）。以那个经久不衰的问题为例：暴力是如何通过电影、电视等中介传递给观众的？这种"暴力—媒介—受众"的关联模式过于简化，无法展现三者之间的复杂互动关系。暴力传递不同于维生素的汲取。维生素可以借饮用牛奶或果汁直接获得，暴力却并非如此，它是对各种环境事件的复杂反应，涉及身份、文化、教育、技术等诸多问题。不可否认，模仿电影打斗场景导致的后果非常严重，但这并非仅仅借助内容审查就能解决。在媒介渗透日益强烈的大众时代，我们被迫去更好地理解新旧媒介之间的交接。对于当前的媒介图景，我们必须参与其中，除此别无选择。通过参与，能够冲淡媒介带来的感官麻木，将我们打造成积极的"数字公民"。麦克卢汉已经证明，文学——作为一种功能而不仅仅是一门学科——有助于我们理解知识及发展中的媒介图景。麦克卢汉作为一位文学教授，让我们通过文学去观察、聆听和知觉全新的媒介世界。文学依然重要，它在帮助我们适应当下媒介环境和现代世界方面仍将继续担当重要角色。

"感知操练":麦克卢汉的媒介文艺思想

李昕揆

【作者简介】李昕揆,中国人民大学文学院讲师。

内容提要:20世纪60年代,麦克卢汉以阿奎那的感知思想和伊尼斯的媒介"偏向"概念为基础,提出一套全新的媒介感知理论。以此出发,麦克卢汉对文艺进行"功能"定位,视其为用于"感知操练"的重要手段;把"根据主导媒介划分历史"的媒介史观运用到文艺形态的划分上,提供了看待西方文艺发展史的全新视角;以旨在唤起人们感知并参与当前媒介环境的"反环境"概括艺术史上的"后视镜"现象,使"反环境"一词兼具认识论与实践论的双重内涵,体现出对西方陌生化诗学传统的承递与创新。通过文艺现象与媒介感知的互证,麦克卢汉将媒介研究重心转移到对媒介自身及其效应的关注之上,开创了西方媒介研究的全新路径。

关键词:麦克卢汉;感知操练;媒介文艺思想;陌生化诗学

20世纪60年代,加拿大媒介思想家马歇尔·麦克卢汉被美国庞大的宣传机器打造成一颗耀眼的文化明星。汤姆·沃尔夫更是在《纽约先驱论坛报》上刊文称其为"继牛顿、达尔文、弗洛伊德、爱因斯坦和巴甫洛夫之后最为重要的思想家"①。作为一名起家于文学并长期从事文学研究的学者,麦克卢汉对待媒介的态度是人文主义的;探讨媒介与人的关系,是麦克卢汉著作一以贯之的主题:他在《机器新娘》中探讨了"工业人"的民俗,在《古登堡星汉》中考察了"印刷人"的诞生,在《文化即产业》、《理解当代》、《地球村》等著作中探析了"电子人"的生存状况。麦克卢汉的"媒介人文主义",或者说他对媒介与人的关系的关注,是以"感知"为切入点的;在媒介环境中操练和提升人们的"感知"是麦克卢汉媒介研究的出发点和落脚点。或如麦克卢汉传记作家特伦斯·戈登所说,"总结麦克卢汉的一生,'感知操练'这一表述实在是再恰当不过了"②。麦克卢汉的全部媒介思想,包括其著名的"媒介信息论"、"媒介延伸论"、"媒介冷热论"以及"根据主导媒介划分历史"的媒介史观等,可以说都是其媒介感知理论的具体体现。反映在文艺观念上,麦克卢汉将文艺视为用于操练、培养和提升人们感知当前媒介环境的方式与手段:他常以文艺发展史上的具体现象去验证其"媒介感知理论",也常借助文艺实践去操练人们对于媒介环境的感知,就此言之,我们实可将麦克卢汉称为"媒介艺术家",将其丰富的关于媒介与文学/艺术关系的思想称为"麦克卢汉的'媒介文艺思想'"。

一、媒介感知理论与作为"感知操练"的文艺

在西方文化语境中,源自拉丁语的"感知"(aisthesis)一词具有"perception"和"sensation"双重含义:"perception"侧重

---

① Gerald Stearn (ed.), *Marshall McLuhan: Hot & Cool*, New York: Signet Books, 1967, p. 31.
② 〔加〕马歇尔·麦克卢汉著,何道宽译:《理解媒介——论人的延伸》,商务印书馆2005年版,第2页。

于强调颜色、声音、味道等感官方面的属性，它为"认识"服务；"sensation"偏重于人们的情感走向，它以"愉快"与否为评价尺度。① 麦克卢汉主要是在"perception"的意义上使用"感知"一词的，在他看来，媒介与人类感官之间存在着密切关系，"任何媒介都必然涉及感官之间的某种比率"，其效应"不是发生在意见和观念层面，而是毫不受阻地改变着人们的感觉比率和感知模式"。② 中世纪天主教思想家托马斯·阿奎那的感知理论和加拿大媒介思想家哈罗德·伊尼斯的媒介"偏向"概念对麦克卢汉媒介感知理论的形成产生了重要影响。受奥古斯丁道成肉身论的吸引，阿奎那面对的一个基本问题是：人类如何才能获得上帝的再次拯救以重返伊甸园？在他看来，人类因被赶出伊甸园而丧失了与上帝直接意识交流的能力。因此，要想重返伊甸园，恢复与上帝的直接意识交流，需要实现感官和认知模式的重新完整化。阿奎那的这一思想成为自称是"最后一名托马斯主义者"的麦克卢汉媒介思考的起点。他从阿奎那的感官和交流思想中汲取灵感并加以发挥，视媒介为感知与意识的载体，并以此作为其媒介研究的基础。麦克卢汉在致大卫的信中曾直言，其"传播理论就是彻头彻尾的托马斯（阿奎那）主义"③。当然，给予麦克卢汉媒介感知思想以最直接影响的是其在多伦多大学的同事哈罗德·伊尼斯。在出版于20世纪50年代的两部著作（即《传播与帝国》和《传播的偏向》）中，伊尼斯通过对希腊、罗马、埃及等古代文明帝国历史进程的追溯，提出了著名的媒介偏向概念。在伊尼斯看来，石头、黏土、羊皮纸等是时间偏向的媒介，它们耐久性好但不易生产和

---

① 〔德〕沃尔夫冈·韦尔施著，陆扬、张岩冰译：《重构美学》，上海译文出版社2002年版，第81页。

② Marshall McLuhan, *Understanding Media: The Extensions of Man*, Cambridge and London: The MIT Press, 1964, p. 18.

③ Marshall McLuhan, *Letters of Marshall McLuhan*, Toronto: Oxford University Press, 1987, p. 427.

运输,能够保证宗教的传承和帝国统治的稳固与持续,却不利于宗教的传播和帝国的扩张;莎草纸、纸张、印刷品等是空间偏向的媒介,它们质地较轻,适合于帝国对广袤地区的治理和大范围的贸易行为,有利于帝国的扩张和宗教的传播,缺点是耐久性差且不易保存,使得以此为媒介的政治组织形式往往难以持久和稳定。为此,"必须从空间和时间两个方面去克服媒介的偏向,既不过分倚重于时间媒介,也不过分倚重于空间媒介"①。麦克卢汉将伊尼斯的媒介偏向概念称为"解读技术的钥匙","凭借这把钥匙,我们可以读懂存在于任何时代、任何地方之技术的心理影响和社会效应"。②伊尼斯的媒介偏向概念对麦克卢汉转向媒介研究并开辟出新的媒介研究方向提供了重要启发,以致麦克卢汉一再谦虚地表示,其媒介理论只是伊尼斯著作的注脚。③当然,麦克卢汉并未遵循伊尼斯侧重于强调传播与社会组织之间关系的研究路子,而是借用其媒介"偏向"概念,并将之与阿奎那的"感知"理论相嫁接,建立起一套强调"媒介自身"及其"感知效应"的全新的媒介感知理论。或如学者道格拉斯·弗兰西斯所言,麦克卢汉"聚焦于伊尼斯著作中的某些细微观念,建立起一套全新而独特的媒介理论,这种媒介理论着力于探讨传播技术对于塑造西方文明之现代心灵的重要性"④。

我们知道,20 世纪 70 年代以后,随着电视的广泛普及和新媒介的不断涌现,探讨媒介与文学/艺术之间的关系——譬如,正在"过时"的印刷媒介如何促进了现代文学的诞生,新近产生

---

① 〔加〕哈罗德·伊尼斯著,何道宽译:《帝国与传播》,中国人民大学出版社 2003 年版,第 4 页。

② 〔加〕哈罗德·伊尼斯著,何道宽译:《帝国与传播》,第 9 页。

③ Marshall McLuhan, *The Gutenberg Galaxy: The Making of Typographic Man*, Toronto: University of Toronto Press, 1962, p. 50.

④ R. Douglas Francis, *The Technological Imperative in Canada: An Intellectual History*, Vancouver and Toronto: The University of British Columbia Press, 2009, p. 188.

的电子媒介对现代文艺带来了怎样的冲击——成为西方学界的热门话题，许多声名卓著的学者如希利斯·米勒、雅克·德里达、让-弗朗索瓦·利奥塔、安东尼·吉登斯、尤尔根·哈贝马斯、伊恩·瓦特、玛丽·伊万丝、马克·波斯特等均对此表现出较高的理论兴趣并发表了各自的看法。事实上，早在20世纪60年代初，麦克卢汉就较为系统地探讨了媒介与文艺之间的关系——在《古登堡星汉》(1962)中对印刷媒介与文艺之间关系的考察以及在《理解媒介》(1964)中对电子媒介时代文艺面貌重塑问题的探讨等。他甚至声称其写作《古登堡星汉》的目的，就是为了探讨"口语、抄写和印刷形式对文艺规范的影响"[1]。麦克卢汉的逻辑推导是这样的：一种新媒介的引入会导致一个全新环境的产生，环境的效应是使人的感知麻木，所以新环境总是难以察觉的（麦克卢汉将之称作"皇帝的新装"[2]），以此，在大多数情况下，人们总处在类似于希腊神话人物纳西索斯那样的麻木状态；要对付、矫正或者说帮助人们摆脱"麻木状态"，就需要对人们的感知进行操练，而文学/艺术在操练、培养和提升人们的感知方面能够发挥独到的作用。由此，麦克卢汉将文艺视为用于"感知操练"的方式和手段："文学是对感知的研究和操练"[3]；"艺术操练我们的感知，提升我们的感知能力"[4]。在此，文学/艺术不再是狭义上的"学科"类型，它从"学科"概念转向"功能"定位。对此，罗伯特·艾琳娜评论道："麦克卢汉已经证明，作为一种'功能'而非一门'学科'，文学有助于我们理解发展中的媒介图景。他教导我们通过文学去观察、聆听和感知全新的媒介世界。"下面，我们

---

[1] Marshall McLuhan, *The Gutenberg Galaxy: The Making of Typographic Man*, p. 87.

[2] Eric and Marshall McLuhan, *Theories of Communication*, New York: Peter Lang, 2011, p. 129.

[3] Marshall McLuhan, *Letters of Marshall McLuhan*, Toronto: Oxford University Press, 1987, p. 304.

[4] 〔加〕马歇尔·麦克卢汉著，何道宽译：《麦克卢汉如是说：理解我》，中国人民大学出版社2006年版，第142页。

来看看，在麦克卢汉那里，媒介是怎样塑造文艺感知模式的，以及我们应当如何通过文艺去观察和感知发展中的媒介图景。

二、"媒介史观"与文艺形态变革

在麦克卢汉的媒介感知理论中，最为著名也最富阐释力的是他的用主导媒介重新划分人类历史的"媒介史观"。麦克卢汉一再提醒我们，媒介与人类感知之间存在着密切关系，当一种媒介上升为主导媒介之后，它就会重塑人们的感知，并使整个社会在各个层面呈现出与主导媒介相适应的特征，它最终引发的是人们感知世界的方式、能力以及思维模式的整体转变。以此出发，麦克卢汉根据主导媒介的不同，将人类历史重新划定为口传时代、书写时代和电传时代三个阶段。在口传时代，信息的传播与加工通过面对面的直接交流来完成，口和耳是交流倚重的最主要器官，经验生活由占据主导地位的听觉生活来安排，"部落人"在这种口耳相传的复杂网络中发展起"由复杂情感构成的创造性混成体"。文字诞生之后，以书面形式进行间接交流和沟通成为信息传播与加工的重要方式。此时，先前具有共鸣特征的"听觉空间"被打破，人们对感官的倚重逐渐转向视觉，人类开始步入分割的、专门化的视觉世界之中。具体到西方文化史，麦克卢汉将表音文字的诞生视作"视觉时代"到来的标志，他认为这与表音文字自身的独特性有关："表音文字不仅将声音同视觉相分离，而且将意义同字母发音相分离，只以无意义的声音去表达无意义的字母。"[①] 从表音文字音、形、义分离的特性出发，麦克卢汉得出结论：表音文字的出现，让同时动用所有感官的机会大幅减少，变成了只使

[①] Marshall McLuhan, *The Gutenberg Galaxy: The Making of Typographic Man*, p. 47.

用视觉符号。麦克卢汉又将书写时代划分为手抄和印刷两个阶段。在他看来,手抄阶段的学习方式仍需大声朗读、口耳相传和深度参与,手抄文本依然保留着浓厚的口语特征,由其创造的感知模式亦并未同口语完全决裂。也即是说,由于莎草纸与鹅毛笔等书写工具的落后,视觉并未与听觉—触觉完全分离,"只有等到大量生产的经验出现,等到单一种类的事物可以重复生产,视觉才能够从其他感官中分离出来"①。麦克卢汉所说的"大量生产的经验",实即印刷术的复制特性,它以无穷的数量和前所未有的速度复制信息,确保了眼睛在整个感官系统中的主导地位。印刷这种机械方式的兴起,强化了表音文字的视觉化趋势,实现了眼睛从诸感官中的彻底分离,使表音文字的视觉偏向强化到全新的高度。换句话说,在麦克卢汉看来,尽管表音文字揭开了西方文化史上的"视觉时代",但它只是一种支配性手段而非整全的社会文化形式,它仍与旧的听觉文化遗存共存,只有到作为表音文字的终极延伸——印刷术发明之后,对视觉的强调才达至顶峰。或者说,印刷术以其对书本的标准化生产,以其"统一性、连续性和序列性"的视觉化特征以及对"完整"和"系统"的强调,强化了西方文化史上由表音文字所发端的"视觉革命"。电报的发明标志着西方电传时代的来临,它打破了视觉的一统局面,开启了人类重返同步、即时的听觉触觉世界的历程。简单说来,在麦克卢汉那里,人类历史就是这样一个从口传时代强调诸感官之共同参与的整体感知平衡,到感知分裂、突出视觉和强调专业化的书写时代,再到向电传时代诸感官深度参与回归的发展历程。

麦克卢汉将媒介同感官相联系,将"媒介塑造感知"同作为"感知操练"的文学艺术相联结,并将之置于对西方文艺发展史的考察之中,带给我们一种观看文艺发展演变的全新方式。麦克卢

---

① Marshall McLuhan, *The Gutenberg Galaxy: The Making of Typographic Man*, p. 54.

汉认为，在口语时代，占据主导地位的文艺类型是诗歌，它们以口口相传的方式流布和传播。即使口语时代的诗歌被结集之后，它们的口语化特征依然十分明显。流传至今的《荷马史诗》堪称典范，其口语化倾向不仅表现为对口头艺术表现技巧——夸张、烘托、比喻、固定修饰语、套语——的大量运用，也表现在诗歌本身所采取的独特韵律——六步格诗行等方面。表音文字诞生以后，过去完全依靠口传的诗歌体制逐渐崩溃，柏拉图将诗人逐出理想国即是表音文字发明之后视觉对口语和听觉进行攻击的一次集中反映。对此，麦克卢汉指出："《荷马史诗》是听觉智慧的组成部分，文字文化把荷马一笔勾销。在此之前，听觉智慧就是希腊的教育体制，有教养的希腊人就是能够记住《荷马史诗》并且能够在竖琴的伴奏中吟诵《荷马史诗》的人。表音文字诞生以后，柏拉图立即抓住它并且说，'让我们抛弃荷马，追求理性的教育'。可以说，柏拉图对诗人的战争，不是对个人的宣战，而是对教育中口头传统的宣战。"[1] 也就是说，在文字诞生之前，诗歌是口与耳的互动，以此为基础建立起来的教育体制自然是听觉智慧的体现。表音文字诞生之后，部落式的口头传统在书写的挤迫下逐渐衰退，口语化特色随之减弱，对眼睛和视觉的强调开始超出对耳朵和听觉的重视，表现在艺术之中就是"再现性"文艺类型的出现："被表音文字延伸的视觉感官培育出在形式生活中感知单一方面的分析习惯。视觉使我们能够在时空中将单一事件孤立出来，一如'再现艺术'（representational art）所为：它从视觉上表现人或物时，总是将人或物的某一状态、时刻、侧面从众多状态、时刻和侧面中孤立出来。"[2] 作为表音文字之终极延伸的印刷术，进一步促使艺术家尽其所能地把一切表现形式压缩到印刷文字那

---

[1] 〔加〕马歇尔·麦克卢汉著，何道宽译：《麦克卢汉如是说：理解我》，第155页。
[2] Marshall McLuhan, *Understanding Media: The Extensions of Man*, p. 334.

单一描述性和记叙性的平面之上。这在诗歌中表现为"词与乐的分离"和"向更为抽象的视觉效果的转化"(麦克卢汉以伊丽莎白时期出现的"无韵诗"和17世纪的玄学派诗歌进行了分别说明);在小说及其他叙事性作品中表现为"内视角"、"外视角"的兴起以及对过去"全知视角"主导局面的突破;在绘画中表现为"透视法"和"灭点"理论的兴起以及画家在画布中对于叙述性平面的"逼真"展示。进入电传时代以后,人们观看事物的方式再次发生改变。"如果说书页像文艺复兴绘画那样模仿视觉透视,将事实和观念按照比例排列以产生客体世界的三维光学影像的话,那么不受约束的新闻界和广告业则放弃了写实特性,它们通过使用尺寸与颜色的动态结构方法,把语词和图片带回一种富有创造力并饱含意义的联系之上。"[①] 也就是说,在文艺复兴时期,文艺按照由印刷媒介塑造的"透视法"建构三维幻觉空间,以对现实的"模仿"和"逼真"展示为目标;到电传时代,由于电讯报和广告中的所有内容均按照版面价格和新闻的重要性而排列,它们带来的观看方式的变化,使得艺术类型从强调视觉逼真的"再现艺术"转向强调整体通感的"图像艺术"(iconographic art):"'图像艺术'寻求创造一个由人或物之许多时刻、阶段和面向所组成的包容性形象;'图像模式'不再是视觉再现,而是整体性的、通感的,它涉及所有的感官。"[②] 麦克卢汉将塞尚以来的现代主义艺术,包括毕加索的立体派绘画、法国的象征主义诗歌和乔伊斯的文学创作等视作强调整体感知而非视觉再现的"图像艺术"的代表。在他看来,正是受电讯报的影响,"塞尚以来的艺术家们痴迷于对触觉的探索,一百多年来,他们赋予触觉将其他感官统一起来的神经系统的角色,以迎接电传时代的挑战"[③];毕加索受益于塞

[①] Marshall McLuhan, *Essential McLuhan*, London: Routledge, 1995, p. 298.
[②] Marshall McLuhan, *Understanding Media: The Extensions of Man*, p. 334.
[③] Marshall McLuhan, *Understanding Media: The Extensions of Man*, p. 107.

尚,开启了立体派多重视点的实验:"立体派以同时展现物体的各个侧面取代了透视幻觉的单个侧面。它不表现画布上的三维幻象,而是表现各种平面的相互作用及各种模式、光线、质感的矛盾或剧烈冲突。换言之,立体派在二维平面上画出客体的里外、上下、前后等各个侧面。它放弃透视的幻觉,偏好对整体的迅疾的感性知觉。"① 这同时也是法国象征主义诗歌和现代主义作家乔伊斯的艺术表现手法:"法国象征派和乔伊斯看到,现代报纸的排版中有一个全世界通用的新型艺术形式。"②

德国哲学家韦尔施从文化史的角度对麦克卢汉以媒介感知划分文艺形态的做法进行了回应。他指出,西方文化最初是一种听觉文化,到公元前5世纪初,视觉的主导地位开始在古希腊出现并主要集中在哲学、科学和艺术领域;到柏拉图时期,社会已完全盛行视觉模式。在此后的2000多年里,西方文化一直被视觉所主导,直到近几十年电子媒介的兴起,视觉至上才成为学者们批判的众矢之的,视觉文化遂逐渐向听觉文化转型:"当代听觉文化的兴起是电子媒介一路畅行的必然结果,它没有视觉文化的延续性和同质性,却具有电子世界的共时性和流动性。"不仅如此,韦尔施认为,文化只有以听觉为基本模式时才有出路,因为"在科技化的现代性中,视觉的一统天下把我们一股脑儿赶向灾难,唯有听觉与世界那种以接受为主、不那么咄咄逼人的'交流'关系,才有力挽狂澜的希望"。③ 在此,我们看到了阿奎那感知与交流理论的影子以及韦尔施对麦克卢汉"媒介感知理论"的呼应。

---

① Marshall McLuhan, *Understanding Media: The Extensions of Man*, pp. 12-13.
② 〔加〕马歇尔·麦克卢汉著,何道宽译:《机器新娘》,中国人民大学出版社2004年版,第4页。
③ 〔德〕沃尔夫冈·韦尔施著,陆扬、张岩冰译:《重构美学》,第8—9页。

三、从"后视镜"到"反环境":陌生化诗学的新发展

在麦克卢汉的媒介感知理论中,"后视镜"和"反环境"是与文学艺术密切相关的两个重要概念。麦克卢汉以"后视镜"概念阐明的是:一种新媒介的产生总会创造出一套全新的环境,此时,原先的旧环境成为新环境的"内容";由于新环境总是作为"背景"(ground)存在而难以察觉,所以人们能够感知的只是原先的旧环境,这就需要借助于"后视镜"去理解现实。反映在艺术上,表现为艺术家们在艺术创作中对过去的不断"回望":"诗人、音乐人和艺术家们总是不断地回到存放着弃用陈词的'破布烂骨店'中去寻找灵感。"[①]"反环境"概念指的是艺术家们通过自己的艺术创作,创造性地打破人们习以为常的东西,瓦解"常备的反应",创造一种升华了的意识,最终设计出一种新的现实以代替我们已经继承的而且习惯了的现实。麦克卢汉以此阐明的是:尽管原先的旧环境成为新环境的"内容"而显得"过时",但"'过时'并非'终结',而是'审美之始'"。[②]

"我们总是透过'后视镜'洞察现在,倒退着进入未来。"[③]为此,麦克卢汉以文艺史上的例子分别说明了文艺复兴时期艺术家们对中世纪的回望、工业时代对文艺复兴时期的"后视",以及20世纪电传时代对于机械工业时代的"向后看"。莎士比亚的剧作代表了文艺复兴时期人们"后视"中世纪的情况。莎士比亚生活于文艺复兴时期,但其政治思想以及世界观却是中世纪的表征:

---

① Marshall McLuhan, *Essential McLuhan*, p. 373.
② Marshall and Eric McLuhan, *Laws of Media*, Toronto: University of Toronto Press, 1988, p. 100.
③ Marshall McLuhan and Quentin Fiore, *The Medium is the Massage: An Inventory of Effects*, New York: Bantam, 1967, p. 72.

莎士比亚的戏剧不仅在内容上是"中世纪的","他的政治和世界观表现的也是中世纪的图景。这些剧本死死地回望着即将退出舞台的各种中世纪形式"①。进入工业社会以后,艺术家们又开始回望文艺复兴时期:"到十九世纪,文艺复兴已经以完全充分的图景展现在人们眼前,它成为工业时代人们思考的内容。铁路和工厂问世之后,原有的农业世界成为这个新工业和机械环境的内容,对旧的农业世界的向往即田园世界的意识随之高涨。对这个即将退出历史舞台的时代的发现,就是所谓的'浪漫主义运动'。"②在浪漫主义艺术中,农业世界成为一种艺术形式,自然界成为一件艺术品,田园牧野成为艺术家们的重要主题:英国画家康斯塔伯在户外画了上百幅油画草稿,试图通过云影、光线的变化去感受大自然的景致;透纳则经常以夕阳、港口、海景作为其绘画的主题。电能技术兴起之后,"电路把机械环境包裹起来,机器(因成为新环境的内容而)变成艺术品"③。20世纪荷兰风格派艺术领导人杜斯伯格将"机械美学"视作时代的美学代表,其绘画作品仅由基本色块和线条组成,以维持机械制造的性格。未来主义艺术家们更是将机械工业时代的场景直接挪用到艺术创作领域。对此,杜尚曾形象地将未来主义绘画称作"机器世界的印象派"。整个20世纪现代派的艺术作品,在麦克卢汉看来,几乎表现的都是对于已经过去的工业时代之速度和机械的赞美,它们代表着电传时代对机械工业时代的"回望",机械与机械效果进入电传时代的艺术领地,并被纳入审美范畴之中。

麦克卢汉将艺术史上这种通过反观过去而与当下环境保持疏离并在这种疏离中唤起对当下环境感知的艺术称作"作为反环境的艺术",以与"常规性艺术"相区别。在他看来,真正的艺术

---

① Marshall McLuhan, *Essential McLuhan*, p. 212.
② Marshall McLuhan, *Essential McLuhan*, p. 212.
③ Marshall McLuhan, *Essential McLuhan*, p. 340.

是"作为反环境的艺术",而非"常规性艺术":"'常规性艺术'是安抚人的催眠术,是对媒介环境单纯的重复;只有'作为反环境的艺术'能够唤醒人们对于环境的感知。"① 也即是说,对真正的艺术家而言,他们"拥有辨识当前环境的能力",他们能够通过创造出"反环境"而使人们同当前的媒介环境保持一定的距离并对当前环境有所感知。这也正是麦克卢汉"反环境"概念的根本目的,它旨在不断更新人们对于日常生活的陈旧感知,把人们从狭隘的日常关系束缚中解放出来。在此,麦克卢汉的"反环境"概念表达出与西方文艺美学史上的"陌生化"诗学相类似的观念。我们知道,"陌生化"诗学传统最早可以追溯到亚里士多德的"惊奇"概念,中经16世纪意大利美学家马佐尼、17世纪英国文艺评论家艾迪生、18世纪末19世纪初德国古典美学家黑格尔的相继发展,在20世纪初俄国形式主义文论家什克洛夫斯基那里走向成熟。与麦克卢汉将"反环境的艺术"同"常规性艺术"相对举类似,什克洛夫斯基将"陌生化"与"自动化"对举,认为熟悉的事物容易使人们的感觉趋于麻木,"事物就在我们面前,我们知道这一点,却看不见它";艺术则以"陌生化"的手法"把事物从感受的自动化里引脱出来",使人们"恢复对生活的体验,感觉到事物的存在"。② 此外,什克洛夫斯基将"陌生化"与"形象"相联系,认为"形象的目的不是使其意义易于为我们理解,而是制造一种对事物的特殊感受,即产生'视觉',而非'认知'"③。与此类似,麦克卢汉也将"反环境"同"形象"联系起来,以使难以察觉的东西变得"可见":艺术家们通过对"反环境"的创

---

① Marshall McLuhan, *Letters of Marshall McLuhan*, p. 315.
② 中国社会科学院外国文学研究所《二十世纪欧美文论丛书》编辑委员会编:《散文理论》,百花洲文艺出版社1997年版,第10—11页。
③ 中国社会科学院外国文学研究所《二十世纪欧美文论丛书》编辑委员会编:《散文理论》,第16页。

造，使得旧环境从原先不可见的"背景"转换为当下可见的"形象"。① 在这些论述中，我们能够看出麦克卢汉的"反环境"概念同什克洛夫斯基"陌生化"观念的异曲同工之妙。

当然，同样作为对西方文艺美学史上"陌生化"诗学理论传统的继承与革新，麦克卢汉的"反环境"概念与什克洛夫斯基的"陌生化"方法又有着很大差异，主要表现为以下两个方面：第一，什克洛夫斯基提倡的"陌生化"方法，更多地体现在文学语言的具体应用或者说修辞学层面，"托尔斯泰的'陌生化'手法在于他不说出事物的名称，而是把它当作第一次看见的事物来描写，描写一件事则好像它是第一次发生，而且他在描写事物时，对它的各个部分不使用通用的名称，而是使用其他事物中相应部分的名称"②。麦克卢汉的"反环境"概念则主要表现为艺术家们在创作过程中对于当下的"疏离"和对于过去的不断"回望"："十八世纪，当现实主义成为新的文学方法时，外部环境处于反环境的位置。笛福等作家让普普通通的现实世界成为艺术的对象，环境成为探索的指针，它把人的注意力吸引到环境自己身上。……始于波德莱尔、兰波，接着是霍普金斯、艾略特和乔伊斯，他们将人们的注意力转向语言，语言此时成为探索的指针和反环境。"③第二，什克洛夫斯基倡导"陌生化"的根本目的在于保持和捍卫文学作品的"文学性"特征，强调文学应当成为独立的"自足体"和与世界万物相分离的"自在之物"。他作为俄国形式主义文论的主要代表人物，主要涉及的是文学的"内部"层面，关心的是"使特定的作品成为文学作品的东西"，因而对"陌生化"的认识论意义和社会效果关注不多。不同的是，麦克卢汉以"反环境"

---

① Marshall McLuhan, *Understanding Media: The Extensions of Man*, p. 201.
② 中国社会科学院外国文学研究所《二十世纪欧美文论丛书》编辑委员会编：《散文理论》，第 11 页。
③ Marshall McLuhan, *Essential McLuhan*, pp. 335-336.

概念来总结艺术史上的"后视镜"现象，不再是单纯的就艺术论艺术，而意在借此唤起人们对于现实媒介环境的感知，并进而帮助人们参与到新的媒介环境中去："只有在反环境中，人们才能看清楚社会的普遍程序和环境模式"[1]，"无论在艺术、科学还是社会领域，反环境的功能都是（对当前媒介环境的）感知和控制"[2]。在此，麦克卢汉的"反环境"概念已经超越了什克洛夫斯基"陌生化"概念那种单纯的形式与结构层面的意义，而兼具认识论范畴与实践范畴的双重内涵。麦克卢汉希冀借"反环境"概念使人们认识到：由主导媒介所形塑的环境及根据主导媒介而衍生出的整个社会制度和文化模式，不是永恒和"自然的"，而是历史和人为的，因而是可以通过人的活动加以改变的。也正是以此为出发点，麦克卢汉将媒介研究的重心转移到对媒介自身及其"感知效应"的关注之上，推动西方媒介研究在20世纪60年代实现了一次具有"哥白尼革命"意义的全新范式转型。

---

[1]〔加〕麦克卢汉著，何道宽译：《麦克卢汉如是说：理解我》，第85页。
[2] Marshall McLuhan, *Letters of Marshall McLuhan*, p. 319.

艺术感知与技术感知的交合
——论麦克卢汉的电媒感知与现代主义艺术感知

易晓明

【作者简介】易晓明，首都师范大学文学院比较文学系教授。

内容提要：本文主要论述现代主义的艺术感知与麦克卢汉新媒介理论的电力媒介技术感知之间的交互关系。19世纪末开始进入的电力时代，正是现代主义的兴起时期，现代主义转向环境感知与电媒环境对感知的塑造有着直接的关系。而麦克卢汉理论大量引证现代主义艺术家，现代主义既是麦克卢汉理论的文学根源，也是麦克卢汉新媒介理论的一部分，现代主义的感知与麦克卢汉理论中的艺术化电媒环境的技术感知成了同一个论题，因而麦克卢汉理论为现代主义研究提供了一个有效的媒介方法论。

关键词：麦克卢汉；现代主义；感知；交互阐释

现代主义兴起于19世纪后期，正是麦克卢汉所说的"电力（electric）时代在19世纪晚期开始扎根"[①]的那一时期。对于电力，麦克卢汉没有采取工业产业的视角，而是独辟蹊径地将之视

---

① 〔加〕马歇尔·麦克卢汉著，何道宽译：《理解媒介——论人的延伸》，商务印书馆2009年版，第307页。

为一种新媒介，并研究电力技术所形成的媒介环境的影响力。在其《媒介研究：技术、艺术与传播》中，麦克卢汉指出："任何新技术，当被结合于物质呈现，任何人类的功能的延伸或扩大，倾向于创造一个新环境。"① 电力技术如同以前的任何技术一样，是人的感官延伸，也是人的神经系统的延伸，它进入从技术上模拟意识的阶段。麦克卢汉解释说，"当代电气化产品中最重要的变化是，电气技术使我们的中枢神经系统延伸"②，而"中枢神经系统的电力技术延伸，是前所未有的"③。神经系统的延伸，体现在它形成了一个自动控制的社会，即一个大的"自动构形"（automorphic）的空间。"在这个空间中，每个人、每个物体都构造自己的世界。"④ 这样，电媒环境变成了人工环境，同时也是艺术化的环境。麦克卢汉从感性看待技术，认定"技术的影响不是发生在意见和观念的层面上，而是坚定不移，不可抗拒地改变人的感觉比率和感知模式"⑤。现代主义与电力环境同时兴起，电力媒介促使了现代主义的感知转向，表现出感官性与自动构形的自觉。因而现代主义的艺术感知与它所生长的艺术化的技术环境的感知便成了同一个话题。新的现代主义的文学转向，在麦克卢汉看来，首要的是转向技术媒介环境，因而"在某种意义上，艺术家是环境相遇的创造者"⑥。麦克卢汉揭示电力媒介，不同于之前的印刷媒介与口头媒介，从而确立了三阶段论的媒介史框架。他论及《古登堡星汉》

---

① Marshall McLuhan, *Media Research: Technology, Art, Communication*, Michel A. Moos, ed. with commentary, Amsterdam: G&B Arts International, 1997, p. 110.
② 〔加〕梅蒂·莫利纳罗等编，何道宽、仲冬译：《麦克卢汉书简》，中国人民大学出版社 2005 年版，第 338 页。
③ 〔加〕梅蒂·莫利纳罗等编，何道宽、仲冬译：《麦克卢汉书简》，第 334 页。
④ 〔加〕梅蒂·莫利纳罗等编，何道宽、仲冬译：《麦克卢汉书简》，第 255 页。
⑤ 〔加〕马歇尔·麦克卢汉著，何道宽译：《理解媒介——论人的延伸》，第 46 页。
⑥ *The Interior Landscape: The Literary Criticism of Marshall McLuhan 1943-1962*, selected, compiled and edited by Eugene McNamara, New York and Toronto: McGraw-Hill Book Company, 1969, p. 182.

的目标是"尝试评估前文字时代、前印刷时代和后印刷时代"[①]。而文学与三阶段媒介环境相对应,因而,麦克卢汉媒介理论也就为文学提供了媒介视角之下的文学史框架。其媒介三阶段理论的重心是在电力媒介,因此,麦克卢汉理论也被称为新媒介理论。它具体研究各种电媒介质的产品如电话、电视等延伸人的感官及所形成的声觉空间环境及其具有的特征,因而其感性视角使电力技术的感知模式呈现为麦克卢汉的理论目标,它关联于电力环境中的现代主义的艺术感知。麦克卢汉认为,"艺术品的意义不是传送带或包装袋的意义,而是探针的意义";也就是说"它传授感知而不是传递什么珍贵的内容"[②]。可见,感知是现代主义文学的问题,也是新的电力环境的问题,还是麦克卢汉媒介理论研究中的问题。现代主义的艺术感知与电力媒介环境、麦克卢汉的媒介理论的技术感知之间存在交合关系。然而,迄今为止,现代主义的艺术感知问题尚未得到充分的研究。西方在媒介领域新近出版有著作探讨现代主义作为麦克卢汉新媒介理论的文学根源,但现代主义与麦克卢汉理论的关系在现代主义文学研究领域,还没有得到足够的关注。本文试图对这一论题做出一些初步的探讨。

一

现代主义兴起于19世纪末期,兴盛于20世纪,因而主要被视为20世纪的文学艺术思潮。关于西方的20世纪,列宁从政治角度将之界定为从自由资本主义进入垄断资本主义的阶段,即资

[①] 〔加〕梅蒂·莫利纳罗等编,何道宽、仲冬译:《麦克卢汉书简》,第287页。
[②] 〔加〕马歇尔·麦克卢汉著,何道宽译:《麦克卢汉如是说:理解我》,中国人民大学出版社2007年版,第64页。

本主义演化为帝国主义。目前学界侧重于社会学视角将之定位为发达资本主义，或如杰姆逊等将之称为晚期资本主义。其实，无论是列宁，还是西方社会学界的界定，两种视域都捕捉到了20世纪社会转型的经济因素，只是列宁倾向了政治形态，而社会学导向了社会形态。而第三种视角，则是注意到了20世纪西方社会快速发展的科学技术维度，如怀特海的《科学与现代世界》等著作。直到20世纪50、60年代，麦克卢汉选择电力，开辟了对20世纪的新的媒介研究。他所出版的《机器新娘》（1951）、《古登堡星汉》（1962）与《理解媒介》（1964），在20世纪60年代引起舆论界一片哗然，有的怀疑，有的惊叹。1965年《纽约先驱论坛报》将麦克卢汉称为"继牛顿、达尔文、弗洛伊德、爱因斯坦和巴甫洛夫之后的最重要的思想家"。[①]麦克卢汉围绕将西方世界带入发达工业社会的一个本源性的技术发明——电，以及电话、电报、电唱机、电视、电脑等一系列技术媒介产品，论证与预言它们对世界的改变。在经历汤姆·沃尔夫在《麦克卢汉如是说》的"前言"中提到的"1992年，电脑与电话线连接创造了互联网环境"[②]的今天，西方世界已经变成电子媒介密集覆盖的环境，麦克卢汉的媒介理论已经不再是预言，他已经毫无争议地成了万众钦佩的先知先觉者与热得发烫的理论偶像。自19世纪末以来，西方经历了电力、电信、电子媒介环境的升级与演变的过程，然而在电脑与互联网推广之前，麦克卢汉就已经认识到电子媒介环境的特征及对世界的改变，他坚信"任何技术都逐渐创造出一种全新的人的环境，环境并非消极的包装用品，而是积极作用的进程"[③]。"媒

[①] 〔美〕路易斯·H.拉潘姆："麻省理工学院版序——永恒的现在"，见麦克卢汉：《理解媒介——论人的延伸》，第2页。

[②] 〔加〕马歇尔·麦克卢汉著，何道宽译：《麦克卢汉如是说：理解我》前言，第10页。

[③] 〔加〕马歇尔·麦克卢汉著，何道宽译：《理解媒介——论人的延伸》，作者第二版《序》，第25页。

介即信息"是麦克卢汉的命题,而信息形成的环境是积极的过程与行动,而不是被动的。电力环境的整合性与包含性,电力产品的快速翻新,每一个产品的出现,都造就出它的使用环境,形成对环境的升级版整合。在《理解媒介》的首篇文章《媒介即信息》中,麦克卢汉开门见山地指明:"所谓媒介即是信息,只不过是说,任何媒介对个人和社会的任何影响,都是由于新的尺度产生的;我们的任何一种延伸(或曰任何一种新的技术),都要在我们的事务中引进一种新的尺度。"①麦克卢汉认为电力媒介环境"作用于神经系统和我们的感知生活,完全改变我们的感知生活"②。电力技术上升为尺度与标准,延伸了人的感官,创造了新的环境,同时也改变社会组织形式与结构,还带来与之伴随的由技术主导的现代价值体系。麦克卢汉表示,"技术变革不只是改变生活习惯,而且要改变思维模式与评价模式"③。可以说电力技术对20世纪新价值观的产生的推动,可能不逊色于哲学家与思想家们的推进。现代社会的到来,让哲学家尼采喊出了"价值重估",而麦克卢汉的媒介理论,让人看到"价值重估"背后的主要推手是电力及电力环境。麦克卢汉理论侧重于对技术的感性认识,揭示出电力媒介环境对人的大脑的延伸,对新的感知模式与价值体系的生成,这是在以前的任何哲学、科学、心理学等学科中都找不到的观点,也是麦克卢汉媒介理论的爆炸效应之所在。电力技术所形成的媒介环境,不仅成了20世纪世界的主导力量,还成了人的主导力量。在电力媒介的塑造下,现代人不是自然环境中的自然人,也不只是社会环境中的社会人,它表现出被技术延伸了各种功能的技术人、感官人与信息人的特性。这是电力自动控制的世界,它是使环境与人被深度卷入、整合到电力自动控制的整体之

---

① 〔加〕马歇尔·麦克卢汉著,何道宽译:《理解媒介——论人的延伸》,第33页。
② 〔加〕马歇尔·麦克卢汉著,何道宽译:《麦克卢汉如是说:理解我》,第62页。
③ 〔加〕马歇尔·麦克卢汉著,何道宽译:《理解媒介——论人的延伸》,第99页。

中的缘故。麦克卢汉说："自动化的实质是整体化的、非集中制的、有深度的。"①他对非整合的机械技术与电力整合技术进行了一个比照，即"从机械时代走向电子时代时，我们也在从轮子时代进入电路时代。轮子构成的是分割的环境，电路却是一个整合的环境"②。电力技术产生一种迫使人需要它、高度依赖它的威力，它是人体与感官的延伸，可以说人的功能在技术的延伸中被化入到技术的功能中，也就是人被深度卷入，被整合进技术环境，或者说，人被积极整合的电媒介环境所重新塑造。

麦克卢汉的理论为认识人类文化开拓了新的媒介路径，麦克卢汉据此建立了对西方的历史与文化的新的分期框架，而其中的新媒介——电力的研究，无疑为认识西方20世纪这一新的历史时期、理解新媒介环境中的20世纪的文学文化现象，提供了一个极其重要的视域。

二

媒介对人的感官的延伸与放大，是麦克卢汉媒介理论的聚焦点。而感官的延伸与放大，本来也属于艺术想象领域的事情。麦克卢汉对技术的感性认识角度，使他看到了电媒技术的感官性与文学艺术的感官性的同质性。19世纪末电力时代到来，而生长于这一环境中的现代主义文学艺术的新的感知模式，在麦克卢汉的新媒介理论中，也被大量引证。现代主义的艺术感知成了麦克卢汉新媒介理论的重要的相关性领域，两者存在相交的关系。

首先，现代主义文学艺术的感知，为麦克卢汉的新媒介感知

---

① 〔加〕马歇尔·麦克卢汉著，何道宽译：《理解媒介——论人的延伸》，第33页。
② 〔加〕马歇尔·麦克卢汉著，何道宽译：《麦克卢汉如是说：理解我》，第33页。

理论提供了启示，并构成了其媒介理论的文学根源。

众所周知，麦克卢汉是一位英语文学教授。西方学者认为，他首先是一个艺术家，"当我们来到电力时代，通过认识到他既不是哲学领域的某种'结构现象学家'，也不是意识形态中的'左、中、右'，也不仅仅是流行文化中的'媒介领袖'，我们才开始能够理解麦克卢汉与他的'贡献'。麦克卢汉首先是一个超越了科学家与人文学家一类的分类的，不致力于概念，而致力于使感知锐利化的艺术家"[1]。这在于"麦克卢汉主要不按照人类中的社会关系考虑传播，而是按照人类与事物的关系、在事物自身中的关系来考虑"[2]。

这样，文学，具体为现代主义文学，是麦克卢汉理论的一大来源，从麦克卢汉自己的表白看，甚至是其理论的首要来源。他说："我的这些东西都是从19世纪后期的画家那里学来的；我一切关于媒介的谈话都是从他们那里学来的。实际上，你们会看到，在理解一切媒介时，画家和诗人都能够给我们很大的教益，19世纪后期的乔伊斯、艾略特、庞德等都是我们的良师益友。他们研究外在的技术环境时，始终研究我们的感知。"[3] 事实上，麦克卢汉与刘易斯和庞德都有很多通信。2012年意大利学者出版的《马歇尔·麦克卢汉的马赛克》(*Marshall McLuhan's Mosaic*)一书，以"探索媒介研究的文学起源"为副标题，该书的作家部分，设4章分析了福德、乔伊斯、庞德、刘易斯等现代主义作家对麦克卢汉的影响，分析了刘易斯等的提法直接影响了麦克卢汉的"地球村"概念的提出。[4] 当然，这一著作属于媒介理论研究而不是文学

---

[1] Barrington Nevitt, "Via Media with Marshall McLuhan", in *The Man and His Message*, George Sanderson and Frank Macdonald (eds.), Colorado: Fulcrum, Inc., 1989, p. 150.

[2] John Fekete, *The Critical Twilight: Explorations in the Ideology of Anglo-American Literary Theory from Eliot to McLuhan*, London & New York: Routledge & Kegan Paul, 1977, p. 138.

[3] 〔加〕马歇尔·麦克卢汉著，何道宽译：《麦克卢汉如是说：理解我》，第66页。

[4] Elena Lamberti, *Marshall McLuhan's Mosaic: Probing the Literary Origins of Media Studies*, Toronto: University of Toronto Press, 2012.

研究的范围。麦克卢汉的理论成就，并不在于它与现代主义文学联系本身，而在于它通过现代主义文学的感官视角，感悟并揭示出电力及其所形成的电力媒介环境对外部世界与人的感知的塑造。就现代主义文学而言，我们则可以通过麦克卢汉的技术作为人的感官延伸的理论，反观现代主义文学所具有、而被文学研究所忽略的新环境感知的特质。

现代主义与19世纪末的电力环境同步出现，电力环境既是现代主义生长的土壤与感知环境，也是麦克卢汉理论研究的对象，因此，现代主义的感知环境与麦克卢汉理论中的技术环境感知成了同一个话题，两者奇妙地组合为感官表现的共同领域。新的电力媒介环境，塑造了现代主义文学的感官性，也孕育了麦克卢汉的技术感性化的媒介理论，只是一个在前，一个在后，现代主义作为在先的感官艺术，成了麦克卢汉新媒介理论的文学根源。同时还可以说，现代主义感官文学不只是作为根源，它直接进入到麦克卢汉的媒介理论研究中，成了麦克卢汉媒介理论研究的一部分，因为现代主义的艺术感官性重合于电力技术的感官性，只是前者是艺术的路径，后者是媒介路径。现代主义艺术的感官性，采取包括语言、色彩、音符、动作等种种形式，将其凸显、强化出来；麦克卢汉理论则侧重于电力技术对身体与感官的延伸与放大，两者都在追求对电力媒介环境的感官触须的把握。因而生长于19世纪末电力环境中的现代主义文学艺术，与麦克卢汉的新媒介理论同根同源，都指向感知的问题。麦克卢汉宣称："我在象征派诗歌和艺术领域受过长期的训练，早就熟悉艺术、诗歌和语言中普遍存在的感知生活。"[1] 因此，如上文所提到的，西方学者说麦克卢汉首先是个艺术家，这是千真万确的。文学艺术的感官性与技术感官领域之所以获得重合，来自于电力技术的感官延伸所形

---

[1] 〔加〕梅蒂·莫利纳罗等编，何道宽、仲冬译：《麦克卢汉书简》，第583页。

成的人与物的"自动构形"导致的环境自身的艺术化,电力技术本身的感性构建能力使电力人工环境已经成为艺术环境,反过来,艺术环境给艺术家提供启示,也被艺术家再次塑造,从而电力技术与现代主义艺术在感官领域出现了融合。麦克卢汉认识到技术感性与技术环境的艺术化,关于地球,他指出:"由于地球卫星和信息环境的作用,它正在成为一件艺术品。"[①] 麦克卢汉具体引入巴厘人将环境视为艺术,来论述电力环境与艺术的同一,即"对他们而言,艺术就是与环境本身打交道,仿佛环境就是艺术"[②],而电力环境本身已经艺术化,麦克卢汉说:"在电子技术贴近生活、无处不在的时代里,我们才能够梦想把整个人类环境作为一件艺术品。"[③] 电力技术环境的艺术化,不仅来自环境的自动化、感官延伸,而且还来自现代人对电力环境的感知态度。因为作为人的感官的延伸电力技术塑造了现代人采取一种艺术的态度对待外部事物和自身。从大的说,人造卫星照射下的地球,不再是自然的环境,一切都在被看之中;从小的说,影像的世界更直接塑造了人的被看的感觉,追求形象设计的造型师的出现,与电视、录像等使人能够看见自己的媒介技术有关。可以看出,电光切割的环境、电信连接的环境、电子显示的环境,都已经是人工环境,同时也是上升为可供艺术进一步加工的初级艺术环境,因而才会出现超现实主义画家杜尚直接给工业产品题名的现代绘画形式,工业成品甚至也就直接成了艺术品,环境的艺术化正是20世纪大众文化与流行艺术勃兴的原因。

应该注意的是,现代主义文学艺术与麦克卢汉的理论在感知问题上,虽然都指向感官体验,但是,现代主义的兴起比麦克卢汉的新媒介理论的出现早了半个多世纪,因此现代主义方可成为

---

① 〔加〕马歇尔·麦克卢汉著,何道宽译:《麦克卢汉如是说:理解我》,第63页。
② 〔加〕马歇尔·麦克卢汉著,何道宽译:《麦克卢汉如是说:理解我》,第63页。
③ 〔加〕马歇尔·麦克卢汉著,何道宽译:《麦克卢汉如是说:理解我》,第63页。

新媒介理论的一个根源。这是因为艺术往往是超前的，而理论则往往是滞后的。现代主义与电媒环境之所以同步发生，在于麦克卢汉所说艺术家"往往是充分意识到环境意义的人，所以有人说艺术家是人类的'触须'"①。"有人"指的是庞德，麦克卢汉在《理解媒介》的作者第二版序中提到，"庞德将艺术家称为'人类的触须'"②。如媒介生态学家斯特拉斯所指出的，"媒介环境是一个不可见的环境"③，只有敏感的艺术家，才能在电力时代到来之初就感受到新环境。麦克卢汉的表述是："媒介效果是新的环境，就像水对于一条鱼是不可感知的，它对大多数人是下意识的。"④ 正因为环境不可见或不能被自觉地感知，艺术家的使命就是要呈现这种不可见，使之为大众感知，因此，他们往往需要用反环境来呈现。麦克卢汉认为口头媒介时代、印刷媒介时代与电子媒介时代互为反环境，它们的并用与映衬，可使不可见的环境成为可见，所谓可见，也就是被感知到。麦克卢汉媒介三阶段的框架，也提供了一个文学史认识的新框架，为认识各阶段的文学艺术的特质，特别是对现代主义的转型，提供了一把钥匙。

现代主义与新媒介理论之间具有双向效应：一方面从现代主义的艺术感知，可以深化对麦克卢汉的"媒介是人的感官延伸"这一核心理论的理解，它是理解麦克卢汉的技术感知理论的平台，有助于消除理论理解的抽象性障碍。事实上，脱离生长于电力媒介环境的现代主义，很难想象麦克卢汉能发明出新媒介理论，因为是现代主义画家、作家的艺术感知使麦克卢汉获得了理论灵感，进而他提出新媒介理论，并借助其艺术感知来进行阐发。反过来，

---

① 〔加〕马歇尔·麦克卢汉著，何道宽译：《麦克卢汉如是说：理解我》，第 34 页。
② 〔加〕马歇尔·麦克卢汉著，何道宽译：《理解媒介——论人的延伸》，第 30 页。
③ Lance Strate, *Echoes and Reflections: On Media Ecology as a Field of Study*, Cresskill: Hampton Press, 2006, p. 101.
④ Marshall McLuhan and Harley Parker, *Counterblast*, New York: Harcourt Brace & World, 1969, p. 22.

通过麦克卢汉的新媒介理论则可以更恰切地认识现代主义的转型。由于媒介环境的概念之前没有得到系统阐释，对现代主义已有的研究主要沿袭印刷时代的内容与形式的理性分割思路，也就是按照现实主义文学分割为社会内容与艺术形式的思路研究。而这种分割，并不适合以传递感知为首要目标的现代主义，因而因袭现实主义的研究思路甚至可以说成了现代主义研究的方法论的瓶颈，它遏制了对现代主义转型的感知问题及其所有新表征的揭示，因为感知是整合性的，内容与形式已经不可分割。而且现代主义首先感知的是电力环境，即大都市，不全是指向社会内容，而现实主义研究思路注重的是对社会形态的理性分析与历史发展的逻辑叙事，主要是关注社会环境，而没有考虑媒介环境因素。沿袭传统的研究思路，造成对现代主义研究的媒介环境视角的长期缺位。而麦克卢汉揭示媒介环境对感官的塑造，关联到现代主义对环境的感知，为现代主义研究提供了新的媒介研究视角，它成为现代主义已有的社会研究视角、形式研究视角与文化研究视角之外的一个极其重要的补充。由于麦克卢汉的建树是在媒介领域，他的理论主要受到媒介领域的关注，上文提到意大利学者探讨麦克卢汉的理论的文学根源的新作，仍然是以麦克卢汉媒介理论为目标指向，而不以现代主义的媒介环境维度为目标。或许是跨学科性的缘故，从媒介环境或从麦克卢汉理论研究现代主义，目前依然还没有引起文学领域学者的足够重视。

现代主义联系于电力媒介环境，也联系于电力媒介主导的工业化社会环境，它与电力形成的工业社会秩序关系同样密切。然而，这层关系常常也只有通过电力媒介环境，才可以得到更透彻的理解。例如工业体制社会中技术尺度上升与政治尺度下降，带来现代主义文学艺术与政治密切程度的降低，而与技术媒介环境的关系增强，它来自电力技术对生产形成的新的组织方式，继而扩大到一种新的社会组织形式。同样，只有从电力媒介环境才能充分理解现代主义为何被称为"都市文学"。电力造就了大都市，造就了人工化的技术环境，它的艺术化成了现代主义艺术的首要感知对象。大都市显然是技术化艺术环境最集中且都市意象丛生的地方，才会吸引世界各地的艺术家在20世纪初云集于欧洲的各大都市。可见，麦克卢汉的新媒介理论，为现代主义文学研究提供了新的、恰当的批评方法与批评话语，指明了一条新的突破性研究的有效路径。

客观地说，现代主义的研究也曾注意到了科学技术作为现代社会的一个重要维度，也被认为影响了现代主义文学艺术的产生。然而，文学艺术并不能直接对应于科学技术，如麦克卢汉所揭示的，它直接对应的是技术媒介环境。同为技术视角，从技术带来社会生产组织形式与社会结构的改变去观照技术社会形态，仍属于社会视角；而从电力技术及环境带来人的感官延伸与人工环境的艺术化，则属于媒介视角。从社会视角看待技术社会形态，也是现代主义拥有的一个维度，卡夫卡表现社会异化，就是这个维度的体现。然而早期现代主义流派，如象征主义、未来主义、超现实主义等的社会维度的相关性并不显著，它们更直接地指向媒介环境或新的人工环境。因而，全面地看，现代主义各流派是在社会环境与媒介环境两个维度中，确立了自身的位置与诉求。文学艺术从程序化的现代技术生产中分离出来，强化出自身与媒介环境的联系，走上了协同技术感性美的艺术审美的道路，形式审美上升成为现代主义十分显要的维度，它兴起了现代主义的审美形式研究。然而，在审美形式研究中，媒介环境的作用与影响却被忽略。已有的现代主义研究缺少的不只是媒介视域，而且它的缺位使其他几种视角——社会视角、审美形式视角以及新兴的文化研究视角的研究成为不能溯源的研究，因而现代主义研究总是存在阐释不充分的隔膜感。可以断言，从现代主义生长的土壤电力媒介环境探源与审察现代主义，是充分认识现代主义的前提，它是现代主义研究的基础视域。

麦克卢汉的媒介理论,针对不同的技术媒介形式,建构了三个阶段的媒介史框架,与此对应,揭示出它们所对应的不同文学文化特征。因此,对现代主义,必须参照电力媒介环境,还必须参照之前的媒介环境及其文学特征,才能透彻把握。麦克卢汉的几部著作中都有关于媒介三阶段框架及其对应的文学文化的阐释。《古登堡星汉》一书是这样描述的,"它的主要目的是研究字母文化的印刷阶段,然而,印刷阶段已经在当今遭遇了电子世界新的、有机的、生态的模式"。而括号内则进一步说明,电子媒介世界作为后文字时代,相当不同于相互依赖的前文字时代,即口头媒介时代。① 在《麦克卢汉如是说》中,麦克卢汉提到口头媒介、印刷媒介与电力媒介三阶段的更替,认为印刷术把口耳相传的教育一扫而光,而口耳相传的口头媒介阶段主要是希腊—罗马世界。而"今天,印刷术的君王统治结束了,新媒介的寡头政治篡夺了印刷术长达500年的君王统治"②。"所谓新媒介的寡头政治,就是指电力媒介。三个媒介时期所具有的不同感知模式是:前文字的民族只能够用耳朵来感知印刷时代母语资源的气象万千的万花筒的这种宏伟景象,印刷文字传授线性排列分析,习惯教人把一切运动分解为静态的片段,电子时代是快速而灵活的新媒介,让人产生幻觉。"③《理解媒介》则论及口头媒介时代是听觉感官的时代,游徙不定、采猎为生的部落生活塑造了听觉的整体、直观把握对象的模式。印刷媒介时代,书面媒介主导视觉,人的感知成线性状结构,理性与逻辑分析成为主导感知结构。电力媒介时代,信息爆炸,现代人又成为原始游牧人一样的信息采集者,重新回到

---

① Marshall McLuhan, *The Gutenberg Galaxy: The Making of Typographic Man*, London: Routledge & Kegan Paul, 1962, pp. 45-46.
② 〔加〕马歇尔·麦克卢汉著,何道宽译:《麦克卢汉如是说:理解我》,第3页。
③ 〔加〕马歇尔·麦克卢汉著,何道宽译:《麦克卢汉如是说:理解我》,第2页。

全面感官的部落化时期，回到直观把握对象的声觉空间的感知形态，不过电气产品制造的只是更高技术层次的声觉空间。麦克卢汉认为，印刷文字是口头传统的终结，使人的整体感官进入割裂状态，而电力时代又是印刷时代的终结，使人们重新回到声音的整体感官模式。电力具有的整合性使环境具有包含性特征，不同于印刷时代的分割与分析模式。当然并不是说以前的形式，全然不存在了，而是主导的感官形式导致感官模式发生根本的改变的同时，过去的媒介形式还作为新媒介的内容存在，过去的媒介环境则作为新媒介的"反环境"出现，它们仍处于联系之中。这是因为"没有一种媒介具有孤立的意义和存在，任何一种媒介只有在与其他媒介的相互作用中，才能实现自己的意义与存在"[①]。在论文集《媒介研究：技术、艺术与传播》中，麦克卢汉这样描述媒介三阶段的关系，"西方人曾经历了语言文字提供的新的感知模式，追求分离与专业化就是对传统的范型的颠覆，而今天，在电子时代，又颠覆了这种模式，发现了一种新的着迷于人类的前文字文化的模式"[②]。就文学来看，媒介三阶段对应不同类型的文学，口头媒介最典型的文学形式是神话，具有全面感官性；而印刷时代是只用眼睛阅读的时期，麦克卢汉将之称为视觉时代，典型的文学形式应该是18世纪兴起、19世纪达到高潮的现实主义小说，其呈现为理性的目标化叙述模式；而电力媒介时代，广播、电话、电唱机、电影、电视等，形成的是声觉—触觉空间，电的即时性瓦解线性历史叙述、声音的同时发生使现代主义又回到口头媒介的声觉空间，追求全面的感官性。因为"即时性提供了同时发生

---

① 〔加〕马歇尔·麦克卢汉著，何道宽译：《理解媒介——论人的延伸》，第56页。
② Marshall McLuhan, *Media Research: Technology, Art, Communication*, Michel A. Moos, ed. with commentary, p. 21.

的技术形式"①,同时性使历史线性被切割为空间,使印刷时代的理性文学追求清晰的逻辑,转而进入与口头时代的神话特征对应的现代主义阶段。由此,麦克卢汉的媒介视角揭示出了现代主义文学对现实主义文学的集体反叛,原因在于两者分属两种不同的媒介环境。

三

从深层上看,现代主义对现实主义整体叛逆是新的电力环境所致,这一点过去是被忽略的。全面裂变的基础在于,现实主义是作为印刷媒介环境中的文学形态,而现代主义则是电力媒介环境中的文学形态。印刷时代是理性的、分割的,具有中心与边缘,形成了现实主义文学清晰的感知叙述模式。而电力环境打破了印刷视觉文化中事物的序列性,它是非集中的、非分割的,整合导致没有中心与边缘,塑造了现代主义内容形式融合的包含性的文学模式。两者的不同并不是艺术家们主观上一致的反叛努力所致,而是来自不同媒介及媒介环境的客观塑造力,电力媒介环境重新回归口头媒介的感官性,现代主义也相应表现出神话性,如莱文森《现代主义》等,将神话性归纳为现代主义的一大特征。口头媒介与电力媒介同为声觉空间,唯独印刷时代是视觉空间,它是一种线性阅读的媒介环境,具有与时间的先后性与逻辑性,形成的是视觉上连续、统一、连接的空间,印刷时代的前后序列的文字表达具有严密结构。麦克卢汉见解的深刻性在于,他认为这种前后序列的表达,并不能产生新的认识,因为"单纯的系列中

---

① Glenn Willmot, *McLuhan or Modernism in Reverse*, Toronto: University of Toronto Press, 1996, p. 132.

不存在因果原理。一事物紧随另一事物出现时，并不能说明任何因果关系。紧随其后的关系，除了带来变化之外，并不能产生任何东西"①。因而线性的、目标化叙事的现实主义文学，不能等同于对历史的认识，很难说它们有真正的认识价值，其只能是印刷媒介所形成的前后序列的感知模式与叙述模式本身而已。而现代主义文学的并置、跳跃等新形式对应于电媒环境的非中心化、非序列性延伸与包含性。电力的加快速度，使原因与结果同时到来，促使并置的叙述模式出现，现代主义作家相信并置形式中反而可能包含新的认识。这种非时间序列的时序颠倒，还制造出幻觉感。麦克卢汉说："电能打破了事物的序列，它使事物倏忽而来，转瞬即去。"②而现代主义作家伍尔夫《现代小说》中的这段话，与麦克卢汉的表述如出一辙，"把一个普普通通的人物在普普通通的一天中的内心活动考察一下吧。心灵接纳了成千上万个印象——琐屑的、奇异的、倏忽即逝的，或者用锋利的钢刀深深地铭刻在心头的印象。它们来自四面八方，就像不计其数的原子在不停地簇射"③。两者都在强调电力的即时性导致信息泛滥，带给人感官或心理上的冲击。信息泛滥是因为老媒介作为新媒介界面的内容出现，麦克卢汉将其描述为"电子速度……使文字阶段的东西、半文字阶段的东西和后文字阶段的东西混杂在一起。失去根基，信息泛滥，无穷无尽的新信息模式的泛滥，是各种程度的精神病最常见的原因"④。现代主义文学创造出相应的接近表现精神病病症的形式，那就是表现无意识的意识流，具有精神的幻觉感。电力环境促使意识流方法的出现。新媒介环境将过去整合进来，形成

---

① 〔加〕马歇尔·麦克卢汉著，何道宽译：《理解媒介——论人的延伸》，第38页。
② 〔加〕马歇尔·麦克卢汉著，何道宽译：《理解媒介——论人的延伸》，第38页。
③ 〔英〕伍尔夫著，李乃坤选编：《伍尔夫作品精粹》，河北教育出版社1990年版，第338页。
④ 〔加〕马歇尔·麦克卢汉著，何道宽译：《理解媒介——论人的延伸》，第44页。

一个信息整体场；意识流同样意在将环境、思绪、回忆、心里的感觉与各种现实事物整合为一体，各种界面的迅疾连接转换，如同回到了神话的时空穿越，也可以说借鉴了电影的剪辑跳跃，还可以说很像电脑的"超链接"，它不需要任何逻辑。显然，这种移动视角，而且是快速移动的视角，瓦解了印刷媒介时期的固定视角。麦克卢汉认为固定视角是理性化、秩序化的，是视觉印刷媒介塑造出来的，而电力媒介时代与口头媒介时代都是移动视角，两者的不同在于，口头媒介环境信息传送太慢，尚不能形成固定视角，而电力媒介环境信息变换太快，无以驻留，瓦解了印刷时代稳定的、中心与边缘的固定视点，主题分割也不复存在。在电力媒介界面上，过去很容易被接触到，实际上变得不存在过去了，麦克卢汉说"一切都是现在，现在很丰富很复杂"①。

由于"信息形成了新空间，每个地方与各个时代都成了这里与现在。历史已经被新媒介废除"②。电信媒介时代回归神话性，显示出反历史的特征，反历史也是现代主义的特征，是现代主义与现实主义的对立性之一。只有印刷时代的文学是主题分割与线性历史模式的。原始社会信息传送速度太慢而不能积累什么历史视角，而电信媒介时代因为速度太快，同样也打破了单一历史叙述，因此，现实主义的社会历史批评，应该说，就像不适合口头媒介阶段的神话一样，也不适合电力时代的现代主义文学。电力环境的多视点注重的是相互联系，如麦克卢汉表述的，"我们正在构建一切历史文化的历史时期的相互联系，而不只是培养单一的观点"③。"自动控制的世界"使过去变成了现在，空间变成了统一的信息流动空间，它塑造的是20世纪非理性与碎片化叙述。麦克卢

---

① 〔加〕马歇尔·麦克卢汉著，何道宽译：《麦克卢汉如是说：理解我》，第114页。
② Marshall McLuhan, *Media Research: Technology, Art, Communication*, Michel A. Moos, ed. with commentary, p. 127.
③ 〔加〕马歇尔·麦克卢汉著，何道宽译：《麦克卢汉如是说：理解我》，第17页。

汉说过,"对传统的西方人来说,电力世界的人似乎变成了非理性的"①。可见,电力技术也是现代主义的非理性特征的基础,是20世纪西方进入非理性时代背后的原因。弗洛伊德对无意识心理进行了诊断,麦克卢汉则揭示出电力技术是20世纪西方非理性思潮兴起的原因。需要特别指出的是,并不是先有弗洛伊德理论,然后才流行非理性思潮,而是电力技术的信息流动速度引发了非理性,后有弗洛伊德的理论的产生,弗洛伊德的学说发表始于1900年,是在电力时代到来之后。理论界常常将弗洛伊德看成非理性的本源,实际上他只是最早从心理学研究无意识而应合于非理性电力时代的人,也就是说电力的非理性时代成就了弗洛伊德学说。弗洛伊德从释放心理压抑医治神经症,而麦克卢汉从媒介领域,指出了20世纪电力技术的非理性是时代神经症人格的病因,如上文所引,"无穷无尽的新信息模式的泛滥,是各种程度的精神病最常见的原因"②。

信息泛滥的电力环境,丧失了固定视点,印刷时代的固定视点与边界被各种潜在链接所打破,它们可连接出任意的拼图,世界不再呈现为线性逻辑发展的世界,而呈现为马赛克形态。麦克卢汉说:"电力技术使马赛克世界卷土重来,这是一个内爆、平衡和静态的世界。"③马赛克信息社会,使过往一切知识、历史等在同一界面上重新处理。现代主义文学也具有马赛克特征,各种风格与流派并存,文学杂糅过去的、记忆的、现在的无穷多的内容,事实上,要表现完整的世界已经成为不可能,因而才有碎片化的跳跃叙述的努力,它取代了现实主义的单一整体性的叙事逻辑。

因为艺术具有整体把握生活的诉求。面对信息的马赛克,现

---
① 〔加〕马歇尔·麦克卢汉著,何道宽译:《理解媒介——论人的延伸》,第42页。
② 〔加〕马歇尔·麦克卢汉著,何道宽译:《理解媒介——论人的延伸》,第44页。
③ 〔加〕马歇尔·麦克卢汉著,何道宽译:《理解媒介——论人的延伸》,第362页。

代主义艺术家们以直觉去建立事物之间的连接,在整合中感悟世界,传递感知。象征主义采取象征手段,追求直觉中的世界,而表现主义采取寓言的方式,呈现感官意境的幽深。超现实主义采取照搬无意识梦境或呈现工业成品组合的方式。意识流则呈现无意识心理,关联内部世界与外部世界。总体上看,现代主义文学不再追求固定视角的意义呈现,转向表现外部事物心理映现,在新的电力媒介界面上,没有了前后与高低、中心与边缘,一切都变成了电媒环境界面处理的信息数据。麦克卢汉认识到,"一旦序列让位于同步,人就进入了外形和结构的世界"[①]。而对外形与结构的追求,便兴起了感官性,这在现代主义绘画与诗歌中都有所表现。立体主义是对线条的外形塑造,野兽派是对色彩的外形塑造,印象主义在光与影的变化中呈现事物外形的效果,麦克卢汉甚至认为,"印象派把光线画在画布上"[②]。还有各种变形也是对外形的夸张塑造,各种组合或变形,可以带来无穷多的形式翻新。而最形式化的艺术,是最抽象的艺术,现代主义也被认为是抽象的艺术。电力技术的"自动构形"与信息马赛克,为空间与外形塑造提供了无穷多的可创新性,兴起了传达感知的"创造"美学与形式美学,美被扩大到包括丑。这种新的转向,被庞德总结为"使之新",它体现了技术求新与电力媒介环境速变的本质,创造新的技术产品与创造新的艺术感知成了同一个事情,艺术感知为艺术家与设计家共有,"创造"也成为技术与文学共有的审美追求。

现代主义感知突破了印刷时代建立在理性之上的二元对立思维。麦克卢汉认为,感知也是模仿,但应该注意到,它已经

[①] (加)马歇尔·麦克卢汉著,何道宽译:《理解媒介——论人的延伸》,第39页。
[②] Marshall McLuhan and Harley Parker, *Through the Vanishing Point: Space in Poetry and Painting*, New York: Harper & Row, 1968, p. 24

不是机械模仿，如实模仿，也不是单一模仿。它不以单一整体化的"社会"作为模仿对象，也不以"自然"作为模仿对象，也不同于古典主义以技艺作为模仿对象，它包含对前述所有模仿的模仿。它是象征性的模仿，因为并不存在恒定静态的对象与恒定的视角去建立模仿，它所模仿的自然，是电力媒介环境中的人工环境。而作为人工环境，既是自然，也是文化，既是环境，也是艺术。因为现代主义与外部电力环境之间具有某种同一，作为模仿对象的技术环境感知与艺术感知具有交融性，同时又有内在与外在的并列关系，因此，现代主义不是单纯地反映环境，也不是单纯地模仿环境，它追求创造性地、变异与抽象地对待环境中的事物，可以说它追求对外部世界的象征性表达。麦克卢汉认为，电力世界形成了外部环境与人的内心类似体的关系。麦克卢汉说："既然内在性是外在性的类似体，艺术的一个主要功能就是造出可感知性与对诚服于新经验的无名心理维度的审察。"[1] 心理的世界，作为技术环境世界的相似体，现代主义建立的是对相似体的象征表达，因而象征，这一修辞手法，上升成了现代主义的主要语法。

现代主义艺术从现实主义对意义的寻求，转向对事物特别是事物外形的呈现，转向象征性表达，与技术对感官性的延伸所兴起的感官审美有关。审美也就超越了现实主义的"社会批判"的话语模式。在现实主义中替代神与宗教信仰而作为新权威的民族、国家、历史的话题，在生长于电力媒介环境的现代主义文学中迅速衰落，固定的历史视点被技术瓦解的同时，历史甚至遭遇了反面化，乔伊斯的《尤利西斯》中斯蒂芬·迪达勒斯如此表达说："历史，是我正努力从中醒过来的一场噩梦。"[2]

---

[1] Marshall McLuhan and Harley Parker, *Through the Vanishing Point: Space in Poetry and Painting*, p. 28.
[2] 〔爱尔兰〕乔伊斯著，萧乾、文洁若译：《尤利西斯》，译林出版社 2005 年版，第 84 页。

综上可见,麦克卢汉的媒介理论与现代主义,技术感知与艺术感知存在同源关系,都包含对电力环境的反应,两者虽分属不同领域,却具有交合关系,可以互为阐释。通过对应性的分析,现代主义可通往对麦克卢汉的技术是人的感官延伸理论的理解,而麦克卢汉的新媒介理论,也可以揭示现代主义的感知转向及形式创新。

为什么麦克卢汉说中国人是"听觉人"
——中国文化的听觉传统及其对叙事的影响

傅修延

【作者简介】傅修延,江西师范大学文学院教授。

内容提要:人类主要通过叙事来传递自己对外部世界的感知,而故事的讲述方式又会受到感知媒介与途径的影响。视觉固然是人类最重要的感知方式,但中国传统文化对听觉情有独钟,"听"在汉语中往往指包括各种感觉在内的全身心反应,"闻声知情"更被认为是一种圣贤境界的认知能力。听觉传统作用下中国古代叙事的表述特征,可以概括为"尚简"、"贵无"、"趋晦"和"从散",而"简"、"无"、"晦"、"散"对应的恰好就是听觉传播的模糊、断续等非线性特征。"缀段性"是西方汉学家和胡适等中国学者对明清小说结构的讥评,导致这一讥评的是亚里士多德重视外显联系的有机结构观,批评者没有注意到明清小说中其实存在着"草蛇灰线"般的隐性脉络。中西结构观念的差异表现在前者讲究有"连"有"断",以或隐或显、错落有致的组织形式为美,后者则专注于"连",以"头、身、尾"一以贯之的有机整体为美,而结构观念的差异又与感官倚重不无关系,这一认识有助于我们更有穿透力地去观察一些文化现象。

视觉文化的兴起虽是人类历史发展的普遍趋势,但若对中国文化中的听觉传统做一番回顾，就会发现相对于"视觉优先"在西方的较早出现，我们这边在很长时间内一直保持着听觉社会的诸多特征。人类只有通过自己的感官才能与外部环境发生"接触"，虽然分布于世界各地的人们拥有同样的感觉器官，但他们对各种感官的倚重程度不会完全一样，而这种"路径依赖"又必然会影响到包括叙事在内的信息传播方式。从感官倚重这一角度进行观察，或许有助于我们更深入地认识中国叙事的表述特征与其来所自。

关键词：听觉；视觉；叙事；文化；倚重

一、中国文化的听觉传统

首先必须承认，眼睛是人身上最重要的感觉器官，人们在潜意识中往往将"看"等同于认知，失去视觉几乎就是与外界隔绝。《我们赖以生存的譬喻》一书在"理解是见"的条目之下，列出了英语中一系列"以视为知"的常用譬喻，这些譬喻译成汉语后对如今的国人来说也不陌生，其中有些简直就是我们的日常话语。[①]不过，在看到"视即知"模式向全球范围弥漫的同时，也应看到中国古代文化中存在着对听觉感知的高度重视，这种重视不是像"视即知"那样简单地在"视"与"知"之间画等号，而是用"听"来指涉更为精微的感知以及经常用听觉来统摄其他感觉方式。文字是最有代表性的文化符号，汉字中可以窥见中国文化的

---

① "I see what you are saying.（我看出 [→ 知道 / 了解] 你在说什么）/ It looks different from my point of view.（从我的角度看就不一样）/ What is your outlook on that?（你有什么看法？）/ I view it differently.（我的看法不同 [→ 我有不同想法]）/ Could you elucidate your remarks?（你可以把意思说明白 / 清楚一点吗？）"〔美〕乔治·莱考夫、马克·詹森著，周世箴译：《我们赖以生存的譬喻》，联经出版社 2012 年版，第 91—93 页。

精髓，我们不妨先对以下几个带"耳"的汉字做一番观察与讨论：

聽 聰 聞 聖 職 廳

首先来看"聽"。该字除左旁有"耳"显示信号由耳朵接受之外，其右旁尚有"目"有"心"，一个单字内居然纳入了耳、目、心三种人体重要器官，说明造字者把"听"作为一种全方位的感知方式。不仅如此，"聽"与"德"的右旁完全相同，这也不是没有缘故的——古代的"德"不仅指"道德"之"德"，还有与天地万物相感应的内涵，《左传·宣公三年》王孙满对楚子说的"在德不在鼎"就有此意。《庄子·人间世》更指出耳听只是诸"听"之一：

回曰："敢问心斋。"仲尼曰："若一志，无听之以耳而听之以心，无听之以心而听之以气！耳止于听，心止于符。气也者，虚而待物者也。唯道集虚。虚者，心斋也。"

引文中"听之以心"、"听之以气"等表述方式，显示庄子心目中的"听"非耳朵所能专美，"心斋"可以理解为像母腹中的胎儿一样，用整个身体去感应身外的动静，这种全身心的感应是西方的认知话语无法表达的，古人对感知的理解远远走在"听触一体"的现代观念之前。

"聰"与"聽"的构形相似，该字不但从"耳"而且有"心"，因此对其的理解也应是"耳闻之而心审之"。就像古代汉语中的"听"不仅是耳听一样，"聪"也是以耳闻来櫽栝其他感知，所谓"聪明"是指感知渠道畅通无阻。"耳聪目明"这样的表达次序告诉我们，今人习以为常的先说"看"后说"听"（如

"视听"），在传统汉语中往往是反过来的，"闻见"、"耳目"、"声貌"、"听视"、"绘声绘色"、"声色俱厉"和"音容笑貌"等均属此类。"闻见"一词中的"聞"亦可放在此处讨论。现在人动不动就说"在我看来"，而在主要依靠听觉传播的古代社会，人们常以自己的听闻为开场白。中国第一部历史文献《尚书》中以"我闻曰"、"古人有言曰"领起的直接引语不下十句，历代皇帝的诏书亦往往以"朕闻……"发端。此外，"耽溺"之"耽"、"昏聩"之"聩"以及"振聋发聩"之"聩"，皆从"耳"而非从"目"①，殷孟伦考证"聞"字在甲骨文中便从"耳"，其"嗅"义系从听觉引申而来②，这些都从侧面说明古人把耳朵当作最重要的信息接受器官。

"聖"字则是理解中国听觉传统的关键。许慎《说文解字》释"聖"为"通"，段玉裁指出"聖"的发音来自假借字"聲"："聖從耳者，謂其耳順 。"《風俗通》曰："聖者，聲也，言聞聲知情，按聖聲古相叚借。"据此可以将"通"理解为听觉渠道的灵通顺畅。③"耳順"现在一般理解为能听进逆耳之言，这其实是一种误解。今天人们常说的"六十而耳顺"出自《论语·为政》——"吾十有五而志于学。三十而立，四十而不惑，五十而知天命，六十而耳顺，七十而从心所欲，不逾矩"，把"六十而耳顺"放进整段话的语境中，便会发现孔子说的是自己的认知和感应能力随着年龄增长而不断提高，到 60 岁这个阶段达到了"闻声知情"的境界，即汉儒郑玄注《论语》中所说的"耳闻其言，而知其微旨"。如果只取"耳顺"的字面意义，那么做圣人的门槛未免太

---

① 有学者提出"振聋发聵"之"聵"应从"目"（"瞶"），见张巨龄："以讹传讹的'振聋发'聵'"，《光明日报》2002 年 7 月 17 日。愚以为正是因为过去的视听倚重在今天发生了反转，所以今人会以为"聵"不应从"耳"而应从"目"。

② 殷孟伦：《子云乡人类稿》，齐鲁书社 1985 年版，第 278—281 页。

③ 古人常用"通"来形容听觉，如刘安《淮南子·修务训》中的"禹耳参漏，是谓大通"。

低了一些。清人焦循在《论语补疏》中如此为"耳顺"释义:"学者自是其学,闻他人之言,多违于耳。圣人之道,一以贯之,故耳顺也。"刘宝楠的《论语正义》看到焦循之解与郑玄不同,但取和事佬态度未做细究:"焦此义与郑异,亦通。"今人杨伯峻则说"(耳顺)这两个字很难讲,企图把它讲通的也有很多人,但都觉牵强",他自己对"六十而耳顺"的解释是"六十岁,一听别人言语,便可以分别真假"。① 杨释实际上是回到了郑注,闻声而知情之真伪,与闻声而"知其微旨"没有多大不同。《史记·老子韩非列传》中提到老子"姓李氏,名耳,字聃",这一名称也标示出圣人与听觉的某种联系。

"職"与"廳"亦不能分开来观察。段玉裁在解释《说文解字》的"職,記微也"("微"字去双人旁)时说:"記猶識也。纖微必識是曰職。周禮太宰之職,大司徒之職,皆謂其所司。……凡言司者,謂其善伺也。凡言職者,謂其善聽也。"② 这段话再清楚不过地表明,不仅圣人需要聪察,凡在"廳"内为官者都要有一副善于聆听的耳朵。然而由于时代悬隔和汉字简化,"识微"与"善听"这一"職"中应有之义已被时光淘洗殆尽,大多数现代人已经不明白"職"字为什么会从"耳","廳"字里面为什么会有"聽",当然也就更不明白古代为什么会有"听政"、"听事"和"听讼"之类的提法。本人之见,"听政"不是说统治者真的只凭听觉施政,而是强调他们要有洞烛幽微的"闻声知情"能力,这与段玉裁所说的"识微"与"善听"并无二致。以此类推,"听戏"也并非意味着只听不看,而是指精细入微地体察戏台上发生的一切。

《西游记》第五十八回中讲述的真假悟空故事,或许能让我们

---

① 杨伯峻:《论语译注》,中华书局2007年版,第16—17页。
② (汉)许慎撰,(清)段玉裁注:《说文解字注》,上海古籍出版社1981年版,第592页。

更好地理解古人所说的"听"常常不只是耳听。故事中两个一模一样的孙悟空从天宫闹到地府,就在十殿阴君一筹莫展之际,地藏王菩萨请出自己经案下的灵兽"谛听"伏地聆听,须臾之间便"听"出了假悟空的本来面目,但因畏惧假悟空的神通不敢"当面说破"。后来两个猴子闹到西天,法力无边的如来指出假悟空乃是"善聆音,能察理"的六耳猕猴所化,"此猴若立一处,能知千里外之事;凡人说话,亦能知之"。这个故事告诉人们视觉并非万能,通晓"七十二变"的孙悟空经常靠欺骗别人眼睛占得上风,但这保不住别人总有一天会以其人之道反制其人之身,因此六耳猕猴令人畏惧之处并不在于他像真悟空一样善于迷惑别人的视觉,而在于他拥有超越诸根的遥感能力——"能知千里外之事",以"六耳"为名,意在突出其主要感官的超级配备!

超越诸根之外的感觉或可称为"超觉",那些达到识微知著、闻声知情境界的圣人,其感觉的灵敏度必定大大超过常人。"心听"与"神听"今天看来非常神秘,在过去却是一种经常用到的预测手段,古代文献中记录甚多的"听军声而诏吉凶"便属此类,现代人很难相信从声音中能够得到来自未来或未知领域的信息,但不管是人声还是器乐,只要这声音发自于人,一定会或多或少地携带发声者或演奏者的某种情绪,因此以"宫商角徵羽"来鉴别士气并不是全无道理。说来也许有人不信,"听军声而诏吉凶"的传统一直延续到晚近,抗日战争结束之前,苏州昆曲社社长陆景闵就曾根据中日军乐之声的变化,发出了日寇行将伏诛的预言。①

以汉字来说明听觉在中国古代文化中的地位,可能会使许多

---

① 1945年4月,诗人金天羽与陆景闵等同至昆山欣赏昆曲,金问陆此时"聆音识曲"是否合宜,陆回答说:"是强梁者行将自绝于天。吾尝听金奏之声,又审管籥之音,曩者涩而今者谐,曩者愤怒而今者宽易,而房帐之茄鼓多死声,是殆不能久驻于吾疆矣。胡不可行乐之有?"金天羽:《顾曲记》,载《天放楼诗文集》下册,上海古籍出版社2007年版,第1029—1030页。

人觉得困惑，因为汉字在人们印象中是由象形文字演变而来，其图像特征似在表明它与视觉的联系比西方的拼音文字更为紧密。黑格尔说，"由于象形文字的书面语言的缘故，中国的声音语言就缺少那种通过字母文字在发音中所获得的客观确定性"①，这类汉字图像说的观点不但在西方人士中颇为流行，许多国人也受其迷惑。麦克卢汉则持完全不同的意见，他认为拼音文字是将"没有意义的字母和没有意义的语音相对应"，结果导致"使用者用眼睛代替耳朵"②；而与"延伸视觉统一性和连续性模式"的拼音文字不同，汉字作为表意文字是一种"内涵丰富的完形，它不像拼音文字那样使感觉和功能分离"：

> 作为视觉功能的强化和延伸，拼音字母在任何有文字的社会中，都要削弱其他官能（声觉、触觉和味觉）的作用。这一情况没有发生在诸如中国这样的文化中，因为它们使用的是非拼音文字，这一事实使之在经验深度上保留着丰富的、包容宽泛的知觉。这种包容一切的知觉，在拼音文字的发达文化中受到了侵蚀。会意文字是一种内涵丰富的完形，它不像拼音文字那样使感觉和功能分离。③

麦克卢汉认为拼音文字是一种过于抽象的写音符号，其中的感觉因素已被剥离，使用这种文字必然导致除视觉外其他感官功能的削弱，相比之下，表意的汉字却凭借其多样化的符码成为"一种内涵丰富的完形"（即"格式塔"）。中国读者大多都能明白引文

---

① 〔德〕黑格尔著，杨祖陶译：《精神哲学——哲学全书·第三部分》，人民出版社2006年版，第283页。

② 〔加〕马歇尔·麦克卢汉著，何道宽译：《理解媒介——论人的延伸》，商务印书馆2000年版，第105页。

③ 〔加〕马歇尔·麦克卢汉著，赖盈满译：《古腾堡星系：活版印刷人的造成》，猫头鹰出版社2008年版，第52页。

中没有完全表达出来的意思：我们的汉字实际上是一种"形"、"声"兼备的符号体系，其中不仅有诉诸视觉的"形符"，还有诉诸听觉与心灵的"声符"与"义符"，因此汉字的"象形"并不必然导致对声音的排斥。

麦克卢汉不光用视觉模式与听觉模式来概括拼音文字和非拼音文字，他还把西方人称为"活版印刷人"或"视觉人"，对比之下我们中国人在他看来则是"听觉人"：

> 中国文化精致，感知敏锐的程度，西方文化始终无法比拟，但中国毕竟是部落社会，是听觉人。……相对于口语听觉社会的过度敏感，大多数文明人的感觉显然都很迟钝冥顽，因为视觉完全不若听觉精细。①

麦克卢汉的许多论断被人讥讽为猜测有余而依据不足，他对中国文化的了解恐怕也来自一鳞半爪的印象，不过其预言如"地球村"、"信息高速公路"等在几十年后的应验，让人不得不承认他在许多问题上是先知先觉。"部落社会"和"听觉人"这样的提法，即便用在往昔的中国人头上也有笼统武断之嫌，但我们理解这位现代传播学先驱发此惊人之论，是为了强调途径或媒介对信息接受的影响。这种影响的一个典型例子，是电视观众与电台听众对同一新闻得到的印象不尽相同，麦克卢汉据此按信息量传输的多寡，将媒介分为"冷"与"热"两类："冷媒介"因信息量小而引发高卷入度，"热媒介"因信息量大而引发低卷入度，所谓"卷入"指的是参与者的认知投入。② 按照这一理论，与眼睛看到的清晰图景相比（所谓"眼见为实"），耳朵听到的声音带有很大

---

① 〔加〕马歇尔·麦克卢汉著，赖盈满译：《古腾堡星系：活版印刷人的造成》，第52页。
② 〔加〕马歇尔·麦克卢汉著，何道宽译：《理解媒介——论人的延伸》，第35—36页。

的模糊性与不确定性（所谓"耳听是虚"），弄清这些声音的意义须得联合其他感觉并通过大脑对信息做推测、分析和验证，这种高卷入度自然与"冷"（更准确地说是"酷"）更有缘分。麦克卢汉注意到中国文化与听觉之间存在某种不解之缘，他说西方文化在"感知敏锐"上无法与中国文化相比拟，这一概括应当引起我们自己的高度重视。

二、听觉传统作用下中国古代叙事的表述特征

现代传播学认为，感知媒介或途径不仅决定信息接受，对信息发送也有很大影响，也就是说感知者通过什么去感知，不仅决定其感知到什么，还会影响其如何表述。人类主要通过叙事来传递自己对外部世界的感知，不管学者怎样界定叙事的内涵，故事的讲述方式总是会受到感知媒介与途径的影响。中国文化中源远流长的听觉传统，导致古人的讲故事方式也带有听觉传播的模糊性与不确定性。麦克卢汉称东方艺术为"冷"艺术，或曰"酷"艺术，是因为他觉得东方艺术不像西方艺术那样提供了足够完整和清晰的信息——"观赏人（在'冷'艺术中）自己就成了艺术家，因为他必须靠自己去提供一切使艺术连成一体的细节"[①]。让观赏人靠自己的想象去补充细节，说明"冷"艺术旨在引发接受方面更多的卷入，那些面无表情的酷派演员就是想让观众产生这种冲动。但用"冷"或"酷"来描述此类艺术仍嫌笼统，本文认为，听觉传统作用下中国古代叙事的表述特征，似可概括为"尚简"、"贵无"、"趋晦"和"从散"四个方面，而"简"、"无"、"晦"、

---

① 〔加〕马歇尔·麦克卢汉：作者第二版《序》，载〔加〕马歇尔·麦克卢汉著，何道宽译：《理解媒介——论人的延伸》，第10页。

"散"对应的恰好就是听觉传播的非线性性质。如果说"尚简"是能少说则少说,"贵无"是能不说则不说,"趋晦"是能模糊则模糊,那么"从散"就是能散则散或曰能不连就不连。

"尚简"、"贵无"和"趋晦"比较容易理解,对"从散"则需做些解释。"从散"与汉语的使用有深刻的内在关联,前文提到汉字是一种"完形"(格式塔),这一认识源于汉字构形具有强大的表意功能:许多汉字可以单字成词,加上汉字内部的构形部件也能各自表意,汉字堪称汉语中最小的叙事单位。以"麤"字为例,土地上出现三匹奔跑的鹿("尘"字的古体为"土"上三"鹿"),其结果自然是尘土飞扬。表意构件间的内在张力,很容易激起与行动、状态等相关的联想,单个汉字的叙事意味便是如此产生。汉语中不但有汉字这样的"完形",还有被启功称为"集成电路"的成语典故,① 这些成语典故大多被压缩为四字代码的定型词语,使用时只要提及这些词语,人们心目中就会浮现与其相关的整个故事。汉字的"完形"特征与汉语词组的"集成电路"性质,说明汉语在字词层面就已具备了某种程度上的表意自足性,既然不用完整的句子也能实现交流,"从散"就成了表述者何乐而不为的一种选择,更何况它还符合"尚简"这一要旨。

就像"简"、"无"、"晦"看上去不够"高大上"一样,"散"在许多人心目中亦有其趋于消极的一面,不仅如此,由于人们习惯上将意识等同于言语过程,"从散"在思维层面似乎意味着逻辑混乱。麦克卢汉对这类认识有过大力批驳:"意识不是一种言语过程。但是在使用拼音文字的千百年间,我们一直偏重作为逻辑和理性记号的演绎链。中国的文字却大不相同,它赋予每一个会意字以存在和理性的整体直觉,这种整体直觉给作为精神努力和组

---

① 启功:《汉语现象论丛》,中华书局1997年版,第96—97页。

织记号的视觉序列所赋予的,仅仅是很小的一个角色。"① 他还说拼音文字使西方人用线性、序列的眼光看待一切,将人"卷入一整套相互纠缠的、整齐划一的现象之中",实际上"意识的任何时刻都有整体知觉场,这样的知觉场并没有任何线性的东西或序列的东西"。② 麦克卢汉将汉字的"整体直觉"与意识的"整体知觉场"相提并论,不啻是为"从散"的汉语叙事正名。语言固然是意识的反映,但意识必须通过一定的程序方能变成有序的语言信息,其本来面目是杂乱无章和纷至沓来的,所谓"思绪万千"或"浮想联翩",指的是大量碎片状的念头在脑海中此起彼伏又转瞬即逝,这样的"知觉场"与线性序列自然是风马牛不相及。

麦克卢汉思想的犀利之处,还在于他进一步指出相关性与因果性不能混为一谈,甲和乙相邻不等于甲是乙的起因或乙是甲的结果。叙事学界一直以来喜欢用"国王死了,不久王后也死去"来说明事件、情节与故事之间的关系③,然而麦克卢汉告诉我们:

> 在西方有文字的社会里,说甲是乙"尾随而至"的起因,仍然是说得通的、可以接受的,仿佛造成这样的序列里有什么机制在起作用。大卫·休谟在18世纪已经证明,无论是自然序列或逻辑序列里都没有因果关系。序列是纯粹的相加关系,而不是因果关系(Sequence is merely additive, not causative)。康德说:"休谟的论点使我从教条的沉睡中惊醒。"然而,西方人偏爱序列,把它当成是全面渗透的拼音文字技术的逻辑。④

---

① 〔加〕马歇尔·麦克卢汉著,何道宽译:《理解媒介——论人的延伸》,第106页。
② 〔加〕马歇尔·麦克卢汉著,何道宽译:《理解媒介——论人的延伸》,第106页。
③ "'国王死了,不久王后也死去'便是故事,而'国王死了,不久王后也因伤心而死'则是情节。"〔英〕爱·摩·福斯特著,苏炳文译:《小说面面观》,花城出版社1984年版,第75页。
④ 〔加〕马歇尔·麦克卢汉著,何道宽译:《理解媒介——论人的延伸》,第106页。

导致王后死去的原因其实有很多，但将"不久王后也死去"置于"国王死了"之后，会让读者产生两者有因果关系的联想，道勒齐尔等人甚至认为，这种编排事件的叙事策略在小说和历史中都有存在。①麦克卢汉援引的休谟观点——"序列是纯粹的相加关系，而不是因果关系"，在笔者看来给了偏爱因果关系者致命的一击。西方人识字之初便接受字母表这样的序列训练，就像汉字的笔画不能变动一样，字母组成单词后彼此间的位置也不能变动，这就使他们养成了对序列的敏感与依赖，认为意义产生于事件的线性排列之中。经典物理学描述的世界模式就是如此——此一瞬间决定下一瞬间，此一事件决定下一事件，万事万物之间存在着不容置疑的因果联系。相比之下，汉字却是一个个自成一体的灵动方块，许多词语中的汉字可以颠倒位置，如"互相"与"相互"、"光荣"与"荣光"、"洋洋得意"与"得意洋洋"等。此类颠倒甚至可以发生在整个句子之中，如杜甫《秋兴八首》（其八）中的"香稻啄余鹦鹉粒，碧梧栖老凤凰枝"，这在西方的拼音文字中是绝对无法想象的。单个汉字与汉字词语所具备的表意自足性，使得汉语在表述上较为灵活自如，因为表述者无须特别顾及表意单元之间的连续性与黏合度，这当然会导致故事讲述人不大在意事件之间的线性排列。如果说"连续性的线性序列"通过拼音文字渗入西方人的心理结构与社会组织，那么方块汉字对中国叙事的影响也可作如是观。

任何归纳都隐藏着将对象简单化的危险，因此这里还是有必要做一点补充或曰修正——从"尚简"、"贵无"、"趋晦"与"从散"四个方面总结中国叙事的表述特征，并不代表我们认为古人只知一味追求"简"、"无"、"晦"、"散"。汉语的表述常常是

---

① 〔美〕卢波米尔·道勒齐尔：《虚构叙事与历史叙事：迎接后现代主义的挑战》，载〔美〕戴卫·赫尔曼主编，马海良译：《新叙事学》，北京大学出版社2001年版，第181、183页。

言在此而意在彼，更具体地说是言在此端而意在超越彼端，因此更为准确的归纳应当是：就"尚简"而言，古人最理想的"简"是以少胜多，或曰"四两拨千斤"；就"贵无"而言，最高明的"无"是无中生有，或曰"无为而无不为"；就"趋晦"而言，最顶尖的"晦"是隐而愈显，或曰"大隐隐于显"；就"从散"而言，最微妙的"散"是外松内紧，或曰"形散神不散"。只有这样辩证地看问题，我们才能把握住中国古代叙事的真谛。

三、为"缀段性"结构一辨

以上所论只是来自"面"上的观察，为了更具体地说明问题，以下我们将由"面"沉降至"点"——选择明清小说结构这个典型案例做进一步讨论。明清小说是古代叙事作品的重要代表，其结构颇能体现听觉传统对中国叙事的影响，但自章回体小说"换型"为现代小说以来，上文讨论的"简"、"无"、"晦"、"散"等特征便与讲求有机整体感的西方叙事观念形成冲突，而后者由于时代原因处在"放送"影响的上风地位，这就导致包括《红楼梦》在内的一批叙事经典都曾遭遇过结构是否合理的质疑。现在看来，这些质疑主要源于质疑者所受的文化影响，而中西文化不同的感官倚重则是不同结构观念形成的重要原因。

小说结构一般指事件的组织方式，如果作者对事件的配置"看"起来缺乏连续性，相互之间的衔接不那么紧密，人们在阅读中就会得出"散"的印象。印象即外部观感，西方汉学家最初接触明清时期的中国章回体小说时，首先感到其"'外形'上的致命弱点"令他们无法接受。《中国叙事学》一书的作者浦安迪（Andrew H. Plaks）如此总结"前代的西方汉学家"的认识：

总而言之，中国明清长篇章回小说在"外形"上的致命弱点，在于它的"缀段性"（episodic），一段一段的故事，形如散沙，缺乏西方 novel 那种"头、身、尾"一以贯之的有机结构，因而也就缺乏所谓的整体感。①

浦安迪对中国古代小说有较为深入的研究，他本人并不同意这些汉学家的批评意见，但他坦承自己先前对《水浒传》的阅读体验也是如此："我们初读时的印象，会感到《水浒传》是由一些出自民间的故事素材杂乱拼接在一起的杂烩。"②浦安迪所说的"杂烩"和"前代的西方汉学家"使用的"散沙"，都是对无序状态的负面形容，以这样的词语做譬喻，可以想见明清小说的结构在他们当时看来是松散已极。"散沙"和"杂烩"印象的得出缘于"缀段性"，也就是"一段一段的故事"被作者"杂乱拼接在一起"，对于习惯了明清小说叙事风格的中国读者来说，"缀段性"并不构成接受上的障碍，但是对于将"'头、身、尾'一以贯之的有机结构"奉为小说圭臬的西方汉学家来说，这样的结构绝对与"整体感"无缘。

对明清小说叙事结构的诟病不仅来自西方，我们这边也有几位重要学者发表过同样的意见。胡适认为明清小说的问题在于"穿插"过多（"缀段性"的原文 episodic 又可译为"穿插式"）："《红楼梦》这里开一个菊花诗社，那里开一个秋海棠诗社；今回老太太做生日，下回薛姑娘做生日"；"(《儒林外史》)全是一段一段的短篇小品连缀起来的；拆开来，每段自成一篇；斗拢来，可长至无穷"。③在胡适看来，这种"翻来覆去，实在有点讨厌"

---

① 〔美〕浦安迪讲演：《中国叙事学》，北京大学出版社1996年版，第56页。
② 〔美〕浦安迪讲演：《中国叙事学》，第65页。
③ 胡适：《五十年来中国之文学》，载《胡适古典文学研究论集》上册，上海古籍出版社2013年版，第123—129页。

的随意穿插，乃是这些作品缺乏"结构布置"的表现。①《红楼梦》等经典既然都是如此，遑论其他等而下之的作品，"所以这一千年的小说里，差不多都是没有布局的"②。鲁迅对传统事物如中医和京剧等多持鄙夷不屑的态度，他对古代叙事的总体评价也庶几近之——在说到"中国古书，叶叶害人"时，他用"大抵谬妄"来形容其中的"说故事"，还说"陋易医，谬则难治也"。③《中国小说史略》检阅历代名著时多录原文，议论部分惜墨如金，少有肯定之语，这与其"大抵谬妄"的成见不无关系。或许是由于《儒林外史》的讽刺风格与自己的文风相近，鲁迅难得地对它多给了一点赞扬，但对其叙事结构还是有点不以为然："惟全书无主干，仅驱使各种人物，行列而来，事与其来俱起，亦与其去俱讫，虽云长篇，颇同短制；但如集诸碎锦，合为帖子。"④显而易见，鲁迅描述的"无主干"，正是胡适用尖锐语言批评的"缀段性"，鲁迅虽然没有使用"散沙"、"杂烩"之类的字眼，但"集诸碎锦，合为帖子"与"缀段性"的意思完全相同。对明清小说结构持贬议的还有陈寅恪，他认为古代文学中篇幅较小的作品尚能做到"结构组织"上的"精密"和"有系统"，"然若为集合多篇之文多首之诗而成之巨制，即使出自名家之手，亦不过取多数无系统或各自独立之单篇诗文，汇为一书"。⑤把过去的大型作品说成是"无系统或各自独立之单篇诗文"的集合，不能不让人想起胡适所说的"一段一段的短篇小品连缀"。胡适说"这一千年的小说里，差不多都是没有布局的"，陈寅恪的批评也几乎是同样严厉："至

---

① 胡适：《五十年来中国之文学》，载《胡适古典文学研究论集》上册，第129页。
② 胡适：《五十年来中国之文学》，载《胡适古典文学研究论集》上册，第128—129页。
③ 鲁迅：《致许寿裳》（1919年1月16日），载《鲁迅全集》第11卷，人民文学出版社1981年版，第357页。
④ 鲁迅：《中国小说史略》，载《鲁迅全集》第9卷，第221页。
⑤ 陈寅恪：《论〈再生缘〉》，载《寒柳堂集》，生活·读书·新知三联书店2001年版，第67—68页。

于吾国之小说，则其结构远不如西洋小说之精密。在欧洲小说未经翻译为中文以前，凡吾国著名之小说，如水浒传、石头记与儒林外史等书，其结构皆甚可议。"①

胡适、鲁迅和陈寅恪对明清小说结构的讥评，与他们所受的外来影响不无关系。胡适和陈寅恪在欧美待的时间较长，鲁迅留学时的日本在文化上也已"脱亚入欧"，他们均有大量阅读西方文学作品的经历，因此西方的小说形式和结构理念，特别是从亚里士多德那里延续下来的有机整体观，不可能不在他们的认识中留下烙印。"'头、身、尾'一以贯之"的思想出自亚里士多德，他在《诗学》中将悲剧定义为"对于一个完整而具有一定长度的行动的摹仿"，紧接着又对句中的"完整"做了这样的解释：

> 所谓"完整"，指事之有头，有身，有尾。所谓"头"，指事之不必然上承他事，但自然引起他事发生者；所谓有"尾"，恰与此相反，指事之按照必然律或常规自然的上承某事者，但无他事继起后；所谓"身"，指事之承前启后者。②

"头、身、尾"这样的提法让人想起动物的躯体，亚里士多德采用此种表述并非偶然，因为他还是生物学的创始人，有过解剖 50 多种动物的经历，对他来说把艺术作品与生命机体联系起来并不奇怪。不仅如此，亚里士多德在《诗学》中还直接指出"缀段性"是一种"最劣"结构：

> 在简单的情节与行动中，以"穿插式"为最劣。所谓

---

① 陈寅恪：《论〈再生缘〉》，载《寒柳堂集》，第 68 页。
② 〔古希腊〕亚里斯多德著，罗念生译：《诗学》，人民文学出版社 1962 年版，第 24 页。

"穿插式的情节",指各穿插的承接见不出可然的或必然的联系。①

引文中的"穿插式"如前所述乃是 episodic 的别译,浦安迪所说的"前代的西方汉学家",便是把亚里士多德的"'头、身、尾'一以贯之的有机结构"当作金科玉律,用这样的标准来套明清小说的叙事结构,自然会得出"散沙"之类的印象。至于胡适、鲁迅和陈寅恪,当他们三人带着西方观念回过头来"整理国故",与西方小说迥然有异的章回体形式自然会使他们觉得刺眼。

将亚里士多德的结构观奉为正宗,对上世纪初年的中国学者来说还有时代风气的影响。胡适等人对明清小说的批评并非个例,许多未亲身在西方文化中浸润过的同时代人也觉得自己的小说不如人家,这种"自我矮化"心理的产生,与鸦片战争以来国人的自信心连续遭受重创不无关系。假如把明清小说的章回体形式比喻为长袍马褂,那么西方小说的叙事模式在国人眼中便是西装革履,既然脱下长袍马褂后只有穿西装、打领带这一种选择,人们便很容易唯西方马首是瞻,将其叙事模式奉为正宗。这种情况就像今天许多人把西装当成唯一的"正装"一样。明白了"自我矮化"的心理源于西强中弱的历史格局,更容易理解为什么胡适等人会将中国小说的结构形式视为正常之外的异常,他们衡量小说结构时使用的正反尺度,如"主干"与"碎锦"、"布局"与"散漫"、"系统"与"枝蔓"等,明显采用了以线性秩序为正常、以非线性秩序为异常的西方标准。胡适对《红楼梦》中"翻来覆去"的做生日、起诗社表示"讨厌",这"讨厌"二字透露出他的西式文学胃口已经无法容纳"缀段性"这样的中式结构。胡适还说自己"写了几万字考证《红楼梦》,差不多没有说一句赞颂《红

---

① 〔古希腊〕亚里斯多德著,罗念生译:《诗学》,第30页。

楼梦》的文学价值的话"①,"没有说"的原因显然是觉得这方面无足称道,要让一个只以西装革履为美的人开口赞美长袍马褂,确实是一件难以做到的事情。

话又说回来,尽管本文不能同意用"散沙"、"杂烩"、"无主干"之类来形容明清小说的结构,但这种结构让人觉得"外形"上比较松散,却是一个不容回避的事实。事物的"外形"诉诸视觉,亚里士多德喜欢使用视觉譬喻,他在讨论诗学问题时,总倾向于拿绘画之类的造型艺术来做类比,而当涉及更为抽象的问题如情节安排或美感呈现时,为了使原本难以把握和描摹的东西变得"直观"起来,他的表达方式仍然离不开"看"。②《诗学》中涉及视觉的表达不胜枚举,它们表明亚里士多德对事物的认知主要依赖视觉,《诗学》译者罗念生甚至认为亚氏有自己的视觉理论:"在亚理斯多德的视觉理论中,对象的大小与观察的时间成正比例。一个太小的东西不耐久看,转瞬之间,来不及观察,看不清它的各部分的安排和比例。"③ 如前所述,亚里士多德的"完整"是指"事之有头,有身,有尾",这种形象化的表述也显示出一种对"外形"或外显联系的重视。胡适说章回小说中"一段一段"的连缀和"翻来覆去"的穿插可使作品"长至无穷",用《诗学》中的语言来说,此类结构就像是在头后面接了一个"一万里长的"怪异身子,自然"不能一览而尽,看不出它的整一性"。④ 亚氏用"最劣"来评价"穿插式"结构,依据是"各穿插的承接见不出可然或必然的联系",平心而论,明清小说中那些连缀在一起的同类事件,从表面上看确实"见不出"相互之间的有机联系。

---

① 胡适:《答苏雪林书》,载《胡适文集》(5),人民文学出版社 1998 年版,第 426 页。
② 〔古希腊〕亚里斯多德著,罗念生译:《诗学》,第 22、24—25、55 页。
③ 〔古希腊〕亚里斯多德著,罗念生译:《诗学》,第 24 页。
④ 〔古希腊〕亚里斯多德著,罗念生译:《诗学》,第 25 页。

亚里士多德对视觉的倚重，代表着西方文化中影响极为深远但个中人往往习焉不察的"视即知"认知模式。以视为知必然导致感知向"外形"与表象倾斜，所以西方文化中人更强调事物之间"看得出"的关联，这种关联具体到小说的组织上就是"'头、身、尾'一以贯之的有机结构"。结构其实有显隐、明晦或表里之分，不能说一眼"看不出"的关联就不是关联，前述对明清小说"无结构"、"无布局"和"无主干"之类的批评，让人感觉到批评者只关心那种浮于表面、一望而知的事件关联，而不注重"看不见的"的隐性脉络，这种重"显"轻"隐"的做法未免失之于简单。金圣叹在解释明清小说特有的"草蛇灰线法"时说："骤看之，有如无物，及至细寻，其中便有一条线索，拽之通体俱动。"① 这一解释指出隐性脉络具有三个特点：一是"骤看"若无，二是"细寻"则有，三是通体贯穿。胡适觉得采用"西洋侦探小说的布局"的《九命奇冤》比"这一千年的（中国）小说"都更高明，陈寅恪认为中国小说结构"远不如西洋小说之精密"，原因在于他们只是"骤看"而未"细寻"，更谈不上把内在的草蛇灰线"拽"上一"拽"，因而与明清小说中通体贯穿的隐性脉络失之交臂。

"缀段性"结构被视为无序还有一个重要原因，就是亚里士多德的结构观讲究"一以贯之"的连续，明清小说中则存在大量不相连续的间隔，这些间隔直接导致了"缀段性"印象的产生。对于为什么要使用间隔，金圣叹和毛纶、毛宗岗在批注《水浒传》和《三国演义》时已经做了非常清楚的解释。② 金批和毛批都指

---

① （明）施耐庵著，（清）金人瑞评，刘一舟校点：《金圣叹评批水浒传》上，齐鲁书社1991年版，第24页。
② （明）施耐庵著，（清）金人瑞评，刘一舟校点：《金圣叹评批水浒传》上，第25页；（明）罗贯中著，（清）毛纶、毛宗岗评书，袁世硕、伍丁整理：《三国志演义》，山东文艺出版社1991年版，第10页。

出间隔的功能在于避免因"文字太长"而令人觉得"累坠",毛批还将"妙于连者"与"妙于断者"等量齐观,认为"文之短者"不妨"连叙","文之长者"则"必叙别事以间之",这样才能产生"错综尽变"的效果。值得注意的是,毛批所说的"必叙别事以间之",正是亚里士多德否定的"穿插式"或曰"缀段性",这个"间"字说明"断"在古代作者那里是有意为之,他们认识到事件不能光"连"不"断","连"而不"断"的冗长叙述只会使读者觉得枯燥,这种认识导致古代小说评点中经常出现"隔"、"间"、"锁"、"关"、"架"等指涉"断"的词语。在我们的古人看来,不管是与"断"相关的"间隔"、"关锁",还是与"连"相关的"联络"、"照应",它们都是不可偏废的结构要素,谋篇布局中不能重此轻彼。借评点家常用的譬喻"横云断山"与"横桥锁溪"来说,正是因为"横云"隔断了逶迤绵延的山岭,"横桥"锁住了奔腾不息的溪水,山岭与溪水才更显得"错综尽变"和气象万千。

　　如此看来,中西结构观念的一大区别,在于前者讲究有"连"有"断",以或隐或显、错落有致的组织形式为美,后者则专注于"连",以"头、身、尾"一以贯之的有机整体为美。审美品位的不同缘于文化的不同,文化没有美丑之分,讲故事的方式也无对错之别,我们可以理解西方文化中人初次接触明清小说时的不习惯,但批评"缀段性"结构者也应想到它对应的是中国文化中人的阅读胃口。亚里士多德的看法是就古希腊戏剧而言,那时许多文艺样式还未诞生,他所反感的"穿插式"未见得不能运用于未来的小说,他的结构观念更不能作为置之四海而皆准的最高原则。如同我们已经看到的那样,明清小说的事件之间并非真的"见不出可然的或必然的联系",不仅如此,小说中是要"见出"这种联系还是让其像"草蛇灰线"一样若有若无,是一个见仁见智无法给出标准答案的难题,这就像中西人士不可能在何谓美食这一问题上统一认识一样。现在整个世界都已明白文化方面不能强求一律，我们对本民族的叙事传统更应当持一种宽容的态度。

对"连"和"断"的态度不同，归根结底还是源于感官倚重的不同。韦尔施对视听关注的对象有如此区分——"可见和可闻，其存在的模式有根本不同。可见的东西在时间中持续存在，可闻的声音却在时间中消失。（所以）视觉关注持续的、持久的存在，相反听觉关注飞掠的、转瞬即逝的、偶然事件式的存在"[①]。由于视觉对象在时间中"持久存在"，"看"可以从容不迫地反复进行，相比之下，声音的"转瞬即逝的、偶然事件式的存在"，迫使"听"不得不向"事件的进程开放"。韦尔施的话把我们引向这样的认识：一种高度倚重视觉的文化必定会对事件的组织形式做精细的审查，而与听觉保持密切关系的文化则更关心事件稍纵即逝的运行。在听觉模糊性与视觉明朗性背景之下形成的两种冲动，不仅影响了中西文化各自的语言表述，而且渗透到对结构的认识之中。趋向明朗的西式结构观要求事件之间保持显性的紧密连接，顺次展开的事件序列之中不能有任何不相连续的地方，这是因为视觉文化对一切都要做毫无遮掩的"核查"与"测度"；相反，趋向隐晦的中式结构观则没有这种刻板的要求，事件之间的连接可以像"草蛇灰线"那样虚虚实实、断断续续，这也恰好符合听觉信息的非线性传播性质。按照韦尔施的说法，专注于"看"还会进一步提升人类对外部世界的支配把握——存在既然是可以被目光"进一步核查"的，当然也是"可予测度"和"可以肢解"的，科学和技术就是这样在以视觉为主导的西方社会中发展起来。据此而言，技术工具不过是代替了人类目光对存在做"测度"和"肢解"，视觉倚重成了西方文化亲近认知和科学的重要原因。与

[①] 〔德〕沃尔夫冈·韦尔施著，陆扬、张岩冰译：《重构美学》，上海译文出版社2002年版，第221—222页。

视觉对象相比,飞掠而过的声音不会重回人类耳畔,这种不稳定性削弱了对存在的支配感和把握感,《道德经》中的"恍兮惚兮,惚兮恍兮"和《论语》中的"瞻之在前,忽焉在后",颇能代表国人对世界和事物的印象。

韦尔施对视觉何以"亲近认知和科学"未做更多解释,麦克卢汉认为拼音文字靠"连续性的线性序列"将字母组成词句,这种偏向视觉的组织方式深刻影响了人们的心理结构和社会组织,因此"使用拼音文字的文化"不但与认知和科学更有缘分,而且更宜于工商业与军备的发展。换句话说,大型制造业、库存目录和工序复杂的流水生产线等之所以首先出现在西方,是因为"连续性的线性序列"从一开始就引导西方人"将各种经验分解为整齐划一的单位",以便对其实行统一的"转换和控制",这种因文字规训而形成的逻辑思维和理性态度,使得西方人能够有条不紊地管理庞大的工业集团和商业帝国。① 现代人没有机会看到当年罗马军团如何迈着整齐的步伐为帝国开疆拓土,但是麦当劳、必胜客、苹果手机专卖和汽车 4S 店等连锁销售方式,已经以一种新的"VENI! VIDI! VICI!"(恺撒名言:"我来!我看!我征服!")姿态来到我们身边,各种水、电、气管缆更是不由分说地将千家万户编织进一张张无远弗届的网络。由西方开始的现代化或曰全球化运动,可以形象地表述为将一切存在都用"顺次展开和连续展开"的网络覆盖,不管愿意不愿意,人们都因不得不使用各种现代设施而成了各类网络上的一个个微小节点。

"连续性的线性序列"由拼音文字向社会各方面弥漫,从最深的文化根基上解释了"缀段性"讥评的其来所自。西方文化中人由于长期处在相互连接的各种网络之中,很容易把线性序列视作

---

① 〔加〕马歇尔·麦克卢汉著,何道宽译:《理解媒介——论人的延伸》,第107—108页。

天经地义的安排，这在使用方块汉字、崇尚直觉思维的国人看来有点匪夷所思。以上讨论还能使我们对一些文化现象有更深理解。举例来说，中国游客在境外受人侧目的表现，深层原因可能在于国人对"线性组织"的不适应。联合国教科文组织曾在印度的一个乡村铺设自来水管，"由于水管是一种线性组织，所以不久村民就要求拆除自来水管。因为对他们来说，大家不再上公用井汲水以后，村子里的社交生活都被削弱了"①。类似情况在中国也有发生，我们的乡村过去就是众声喧哗的"整体知觉场"，一旦生产和生活都被纳入线性序列的轨道，部落文化的种种魅力即不复存在。对这一事件还可做进一步分析：自来水管代表的线性秩序与公用井边的非线性秩序有很大不同，井边的人们不一定按先来后到的次序汲水，因为人们并不都是为了汲水而来到井边：有人来这里可能是为了发布新闻，有人可能是为了打听消息，有人可能是为了与人会面。在这种露天的社交场合，大声说话和谁先拿到水桶谁就动手汲水一样是很正常的事情。即便是在用上了自来水之后，人们也不可能立即改变祖祖辈辈养成的行为方式，他们会把新的公共空间当成井边，不自觉地按原有方式行事。换而言之，一种文化中"正常"的行为，到了另一种文化中有可能显得不那么"正常"，如果只用一把尺子来衡量，我们就会不加分析地将大声说话之类统统看作是缺点，甚至把问题上纲上线到"国民素质"这样的高度。

综上所述，中西小说的结构差异源于中西文化导致的观念差异，而文化与观念差异又与感官倚重不无关系。用文化差异来解释叙事并不新鲜，归结到感官层面却似乎是首次。本人多年来致力于探讨中国叙事传统的发生与形成，一直在念兹在兹地思考为什么它会是我们今天所见到的这种样貌，接触到麦克卢汉的感知

---

① 〔加〕马歇尔·麦克卢汉著，何道宽译：《理解媒介——论人的延伸》，第107页。

途径影响信息传播(所谓"媒介即讯息")之说后,本人觉得从感官倚重角度切入中国叙事学研究,一些问题似可得到更为贯通周详、更具理论深度的解释。麦克卢汉用"听觉人"、"视觉人"来划分中西,这样的提法未免有点绝对,不过中国文化中的听觉倚重甚于西方文化,却是有大量证据支撑的事实。前面讨论的"尚简"、"贵无"、"趋晦"和"从散"等中国叙事的表述特征,以及本节涉及的"缀段性"结构(其实就是"从散"的一种表现),与听觉感知的断续性、模糊性和零散性皆有高度契合,这一点似应引起学界关注。本文愿在听觉传统对叙事形式的影响方面为一引玉之砖,希望今后能看到对这一问题真正深入的探讨。

回到现实中来,当前有一种现象特别令人困惑,这就是尽管批判"全盘西化"的声音一直不绝于耳,实际情况却是全球化往往被偷换为西化。只要看到许多人还未走出以西服为唯一正装的认识误区,就会明白抵御"文化殖民"并不像想象的那么容易,当前我们离中华文化的"伟大复兴"还有很大距离。保持文化的多样性本是全球化的题中应有之义,中西文化包括感官文化在许多方面可以相辅相成,没有必要完全倒向一方。但是我们这边从洋务运动开始,一波接一波的变革图强运动都以振"聋"发"聩"的"睁眼看世界"为开场白,跟在"德先生"、"赛先生"后面悄悄进场的是以视为知的认知模式。20世纪见证了国人感官天平向视觉一端的迅速倾斜以及"闻声知情"能力的不断丧失,如今不单是"听戏"之类表达方式早已为"看戏"所代替,人们的注意力几乎全被各式各样的"视觉盛宴"吸引和占据。这种不知伊于胡底的感觉失衡与传统失守,是到了应该引起严重关切的时候了。

冷媒介与艺术

尤西林

【作者简介】尤西林，陕西师范大学文学院教授。

内容提要：从马克思到海德格尔，技术与艺术的对立统一关系已突出为社会存在本体论课题。麦克卢汉的冷—热媒介论提供了这一课题在信息时代的分析框架。热媒介体现的技术分割与抽象，成为电子计算机及其人工智能感性整体追求的基础性限定。非单一界定而保持着信息丰富情境的冷媒介日常行为成为广义的生活艺术，并显示出信息时代艺术的社会职能：平衡热媒介的认知陈述，警戒其传播方式对受众个性创造性的压抑，而保持回溯信息创造源头的主体地位。艺术成为受众积极参与的动员方式，以及克服单一角度思维局限而保持整体想象与创新的培养方式。以艺术为自觉尺度的冷媒介最深刻的意义是现代技术已陌生的对万物自在自主性的"守护"。冷媒介在与热媒介均衡关系中，展示了既揭示又守护世界的新型生产与生活样态。

关键词：技术与艺术；热媒介与冷媒介；人工智能；"保护"（Wahr）

一、媒介与艺术关系是信息社会的深层课题

近代以来的社会突出了技术的社会存在本体地位。技术时代最深刻的现象之一，是艺术与技术在本体层面的对立统一关系。当代社会本质上是以计算机及其互联网为技术基础的信息社会。艺术与代表信息社会技术的媒介，体现着当代社会两种深刻区别的发展模式，二者的关系因而属于信息社会的深层课题。

19 世纪以来的现代思想对技术与艺术关系的思考形成了三种模式。

浪漫主义以来对技术的批判将艺术推向救世主地位。尼采的经典命题是："只有作为审美现象，生存与世界才是永远有充分理由的。"[①] 审美艺术超越技术为基础的现实生存，成为激荡不息的现代思潮。然而，艺术超越技术成为"应然"的价值诉求而缺少"实然"基础，这一"超越"失去了与技术的生存基础联系而流于无根基的抒情。与之相反，为现代技术提供语言元理论的逻辑经验主义，基于现实经验事实而称"超越"命题逻辑的语言不是知识，而是情感"态度"。"艺术是表达基本态度的恰当手段，形而上学是不恰当的手段。"[②] 虽然表达了对艺术的敬意，却同样将艺术与技术对立，而切断了艺术与技术的联系。

与上述模式不同的是在艺术与技术的联系中思考各自的意义。这一方向下依次出现的三位代表性的思想家是：马克思、海德格尔、麦克卢汉。

[①]〔德〕尼采著，周国平译：《悲剧的诞生》，生活·读书·新知三联书店 1986 年版，第 17 页。

[②]〔美〕卡尔纳普：《通过语言的逻辑分析清除形而上学》，载洪谦主编：《逻辑经验主义》上卷，商务印书馆 1982 年版，第 34 页。

马克思在将社会变迁机制归结于以工艺技术为核心的生产方式的同时①，提出了基于现实生产方式又超越现实生产方式的"美的规律"②。生产使用价值的技术，以其统一规律与目的的自由形式，而使劳动者在获得消费产品的同时感受到精神自由，从而可能将实用技术提升为艺术。③然而，马克思关于技术与艺术同一性思想的历史限定是：现实的资本主义雇佣劳动是"异化劳动"；19世纪的机械技术仍然处于大脑与肢体分离状态，技术的高度分化形态尚未趋于整合统一，因而艺术的自由主体缺乏现实的经验原型。强制性分工比异化劳动处于更深的层面，也是技术与艺术同一化更为根本的限定。④从而，马克思的"美的规律"需要依托长时段的历史辩证运动，而更多呈现为价值理想前景。马克思指示了艺术与技术同一化条件，其核心是自动化与社会化结合，结束直接劳动分工限制与私人占有："直接劳动本身不再是生产的基础，一方面因为直接劳动主要变成看管和调节的活动，其次也是因为，产品不再是单个直接劳动的产品，相反地，作为生产者出现的，是社会活动的结合。"⑤"于是，以交换价值为基础的生产便会崩溃……个性得到自由发展。"⑥只有在生产技术与生产目的双

---

① 马克思："工艺学揭示出人对自然的能动关系，人的生活的直接生产过程，从而人的社会生活关系和由此产生的精神观念的直接生产过程。"（《马克思恩格斯文集》第5卷，人民出版社2009年版，第429页。）
② 参见马克思：《1844年经济学哲学手稿》，《马克思恩格斯文集》第1卷，人民出版社2009年版，第162页。
③ 马克思："诚然，劳动尺度本身在这里是由外面提供的，是由必须达到的目的和为达到这个目的而必须由劳动来克服的那些障碍所提供的。但是克服这种障碍本身，就是自由的实现。"从而可以"把劳动当作他自己体力和智力的活动来享受"。（《马克思恩格斯文集》第8卷，人民出版社2009年版，第174页。）
④ 马克思因而称前分工阶段的"中世纪的手工业者对于本行专业劳动和熟练技巧还是有兴趣的，这种兴趣可以达到某种有限的艺术感"。（《马克思恩格斯选集》第1卷，人民出版社1995年版，第107页。）
⑤ 《马克思恩格斯全集》第46卷（下），人民出版社1980年版，第222页。
⑥ 《马克思恩格斯全集》第46卷（下），第218页。

重自由条件下,生产使用价值的技术活动才会同时是体验规律与目的相统一的自由感的艺术。但是,作为解放直接劳动的"社会活动的结合"技术在马克思时代尚阙如。

海德格尔同样强调了技术不以主观好恶为转移的客观存在性质。他的批判特别针对现代技术,称之为结构性地逼迫操控现代人与自然的"座架"(Ge-stell)。自动化所代表的技术统一性质,在此具有与马克思乐观肯定相反的敌意。他明确质疑与批判了作为信息论与电子计算机基础的形式化语言①,也直接批判了电子计算机技术②。海德格尔通过返回古希腊技术与艺术同源形态的技艺(τέχνη),找到了思想入口:"对技术的根本性追思和对技术的决定性解析必须在某个领域里进行,此领域一方面与技术之本质有亲缘关系,另一方面却又与技术之本质有根本的不同。这样一个领域乃是艺术。"③立足于艺术思考并解析现代技术,成为海德格尔现代性批判思想的核心论域。《艺术作品的本源》成为海德格尔思想转折的里程碑。对梵高绘画、荷尔德林等人诗歌的存在论诠释,引导了包括技术在内的全部世界存在物向存在(Sein)本源状态的还原。陶罐器皿、房舍建筑、桥梁、居住行为乃至康德哲学悬搁谈论的抽象之"物",均复活了被科学认识与技术功用分割僵化的存在状态。艺术复活了古代自然状态的技术及其理想化的存在想象。然而,海氏的精神现象学否弃了以电子计算机为代表的现代技术基点。

麦克卢汉将从语言到货币、武器等26种技术统称为"媒介",表明他已将当代社会视为媒介社会。他的第一命题"媒

---

① 〔德〕海德格尔:《走向语言之途》,载孙周兴选编:《海德格尔选集》下卷,上海三联书店1996年版,第1144页。
② 参见〔德〕海德格尔:《赫贝尔——家之友》,载成穷等译:《海德格尔诗学文集》,华中师范大学出版社1992年版。
③ 〔德〕海德格尔:《技术的追问》,载孙周兴选编:《海德格尔选集》下卷,第954页。

介即信息",实质继承了从黑格尔以工具为经验原型的"中介"(Vermittlung)本体①,到马克思工艺技术本体论的传统。这一命题的时代新意是"信息"(information)这一当代社会关键词。作为事物存在非实体性表征(representation)的"信息",从香农(Claude Elwood Shannon)通信结构的一个环节要素升格为当代社会的基础概念,揭示了继以农业为代表的人力资源经济、以传统工业为代表的自然资源经济之后,以智力资源为首要依托的知识经济时代的主要特征。而将"信息"依托于工具中介的"媒介",并将全部存在物媒介化,继而又以电子计算机作为"人的延伸"(The Extensions of Man)的"中枢神经"(nervus centralis),为整合分工提供了马克思所期望的"社会活动的结合"技术:"当电子技术开始发挥作用时,工业和社会极其繁复和无穷无尽的活动便迅速取得了一种统一的姿态。"② 由此揭示了当代社会最为本质性的结构:以电子计算机为中枢的媒介—信息社会。

对麦克卢汉的赞扬集中于上述结构对媒介时代的预言性揭示。如果仅止于此,麦氏只是提供了认识当代社会的一种社会科学视角。但麦克卢汉对当代社会构成原理极富现实感的揭示的同时,不仅同马克思一样地立足于技术并给予人文主义展望("人的延伸"),而且从艺术所代表的人文价值高度对技术做出了反思与批

---

① 黑格尔:"手段是一个比外在合目的性的有限目的更高的东西——犁是比由犁所造成的,作为目的的、直接的享受更尊贵些。工具保存下来,而直接的享受则会消逝并忘却。人以他的工具而具有支配外在自然界的威力,尽管就他的目的说来,他倒是要服从自然界的。"(〔德〕黑格尔著,杨一之译:《逻辑学》下卷,商务印书馆1976年版,第438页。这段话被列宁称为"历史唯物主义的萌芽"。列宁:《哲学笔记》,人民出版社1974年版,第202页。)麦克卢汉"媒介即信息"正是这种工具本体论。黑格尔:"对于对象的否定关系成为对象的形式并且成为一种持久性的东西。"(〔德〕黑格尔著,贺麟、王玖兴译:《精神现象学》上卷,商务印书馆1979年版,第130页。)麦克卢汉强调媒介并非内容而是生成内容的形式,也本于此。麦克卢汉本人未能自觉其命题的思想史渊源,这也是关于麦克卢汉研究的盲区。

② 〔加〕马歇尔·麦克卢汉著,何道宽译:《理解媒介——论人的延伸》,商务印书馆2000年版,第428页。

判，这使他进入了以马克思、海德格尔为代表的思想传统。马克思基于近代机械技术谈艺术，海德格尔基于古代自然技术谈艺术，麦克卢汉则基于当代媒介技术谈艺术。

媒介塑造感官是麦克卢汉的主要思想，而强调完整感性则是麦克卢汉的基本立场。与此相关，他反复提及艺术对媒介技术的整合意义，并以电子媒介整合热媒介代表的印刷媒介为典型。其中已经可以引申出冷媒介与艺术的关系。"冷—热媒介"是麦克卢汉真正原创性的观念。但冷媒介与艺术的关系并非麦克卢汉自觉意识到的论题。从冷媒介走向艺术，却又是麦克卢汉媒介思想深层的逻辑。与笼统的"技术"或"媒介"概念相比，"冷—热媒介"是更为确定而深入的基础结构，它也构成本文的基础思路框架。但与麦克卢汉相反，本文恰恰将电子媒介作为分割型热媒介的最新代表，并基于其对立面的冷媒介探索艺术的当代定位。这将不仅是对媒介时代的技术哲学批判，而且是从媒介角度对当代艺术形态及其功能的重新定位——这并非特指数字艺术，恰恰相反，而特别指向冷媒介背景下疏离电子媒介而获得艺术意味的日常生活。

二、作为媒介技术代表的热媒介及其限定

"热媒介"（hot media）是媒介的代表，也是"冷媒介"（cold media）的参照坐标。无论是研究媒介或是冷媒介，透彻认识热媒介都是奠基性的一步。麦克卢汉的基本解释是："热媒介只是延伸一种感觉，并使之具有'高清晰度'。高清晰度是充满数据的状态……言语是一种低清晰度的冷媒介，因为它提供的信息少得可怜，大量的信息还得由听话人自己去填补。与此相反，热媒介并不留下那么多空白让接受者去填补或完成。因此，热媒介要求的参与程度低，冷媒介要求的参与程度高，要求接受者完成的信息

多。"① 这些媒介文化言语须要还原其确切技术含义。

麦克卢汉界定冷热媒介基于现代信息论。信息论的通信论基础规定了信号—信息的技术意义亦即通信传输的功用价值:"高清晰度"(high definition)即确定性,是物理学经验与逻辑规则的统一,它保证着技术的可靠性。因而香农通信论的信息论基石即"消除不确定性"。这一原则对应于近代以来的技术职业分工与学科专业分化所塑造的理性思维特征,并由逻辑经验主义提供其哲学论证。这也就是麦克卢汉所强调的"只是延伸一种感觉"的重心所在:"一种"。热媒介最为纯粹的代表形态是工具使用说明书:对特定工具性能及其使用要点简洁而清晰的陈述。说明书排除任何感性化亦即不确定性理解,而表现出抽象理性特性。由此引申的结论是,"只是延伸一种感觉"的极端状态势必导致感觉的概念化,这意味着感性的消逝,亦即消除作为审美特质的"感性"。

"因为信息论是一种不包含意义的信息理论,同时由于信息－意义＝数据,因此,数学的数据理论是一种比信息论更加合适的描述。"② "高清晰度是充满数据的状态",计算机的二进制(binary)经由二值逻辑的"是"与"否"将信息形式化,进而转化为可计算处理的数据。因此,"高清晰度"亦即高度确定性,与形式化信息及其数据数量成正比。只是就这种罔顾语义、语境的形式化数据的信息而言,热媒介才是"充满数据"的大信息量信道(signal path)。然而,一旦将单一感觉与定义的高清晰度形式化数据信息还原回自然语言的语境及语用,便出现了对信息清晰度与数量截然相反的两类评估尺度。

以"是吗?"反问句为例。要求确定理解的询问:"是吗?"

---

① 〔加〕马歇尔·麦克卢汉著,何道宽译:《理解媒介——论人的延伸》,第51页。
② 〔意〕卢西亚诺·弗洛里迪主编,刘刚译:《计算与信息哲学导论》上册,商务印书馆2010年版,第150页。

愤怒反问:"是吗!?"明知故问的揶揄:"是……吗?"其语义之差异系于诸多不同语境、语用、语调,这导致脱离语用语境的形式化"是吗"语义不确定性(前引弗洛里迪称之为"随机性")增大。这一问语开放性、不确定性增大恰恰增大了多种语义信息数量。但因此同时导致形式化与数据化的计算机可传输信息量的减少,甚至阻塞为零。香农引入的信息熵(entropy),标志着与封闭结构程序对立的开放无序随机状态,却又拥有着"信源(source)相应的信息潜力"①。"在字母中符号的潜在随机性越大,装置产生的信息量就越多。"② 准确讲,是更丰富。与之相反,"一个高度结构化的、完全组织化的消息包含着较低水平的熵或随机性,或较少的原始信息,并引起一个较小的数据空缺"③。麦克卢汉所谓信息量大的热媒介恰恰因其单一性而包含着"较少的原始信息"。这意味着一定意义上数据化信息与人类真实的自然信息拥有两套相反的尺度。笼统说热媒介信息量大,是就香农通信论消除不确定性的单一信息传输数量而言,但这一信息的语义、语境、语用、语调恰恰是最贫乏亦即信息量最小的。

热媒介是以计算机数据化信息为基础的现代社会主流媒介。其单一的"高清晰度"与快速传输的大信息量,成为现代化社会运行机制的技术保障。但前述比较即使局限于认知范围,也已经从信息论角度揭示出热媒介代表的信息技术与人类真实信息状态的重要差异,它不仅是数量的而且更是分布模式与处理机制的差异。为缩短这一差距,电子计算机与现代认知科学核心技术的人工智能(AI),力图突破符号逻辑的线性(对应于热媒介的单一性)计算,而转向对人脑神经元整体交互作用(它恰恰对应着冷媒介的弥漫整体性)的模仿。晚近的

---

① (意)卢西亚诺·弗洛里迪主编,刘钢译:《计算与信息哲学导论》上册,第151页。
② (意)卢西亚诺·弗洛里迪主编,刘钢译:《计算与信息哲学导论》上册,第151页。
③ (意)卢西亚诺·弗洛里迪主编,刘钢译:《计算与信息哲学导论》上册,第151页。

联结论模式（Connectionist Models）模仿神经网络的并行分布（parallel distribution）和特定的联结方式，而被称作"人工神经网络"（Artificial Neuron Networks）。互联网更以巨量联结的计算机而被麦克卢汉视为"中枢神经的延伸"。[1]

然而，电子媒介所基于的电子计算机数据化信息量依然是以二进制的比特（Bit）为单位，它必然以热媒介性质的单一快速传输为基础；尤其是，即使是巨大的互联网也依然是封闭的结构，联结论以微分方程替代传统逻辑主义公理作为运算规则，但其数学极限概念的无限性不等于实在存在的无限性，哥德尔（Kurt Godel）不完备定理（incompleteness theorem）对作为计算机哲学基础的形式化（formalization）的限定依然有效。它意味着计算机不仅无法依靠结构形式消除现存信源状态的不确定性，而且人类面向未来的活动还将不断引入动态变化的新的不确定性对象。数据库来源于人脑经过计算机格式化而输入的信息，计算机系统的信息已经是柏拉图意义的对自然语言原型的简化模仿；天文数量的数据库仍是有限的模仿性的旧信息库，电子神经中枢据此无穷编组，其质的规定仍然是旧的既有信息的花样翻新，从而落入柏拉图所说的对模仿的模仿。因此，一个虚拟的人工神经中枢永远需要依赖在它之外的身心实践与直观提供新的形式原型，这同时就是人工智能对人脑永无止境的模仿。这是本体论的限定。[2]

热媒介信息模式的本体论限定意义不仅表现为上述认知限定，强化垄断的热媒介甚至会导致对信源—信道—信宿（information

---

[1] 参见〔加〕马歇尔·麦克卢汉著，何道宽译：《理解媒介——论人的延伸》，第428页。
[2] 即使是模拟型（Modeling Approach）生物计算机自行演进，仍然是基于既有信息大数据样本的反馈而形成学习主体。身体及其与环境的互动是心灵无法数字化的本体限定。参见〔美〕休伯特·德雷福斯著，宁春岩译：《计算机不能做什么——人工智能的极限》，生活·读书·新知三联书店1986年版；〔英〕玛格丽特·博登编著，刘西瑞、王汉琦译：《人工智能哲学》，上海译文出版社2001年版；〔美〕劳伦斯·夏皮罗著，李恒威、董达译：《具身认知》，华夏出版社2014年版。

sink）信息整体存在的肢解与扭曲。这不仅包括前述对信息语义多义性的单一简化，而且无视信宿差异性处境的热媒介单向度信息传输，其不容置疑的单一语义信息排除了平等交流，实质是颁布令语言，从而可以通往极权主义统治模式[①]；而无视信源存在丰富关系的单一信息抽取，则成为类似以放射线测量古代遗物的信息强行逼迫索求，其对应的人际形态就是审问式暴力。从而均衡热媒介文化之重大远超出了信息质量本身意义。

麦克卢汉的中心思想之一，是强调电子媒介的整体感性及其对分割型热媒介的整合，但却没有注意到电子媒介的构成基础恰恰是二进制的热媒介，它深层规定并限定着作为"神经中枢"的电子媒介。如前所述，正是这一限定才成为人工智能为核心的电子媒介虚拟世界与真实生活的本体论差异，并在电子信息空前解放人类的同时，形成其新的异化困境。因此，电子媒介并未终结近代以来的技术批判。前引海德格尔关于技术的弊病既无法依靠技术自身克服又无法在技术之外克服的思想依然关键："对技术的根本性追思和对技术的决定性解析必须在某个领域里进行，此领域一方面与技术之本质有亲缘关系，另一方面却又与技术之本质有根本的不同。这样一个领域乃是艺术。"但与热媒介所代表的当代技术既关联又区别的更直接一方是冷媒介。经由冷媒介走向艺术，成为切实的一步。麦克卢汉所发现的热媒介与冷媒介关系，不仅立足于当代社会技术代表形态的媒介，而且将海德格尔基于古代生活及其词源学的艺术技术联系，更切近地被推进确定为媒介自身的分化关系。海德格尔依靠艺术解析技术，这基本属于哲学思辨，麦克卢汉的媒介类型区分，却是现实社会存在结构要素分析。依托媒介实在形态的艺术—技术论，应是对海德格尔

---

① 前苏联与中国曾以"形象思维"理论解释不同于热媒介逻辑思维的冷媒介艺术，被视为严重的政治问题而遭到审查与批判。参见尤西林：《形象思维论及其20世纪争论》，《文学评论》1995年第6期。

技术—艺术形而上学的重要落实与推进。

三、冷媒介的独立地位及其最高形态的艺术

以热媒介为代表的当代信息社会以信息化为进步，从而意味着其以热媒介信息状态为正向度价值取向的主流观念。这一存在处境，决定了冷媒介首先被视为落后或不成熟甚至失败的"差媒介"。从信息论角度看，则是信息传输不清晰、噪音或冗余量大、有用信息量小。这类冷媒介附属于热媒介而有待以热媒介为标准改进。此种冷媒介尚未独立。

"言语是一种低清晰度的冷媒介，因为它提供的信息少得可怜，大量的信息还得由听话人自己去填补。"[①] 然而，如果逆转以计算机传输效率为尺度的热媒介标准，"清晰度"是指符合或接近信源原始信息状态的程度，它恰恰基于区别于人工语言的日常自然言语。单纯的询问"是吗？"、愤怒的"是吗？！"、揶揄的"是……吗？"，在计算机二值逻辑数据化中被保留的只是其单一的共同形式，其语境语调及其包含的丰富的"意向性"（intentionality）语义差异则被过滤。这种失真的热媒介"清晰度"只是单一命题逻辑的清晰，信源真实的信息恰恰模糊不清了。这导致维特根斯坦后期放弃图像论，而转向麦克卢汉所说的"言语"活动的语用哲学。胡塞尔现象学的口号"回到事实本身"（Zu den Sachen selbst），也就是回到比谓词逻辑（Predicate Logic）更原初的"前谓词判断"（Pre-predicative judgment）的情境直觉状态。在现象学看来，麦克卢汉的热媒介信息因其单一含义的简化是粗糙不清晰的，那种作为"生活世界"（Lebenswelt）的日常言语，才

---

① 〔加〕马歇尔·麦克卢汉著，何道宽译：《理解媒介——论人的延伸》，第 51 页。

保存着作为"事实本身"的意向性"高清晰"状态。

　　冷媒介对自身信息清晰度的上述辩护,已从数量之争走向信息存在的本体论限定:信息的本体存在状态与热媒介的单一分割方式方枘圆凿。这一本体论限定本是古老的思想。柏拉图《斐德罗篇》(Phaedrus)中埃及泰姆斯王(King Thamus)手指指向月亮,以此回应对文字工具的炫耀;对手指媒介的关注会转移甚至取代对月亮本身的直观。这一比喻惊人一致地成为东方佛教流行的"认指为月"警告:"如人以指指月,以示惑者,惑者视指而不视月。人语之言:'我以指指月,令汝知之,汝何但看指而不看月?'此亦如是,语为义指,语非义也。"(《大智度论》卷9)热媒介信息作为人体延伸之"指",却与信源之"月"本体质别。禅宗以"不立文字"与"自性"拒绝巨量文字解说的佛经热媒介传播,而创立了典型冷媒介的"公案"。"公案"从象征比喻演进为无言的"默传心印",它要求接受者甚至以一生的经历投身"什么是佛性"的顿悟。而这种冷媒介的最高代表,是记录佛祖原始传播的完全沉默的一幅画面:"佛祖拈花,迦叶微笑。"与之相仿,20世纪分析哲学以典型的热媒介语言理论否定语义含混的形而上学命题的真值(true value)。与之抗衡的海德格尔则以梵高的一幅画与荷尔德林的诗歌揭示"Sein"的存在真理。艺术不约而同地成为中西古今的本体显示关键。

　　在与热媒介对比中展开的冷媒介特性,自然地趋向于艺术:不是高度定义方式,而是模糊乃至非定义;不是单一内涵,而是整体或丰富的含义;不针对特定感官,而诉诸各种感官的协同;不是无须参与交流的单向度接受,而是需要启动想象力的参与乃至再创造。这些特征在整体上显示出多数艺术论所规定的艺术特征。[①] 这

[①] 马克思的"美的规律",对审美与艺术使用了"任何"(jeder)、"处处"(überall)、"全面"、"整个"等一系列全称修饰词。(参见《马克思恩格斯文集》第1卷,人民出版社2009年版,第162页。)实质即是将单一性与全面丰富性对立提升为动物与人性分野原理,它正对应于热—冷媒介。

同时也是数字艺术关键所在。①"cold"("冷")的俚语词源"cool"("酷"),也透露出冷媒介与艺术的关系。

冷媒介自觉维护信源存在本体而拒斥热媒介单一分割信息,势必走向艺术。艺术成为冷媒介独立意义的最高形态:艺术非概念可穷尽的自由形式,使冷媒介的信息模糊多义获得新的方向定位,存在信息的本源状态及其终极意义,在艺术中才获得恰当的表征;艺术同时将冷媒介对受众的虚位以待,转化为接受美学所强调的积极阐释与介入,艺术品成为伽达默尔阐释学的游戏场域与意义感召体。麦克卢汉全部著述文字及其思路突出的跳跃与空白,被视为马赛克(mosaic)镶嵌图案,麦氏思想及其著作本身成为典型的冷媒介艺术。麦克卢汉的音乐则同道约翰·米尔顿·凯奇(John Milton Cage)的代表作《4分33秒》,完全是无声空白而邀请听众的想象来填充。冷媒介的独立特性乃至最高形态的艺术,在此被发挥到极致。

艺术对冷媒介的典范意义,显示出以热媒介为主流的信息媒介时代艺术的社会职能:平衡热媒介不容置疑的认知陈述,警戒这种传播方式对受众个性创造性的压抑,而保持回溯信息创造源头的主体地位。艺术成为受众积极参与的动员方式,以及克服单一角度思维局限而保持整体想象与创新的培养方式。

四、守护虚白:冷媒介艺术的本体境界

冷媒介以艺术为尺度导致艺术冷媒介化,或者可称之为"冷媒介艺术"。麦克卢汉以媒介—信息概括当代社会的本质,同

---

① 图像熵(image entropy)要求在无序熵与单一秩序之间的恰当灰度(grey scale)能成像,而像素(图像元素,picture element)越大亦即点越多,图像越逼真。这意味着与热媒介相反的取向。

时就将媒介社会存在化或者将社会存在媒介化了。冷媒介的生存论处境分析，是将冷媒介从媒介范畴还原回当代社会存在处境，冷媒介从而恢复了更为普遍的生存条件或生存样态性质，成为普遍化或泛化的社会存在艺术。近代独立的艺术（大写字母开头的"Art"）以区分于生活为特征，但从空想社会主义与马克思的劳动美学，到技术美学，乃至艺术自身层出不穷的装置艺术（Installation art）与行为艺术（Performance art）等，回归生活形态的艺术追求却从未停止，而且成为当代日常生活审美化趋势，并导致近代以来独立于生活的艺术观念发生危机。①

在平衡热媒介的格局中，冷媒介的艺术化则提供了媒介信息环境下新的生活化艺术观念。这类冷媒介是作为潜在信源的世界万物，这类"物"与人，被道家称为"自然"。英文"Nature"是作为客体对象的自然，不能表达道家本体性的"自然"。与之对应的是古希腊文的"φύσις"，即自行涌现的自然而然存在。海德格尔后期取代"Sein"的"Ereignis"，即"无所指"的自在、自性、自行、自然存在，也接近于道家的自然。这一类"自然冷媒介"，依照道家，他们是有权"闭关"从而也无所谓"信源"的自在者。然而，现代信息论与传播学如果扩张为宇宙论，则无言的岩石或与世隔绝的隐士、物理信息或人文信息，均处在联系亦即交流网络中，因而一切存在者都是潜在的信源，即使他们无意辐射自己的信息，而呈现为近乎零度的冷媒介。

这类冷媒介恰恰是世界最大的一群，而且他们将永远是最大的一群。当这类沉默的冷媒介面临声浪日益高涨的信息主义文化压迫时，他们的自我意识将会抬头。如果他们并不自认为落伍而追随热媒介，也恬淡于激进对抗热媒介，自觉与热媒介相区分的冷媒介便会艺术化。

---

① 参见〔美〕丹托著，王春辰译：《艺术的终结之后》，江苏人民出版社 2007 年版。

一切不诉诸说明界定而保持着数据信息情境氛围的冷媒介行为都可以成为艺术：将巨量经验浓缩的格言、不愿简化定义、保持着丰富思路原始语境状态的晦涩语言文字、电话中不完整的只言片语乃至呼吸气息、一个隽永的面容、一个字的短信回复、只有一个标点符号的帖子、褪尽了特定背景的老照片、一个手势、一个背影、特定语境中的沉默……与那些以热媒介为尺度而无力提供高清晰信息的冷媒介不同，所有这些有意识不将"信源"单一化表达清楚的冷媒介，都是自发的艺术。但是，与挑战热媒介的前述《4分33秒》所代表的先锋派冷媒介艺术也不同，这类无言的大多数"自然冷媒介"，作为芸芸众生，并不对抗而是接受信息文明并使用媒介技术，然而却并不狂热"发烧"，而如海德格尔所言，保持着"冷静"（亦译"泰然处之"：die Gelassenheit）。这种冷静保护了信息化时代普通人（乃至全部自在事物）的尊严，并使将技术作为工具使用的从容状态成为恬淡优雅风格的生活化艺术品。如麦克卢汉所言："只有能泰然自若地对待技术的人，才是艺术家。"① 与热媒介均衡相处的冷媒介不仅呈现为生活艺术，而且更为重大地展示了一种不同于技术统治的新型生产与生活方式。

冷媒介拒绝热媒介的格式化不仅保护了信源的个性，而且保护了一切存在物自主性存在。冷媒介艺术化由此进入反思现代性最深刻层面。

热媒介单一角度的清晰传播，也就是海德格尔所谓现代技术"座架"（Ge-stell）对存在之物单一角度的强行"解蔽"（das Entbergen），亦即将事物强行规定为某一存在形态。现代技术这种解蔽不同于作为揭示真理的"无蔽"（Aletheia），后者在解蔽中既非单一性解蔽而是多种角度的解蔽，同时又保护着事物存

---

① 〔加〕马歇尔·麦克卢汉著，何道宽译：《理解媒介——论人的延伸》，第46页。

在自身的完整性与自由自在，因而还具有古希腊思想源初的隐蔽（Λnθn）亦即"保护"（Wahr）功能。与技术同源的艺术在现代依然如此："艺术乃是一种唯一的、多样的解蔽。"① 艺术的显示（解蔽）同时就是保护性隐蔽。值此热媒介空前解蔽世界的互联网时代，保护性隐蔽反倒成为最大难题。

信息化表面上将计算机置于时代中心，实质是经由计算机将人类空前急速地从机械性活动中解放出来，而将人类推向空前重大的责任地位并挑战人类的特性。造就这一局势的是热媒介所代表的无所顾忌的解蔽强力。在将信息文明激进化为信息主义的当代，冷媒介艺术所代表的隐蔽性保护或者保护性隐蔽之于未来的意义，既稀声亦不合时宜。保护与隐蔽，在此并非指法学含义的个人隐私之类具体事务，也不限于保护生态环境这样急迫重大的社会科学课题，而是本体性的。用海德格尔的话说，是存在论的："终有一天，我们将学会，从保护（Wahr）方面来思我们所使用的真理一词，并且体会到，真理（Wahrheit）乃是存在之保护（Wahrnis des Seins）……存在的牧人和无（Nichts）的看守人是同一回事。人只有在此之在（Da-sein）的展开状态（Entschlossenheit）中才能成为此两者。"② 比开发自然更根本的人性系于现代技术已经陌生的守护性行为。

无（Nichts），作为海德格尔的核心主题之一，曾被逻辑经验主义作为样本详细分析与嘲弄③。但作为技术所揭示的有限性之"有"的警示对立面，这个"无"以概念象征着包括逻辑在内的技术的母体。中国大思想家更以命题形态判断："有生于无。"（老子《道德经·四十章》）"虚室生白"，"唯道集虚"。（《庄子·人间

---

① 〔德〕海德格尔：《技术的追问》，载孙周兴选编：《海德格尔选集》下卷，第952页。
② 〔德〕海德格尔：《阿那克西曼德之箴言》，载孙周兴选编：《海德格尔选集》上卷，第560—561页。
③ 参见前引卡尔纳普《通过语言的逻辑分析清除形而上学》一文。

世》)"上九,白贲无咎。"(《易·贲》)"无"之空间性"虚"与无色之"白",恰恰是有形之物得以显现的底色背景,乃至本体之"道"的处所,因而是最美好的征兆。绚烂之极归于平淡,中国艺术最高的意境,正是指向这一保护性隐蔽的"虚空"之"白"。[①]作为中国画最深技法也是最高境界的"留白",显示了艺术守护虚白的本性,从而也为冷媒介提供了最高境界的注释。

---

① 参见宗白华:《中国艺术意境之诞生》,载《美学散步》,上海人民出版社1981年版。

麦克卢汉"Global Village"概念的四重内涵

陈 海

【作者简介】陈海,西北大学文学院副教授。

内容摘要:麦克卢汉的"地球村"(Global Village)往往作为传播学概念来描述电信技术语境下的新型文化关系,然而将"Global Village"译为"地球村"却遮蔽了麦克卢汉赋予此词的丰富所指。基于麦克卢汉经典文本,我们揭示了"Global Village"具有的时空、媒介、思维和审美等四重内涵。此四重内涵具有内在的贯通性,它们相互指涉进而构成了"Global Village"的完整意义。依据此四重内涵,"Global Village"应译为"全球村"。

关键词:麦克卢汉;Global Village;时空;媒介;思维;审美

已成为当代流行词汇的"地球村"(Global Village)是由媒介生态学家麦克卢汉在20世纪60年代提出的重要媒介概念。从语词及其内涵的发展史看,"Global Village"在麦克卢汉早期代表作《机器新娘》(1951)中就已经萌芽[①],在他与埃德蒙·卡彭

---

① 麦克卢汉在《机器新娘》一书的第一篇《报纸头版》中,谈到了量子论和相对论物理学。他认为它们可以"使我们了解世界的许多真相,给我们新的解读方式、新的洞察力,并使我们了解宇宙的结构",并进一步指出"这两种理论说明:从今以后,这个行星已经结为一个城市"。这是"地球村"之意的最早表达。参见〔加〕马歇尔·麦克卢汉著,何道宽译:《机器新娘——工业人的民俗》,中国人民大学出版社2004年版,第3页。

特合著的《听觉空间》(1960) 一文中明确出现①，在《古登堡星汉》(1962) 和《理解媒介》(1964) 中成熟，最后才在麦克卢汉的《地球村的战争与和平》(1968) 和遗著《地球村》(1989) 等著作中作为讨论关键词出现。国内对此词的使用可以追溯到 1985 年谢剑飞的《朋友来自地球村》一文(《南风窗》1985 年 7 月)，此文中的"地球村"因为包含了"Global Village"的部分意味，导致"Global Village"一直被译为"地球村"。回顾国内对"Global Village"概念的使用和研究，我们发现以下两个现象。首先，学术界对"Global Village"的理解还局限在传播学范围内。在译介初期，学术界主要讨论"Global Village"的地理和信息科技层面的内涵，21 世纪初才开始对其传播学价值进行关照。其次，大众对"Global Village"的理解基于电信技术对人际交往中"距离"的消灭，即电信技术导致的全球"村落化"状态。此含义切中大众对电信技术的切身感知，容易得到大众的理解和赞同。这种理解又不断巩固了"Global Village""地球村"译法的合理性。上述两种现象的共同之处是抓住了"Global Village"的媒介内涵。然而我们一方面承认"Global Village"确实具有媒介内涵，另一方面也发现它所带来的恶果："Global Village"的媒介内涵对其他内涵的遮蔽。出现此问题的原因有二：

第一个原因是"Global Village"的翻译问题。将"Global Village"翻译为"地球村"助长了从媒介维度对其进行理解，而忽视了"Global Village"的其他内涵。其实这一译法是值得商榷的。"Global Village"中的"village"确能翻译为"村落"，毕竟

---

① "Postliterate man's electronic media contract the world to a village or tribe where everything happens to everyone at the same time: everyone knows about, and therefore participates in, everything that is happening the minute it happens. Television gives this quality of simultaneity to events in the global village." Marshall McLuhan and Edmund Carpenter, "Acoustic space", in Edmund Carpenter and Marshall McLuhan (eds.), *Explorations in Communication: An Anthology*, Boston: Beacon Press, 1960, pp. 65-70.

基于电信技术所出现的传播媒介在虚拟世界中确实"消灭"了物理距离，似乎我们同在一个"村落"。然而若将"global"翻译为"地球"却不能令人满意。理由有二：首先从"global"这一词汇的本义看，它指的是"全球"而非"地球"。"global"与"earth"的区别在于前者描述了行星的空间形象性，而后者侧重的是我们这个行星的天文和地质意义。其次从对"global"的使用上看，"global"衍生出的"globalization"一词已经被翻译为学界无疑义的"全球化"，成为当代重要的文化概念。由此我们认为"Global Village"确切的翻译应为"全球村"。这样既可以照顾中英词汇的精确对应关系，又便于理解"Global Village"与"Globalization"之间的内在关联。因为毕竟所谓"Globalization"正是基于"Global Village"的政治、经济和文化景观。由于将"Global Village"翻译为"地球村"，忽视了"Global Village"中"global"的内涵，进而出现了对"Global Village"的不完整理解。

第二个原因是对麦克卢汉研究不够深入。学术研究本就有诸多受限之处，"Global Village"概念进入中国之时，麦克卢汉著作译介较少，对完整理解麦氏"Global Village"的内涵带来障碍。另外，麦克卢汉最初的译介者强调麦克卢汉的媒介理论，导致接受者将麦克卢汉仅视为传播学学者。这阻碍了学术界对"Global Village"概念进行文学和审美把握。

随着近年来对麦克卢汉著作的不断翻译和研究，国内学界与国际麦克卢汉研究者交流的日益增多，麦克卢汉的多重价值被逐步发现。尤其是他的媒介理论中所包含的审美和人文内涵正被越来越多的学者所认同。国际学术界对麦克卢汉的美学和人文研究方兴未艾。代表人物有加拿大多伦多大学麦克卢汉研究部负责人多明尼克·杜南（Dominique Scheffel-Dunand）教授、意大利的艾琳娜·兰伯特（Elena Lamberti）教授、英国的乔纳森·哈特（Jonathan Hart）教授、加拿大的马尔科·阿德里亚（Marco Adria）

教授、奥地利的克里斯蒂娜·夏希特纳（Christina Schachtne）教授、美国的张先广（Peter Zhang）教授等。国内对媒介生态学和麦克卢汉进行美学和文化研究的学者有金惠敏研究员、易晓明教授、尤西林教授、李西建教授、李昕揆博士等。我们高兴地看到，随着麦克卢汉研究的国际学术合作越来越深入，一个越来越丰富的麦克卢汉正在形成。本文将从麦克卢汉经典著作出发，考察"Global Village"所具有的时空、媒介、思维和审美内涵。这四重内涵层层递进，共同构成了一个完整的"Global Village"。这样，"Global Village"超越"地球村"的"全球村"之意也将呼之欲出。

一、"Global Village"的时空内涵：时空压缩

麦克卢汉的"Global Village"最直接和明显的内涵是电力技术造成的时空压缩、全球一体的状态以及由此状态引发的后果。在此意义下，"Global Village"确实可翻译为"地球村"。因为它意味着地球成了一个新的"整体"，这一整体被麦克卢汉称为"村落"（晚期麦克卢汉更产生了"Global City"的构想）。

首先，麦克卢汉明确指出了电磁波或电力技术是促成"地球村"出现的原因。在《古登堡星汉》中他说，"电磁波的发现已经重新塑造了所有人类事务的同步'场'，从而使人类大家庭存在于'地球村'的条件下"[1]。我们应该注意到麦克卢汉在此将电磁波所具有的"场"的概念类比到人类所有事务，认为人类事务在当代也具有一个同步"场"，这个"场"的形象说法就是"地球村"。这正是"Global Village"作为"地球村"内涵的核心：它其

---

[1] Marshall McLuhan, *The Gutenberg Galaxy: The Making of Typographic Man*, Toronto: University of Toronto Press, 2011, p. 36.

实是电磁波具有的"场"的一个类比,而非实际存在。也就是说,这里要十分小心这一理解陷阱:虽然我们谈"地球村"的"村落"意义,但实质上"地球村"只是一个电磁波意义上的"村落",而非实际的"村落"。只有这样才能理解麦克卢汉所说的"存在于'地球村'的条件下"这一措辞的严谨性。在《理解媒介》中,麦克卢汉也明确指出,我们这个世界在3000年的分工之后走向了"专业化"和"异化"。技术不仅没有扩大我们的世界,反而使世界变小,尤其是电力技术的出现导致"我们这个地球只不过是一个小小的村落"①。作为电力技术的结果,麦克卢汉认为这种"电力"具有一种"内爆"的性质,他说"机械形式转向瞬息万里的电力形式,这种加速度使外向爆炸逆转为内向爆炸"②,此"内爆"即"压缩",即电力压缩了时空。他将宇航员作为内爆,即压缩的极端例子,认为宇航员"被紧锁在一块弹丸大小的密封空间中。他非但没有拓宽我们的世界,反而宣布我们的世界缩小到了一个村庄的规模"③。

其次,既然是"电力"技术导致了一个时空压缩的地球村出现,那么到底什么是"电力"技术?麦克卢汉对此并没有详细论述,有时他指偏重于电力网络,有时又偏重指电信技术。在今天这当然是两个概念,但在麦克卢汉的使用中并无根本差异。比如他说"电信传播瞬息万里的特性,不是使人类大家庭扩大,而是使其卷入村落生活的凝聚状态"④。此处他的电信传播也可以用电力网络取代。

最后,麦克卢汉指出此地球村带来的后果:部落化。按他的

---

① Marshall McLuhan, *Understanding Media: The Extensions of Man* (critical edition), Corte Madera: Gingko press, 2003, p. 6.
② Marshall McLuhan, *Understanding Media: The Extensions of Man* (critical edition), p. 55.
③ Marshall McLuhan, *Understanding Media: The Extensions of Man* (critical edition), p. 395.
④ Marshall McLuhan, *Understanding Media: The Extensions of Man* (critical edition), p. 152.

说法，人类发展经历了一个部落化——非部落化——重新部落化的历程。古登堡时代之后，人类将在电力网络或电信技术下，进入"重新部落化"的历史阶段。他反复强调此"部落化"的必然性。在《古登堡星汉》中他说，"在电报和无线电发明之后，整个地球在空间上变得狭小了，变成了一个大村落。自从电磁波发现之后，部落化是我们唯一的出路"[①]。因为在麦克卢汉看来，新媒介必然导致人类感官发生偏向，而感官偏向也将导致建构社会组织的偏向。所以所谓"部落化"当然并不是指人类重新回到原始部落时代结合成为一个大部落，而是指人类将基于新的媒介技术产生的一种新的社会组织形式。这种形式的内核是对古登堡印刷术出现之后确立的视觉文化统治的反抗，是恢复听觉文化的过程。换句话说，麦克卢汉认为"地球村"的文化后果是建立一个听觉社会。在这些论断的背后，我们看到麦克卢汉隐藏的逻辑理路：从技术出发考察人类感知模式的变化，进而发现人类文明呈现方式的变化。其中尤为宝贵的是麦克卢汉从媒介到感官再到人类文明组织形式的这一研究方法论。

如前文所指出，麦克卢汉在其早期代表作《机器新娘》中已经出现了"Global Village"的萌芽。在《机器新娘》中，麦克卢汉批评了当时被忽视的诸多流行媒介，包括广告、漫画、电影和流行音乐等。这些流行媒介作为电力/电信时代的产物，同时又显示出电力/电信时代的某些隐而不显的内容。麦克卢汉的贡献在于，他不但注意到了被主流学术界忽视的流行媒介，而且将流行媒介的分析置于"Global Village"的宏观视野之下。比如分析广告作品，麦克卢汉在对广告内容的虚伪性进行冷嘲热讽之余，更发现了广告的当代价值："部落的新战鼓"。这样就引出了我们对"Global Village"媒介意义的考察。

---

① Marshall McLuhan, *The Gutenberg Galaxy: The Making of Typographic Man*, p. 249.

二、"Global Village"的媒介内涵：即时互动

如上所述，麦克卢汉的"Global Village"首先指电力／电信对时空的压缩，结果导致人类社会新的部落化，即从视觉社会到听觉／口语社会的过程。这一过程必然伴随着新媒介的崛起，或者反过来讲，新媒介的崛起印证了"Global Village"的形成。其实，"Global Village"不仅是新媒介的产物，而且是新媒介的载体。"Global Village"作为新媒介的产物，是指当代多种电子技术产生的新媒介产品导致了"Global Village"所具有的压缩时空功能的实现。而"Global Village"作为新媒介的载体，是指其本身是新的技术媒介发挥作用的场所。值得指出的是，麦克卢汉讨论"Global Village"时所说的"媒介"并不是传播学意义上的一般媒介，而是他着重指出的电力或电信时代所出现的新媒介。如果我们将麦克卢汉进行延伸，那么这一新媒介将是基于电力／电子／数字技术的新工具。它包括麦克卢汉时代的广播、电视，也包括我们这个时代的互联网、手机等。正如我们看到的，此类电子媒介可以跨越时空距离，将物理时空扭曲、拉伸乃至再造。我们欣赏通过摄影技术保存的照片就是典型的跨越时间的行为，而各种视频通话技术可以让不同地域的人们进行面对面交流，这又是典型的对空间的跨越。

在此种媒介意义下，麦克卢汉对"Global Village"的看法很明确："在口语社会中，社会组成部分的相互依存是社会总体结构中原因和效果即时互动的结果。这是一个村庄的特征，或者因为电子媒介，这也是地球村的特征。"[1] 也就是说，"Global Village"

---

[1] Marshall McLuhan, *The Gutenberg Galaxy: The Making of Typographic Man*, p. 25.

的特征就是"原因和效果的即时互动",这正是"Global Village"在媒介层面的核心内涵。为何媒介层面的"Global Village"具有即时互动性?因为所谓"即时"包含对时空的跨越,而"互动"则强调了特定时空关系中所建立的新型人际关系。"Global Village"既有对时空的跨越,又同时指向基于电力／电子／数字技术媒介来建立新的人际关系,那么它自然是"即时互动"的。麦克卢汉非常强调"Global Village"的"即时互动"性,认为这是建立新的口语社会和听觉社会的必须。

那么,"即时互动"为何能够在"Global Village"时代出现呢?若从技术层面考察,答案正是我们谈到的"Global Village"的第一层含义:电力技术的出现。其实麦克卢汉的遗漏在于,他所说的电力技术与我们今天所说的电子／数字技术是完全不同的。麦克卢汉所说的电力技术是对电子运动所具有的物理属性的初步运用,进而构建了基于电子运动的广播和电视系统。此时的"Global Village"正是建立在此应用之上的媒介后果。今天的电子／数字技术则不仅依赖电子运动的物理属性,而是通过各种数字设备对整个世界的"表象"进行数字编码,进而通过超高速的数字处理和传播技术来实现数字信息的交流。在麦克卢汉时代,互动的内容只是电子运动制造的模拟物理信号,限制了交互的数量和质量。而今天的数字技术可以将整个世界所有视像的、听觉的乃至一切感知的对象都进行数字化编码,进而通过数字交换和解码达到交互效果。这样就极大地增加了信息交互的数量,提高了信息交互的质量。以电视为例,就是模拟信号与数字信号的区别。

然而这样的"即时互动"也会出现问题:数字技术下的"即时互动"基于数字技术对世界的数字编码,所以"互动"的不是对象本身,而只是对象的影像。以当下流行的网络视频为例,个体的身体被数字化编码之后可以进行视觉和听觉的信息互动。但互动的只是数码化了的身体"影像",人的真正"肉身"绝不可能真实地存在于对话场景中。数字的编码无法对"肉身"进行，或者说"肉身"具有抵抗编码的牢固性。在此意义上，"肉身"当然是反数字化的。我们无论如何通过技术扭转时间和空间，扭转的也只是一个虚拟的数字时空，而"肉身"总是牢固地在那里。（数字技术辅助基因工程实现人体寿命的延长则是另一个问题）这也是"Global Village"所具有的"即时互动"含义的局限："Global Village"时代的媒介，只是一个忽视身体存在的媒介，只能是数字媒介，而不是一个身体性媒介。我们的身体永远不可能在一个"Global Village"之中，而是被时空分割地存在。假使麦克卢汉来到今天，即便看到如此众多的即时互动技术，他也应该同意：人类个体的"互动"、社群的交流乃至国家之间的沟通，都不是不言自明的"即时"和"通畅"。产生这一困境的技术原因在于我们必须经过光的媒介才有可能进行即时互动，而光虽是无限，但其经由技术的传播却是有限的。更进一步，这一困境的原因还在于伊尼斯所指出的任何技术都具有的"偏向"。用马克思哲学来考察，那么偏向则是技术所固有的。因为任何一种技术都只是多维的人的一维"本质力量"的延伸，而不是一个丰富的、全面的人的延伸。这样的延伸使整体付出代价（比如私有制下的"异化"劳动）。麦克卢汉也同意技术既是对人的感官的延伸，同时也是"截除"。既然这样，那么"Global Village"的即时互动性也就应该被谨慎对待了。

三、"Global Village"的思维内涵：整体思维与共时思维

即时互动的新媒介工具之所以源源不断地出现，正在于当代的"共时"思维。新媒介工具的生产机制及预期效果正在于对"共时"思维的实现。这也是麦克卢汉的"Global Village"所具有

的思维内涵。他认为"Global Village"是用共时性逻辑取代了工业时代的线性逻辑。关于媒介导致的思维共时性和线性的差异，麦克卢汉说过多次。在《机器新娘》的第一篇《报纸头版》中，麦克卢汉这样评价量子论和相对论物理学：它们"使我们了解世界的许多真相，给我们新的解读方式、新的洞察力，并使我们了解宇宙的结构"①。麦克卢汉进而指出，"这两种理论说明：从今以后，这个行星已经结为一个城市"②。不用在意麦克卢汉说的是"村落"还是"城市"，因为它们都是对地球这一个本来无比巨大的对象进行的空间压缩。关键在这里，麦克卢汉认为造成时空压缩的正是量子论和相对论这样的新理论和新思维。它们的威力在麦克卢汉看来绝不仅仅是在物质生产领域，而是如他多次强调的那样，新科学理论的威力在于对人思维方式的改变。那么，量子论和相对论为何能够促使"行星结为一个城市"呢？从理论内容上看，量子论与相对论其实并不一致，它们之间存在至今难以调和的冲突（爱因斯坦与波尔的争论）。但麦克卢汉并没有对此二者进行明显区分。对于文科生麦克卢汉，量子论和相对论都意味着思维方式的整体性与共时性。

首先，量子论具有整体性思维。众所周知，量子力学并不仅在物理学领域发挥了巨大的革命性作用，而且改变了整个人类世界的图景。量子的"引入导致了一系列基本概念的改变：连续轨迹的概念被打破，代之以不连续的粒子跃迁概念；严格决定论的概念被打破，代之以概率决定论；定域的概念被打破，代之以整体性概念"③。波粒二象性、测不准原理、定域性破坏等摧毁了传统经典力学的世界观，带来了麦克卢汉频繁引用的"整体性"。麦克卢汉在《古登堡星汉》中指出："现代物理学家与东方场论亲如

---

① 〔加〕马歇尔·麦克卢汉著，何道宽译：《机器新娘——工业人的民俗》，第3页。
② 〔加〕马歇尔·麦克卢汉著，何道宽译：《机器新娘——工业人的民俗》，第3页。
③ 吴国盛：《科学的历程》，北京大学出版社2013年版，第445页。

一家"①。之所以能够亲如一家,原因在于他发现了量子理论家海森伯与哲学家庄子的共同之处:对整体性的强调。庄子对整体性的强调体现在麦克卢汉多次引用的《庄子》"抱瓮出灌"的故事,在此不再赘述。而海森伯对整体性的强调不在其提出的矩阵力学方程,而是鼎鼎大名的"测不准原理"。前者是基于可观测的辐射对量子波动进行数学运算,而后者正是麦克卢汉兴趣之所在。因为海森伯的"测不准原理"指出,任何一个粒子的位置和动量不可能同时准确测量,要准确测量一个,另一个就完全测不准。这一原理实质上指出了粒子之间的相互同步纠缠态。而物质世界由粒子组成,也可能呈现出粒子纠缠态。对此麦克卢汉深有体会,他在《古登堡星汉》中这样描述海森伯们:"现代物理学不仅抛弃了笛卡尔和牛顿专门化的视觉空间,而且它还再次进入了非文字世界的微妙的听觉空间。在最原始的社会,正如在现时代,这样的听觉空间就是包含了各种同步关系的整体场……"②看来麦克卢汉不仅理解了海森伯"测不准原理"的实质,而且将物理学理论推进到了思想领域。他一直津津乐道的"场"的特性正基于海森伯的"测不准原理"。其实麦克卢汉可以更进一步,整个量子力学不仅是一个粒子理论,更可视为一个将主体与客体相互交融的新世界观。因为所谓测量只能是主体的测量,测不准正是因为引入了主体所发生的现象。这是对西方传统主客二分思维中忽视主体对系统影响的颠覆。

其次,相对论指向共时性。提到相对论就不能不提爱因斯坦,正是爱因斯坦的相对论引起了物理学革命。爱因斯坦的广义和狭义相对论"革新了物理科学的基本概念框架。……由于时空与物质及其运动之间发生了关联,世界图景成了'时空—场—物

---

① Marshall McLuhan, *The Gutenberg Galaxy: The Making of Typographic Man*, p. 33.
② Marshall McLuhan, *The Gutenberg Galaxy: The Making of Typographic Man*, p. 35.

质—流形'"①。麦克卢汉虽然在著作中没有直接谈到爱因斯坦，但他的时空观、场论乃至对物质的看法到处都有爱因斯坦的影子。对于麦克卢汉而言，爱因斯坦的最大价值就在于其指出了时空是物质的一种波，而物质本身就是一种能量（$E=mc^2$），这种能量又在量子论的视野下呈现为粒子的相互振荡。他在《理解媒介》中指出，"我们专门化的、分割肢解的中心—边缘结构的文明，突然又将其机械化的碎片重新组合成一个有机的整体，而且这一重组又是瞬间完成的。这是一个地球村的新世界"②。麦克卢汉既强调了地球村形成的"瞬间"性，又强调了地球村作为一个"有机的整体"，此"有机的整体"与"机械化的碎片"相对，是非线性的整体。那么什么是"有机"？它就是爱因斯坦相对论的时间—空间一体化状态。这一意义上的"瞬间的有机整体"就是"Global Village"的共时性源头。麦克卢汉在《古登堡星汉》中谈到视觉和听觉时如此强调："听觉场具有并发关系，而视觉模式是连续性的。"③"并发"而非"连续"正是相对论与机械力学的根本区别。这些明确展示了"Global Village"的共时性。

20世纪的量子论和相对论是现代物理学的最大成果，直接导致整体性和共时性技术的大量出现。反过来讲，今日的生产和生活工具带有明显的整体性和共时性特征。如果我们承认技术以及衍生工具的塑造性，那么整体性和共时性的技术和工具也必然会塑造我们。它不仅作用于人的外在行为，更作用于人的内在的心灵。新批评出身的麦克卢汉自然不会忽视整体性和共时性技术对人类艺术与审美活动的影响。因此我们有必要对"Global Village"的美学内涵加以探讨。

---

① 吴国盛：《科学的历程》，北京大学出版社2013年版，第434页。
② Marshall McLuhan, *Understanding Media: The Extensions of Man* (critical edition), p. 130.
③ Marshall McLuhan, *The Gutenberg Galaxy: The Making of Typographic Man*, p. 127.

四、"Global Village"的美学内涵

在麦克卢汉对"Global Village"的论述不仅涉及时空、媒介和思维内涵,而且还强调了"Global Village"的美学内涵。我们将其归结为"Global Village"的感官、感觉和情感三个层面。如果我们还记得鲍姆嘉通对感性的强调,还记得康德对审美判断力的分析和辩证,那么毫无疑问,"Global Village"的感官、感觉和情感内容显示出丰富的审美性。

1. 感官的电子膨胀

在《古登堡星汉》中,麦克卢汉专辟一节谈"Global Village",题目为"全新的、电子的相互依存关系将整个世界重新构建为一个'地球村'"[①],讨论了上文所述"Global Village"基于电力技术的时空压缩和即时互动等内容。然而应该注意的是,麦克卢汉开头引用了德日进在《人的现象》中的论述:"尽管似乎在自我膨胀,每个人都一点点地扩展在地球上的影响范围。出于同样的原因,地球在一点点缩小。"[②]这确实是对地球村时空压缩的强调。然而接着重点出现了,德日进进一步认为"以发现电磁波为代表的奇妙的生物学事件,使每个人发现从今以后可以同时在不同的地点(积极地和消极地)表达自己的观点,在陆上,在海上,在地球的每一个角落"[③]。德日进不仅强调了地球村的时空压缩性质,而且明确指出其对人的影响。他使用"同时在不同地点表达自己的观点"这一说法揭示了当代人的表达形态的变化。麦克

---

① Marshall McLuhan, *The Gutenberg Galaxy: The Making of Typographic Man*, p. 36.
② Marshall McLuhan, *The Gutenberg Galaxy: The Making of Typographic Man*, p. 37.
③ Marshall McLuhan, *The Gutenberg Galaxy: The Making of Typographic Man*, p. 37.

卢汉对此深表赞同，并进一步引申了德日进的观点，指出"（德日进）用毫不批判的热情接受了我们各种感官的电子膨胀。这种感官的电子膨胀构成了一张宇宙膜，将整个地球囊括其中"[1]。麦克卢汉的引申指出了德日进所揭示的人的表达形态变化的深层原因，即"感官的电子膨胀"。既然我们一直强调美学的源头是感性，如鲍姆嘉通所说美学是理性视野内对人的感性能力的探讨，那么"感官的电子膨胀"就必然撬动了美学的基石。麦克卢汉当然对此心知肚明，他明确指出，在感官从视觉向听觉变化这一过程中将出现电子时代的审美规范逐步取代印刷时代的审美规范的现象。在《古登堡星汉》中，麦克卢汉谈到了印刷时代审美的视觉性、世俗性和技术性特征，而将要取而代之的是电子时代的听觉性、神圣性和技艺性特征。

面对已经发生的变化，麦克卢汉指出，"除非认识到这种动态的变化，否则我们会立刻陷入一种恐慌状态，尤其是在一个共鸣于部落的鼓声、整体互相依存、叠加共存的小世界"[2]，这种恐慌，在雅克·尔赞和卡洛瑟斯的作品中都有涉及，即基于现代技术的恐慌。正如麦氏指出的，"我们长期致力于为西方世界恢复认知、思想和感情的统一，但我们既没有准备好去接受部落化的统一，也没有准备好接受印刷文化所导致的人类精神世界的分裂"[3]。这也正是当代审美矛盾出现的内在原因。

2. 感觉的电子化

感官的电子膨胀是电力时代的人的感官的延伸，这种延伸将引发人对世界的感觉的差异。因为感觉总是来自对象的感觉。在康德那里，所谓"对象"就是由不可知的那个本来存在（物自体）

---

[1] Marshall McLuhan, *The Gutenberg Galaxy: The Making of Typographic Man*, p. 37.
[2] Marshall McLuhan, *The Gutenberg Galaxy: The Making of Typographic Man*, p. 37.
[3] Marshall McLuhan, *The Gutenberg Galaxy: The Making of Typographic Man*, p. 37.

在我们先天感性能力中的显现。既然人的感官发生如此巨变，那么对对象的感觉也必然发生变化。当然我们也知道，康德所说的人的感性能力是"先天的"时空能力。而麦克卢汉所说的人的感官的延伸是"后天的"，指的是电力技术对人的感官的延伸，结果是感觉的听觉化、即时性、共时性等。我称之为感觉的电子化，或电子化的感觉。然而无论是康德的先验感性还是麦克卢汉强调的后天电子化感性，不同感性模式（麦克卢汉十分推崇伊尼斯的"偏向"论）都能够建立不同的认识体系。在当代人的生存论层面上考察，麦克卢汉的电子感觉既可视为康德先验感性认识论的有益补充，又是当代人确立认识的首要认识模式。

在《理解媒介》中，麦克卢汉进一步谈到这种电子化感觉带来的感知后果。他说："由于瞬息万里的电力技术，地球再也不可能超过一个小小村落的规模。城市大规模形态的性质，必然要像淡化出的电影镜头一样逐渐消融。文艺复兴时期首次环绕地球的航海，给人一种拥抱和占有地球的感觉。最近宇航员环绕地球的飞行也一样，它改变了人对地球的感觉，使之缩小到黄昏漫步时弹丸之地的规模。"①地球作为我们传统感觉领域的庞大对象，变成了电子化感觉中的"弹丸之地"。虽然此"弹丸之地"只是通过数字编码后的外在表象的压缩，并不是地球的物理性状真的发生了改变。然而一个对象在我们感觉中的形象其实就是我们意识中有关对象的全部。所以原来那个庞大的地球已经真的被消灭了，而非虚假地被消灭。地球在电子感觉下也确实"是"一个弹丸之地。正如胡塞尔所强调的那样，没有"空意识"，也没有"空对象"。在电子时代的感性讨论中，我们重新发现了胡塞尔现象学提出"先验意识"的价值所在。此时的现象学可以称为电子现象学。

---

① Marshall McLuhan, *Understanding Media: The Extensions of Man* (critical edition), p. 454.

3. "Global Village"中的情感模式

电子技术对对象的数字化编码，不仅如上所述改变了人对对象的感觉，更重要的是改变了人与对象的关系。麦克卢汉指出，原来的"许多分析家被电力媒介误导，因为从表面上看它们具有拓展人的空间组织的能力，然而实际上它们抛弃而非拓展了空间的一维"①。这是麦克卢汉对电力媒介的感性效果的重申，也是时空压缩后的对象所具有的感性样态。那么下面的问题是，既然电力媒介具有如此的效能，那么人与对象的关系和以往相比有何差异？麦克卢汉指出，"借助电力媒介，我们到处恢复了面对面的人际关系，仿佛以最小的村落尺度恢复了这种关系。这是一种深刻的关系，它没有职能的分配和权力的委派。有机的东西到处取代了机械的东西。对话代替了单向的讲授"②。显然，麦克卢汉认为"Global Village"中的人际关系是一种村落之中村民的关系，它体现为"面对面"和"对话"。只有在电力时代，借助光速的媒介才能提供整个地球的所有个体进行"面对面"、"对话"的可能。麦克卢汉对此关系有一个很重要的描述，称为"有机"。前文已经讨论过，所谓"有机"的实质就是整体性和共时性，而非经典物理学中的顺序性和等级性。受到量子论和相对论的影响，麦克卢汉将之称为"没有职能的分配和权力的委派"的对话状态。我们完全有理由相信，相比较以往的对话状态，这种面对面的对话状态将引发对话双方情感的改变。金惠敏研究员在其《媒介的后果》一书中指出了"趋零距离"对文学和审美的影响，精彩概括了对话状态引发对话者情感变化这一事实的美学内涵。③ 当然，金惠敏教授看到的是在此条件下文学和审美的永存，而非在距离消

---

① Marshall McLuhan, *Understanding Media: The Extensions of Man* (critical edition), p. 341.
② Marshall McLuhan, *Understanding Media: The Extensions of Man* (critical edition), p. 341.
③ 金惠敏：《媒介的后果——文学终结点上的批判理论》，人民出版社2005年版，第6—28页。

失之后审美价值的丧失。

虽然这样，麦克卢汉也指出了面对面交流所带来的美学问题，他在《理解媒介》中专门指出："广播使信息传播加快，信息加快同时又加快了其他的媒介。它确实把世界缩小为小小的部落，造成了'村民'难以填平的闲话、传言和人身攻击的欲壑。虽然它使世界缩小为一个村落，可是它并不具备使村民同质化的效能。恰恰相反……电台不仅是唤醒古老的记忆、力量和仇恨的媒介，而且是一种非部落化的、多元化的力量。其实，这是一切电力和电力媒介的功能。"[1]的确，无论"Global Village"的物理空间如何被技术压缩，人的情感却并不会因为物理时空的压缩而更和谐，就如同不会因为物理时空的延展而淡漠。关键问题是，虽然"闲话"、"传言"和"人身攻击"问题各个时代都有，然而只有在电子媒介时代，它才具有了越来越强大的威力。近年来韩国艺人屡屡自杀，其深层原因之一就是没有制约的电子传媒对事件的推波助澜。同样，当代中国引起广泛关注和讨论的剩女现象也可以从这一角度进行解读。作为"Global Village"的"村民"，青年男女以光速进行美的复制和传播，使本来只存在于特殊状态的个别的美成为一种居伊·德波意义上的"景观"现象。这样一方面造成传播者自身审美阈值的提高，另一方面也导致真实世界中青年男女间的疏离。居伊·德波在其《景观社会》中对此深有感触："费尔巴哈判断的他那个时代的'符号胜于物体，副本胜于原本，幻想胜于现实'的事实被这个景观的世纪彻底证实。"[2]更远一点的案例则是麦克卢汉所举纳粹德国对广播系统的控制，通过广播唤起德国大众类似部落祭祀的迷狂情感。这一切都是"电力和电力媒

---

[1] Marshall McLuhan, *Understanding Media: The Extensions of Man* (critical edition), p. 408.

[2] 〔法〕居伊·德波著，王昭凤译：《景观社会》，南京大学出版社 2006 年版，第 130 页。

介的功能"造成的新交流语境，此交流语境激发了不同以往的情感状态，新的情感状态同时就意味着新的审美关系。

虽然我们指出了"Global Village"所具有的与印刷工业时代迥异的感官、感觉和情感内涵，但我们也注意到"Global Village"的美学趣味所包含的复杂性。因为在"Global Village"时代，媒介技术以及技术产品带来的审美变化绝不是线性流变，而是具有整体性和共时性特征。它包含十分复杂的反复和跌宕。麦克卢汉显然也注意到了当代电子审美与印刷审美共存的情况。他指出，"今天，在电力构建的全球范围极端的相互依存的环境中，我们迅速地重新走向同步事件和全面意识的听觉世界。然而书面文化的习惯依然保存在我们的语言、感知习惯以及我们日常生活的时空排列中。除非发生意料之外的灾难，否则对于文字和视觉的侧重还会在电力时代和'统一意识场'中长期存在……有着悠久书写历史的文化对我们时代全面电力场的听觉动态系统有着最强的阻力"[①]。确实在未来很长一段时间内，电力技术带来的听觉文化将与印刷术确立的视觉文化并存。因为它们相互缠绕并基于特定的语言、感知习惯以及日常生活，而这些都是难以瞬间改变的。我们已经注意到当代大量的审美产品既有听觉性又有视觉性，既具有共时结构又具有线性结构。以网络玄幻小说为例。作为电子时代的通俗文学，它确实具备电子时代文学的一些特征。然而仔细考察网络玄幻小说的文本，却发现它具有明显的视觉性、世俗性和技术性特征。网络玄幻小说可以被视为工业和电子审美的典型混杂物。

---

① Marshall McLuhan, *The Gutenberg Galaxy: The Making of Typographic Man*, p. 33.

总　结

梳理完"Global Village"的时空、媒介、思维和美学内涵，我们可以发现此四重含义的内在贯通性。可以说"Global Village"的内涵始于时空压缩，扩展到即时互动的媒介维度，展现出整体性和共时性思维，最后指向美学的价值。故而对"Global Village"进行反思的困境和乐趣都在于：一旦我们试图独立讨论"Global Village"的某一内涵，往往发现其实需要对整体内涵进行把握，而且往往会暴露我们自己媒介思维所具有的非"Global Village"状况。正如麦克卢汉所说，"我们对地球村的社会生活和问题开始做出反应时，反倒成了倒退保守分子"[①]。因此对"Global Village"的四重含义进行揭示，发现其内在的贯通性正是本文价值之所在。同时也正如本文开头所述，对"Global Village"的翻译，不仅从它的字面义，更是从它的四重含义来看，更确切地应译为"全球村"。因为借助思想界对全球性问题的探讨将有助于我们理解"全球村"；反之，"全球村"的四重内涵也可以为全球性问题的思考提供新的思维支点。

---

① Marshall McLuhan, *Understanding Media: The Extensions of Man* (critical edition), p. 54.

理解"反环境"
——麦克卢汉媒介观的一个新链接

刘玲华

【作者简介】刘玲华,中国社会科学院文学所助理研究员。

内容提要:20世纪60年代,麦克卢汉在论断新旧媒介发展的基础上,提出以"反环境"来预测和控制媒介造成的影响及后果。基于麦克卢汉的片段论述,本文首先从发生机制、营造对象以及主要特征三个维度来凸显"反环境"的全貌,继而立足于"反环境"与麦克卢汉其他媒介概念之间的内在联系,找寻并考察它与"后视镜"、"内爆"之间的关系新链接,以展示"反环境"审视媒介后果的新视角。鉴于"反环境"对揭示媒介后果具有启迪和导航作用,麦克卢汉之后的诸多理论追随者以及研究者沿用此一思路,进一步延伸了麦克卢汉,使得"反环境"的媒介探索观处于不断修正、补充与更新的未完待续状态之中。

关键词:媒介;反环境;后视镜;内爆;延伸麦克卢汉

自20世纪60年代末"媒介生态学"(media ecology)的理论术语问世以来,世界各地的媒介传播学研究便呈现出风起云涌、蔚为壮观之势。作为媒介研究领域最引人注目的奠基人之一,加拿大学者马歇尔·麦克卢汉(Marshall McLuhan)的重要性不言而喻。1951年,麦克卢汉出版第一本媒介专著《机器新娘》,评估的是大众媒介文化对人的影响。此后,在长达30余年的探索与观察中,他又陆续提出了一系列著名的理论概念与理论观,例如媒介三段论、媒介即信息、"地球村"、冷热媒介、媒介四定律等,打开了一扇新的媒介研究之窗。

20世纪80年代以后,互联网和新媒介的出现与飞速发展,再一次让学术界认识了麦克卢汉的理论贡献,并重新确立了他在媒介传播史上的重要地位。在北美媒介生态流派的理论发展进程中,麦克卢汉被认为是上承刘易斯·芒福德(Lewis Mumford)、哈罗德·伊尼斯(Harold Innis),下启尼尔·波兹曼(Neil Postman)、詹姆斯·凯瑞、约书亚·梅罗维兹、保罗·莱文森(Paul Levinson)等媒介理论的沟通桥梁。其重要代表作《理解媒介——论人的延伸》被阿瑟·伯格列为媒介与文化研究的关键文本之一;其对媒介技术的重视被切特罗姆视作是链接自莫尔斯(电报发明者)以来新的传播媒介变革的重要力量;此外,他对媒介后果的论述及对媒介环境的分析,也被研究者普遍认为是对20世纪重大社会、经济和文化潮流的回应。① 麦克卢汉留给世人的不仅是媒介研究领域神谕式的"先知"论断,而且是不尽的启迪。因而,窥探挖掘他对媒介技术的研究与辨析,梳理考察他的媒介观范畴与理论框架,成为研究者探寻麦克卢汉媒介奥妙的密钥。本文所要探讨的"反环境"即是他媒介观的重要理论组成部分之一。

---

① 参见〔美〕阿瑟·伯格著,秦洁译:《理解媒介:媒介与文化研究的关键文本》,清华大学出版社2013年版,第82—88页。〔美〕丹尼尔·杰·切特罗姆著,曹静生、黄艾禾译:《传播媒介与美国人的思想:从莫尔斯到麦克卢汉》,中国广播电视出版社1991年版。〔美〕林文刚著,何道宽译:《媒介环境学:思想沿革与多维视野》,北京大学出版社2007年版。

一、麦克卢汉的"反环境"构想

麦克卢汉发现，旧媒介在发展成为新媒介的过程中，面对新技术带来的意识冲击，例如感官麻木、潜意识摸索和潜意识反应出现等，唯有艺术家和艺术作品"具有预计和避免技术创伤后果的办法"①，从而避开感官比率和感知模式的改变，泰然自若地对待技术革命带来的影响。在麦克卢汉的理论视野中，艺术和艺术家二者人为地创造出一种新的媒介环境。"新环境能使此前的旧环境转变为一种艺术形式"②，加之艺术具有"对抗新延伸和新技术的免疫机制"③，因而有能力去迎接感官失衡的现实挑战。

与其说麦克卢汉对艺术与艺术家的定位是挑战媒介技术的粗暴"延伸"，不如说它们是麦克卢汉构想理想媒介"环境"的参照。艺术形式的变迁是媒介更替的必然结果，每一次媒介技术的发展，都带来新的艺术样式的产生，并重新构建人与新媒介所塑造的环境之间的关系。在负有盛名的"媒介史观"三阶段论中，麦克卢汉重点强调了媒介环境的改变最终会引发人们感知模式的彻底改变。如其所论，在文字出现之前的口传时代，言语是人类最早的媒介技术，听觉感官被无限放大和延伸，人类凭借语词将直接的感觉经验转换成有声的语言符号，营建了一个以"听"与"说"为特征的媒介环境。印刷术发明以后，媒介技术迎来了一场划时代的革命，"视觉经验"冲击人的认知模式，形成的是强调可

---

① Marshall McLuhan, *Understanding Media: The Extensions of Man*, London: The MIT Press, 1994, p. 65. 译文有所参见〔加〕马歇尔·麦克卢汉著，何道宽译：《理解媒介——论人的延伸》，译林出版社 2011 年版。下同。

② 〔加〕马歇尔·麦克卢汉著，何道宽译：《理解媒介——论人的延伸》，第二版《序言》，第 12 页。

③ Marshall McLuhan, *Understanding Media: The Extensions of Man*, p. 64.

见性、线性及理性的媒介"环境"。进入20世纪60年代,随着电力技术的飞速发展,新兴的电子媒介逐渐勃兴,并日益接近意识(中枢神经系统)的技术延伸,形成翻越围墙的内爆"环境",再一次重构了人类感知世界的方式。就麦克卢汉而言,在媒介发展的三个更替阶段中,只有电子时代符合他对理想媒介环境的预期构想,因为"此时是一个黄金时代的形象,是将自然完全变形或转换成人工技术的世界之一"①。

麦克卢汉对环境的探讨,自他关注媒介开始一直未曾间断。称他为环境的"构想者",很大程度上在于他是一个观察者而非实证主义者。他曾直白他"只探索,不解释",而其对媒介技术的描述也是在跳跃、拼凑式的文风中得以完成的。这不仅显而易见地证实了他对自己"观察者"的定位,也给世人留下了时代"先知"的符号印象。不可否认,麦克卢汉对媒介环境不容小觑的强大力量抱有无限感慨与欣喜。他认为,媒介的影响无所不在,媒介的更替带来认知模式的改变。当一种新媒介上升为占据主导地位的媒介之后,旧媒介中的认知模式便重新得到塑造,呈现出与主导媒介相一致的特征。麦克卢汉认可这种媒介变革的力量,以肯定的热情来论断产生于新环境之下的"内爆"、"地球村"等效应,对电力技术打破时空限制,重新整合感官系统的平衡大加赞美。在人们称之为"忧虑"的电子时代,麦克卢汉却表现出一种超越忧虑的状态。他认为媒介技术的冲击能够得到预测与控制,将其师伊尼斯对新传播技术方向的悲观警告变成了对新技术的褒扬。《理解媒介》后,麦克卢汉进入他作为媒介传播大师的最后一个创作阶段。然而,并不"忧虑"的麦克卢汉,此时却与同时代的许多后现代主义家一样,多少开始为媒介发展潜在的灾难性后果而心忧。一方面,他意识到任何媒介都具备将假设强加给没有

---

① Marshall McLuhan, *Understanding Media: The Extensions of Man*, p. 59.

警觉之人的能力;另一方面,他也意识到,对媒介技术的迷恋会让人沦陷在"恍惚"与"麻醉"的泥潭,导致感官失衡等不良效果的产生。

挽救技术延伸时感官失衡的"稻草"是否存在?按照麦克卢汉的逻辑,媒介是人的延伸,每一种媒介都创造了自己的环境,这个环境对人的感知施加影响,使得现存的心理和社会发生着巨大改变。抵抗技术(包括拼音字母)影响的唯一办法,就是要理解媒介技术的影响。或者说,"感知"、"领悟"并进行人为的环境构想,就是要将旧的媒介环境改良成为具有可预见以及协调感官平衡的新环境。人工技术、艺术、艺术家被麦克卢汉看成是这根"救命稻草"的几个选择,尤其是能够提前预见技术不良冲击、重整失衡感官的艺术家受到了他的特别青睐。"无论是科学还是人文领域,能把握自己行为的含义,以及把握当代新知识含义的人,都是艺术家。艺术家是具有整体意识的人。"[①] 此意表明,面对技术冲击,艺术家所具有的天然免疫力,能够打破技术与艺术之间的壁垒,模糊高雅与通俗文化之间原本泾渭分明的界限。由此,麦克卢汉在媒介视角的介入下,率先使通俗文化进入艺术研究的视野。在技术与艺术的美学接榫上,麦克卢汉开启了一种阐述媒介艺术观的新链接方式——"反环境"。

二、"反环境"的三重维度

1968年,麦克卢汉在《通过消失点:诗画中的空间》一书(与哈利·帕克合著)中,首次论述了"反环境"。他以"皇帝的新衣"为题,将"新衣"作为一种比喻,用来形容看不见的环

---

① Marshall McLuhan, *Understanding Media: The Extensions of Man*, p. 65.

境。① 更具体地说,"皇帝的新衣"形容的是自身看不见,却能够使得老技术一望而知的环境。那么,如何来对"反环境"加以具体界定?从词源学来看,"反环境"的称谓来自于两个单词的同义表达:"anti-environment"与"counter-environment"。"anti"意为"反对"、"对抗","counter"意为"对立面"、"反方向的",联合"environment"一词,表明"反环境"即是一种与"环境"进行对抗,或者位于"环境"对立面的新"环境"。在麦克卢汉的"马赛克"式论述中,"环境"概念的内涵飘忽不定,外延十分广泛。"反环境"因以含糊不清的"环境"作为参照,自然也难以得出一个精准的定义。尽管如此,但一个不争的事实是:麦克卢汉论述"反环境",旨在寻找一种新的思维方式,形成一个新的观察视角,用以反思媒介技术的影响。综合他所展开的零碎论述,可以从三个维度来帮助理解。

其一,"反环境"的发生机制。麦克卢汉有一个著名的论断:一切新媒介都包含着旧媒介的内容,或者反过来,一切旧媒介都能在新媒介中找到自己的踪迹。汽车与马车、电话与电报、电视与电影的关系都是如此。旧媒介、新媒介分别营造出旧环境、新环境。在新旧媒介关系的基础上,麦克卢汉进一步认为,新环境总是把旧环境当作自己的素材,而使得旧环境成为过时。"环境"的演化情况可作如此观:首先,我们借助旧环境来拓展原有技术,延伸或"自我截除"某种感官,以期寻求新的超越"麻木"状态的感官平衡。其次,我们进入新环境,重新捕捉在旧环境的延伸中已然失去的感官延伸,让旧环境成为新环境的内容。新环境是对旧环境进行的不断改良和补救。"环境"演化的后果,就是试图在新旧媒介不断更替的过程中,唤醒人们身处其中而不自知的

---

① 〔加〕马歇尔·麦克卢汉:《皇帝的新衣》,载〔加〕埃里克·麦克卢汉、弗兰克·秦格龙编,何道宽译:《麦克卢汉精粹》,南京大学出版社 2000 年版,第 511 页。

麻木状态。换言之，通过重新创造一种感知手段，来矫正新环境形态下的感知偏向与感知混乱。如何才能达到这一目的呢？麦克卢汉认为，环境应该被预测与控制，并论断这一行为需要一个处于清醒、理性状态下的环境作为参照系。此参照系既不臣服于"麻木"状态，也不受到感知混乱的影响。因为新环境对旧环境进行了彻底的再加工，当人们无法感知身处何种"环境"位置时，就需要一种能够提供自我定位，并能进行自我指导的"反环境"出现。

其二，"反环境"经由谁来创造？麦克卢汉给出的明确回答是：艺术和艺术家。缘何是此二者而不是别的什么人来成为这个角色？依麦克卢汉所论，艺术与艺术家至少在三方面具有独特长处：首先，在修正、补偿和矫正人的感知能力方面，艺术和艺术家具有敏锐的洞察力，能够为感知平衡提供导航。"反环境"由艺术家所创造，一方面是旧技术上升为新技术需要进行的人为过程，"激增的技术创造了一套新环境，所以人们意识到人工技术是'反环境'的东西，人工技术给我们提供了感知环境本身的媒介"[①]；另一方面也是新技术创造新环境后，感官系统重新走向平衡而对环境本身提出的要求。"新技术有这个趋势，它包围旧技术，使旧技术上升到有意识的层次，使我们对过去的认识大大提高。"[②]艺术和艺术家凭借对技术冲击力的天然免疫机制，人为修正了新旧媒介交替过程中产生的感官失衡现象。从这个意义上说，艺术家的角色就是去人为创造感知手段，形成一种人工技术的"反环境"。其次，艺术和艺术家因为对媒介变化具有敏感的感觉，故而能够

[①]〔加〕马歇尔·麦克卢汉著，何道宽译：《理解媒介——论人的延伸》，作者第二版《序》，第12页。

[②]〔加〕马歇尔·麦克卢汉：《电子时代人类的未来》（1965），载〔加〕斯蒂芬妮·麦克卢汉、戴维·斯坦斯编，何道宽译：《麦克卢汉如是说：理解我》，中国人民大学出版社2006年版，第61页。

成为预警系统的建构者,媒介影响的检验者以及媒介环境的批评者。"艺术家在我们的社会里扮演着一个重要的角色,因为他们创造了反环境,并且使我们对环境的感知成为可能。"① 在此,他看到的是艺术和艺术家介入环境的职能:"艺术家能够纠正文化中的无意识感知偏向,如果他们重现这种偏向而不是去对其进行调整,他们就是背叛了自己的职能。"② 强调艺术与艺术家主动参与环境改良,并履行"预警"和"救赎"职能,麦克卢汉曾做如此阐述:在文字发明之初,口头对话因文字出现而转变为一种人为的艺术形式。印刷术诞生后,中世纪又变成了文艺复兴时期艺术作品和艺术家视野中的一种人为艺术形式。以此类推,媒介技术的演化过程实则就是一种人为的艺术进程,目的就是将之前的媒介技术转变为一种人为艺术形式。在此演化过程中,随着新环境将旧环境的技术转化为审美对象,旧环境因而成为审美之始。艺术与艺术家也因此成为沟通技术与艺术之间的桥梁。③ 由此来看,"反环境"是一种"回望"功能,同时也是一种社会现实的更新。再次,艺术和艺术家是反洗脑的功臣。"洗脑"被麦克卢汉描述成一种麻痹状态。麻痹之人长期处于某种环境而不自知,因而是媒介环境的深度参与者。他被环境所束缚,除了投身于环境的"洗脑"工程,别无其他选择。尽管环境是"无意识"的洗脑机,但艺术和艺术家却能够从"无意识"陷阱中逃脱。他们游离于新技术所带来的力量冲击之外,始终保持着清醒态度对抗技术延伸所产生的"麻木"。"艺术、科学、社会,无论在哪一个领域,反环境都

---

① 〔加〕马歇尔·麦克卢汉:《1965年视野论坛上的讲话》,载〔加〕埃里克·麦克卢汉、弗兰克·秦格龙编,何道宽译:《麦克卢汉精粹》,第344页。
② 〔加〕马歇尔·麦克卢汉:《皇帝的新衣》,载〔加〕埃里克·麦克卢汉、弗兰克·秦格龙编,何道宽译:《麦克卢汉精粹》,第514—515页。
③ 参见〔加〕马歇尔·麦克卢汉著,何道宽译:《理解媒介——论人的延伸》,作者第二版《序》,第9—13页。

具有（对当前媒介环境的）进行感知和控制的功能。"① 对艺术和艺术家来说，"他们绝对不会有一丝一毫的波动，去接受环境的洗脑功能"②。

其三，"反环境"的主要特征。"反环境"是麦克卢汉开给未来的一剂处方，因其对未来具有预测和洞见功能。"艺术家不是用各种讯息模式和讯息包来表现自己，而是把感官和作品转向对环境进行探索。"③ 在探索的过程中，他们自身成为一种"反环境"，体现出与所探索环境保持适当距离的特征。"今天我们想要寻找自己的文化方向，就有必要与一些文化表达形式所产生的偏颇和压力保持距离。唯有探访具体形式还尚未被感知到的一个社会，或者它还尚不为人知的一个历史时期（才能够做到这一点）。"④ 这个距离以"尚未感受"或者"尚不为人知"作为观察对象，因而是相对于"现在"的一种现实"回望"。电力时代将工业时代的技术转变为艺术形式（以现代社会的理性来审视印刷文学艺术中的无序等），文艺复兴时期的图景又全方面成为工业时代的重要审美内容，等等。"反环境"还具有挑战"麻木"与"迷恋"等感知功能的特征。感知（"感官"）是理解麦克卢汉论断"媒介是人的延伸"的关键概念。在媒介中提升人的感知，成为麦克卢汉媒介研究的原点与终点。麦氏反复重申，"避开任何时代新技术的粗暴打击，充分有意识地避开新技术的侵犯——艺术家的这种能力是由来已久的"⑤。因为"艺术操练我们的感知，提升我们的感知能

---

① Marshall McLuhan, *Letters of Marshall McLuhan*, Oxford: Oxford University Press, 1987, p. 319.
② 〔加〕马歇尔·麦克卢汉：《1965 年视野论坛上的讲话》，载〔加〕埃里克·麦克卢汉、弗兰克·秦格龙编，何道宽译：《麦克卢汉精粹》，第 344 页。
③ 〔加〕马歇尔·麦克卢汉：《1965 年视野论坛上的讲话》，载〔加〕埃里克·麦克卢汉、弗兰克·秦格龙编，何道宽译：《麦克卢汉精粹》，第 343 页。
④ Marshall McLuhan, *Understanding Media: The Extensions of Man*, p. 19.
⑤ Marshall McLuhan, *Understanding Media: The Extensions of Man*, p. 65.

力"①,"艺术是处理下一次技术心理和社会后果的准确的、超前的知识。"② 以此而论,"反环境"意味着要对媒介后果产生检验,并以新的"感知"方式重新进行新媒介的创造。"反环境"的第三个特征因而可推断为——作为工具和标尺用以检验媒介后果。麦克卢汉的主要媒介理论,包含"后视镜"、冷热媒介、媒介发展三部曲以及媒介四定律论在内,都可以用"反环境"来进行检验。媒介对人的心理与社会产生了何种影响,即是"反环境"试图检验媒介后果的重要内容。以艺术为例,艺术家在艺术创作中总是不断"回望"、审视过去的内容,例如古登堡时代审视的是印刷时代的弊端,电子时代则主要"回望"工业时代的有序、理性、专门化、分割化。因此概括而言,与其说"反环境"是一个概念,不如说它是一种功能、工具与方法论。

三、"反环境"与"后视镜"、"内爆"的新链接

麦克卢汉在论述媒介观的过程中,提出了一些非常重要的概念,如"地球村"、"内爆"、"后视镜"等,其组合成他对媒介技术的整体观。理解这些概念间的相互联系,有助于全面理解麦氏所论"媒介"内容。若以考量媒介的影响与后果而论,"反环境"与"后视镜"之间形成的是一种全新的关系链接。

麦克卢汉对"后视镜"的描述是:"我们透过后视镜看到现在。我们倒退着步入未来。"③ 这句话被他解释为,当社会和个人遭遇新的环境之时,我们往往会依恋不久前的那个环境,原因在

---

① 〔加〕马歇尔·麦克卢汉著,何道宽译:《麦克卢汉如是说:理解我》,第14页。
② Marshall McLuhan, *Understanding Media: The Extensions of Man*, p. 66.
③ Marshall McLuhan and Quentin Fiore, *The Medium is the Massage: An Inventory of Effects*, New York: Bantam Books, 1967, p. 75.

于它可以为我们提供熟悉感、参与感。"后视"是一种向后看的视线。显而易见,"后视镜"的作用就是翻转向前看的视线,引导视线转向刚刚过去的东西。新媒介的出现均是以旧媒介来作为参照,例如汽车的出现以马车作为参照系,电话的出现最初被称为是会说话的电报等。麦克卢汉的这一论断正好与"后视镜"说法相呼应。一旦"后视镜"开始启用,无论人处于何种历史环境,审视目光都将投向新环境之后的旧环境。保罗·莱文森(Paul Levinson)称:"后视镜的类似效果,就是模糊新媒介最重要的革命功能。"① 所谓模糊,意指我们应该通过"后视镜"区别出新旧媒介之间的不同,并从中看到它们之间的演化轨迹。电视、电影媒介间的演化能够很好地证明这一点:电视可以播出电影的内容,但它比电影拥有更多的感知空间。

对麦克卢汉而言,"后视镜"既是媒介演化的基本运作原则,也是一种重新审视现在和未来的思考方式。以过去的旧媒介作为参照,是解锁新媒介影响的密码。在麦克卢汉的论断下,媒介的演化与竞争所产生的后果,不是新媒介将旧媒介进行埋葬,而是将旧媒介推向一个更高的层次。从美学角度而论,就是新媒介将旧媒介转换成艺术形式,并将它推到令人欣赏的审美位置。麦克卢汉具体阐述了文艺史上的"后视镜"例子。他一一描绘了文艺复兴时期艺术家们对中世纪的"后视",工业时代对文艺复兴时期的"后视",电力新媒介时期对古登堡时代的"后视",并用此历史事实来为他的"后视镜"观点进行注脚。在他看来,"后视镜"的美学作用实际上是一种审美方向的导航——在步入现在之时回望过去。鉴于"后视镜"强调视线向后,麦克卢汉也被认为是一个非未来主义者。比起阐述现在与将来的关系,麦克卢汉的

---

① 〔美〕莱文森著,何道宽译:《数字麦克卢汉:信息化新千纪指南》,北京师范大学出版社 2014 年版,第 310 页。

确更像是在强调现在只是过去所造成的结果。"大多时候,麦克卢汉关注的主要是过去如何走到现在,而不是现在如何展开而进入未来。"①他对各种新媒介的排斥表现,以及在著作中透露出来的对新媒介引起感官失衡的"忧虑",都被认为是与此相印证的事实。

"反环境"与"后视镜"一样,要求在新的媒介环境之下对旧媒介进行审视,提供的是同样一种"回望"视线。考量新旧媒介之间的关系,仅以"后视镜"作为标准,当然不是万能之策。如果一直以"后视镜"来看待新旧媒介(现在与过去)或者新旧艺术之间的关系,那么我们很可能就会陷入难以预料的媒介后果之中。其一是不知道新媒介或者新艺术会走向何方,其二是难以确定何种媒介、何种艺术与媒介的发展方向相关。如何才能断定媒介发展以及艺术前进的走向?依麦克卢汉所论,就是要营造出人为环境——"反环境"。"反环境"是我们对身处环境本身的认知,它能使得过去的环境得以现形。如我们对网络新环境的认知,主要是意识到了电子媒介出现之前,旧媒介具有信息闭塞、时空限制等弊端。与"后视镜"的"回望"不同,"反环境"是在"回望"后针对媒介后果进行的一种环境预测。按照麦克卢汉的逻辑,媒介的发展是寻求新的感官平衡。新媒介要克服旧媒介的弊端,意味着新媒介要走向新的方向,面向新的未来。步入未来以后再去"回望"过去,这是有好处的,因为这"有助于我们与新媒介妥协,并感到舒服"②。

"后视镜"被认为是立足现在回望过去的导航,"反环境"则是一种立足未来回望过去的预测(现在也是过去的一种),是在弊端未发生状态下对弊端做出的避让。麦克卢汉被高调奉为时代和社会的"先知",正是他颂扬"反环境"作为新环境的一个明

---

① 〔美〕莱文森著,何道宽译:《数字麦克卢汉:信息化新千纪指南》,第 322 页。
② 〔美〕莱文森著,何道宽译:《数字麦克卢汉:信息化新千纪指南》,第 313 页。

证。在"反环境"与"后视镜"之间进行链接,用以全面理解媒介的影响和运作,实则是更新一种审视媒介后果的视角,也是针对麦克卢汉论断未来、现在和过去之间的关系进行的逻辑再思考。麦克卢汉究竟是否是一个未来主义者,也到了需要重新进行审视与对待的时刻。

"后视镜"与"反环境"的洞见相互交叠,体现出媒介发展的影响与后果。与之具有类似效应的还有"反环境"与"内爆"之间的关系链接。

"内爆",指的是一种内向的爆炸与坍塌。"内爆"的产生与电子媒介的发展密不可分。麦克卢汉识别了两种主要的"内爆":作为环境的内爆和作为感知的内爆。环境的"内爆"针对边界而言,指的是电子化引起处于临界点的事物发生聚变。麦克卢汉对媒介的理解,主要基于对媒介引起的社会变革有所认识。无论是印刷时代突破口传时代的边界,还是电力时代超越工业时代的边界,都是媒介变革所引发的后果。进入电力时代之后,电视、广播、电话和电脑的出现形成了一种全新环境,并引发震撼人心的后果。最重要的表现之一,就是时空界限的消弭。我们知晓时空距离的存在,但我们又如此不受时空的限制。时空距离的缩短甚至消失,模糊了新旧环境之间的界限。远隔千里的两人进行即时的、面对面的通话与视频等,早已经不再是遥不可及的梦想。"麦克卢汉将我们带入了一个与以往真实世界不同的虚拟世界,那是各种媒介的混种杂交。在这样的世界里,肉身的人可以与非肉身的人对话和互动"[1],真实与虚拟之间的泾渭分明也被模糊化了。此外,"电力技术终结了陈旧的二分观念,即文化与技术、艺术与商务、工作与闲暇的二分观念"[2],意味着思想边界也消融于"内爆"

---

[1] 金吾伦:《〈麦克卢汉与虚拟实在〉序》,载〔英〕克里斯托夫·霍洛克斯著,刘千立译:《麦克卢汉与虚拟实在》,北京大学出版社2005年版,第12页。

[2] Marshall McLuhan, *Understanding Media: The Extensions of Man*, pp. 346-347.

之中了。以文化艺术而论，居于殿堂之上的精英文化与居于庙堂之间的大众文化不断相交、相融，成为新媒介环境之下的新艺术形式。一语蔽之，边界的内爆——时空差异的不复存在以及领域专门化划分的界限瓦解与突破，促使我们去重新认识和看待电力媒介的影响与意义。只要想象一下当前我们对网络环境的依赖，便可感受到媒介技术作为"温柔的杀手"对意识带来的强大嵌入和渗透力量。

媒介革命的后果势必会产生感知系统的变化。伊尼斯认为社会得以延续和生存的基础就是感知生活的重组。这一认识被麦克卢汉所承继并进一步发展。麦氏认为，古登堡时代赋予了我们逻辑、顺序与条块分割，与之同时发生的还有人的感知系统被粗暴地进行了分割和肢解。《古登堡星汉》之后，麦克卢汉将注意力转向电力大众媒介。在他看来，"电子时代一个主要的面貌是，它建构的全球网络具有中枢神经系统的性质"①。电力媒介延伸的是人的整体神经系统，工业时代所导致的感知分割因为电子媒介的介入而得救，视、听、触、嗅、味之间的感官反应此时又重新趋于平衡。麦氏论断说，在电力媒介的时代，人对环境的感知能力大大增强，不仅联合了所有感官之间的作用，而且还深入参与到协调感官平衡的过程之中："因为在信息时代里我们要同时使用一切官能。所以我们发现，在最热切地调动官能的时候，正是我们感到最悠闲的时候，这种感觉与所有时代中的艺术家的感觉非常相似。"②换言之，"感知"的"内爆"体现于感知从分割走向重新平衡。

在"内爆"的环境下，时空界限、观念划分以及感知肢解都被突破，过去、现在与未来（真实的模拟）可以在同一时空中存

---

① Marshall McLuhan, *Understanding Media: The Extensions of Man*, p. 348.
② Marshall McLuhan, *Understanding Media: The Extensions of Man*, p. 347.

在。电子技术营造的环境如同"皮肤"一样包围着我们，致使我们身处其中而无法知晓和进行辨别。由此，电子媒介的发达既成为"内爆"的前提，也为"反环境"提供了认知工具。麦克卢汉的主要意图在于审视和反思媒介技术带来的影响和后果，既包括对人又包括对社会的影响。他提醒说，媒介不仅是储存内容和信息的工具，而且本身就是社会变革的动力。理性的公众变成交互式的大众后，需要以批判性视角去审视媒介引发时空混乱所带来的影响。在巨大的信息流面前，无论我们是抗争还是接受，诚如麦克卢汉提醒我们，既要看到媒介革命的积极效果，又要看到由此引发的危机，并且努力寻求解决危机的方案。不可否认，电子技术产生的"反环境"作为一种新的环境，虽然避免了旧环境的弊端，但也会遭遇向更高层次媒介发展所必须面对的危机。作为一种预警系统的运用，"反环境"不辱使命，致力于为媒介变革的弊端提供预见。在"内爆"了各种界限的电子媒介时代，"反环境"还被用来警惕潜藏的媒介灾难，例如审视"内爆"带来的审美无深度化、平面化及身份认同的精神创伤等。

四、"反环境"探索未完待续

"反环境"的提出开辟了麦克卢汉审视媒介后果的一条路径，同时也启迪并引导了麦克卢汉之后的媒介研究者去思考和理解媒介本身。虽然麦克卢汉一定程度上是一个预言主义者，然而他毕竟不是一个预言终结者。尽管他的洞见充满了先验般的睿智，但正如他自己所告诫的那样，他仅仅是一个探索者。媒介的发展始终是一个持续的动态过程，旧媒介总是不断上升为新媒介，新媒介总是包含着旧媒介的内容。如果媒介所处的背景发生改变，其外在表现也会随之而变。麦克卢汉逝世后，互联网技术进入飞速发展时期,21世纪以来更加呈现出全方位的渗透姿态:它要将过去的一切媒介都当成是自己的媒介内容。文本、声音、图像、在线电话、在线音频、在线视频等一切旧媒介,如今全都变成了互联网媒介的内容。麦克卢汉所进行的"反环境"探索,就其个人研究而言,确实已经终止于他的与世长辞。但是,他所提供的思路却未曾停止。他的诸多追随者和研究者,纷纷以此思路来继续分析旧媒介的余波和阐述新媒介的冲击。麦克卢汉站在"反环境"视角,洞察和揭示了隐蔽的媒介本身所带来的媒介后果,提供的是从高一层次来观察较低一层次媒介环境的审视思路。这一洞见因为在媒介发展的过程中体现出普遍性,因而有助于继续用来理解麦克卢汉所论新媒介之后的"新"新媒介环境。

麦克卢汉论断旧媒介具有双重角色。对于新媒介而言,它既构成新媒介浮现的背景,又为新媒介提供内容。互联网时代的到来扩容了麦克卢汉所止步的新媒介环境,将麦克卢汉所定义的新媒介转变成为旧媒介,并继续发展了产生新的延伸方式的"新"新媒介。"它们是互动媒介,含双向传播,涉及计算,与没有极端的电话、广播、电视等新媒介相对。"[①] 以此定义作为依据,罗伯特·洛根(Robert K. Logan)进一步延伸了麦克卢汉,将触角伸向麦克卢汉所论新媒介之后的"互动媒介"。洛根所进行的研究努力,是"旨在理解'新媒介'如何改变我们的世界。我们还要检视,'新媒介'如何冲击麦克卢汉在《理解媒介——论人的延伸》里研究的传统媒介或旧媒介"[②]。以《理解媒介》没有涉及或未详尽涉及的新媒介作为分析内容,洛根探讨了手机、PDA、互联网、万维网、博客等"新"媒介方式,进一步延续麦克卢汉设置的"反环境"视角,将麦氏的新媒介转变为旧环境,并将它放置

[①] 〔加〕罗伯特·洛根著,何道宽译:《理解新媒介——延伸麦克卢汉》,复旦大学出版社2012年版,第4页。

[②] 〔加〕罗伯特·洛根著,何道宽译:《理解新媒介——延伸麦克卢汉》,第1页。

于新媒介的"回望"阵营之列。另一个麦克卢汉延伸者保罗·莱文森，同样毫不讳言麦克卢汉模式给予他的教益。莱文森被誉为"数字时代的麦克卢汉"，谈及他本人的研究，他曾如此直言："《数字麦克卢汉》实际上是两本书。一本写麦克卢汉的媒介思想及其对我们生活的影响。另一本写我自己的思想，写他的思想如何帮助我们理解新的数字时代。"[①] 事实上，莱文森确实做到了这一点。沿着麦克卢汉理解媒介的思路，莱文森既对麦克卢汉的观点进行修正和补充，又"将其思想之裨益带入数字时代"[②]，继续探讨新媒介的影响及后果。受益于麦克卢汉的人中，不能不提的还有埃里克·麦克卢汉（Eric McLuhan）。从其理论发展轨迹来看，埃里克显然是子承父业，不仅深受父亲麦克卢汉理论的影响，而且直接延续了父亲的论述思维。他的很大一部分工作是为麦克卢汉的著作和理论进行理论注脚，并在注脚基础上进行完善和发展。关于"反环境"，他曾说："关注媒介和环境如何按摩感官，即刻便自然地进入聚焦艺术功能的过程，尽管所有的艺术已经倾向于独立运转。（艺术家所创造的反环境，提供了直接关注环境的方法，并使得我们能够更加清楚地看见和了解环境）"[③] 遵照麦克卢汉的思路，埃里克重申"反环境"是由艺术家所创造并具有使得环境"现形"的功能。在另一个"法国的麦克卢汉"鲍德里亚（Jean Baudrillard）那里，"反环境"所强调的人工技术特征以及艺术家的独特角色，被放到了"超现实"理论中的重要位置。麦克卢汉的媒介观被认为是鲍德里亚的直接理论来源，主要在于鲍德里亚发展了"内爆"理论，突出了"拟像"环境所带来的重要

---

① 〔美〕莱文森著，何道宽译：《数字麦克卢汉：信息化新千纪指南》，第44页。
② 〔美〕莱文森著，何道宽译：《数字麦克卢汉：信息化新千纪指南》，第36页。
③ Eric McLuhan, "Marshall McLuhan's Theory of Communication: The Yegg", in *Global Media Journal* (canadian edition), volume 1(1), 2008, p. 28. 括号中的引文来自于麦克卢汉原文，参见 Marshall McLuhan and Quentin Fiore, *The Medium is the Massage: An Inventory of Effects*, p. 69。

影响和后果。鲍德里亚将"拟像"发展阶段与麦克卢汉的媒介发展三大阶段进行对接,认为"机器新娘"是印刷时代的"真实",工业时代的流水线生产是对真实的批量"复制",电力时代的"内爆"因真假界限的消失则与比真实更加真实的"拟像"相对应。① 麦克卢汉预示了"新"新媒介,但还未来得及体验或者分析"新"新媒介。如果说麦克卢汉对媒介发展提出了一种构想,那么鲍德里亚则将构想发展成为一种理论。鲍德里亚"超现实"观的提出,不是用来观察社会,而是用来批判社会。当然,在这些研究者之外,追随麦克卢汉媒介研究思路的其他研究者还有不少。例如费尼曼用"功能重组"和"数字化"来表述新旧媒介的关系,维瑞里奥对电子通信造成的文化污染深感忧虑,等等。显然,研究麦克卢汉在当下的媒介研究中已然成为一股热潮。但值得说明的是,这股研究热潮的出现并不是因为借力于电子媒介的高速发展,研究者利用麦克卢汉这个媒介先驱人物来大做文章,而是因为麦克卢汉所提出的精彩问题依然在当下的新媒介环境中能够得到进一步阐释。麦克卢汉"反环境"的提出,帮助我们揭开了审视环境发展以及思索媒介后果的面纱。沿着麦克卢汉"反环境"的思路,在新的媒介环境下重新扩容"反环境"的内涵,成为探索麦克卢汉媒介观的重要内容之一。或者我们可以这样进行表达:数字时代的"麦克卢汉"还能走得更远。

---

① 鲍德里亚一共考察了模拟秩序的四大谱系,认为符号或者图像经过了以下几个阶段的发展:"它是基本现实的反应。它遮蔽或颠倒了基本现实。它掩盖了基本现实的缺席。它与任何现实都没有关系:它本身就是纯粹的拟像。"Jean Baudrillard, *Simulacra and Simulation*, trans. Sheila Faria Glaser, Michigan: The University of Michigan Press, 1994, p. 6.

消费时代的价值期待
——从《娱乐至死》看媒介生态学的人文理论面向及其未来

李西建

【作者简介】李西建，陕西师范大学文学院教授。

内容提要：消费时代的价值期待是媒介生态学领域研究的重要命题，波兹曼的《娱乐至死》既探讨了消费社会娱乐化的特征、弊端及问题，也体现了强烈的人文价值期待。本文以此为理论依据，结合当代中国消费文化发展的复杂状况，深入分析"泛娱乐化"表现、问题及产生的根源和危害，进而提出面对消费时代的到来，媒介生态学应重视人文思想的自觉建构，在理论和实践方面不断解决和完善媒介发展中的人文价值认同及生态学关怀。

关键词：媒介生态学；娱乐至死；消费社会；人文价值

按照学界的基本看法，把生态学思想引入传播研究或媒介研究领域，并提出"媒介生态学"（media ecology）这一概念的，是多伦多学派的领军人物马歇尔·麦克卢汉（Marshall McLuhan），但使用与阐释这一命题的却是纽约学派的主帅尼尔·波兹曼（Neil Postman）。自"媒介作为环境的研究"这一定义和范式被提出后，它就成了媒介生态学研究的重要理论命题和基础分析框架。

有感于波兹曼在《娱乐至死》(1985)一书中所显示的深刻的文化反省与理论预见,笔者拟以消费时代的价值期待为主旨,结合消费时代"泛娱乐化"现象,进一步探讨媒介生态学的另一理论面向及其未来。

一、《娱乐至死》与消费时代的娱乐问题

《娱乐至死》是波兹曼20世纪80年代出版的一本重要著作。其中作者提出了"媒介即隐喻"的观点,论述了媒介作为技术性力量在价值的塑造、意识形态的传播和推动社会的进步诸方面所具有的功能,以及媒介作为话语符号在生态学层面的特点等。正如作者指出的,"虽然文化是语言的产物,但是每一种媒介都会对它进行再创造——从绘画到象形符号,从字母到电视。和语言一样,每一种媒介都为思考、表达思想和抒发情感的方式提供了新的定位,从而创造出独特的话语符号。这种媒介—隐喻的关系为我们这个世界进行着分类,排序,构建,放大,缩小,着色,并证明一切存在的理由"[①]。更为重要的是,对于今日社会的存在状态和现实情景来讲,作者所提出的"娱乐至死"的观点,给消费时代的"泛娱乐化"现象当头一棒,由此表达了极为深刻的理论预见与人文关怀。在肯定媒介具有多种文化功能与作用的前提下,作者深入分析了媒介的另一种特性,即泛娱乐化的特征。作者说:"电视是我们文化中存在的、了解文化的最主要方式。于是——这是关键之处——电视中表现的世界便成了这个世界应该如何存在的模型。娱乐不仅仅在电视上成为所有话语的象征,在电视下

[①] 〔美〕尼尔·波兹曼著,章艳、吴燕莛译:《娱乐至死》,广西师范大学出版社2009年版,第11页。

这种象征仍然统治着一切。就像印刷术曾经控制政治、宗教、商业、教育、法律和其他重要社会事务的运行方式一样，电视决定着一切。在法庭、教室、手术室、会议室和教堂里，甚至在飞机上，美国人不再彼此交谈，他们彼此娱乐。"[1]作者进而认为，一切公众话语日渐以娱乐的方式出现，并为一种文化精神。我们的政治、宗教、新闻、体育、教育和商业都心甘情愿地成为娱乐的附庸。毫无怨言，甚至无声无息，其结果是我们成了娱乐至死的物种。在探讨了媒介与环境所构成的多样而复杂的关系，揭示出媒介对环境的诸多影响后，作者在"赫胥黎的警告"一章中重点分析了"娱乐至死"之现象，进而提出了发人深省的结论，"有两种方法可以让文化精神枯萎，一种是奥威尔式的——文化成为一个监狱，另一种是赫胥黎式的——文化成为一种滑稽戏"[2]。因此，"如果一个民族分心于繁杂琐事，如果文化生活被重新定义为娱乐的周而复始，如果严肃的公众对话变成了幼稚的婴儿语言，总而言之，如果人民蜕化为被动的受众，而一切公共事务形同杂耍，那么这个民族就会发现自己危在旦夕，文化灭亡的命运就在劫难逃。当严肃的话语变成了玩笑，我们该向谁抱怨，该用什么样的语气抱怨，对于一个因为大笑过度而体力衰竭的文化，我们能有什么救命良方"[3]。这似乎就是娱乐至死的必然规律。波兹曼的分析极为深刻，他十分清醒地看到并预见到了媒介的过度娱乐所具有的危害性，对理解和思考当代文化的现实状况及其发展来讲有十分重要的启示。

事实上，对消费社会"娱乐化"问题的理论探讨与反思，亦是当今人文思想领域研究的一个突出特征，不少学者对此有过深刻分析。法国人鲍德里亚曾结合消费时代社会结构的内在变化分

---

[1] 〔美〕尼尔·波兹曼著，章艳、吴燕莛译：《娱乐至死》，第81页。
[2] 〔美〕尼尔·波兹曼著，章艳、吴燕莛译：《娱乐至死》，第132页。
[3] 〔美〕尼尔·波兹曼著，章艳、吴燕莛译：《娱乐至死》，第133页。

析这一现象。他认为,关于消费的一切意识形态都想让我们相信我们已进入了一个新纪元,一场决定性的人文"革命"把痛苦而英雄的生产年代与舒适的消费年代划分开来了,这个年代终于能够正视人及其欲望。事实根本不是这样。生产和消费——它们是出自同样一个对生产力进行扩大再生产并对其进行控制的巨大逻辑程式的,该体系的这一命令以其颠倒的形式——这正是极端诡谲之处——渗入了人们的思想,进入了伦理和日常意识形态之中,这种形式表现为对需求、个体、音乐、丰盛等进行解放。①按照鲍德里亚的理解,物品和需求的世界可能是某种全面歇斯底里的世界。在颠倒中身体的所有器官和一切功能都朝着这种症状所描绘的某种巨大范例发生变化。于是,它构建了一种能满足人的无限欲望的娱乐系统。清教徒把自己、把自己整个人看作一种为了上帝最伟大的光荣而奋斗的事业。反之,以同样的方式,消费者把自己看作处于娱乐之前的人,看作一种享受和满足的事业,他认为自己处于幸福、爱情、赞颂/被赞颂、诱惑/被诱惑、参与、欣快及活力之前。其原则便是通过联络、关系的增加,通过对符号、物品的着重使用,通过对一切潜在的享受进行系统开发来实现存在之最大化。②值得注意的是,消费社会中媒介引导与诱发的作用是极为隐蔽且十分强大的,而大众传媒对身体功用的夸大亦制造了一种普遍的快感原则。"就像必须遵循自由决定和个人利益——这是劳动者个体自由的正式原则——以便劳动力可以变成对薪水的要求和交换价值一样,必须使个体能够重新发现自己的身体并对它进行自恋式投入——这是快感的正式原则——以便欲望的力量可以变成对合理操作的物品/符号的要求。必须使个体把自己当成物品,当成最美的物品,当成最珍贵的交换材

---

① 〔法〕鲍德里亚著,刘成富、全志刚译:《消费社会》,南京大学出版社 2000 年版,第 74 页。

② 〔法〕鲍德里亚著,刘成富、全志刚译:《消费社会》,第 68—72 页。

料，以便使一种效益经济程式得以在与被解构了的身份、被解构了的性欲相适应的基础上建立起来。"① 由此可见，消费时代的资本使用及其实施的基本策略是，让对个体欲望的无限满足和快乐成为日常生活的全部内容。而这种"日常性提供了这样一种奇怪的混合情形：由舒适和被动性所证明出来的快慰，与有可能成为命运牺牲品的'犹豫的快乐'搅到了一起。这一切构成一种心理，或更恰切地说，一种特别的'感伤'。消费社会宛如被围困的、富饶而又受威胁的耶路撒冷"②。消费时代娱乐泛化乃至娱乐至死的秘密就在于此。

众所周知，从文化作为一种结构，即文化的生成性上探讨娱乐问题也是不少理论家所做的一项工作。丹尼尔·贝尔认为，现代性的基本文化假设以及作为主体的自我决定个体的理想，产生了经济领域中的资产阶级企业家，引发了文化领域中寻找无拘无束之自我的艺术探索的兴起。对贝尔来说，现代主义是一种腐蚀性力量，是宣泄性的和反抗性的文化，它与享乐主义式的大众消费文化一起，颠覆着传统的资产阶级价值与新教伦理。相反，后现代主义是现代主义中代表欲望、本能与享乐的一种反规范倾向，它无情地将现代主义的逻辑冲泻到千里之外，加剧着社会的结构性紧张与恶化，如杰姆逊所讲的它形成一种具有欣快症与歇斯底里崇高性的消费社会的美学。人们所感受和体验的"不仅仅是那些不断出现的日常消费中心，而且还有那些由文化工业（艺术、娱乐、旅游、传统文化领域）所产生的广泛的符号文化商品及其体验。当代城市中的浪荡子或街头游荡者、玩味着、雀跃欢呼着神妙的小说杂集及各种奇异价值观所呈现的做作、随意和肤浅。也可以说，这种情况代表的是一种通过高度强调情感与同情

---

① 〔法〕鲍德里亚著，刘成富、全志刚译：《消费社会》，第146页。
② 〔法〕鲍德里亚著，刘成富、全志刚译：《消费社会》，第15页。

来超越个人主义的运动,是一种新的'审美范式'"①。费瑟斯通的理解是,消费社会是一种生成结构,它催生了消费梦想,影像与快感。"遵循享乐主义,追逐眼前的快感,培养自我表现的生活方式,发展自恋和自私的人格类型,这一切都是消费文化所强调的内容。……由于与一般宗教,尤其是清教徒所恪守的传统古训(梦欲、勤奋、远见和节俭)背道而驰,人们奉行'及时行乐'的人生哲学,所以,就经常有人假设说,消费主义导致了精神贫乏空虚、享乐型的利己主义。"②从某种意义讲,当代文化与大众日常生活中泛娱乐化趋势的出现,无疑与消费时代社会结构及文化质态的内在变化息息相关。

二、当代中国文化进程中的娱乐化现象

从当代中国的文化发展的实际状况看,"娱乐化"趋势是进入新时期后,尤其是伴随消费时代的到来,当代社会所产生的一种典型文化症状。众所周知,近代以来由于中国遭遇了太多的屈辱和悲剧,驱逐鞑虏、富国强民的变革成为最具吸引力的社会发展方案。而"后革命时代"的来临,意味着一种新的生活范式的到来。改革开放极大地重塑了中国社会的日常生活。"让一部分人先富起来"不仅是一个经济或政治方案,而且是一种生活方式。"小康"目标的设定,与其说意味着一个人均年收入的量化指标,不如说是一个具有全新性质的生活方式的规划。一方面,社会进步作为一个客观变化着的事实呈现出来,如社会生产力的提升,物质生活水准的提高等;另一方面,它又体现为主体心理体验和观

---

① 〔英〕迈克·费瑟斯通著,刘精明译:《消费文化与后现代主义》,译林出版社2000年版,第35页。

② 〔英〕迈克·费瑟斯通著,刘精明译:《消费文化与后现代主义》,第165页。

念方式激变的历史过程，革命年代所压抑的欲望冲动被空前地激发出来，它像一个打开了的"潘多拉盒子"再也无法关上。"小康"生活方式凸现出日常生活物质水准的大幅提升。与清贫诀别，同节俭说再见，当代中国人的日常生活，一方面在享受着发达的技术文明的种种消费新花样，从电视到网络，从手机到各类时尚；另一方面，它悄无声息地联通了中国传统的世俗主义、享乐主义脉络，种种古老的享乐方式和观念随着新的消费社会卷土重来。这些传统的力量好像比革命更具根基性，一旦条件成熟，总是以这样那样的面目走上前台。于是，革命的激进主义被物质的消费主义所取代，革命的理想主义被世俗的享乐主义所替换。这时，无论从社会发展的现实看，还是从主体心理的需求看，作为一种生存需要的消费文化的到来必然被提上议事日程。由于经济的发展，以及消费文化和人的享受欲望的增长，昔日以悲剧和崇高为主导的意识形态型文化，开始向泛喜剧性的娱乐型审美文化转化。"在我国当代审美风尚史上一直隐身幕侧的滑稽、调侃、谐谑、反讽、劝仿、畸趣成为审美文化的主形态或主范畴。这一切只要翻开 1993 年以前的任何一场大型文艺晚会的节目单便可一目了然。这是一个没有史诗的世纪末，侃爷、丑角和明星占据着文化大舞台的中央，夸张、做作、神侃、混聊、故作轻松、充满噱头或者浅薄轻佻、卖弄风情的各路'明星'充斥电视、电影、广告等传播媒介。这是一个小品的时代、侃爷的时代、明星的时代。百年来审美风尚在此明显地'转了个弯儿'。它世俗化了，生活化了，享乐化了。"[①] 大众审美中的快乐趣味第一次成为社会文化的主导趣味，人们也由此告别了长久的苦难、沉重、神圣和庄严，迎来了人生的喜悦、轻松、自由和无限的幸福与乐观。当代人对快乐的

[①] 陶东风、金元浦：《从碎片走向建设——中国当代审美文化二人谈》，《文艺研究》1994 年第 5 期。

追寻与崇尚无所不在，大众审美和人生需要的这一特殊转向，引发了新的人性结构的重塑与再造。

崇尚快乐也催生了当代人"参与"和"游戏"的欲望、"休闲"与"体验"的渴求以及对"娱乐"和"享受"的向往，其人性的向心力不仅仅倾向和专注于审美和艺术，人的消费和最平凡的生活状态，也因崇尚快乐而诗意化和浪漫化了。"潇洒"不再是人性的放纵，"消费"也不再是人性的奢侈，"享受"更不能视作人性的沉沦。把物质的、功利的生存现实转化为一种游戏的、审美的人生态度，这大约就是当代人崇尚快乐的深层奥妙。而与此相关的是，崇尚快乐也驱使当代人对生存过程中群体文化氛围和审美仪式的极端重视，并把它看作是产生快乐体验的重要的外部机制和文化动力所在。人们一改过去那种离群索居、"老死不相往来"的自我封闭状态，而是自觉地走出人生的隔膜和孤独，开始渴望相互沟通与认同，渴望感受群体的凝聚力与文化向心力所产生的生存氛围和共鸣效应：参与文化热线、亲临露天舞会、欢度节日庆典、观摩体育比赛，个体性的、随机式的、娱乐型的各种集会、消闲方式与日俱增。凡是以快乐为主导内容，并且带有仪式化和游戏色彩的公众活动，都普遍地为当代人所喜爱和崇尚。这些现代公众活动尽管或多或少地带有商业倾向，然而它所包含的特殊的文化向心力和文化同化力，不只是提供了一种调剂精神和解除疲劳的特殊手段，也不只是让你感受现代神话仪式复活的魅力。对于自由的个体来说，其真实的文化效应就是给人性以真实而自由的发展过程，让你在商品的喧嚣声中享受生命的快乐，以消解那种厌烦的感觉和无边的困惑。从审美的角度看，快乐与游戏也许正是一种诗意而和谐的人生状态。

需要指出的是，大众趣味的过度娱乐化也带来诸多新的矛盾和问题。从文化生产的维度看，由于迎合大众趣味，平庸化的东西会被奉为新潮，而深刻、崇高的东西反倒显得落伍，这就是米兰·昆德拉所指出的"媚俗"倾向。从文化消费维度看,过分追寻趣味的通俗,也可能滋生和复制出人的浅俗的娱乐需要,甚至产生出某种畸形的欣赏趣味和心理,由此构成大众审美中的新焦点——雅与俗的冲突。应该说,俗文化的出现有其历史的必然性和现实的合理性,它在促进艺术民主化、满足人的丰富欲求和促进人的审美解放方面有着积极的作用。但是,当俗文化成为完全的商品和纯粹的消费对象,甚至走向低俗时,它也会导致大众审美趣味的普遍降低,形成拉什所讲的一种"欲望的美学"和一种浅文化的普泛表症。如当前的文化传播以及由此导向的文化消费,普遍呈现出一种矛盾状态:重模仿和复制,轻创造和革新;重流行和浮华,轻个性和充实;重享乐之风的鼓动和诱导,轻发展维艰的告诫和思考;重实用和形式,轻理论和内容;重物质功利的崇拜,轻价值体系的建构等。这种片面性的发展与追求,导致文化消费中某些扭曲行为和心理的产生。其表现的普遍趋向有,不切实际地追求高消费,以满足一种强烈的感性享乐欲望;不健康的书刊与色情影视日益增多,以满足一种趣味低下的社会心理;消费形式的变化愈来愈多,以满足人的求新求异的消费心态。而文化消费内容趋于淡化和消解,尤其是对高雅经典文化的消费越来越淡漠,价值理性受到本能欲望的冲击。感性教育的长期缺乏和长久以来对人的基本生命欲求的压抑和限制,带来感性的沉沦和本能欲望的泛化。其突出特征是主流文化和社会理性文化退居次要位置,形成复杂混浊的文化格调和趣味,当代中国的文化景观呈现出一种浮泛、奢华的感性气息。

诸种娱乐化现象的流行带来了人的感性欲望的膨胀,也带来了人性的分裂,也直接诱发文化生产方面的短期行为,欺世媚俗、粗制滥造和模仿抄袭之风大量涌现,客观上形成了文化消费市场的不健康状况,也助长了文化消费者的不良倾向,它在不同程度地濡染和改变着社会的精神生态环境,在一片追逐物欲和肉体享乐的喧闹声中，不断滋生出新的欲望化工具、形式及其途径。"更糟糕的是，几乎一切有可能升华的通道全被堵死了，性与文化本身统统被严密地纳入市场的运营。在今日的市场经济中，'美男'、'靓女'、'身高'、'体重'、'朱唇'、'大腿'、'腰肢'、'乳房'，实际上都可以标价出售，都可以打入老板的成本核算，列入消费者的'买单'里。当爱情、艺术、诗意、心灵都可以切割、包装、批发、零售时，生命的升华还能升到哪里去呢？于是，制度性的'反升华'在市场与科技的赞助下便取得了全面的胜利。"① 这就是过分娱乐化所催生的人的本能欲望泛化的结果，情欲反倒因压抑的撤除而失去升腾的张力，心灵反倒因商品的堆积而淤塞了升华的通道，精神反倒因技术推广而简化了丰富的内涵。"娱乐化"趋势所形成的本能欲望的泛化，使现代人又一次陷入新的惆怅，一种近乎空洞和无望的惆怅，或曰迷惘。这就是波兹曼所讲的娱乐至死的现实写照，其依据是人性结构某种程度的变化。

三、消费时代对媒介生态学的人文价值期待

如上所述，面对种种令人眼花缭乱的崇尚娱乐与追逐快感的复杂现象，我们需甄别快乐趣味背后所包含的人性动因，并从理论上予以解释和说明。快乐的心理动因是极为复杂的，无论事实上还是行为规范上，快乐都是人类行为的指导原则。快乐主义理论的开山祖阿里斯提普斯认为，趋乐避苦既是人生的目的，又是美德的标准。对阿里斯提普斯来说，快乐是即时的享乐②；亚里士多德把快乐看作是人之存在状态中的一种活动。最令人满意且完

---

① 鲁枢元：《性与精神生态》，《上海文学》1995 年第 2 期。
② 〔美〕弗洛姆著，孙依依译：《为自己的人》，生活·读书·新知三联书店 1988 年版，第 164、166 页。

美的快乐具有这样一种性质，即它是伴随着对获得的或实现了的人之能力的积极运用而产生的。它意味着欢乐、自发性或无阻碍的活动，而"无阻碍的"意味着"不受拦阻"或"不受挫折"。因此，快乐使行为完善，并使生活完美①；斯宾诺莎的快乐概念是与潜能（能力）的概念相联系的，他认为快乐是一个人从较少的圆满到较大的圆满的过渡。快乐不是生活的目的，而是人的生产性行为的必然产物。要重新塑造人性以适应社会生活的要求，最终必然使全部必要的活动都具有快乐的性质，而使那些不具快乐性质的活动与这些要求不符。②而弗洛姆对快乐的理解似乎更为辩证并富有现实性，"为解除生理紧张而获得的满足，既不是善，也不是恶，在伦理评价的范围内，它是中立的，就像喜悦和快乐一样。不合理的快乐和幸福是伦理学意义上的体验。不合理的快乐象征着贪婪，象征着人未能解决人类存在的问题。相反，幸福（欢乐）证明在'生活艺术'中的部分成功或完全成功。幸福是人最伟大的成就，它是人以整个人格对自己和外在世界做出生产性取向的反应"③。以上论述从不同方面揭示了快乐的含义及心理建构功能，给予我们以深刻的启示。追求快乐不是人性的过错，快乐作为一种生命发展的感动动力具有生产的效应与调节功能，而需要警惕的是娱乐的低俗化与本能满足的趋势，如现代工业文明中，那些奢侈的消费、感官刺激及糜烂的生活享受等，都可能使人感到某种程度的快乐，甚至成为某些生存行为方面追逐的对象。但是，从价值论的维度看，诸种快乐也许是人性的一种浪费和耗损，因为它植根于匮乏而低级的人性层面，动物性的特征十分突出，每一次快乐都意味着人的本性的某种丧失，进而导致人的精神的不断贫乏。为了获得有限的快乐，只能寻求重复的感官体验

---

① 〔美〕弗洛姆著，孙依依译：《为自己的人》，第164、166页。
② 〔美〕弗洛姆著，孙依依译：《为自己的人》，第167—168页。
③ 〔美〕弗洛姆著，孙依依译：《为自己的人》，第178页。

和刺激，类似吸毒带给人的快感刺激一样，最终致使人的心理结构的变化。按照弗洛姆的理解，这种快乐是一种非生产性的快乐，它使人失去个性，空虚、生命无意义，需要低级而贫乏，满足质量下降。而生产性的快乐是一种健康的快乐，它来自于充实而完整的人性，引导人接近自我实现，与发展的需要和超越性动机密切相关。随着快乐的发展，个体的人性、心灵处在不断的平衡、丰富和发展之中。生产性的快乐总是以一种新的感知和体验为媒介，并和某种特定的幸福感相联系。换言之，快乐并不守恒，也并非生命形态的重复享受，它一旦产生，便会溶解在人性的进化与精神的进步之中，从而丰富和提升人的感受状态。从审美的维度看，生产性的快乐不是囿于人的粗陋而狭隘、单一的需要。人在实际的物质需求、物质利益方面所得到的满足也可以导致一种愉快，然而这并不是美感中的快乐。"贩卖矿物的商人只看到矿物的商业价值，而看不到矿物的美和特性"，这说明各种快乐分属不同的领域。审美性的快乐虽然以感官的生理快适为基础，但它往往在美感的愉悦中渗入伦理或精神上的满足，它具有分享性，要求社会的普遍赞同，有助于人的心理和人格的提升。因此，当代人的日常生活因追求欲望满足而滋生的过度娱乐，按波兹曼的理解看是一种危险的文化取向和人性误区，它足以使人在充满诱惑的满足中渐趋麻木和沉沦，这种快乐是守恒、封闭而单一的；审美的快乐永远追求创新和变化，作为一种以情感的愉悦为中介的多种心理效应的集合，它积淀着历史和文化的丰富结晶，因而成为一种潜意识所掌握的价值定向，成为人性发展的无穷动力。正像一位美学家所讲，审美的享受和快乐不是非生产性的开支，而是一种看不见的人类进步的阶梯。由此看来，对媒介生态学而言，阐释和理解媒介与人性的内在关系，分析媒介的多元效果及其娱乐性限度，形成媒介的生态性关怀和人文引导，是其理论思考的基本面向之一。当然，关注与探讨媒介的技术影响力，阐释

"技术本体化"现象及其何以可能的问题，似乎是媒介生态学研究中更具本根性的问题。

我们今天所处的是技术与媒介高度发达的时代，媒介传播的作用与力量在每时每刻地改变着世界和人的存在。诚如有思想家指出的，现时代的本质表现为一种"技术狂热"。从外在形态看，驾驭和操纵当代文化活动的主要力量是频频变化的高技术倾向。从闭路电视系统、卫星传送、家用录像机、摄像机、激光视盘、立体音响、卡拉OK、袖珍收录机、高清晰度的激光唱盘、激光照排、快速胶印、电脑艺术、广告制作，到大众文化产品的生产、消费、传播，甚至接受、批评和阐释等，无一不和技术编码、技术规律相联系，它从根本上逐渐改变着文化活动的性质和状态，其结果是技术取代了艺术，"复制"和"制作"的内涵与功能被无限放大，而文化活动的价值和精神逐渐为一种技术力量或技术手段的展示与表演所掩盖。正是在这种不断趋向以技术为核心的过程中，文化活动不断地走向浅表化与娱乐化。从文化生成的意义看，传播媒介在为人们构造了一种特殊的生存景观与空间，为人们提供了生存的诸多可能性的状况下，也同时制造了大量的生存假象和幻象。技术语言作为一种新的文化霸权在逐渐取代社会意识形态话语权力的地位，导致传统文化话语或艺术话语体系的分裂，把大众直接引入到一种对技术力量的依赖之中。如当今的电影、电视、广播、音像制品、通俗读物、流行期刊、文化信息等因素，已成为人们生存与生活不可缺少的一部分，成为引导大众文化消费的基本工具。"消费文化"的形成是社会发展的必然结果，它不仅消解了主流文化对于社会生活和文化心理的价值引导作用，而且直接遮蔽了文化生产与传播的理想目标，导致大众对文化活动中的短暂性、片断性和当下性的强烈追求与认同。"正是这种诞生于技术魔杖下的煽情力，使当代艺术审美活动不断地趋向于制作那种满足大众丰富的日常欲望、可传播且可为大众直接享受的艺术'成品'而不是'半成品'——它们需要激起的是人的当下满足感而不是等待一种长久体验与深思熟虑，是可以变幻的技术'影像'而不是艺术家呕心沥血塑造的'典型形象'。由此，一方面，我们看到了由技术力量造就的审美活动的当下感、即时有效性，直接刺激和推动着大众的当下（即时）体验情绪，以至狂热的投入；另一方面，我们又看到大众的激情与狂热，反过来又对艺术家、艺术作品或艺术审美活动进一步提出了一种更多地满足激情享受的要求。技术力量在此成为一根挑逗艺术审美活动的魔杖，成为激情'狂欢'场上的冷酷的主宰。然而，需要知道的是，在这种'狂欢'庆典的背后，在技术的煽情力操纵下，最终所实现的不过是一份'剧终人散'的空落，一种激情耗散之后的体乏心虚"[①]，这正是传播媒介以技术手段推动娱乐化所带来的后果，也是其导致精神价值趋于消解的根本所在。

为了有效避免传播媒介的泛技术化或过度娱乐化所造成的人文性缺失，以及它为人的发展所带来的诸多弊端，应特别重视媒介生态学的人文关怀及价值建构，使审美文化的宗旨和原则渗透在技术媒介中，使技术本身更多体现审美的内涵与性态。具体说，即是从理论和实践两方面，完整建立以人为核心的技术审美文化网络，把人的生存美化，人与自然、人与社会的协调发展作为技术文明发展的核心和基本的价值取向。现代科技文明发展的出发点和原动力就是为了人类的生存优化，进一步提高人的生存质量。人类文明的发展历史已充分证明，科学和技术在本质上就是人类对自然界施加的一种外力，是使自然界朝着对人类有利的方向发生变化的一种外力。因此，人类寻求、认识和掌握合目的性与合规律性相统一的美的尺度的努力，乃是科学与技术发展的内

[①] 王德胜：《"技术本体化"：意义与挑战》，《美学与文艺学研究》1994年第1辑，第17—18页。

在动因之一。诚如马克思所指出的,"要探索整个自然界,以便发现物的新的有用属性……因此,要把自然科学发展到它的顶点,同样要发现、创造和满足由社会本身产生的新的需要。培养社会的人的一切属性,并且把他作为具有尽可能丰富的属性和联系的人,因而具有尽可能广泛需要的人生产出来——把他作为尽可能完整的和全面的社会产品生产出来(因为要多方面享受,他就必须有享受的能力,因此他必须是具有高度文明的人),——这同样是以资本为基础的生产的一个条件"①。历史的发展规律证实了马克思的这个判断。资本主义生产方式,虽然在促使科技文化的快速发展、提升人的社会性等方面有一定的推动作用。但是,它也确实限制了人性的完善化,造成人的工具理性性态的滋长。媒介生态学应自觉吸取这种历史教训,深刻反思技术文化发展中的问题,既应肯定技术力量对人类社会及文化发展的影响,肯定它在人的创造天赋的发挥、拓展人类活动空间、增大人类对外在客体的控制力与征服力等方面的积极作用;同时也要解决高技术崇拜与媒介统治过程中给人带来的疏离和困惑,注意克服高科技膨胀对人性的肢解,充分关注人的生命存在和心灵境界,解决个体自我价值的实现与个体精神发展中的问题。用牺牲人类社会发展的长远性代价,用破坏精神生态环境的代价,用一味追求物质财富的代价推动技术的发展,有时会在短时间内奏效,获得眼前利益。但人们终究会发现,单纯地依赖和夸大技术的力量与作用,并非是一条理想的途径。当代中国传播媒介与技术文化的发展,应遵循人的发展的全面性与整体性原则,尊重美的规律与文化的基本价值尺度。从理论与实践两方面,不断解决技术发展中的人文价值认同与生态学的关怀问题,解决人与自然、人与环境、人与物(机器、产品、生存空间)的审美互动与和谐问题,应成为文化建

---

① 《马克思恩格斯全集》第46卷(上册),人民出版社1979年版,第392页。

设与媒介生态学研究的基本任务。

还是回到波兹曼的提醒之中,"奥威尔害怕的是我们的文化成为受制文化,赫胥黎担心是我们的文化成为充满感官刺激、欲望和无规则游戏的庸俗文化"①。而拯救和改变"娱乐至死"的途径是,铭记奥威尔对人类的深切忠告,不懈地构建媒介的人文向度与生态学的视野。在图像、话语的传播中,在生产快乐的过程中,媒介传播的人文价值空间是无比广阔的,我们期待着媒介生态学在这一面向中的新建构与新拓展。

---

① 〔美〕尼尔·波兹曼著,章艳、吴燕莛译:《娱乐至死》前言,第4页。

论麦克卢汉的媒介生态学思想

张 进

【作者简介】张进,兰州大学文学院教授。

内容提要:麦克卢汉是最早在"媒介—生态"的关联语境中运思的理论家之一,他从媒介感知环境、媒介符号环境和媒介社会环境以及三者之间的关系等方面切入,系统阐发了媒介感知系统各成分之间、媒介符号系统各部分之间以及媒介社会系统各层面之间的互动共成、循环共生和整体共存等一系列生态学思想。同时,他对媒介感知系统的内在自足性、媒介符号系统形式的生产性和媒介社会环境的"非历史性"的偏爱,也使其表现出若干人本主义式的"技术乌托邦"倾向。

关键词:麦克卢汉;媒介环境;感觉比率;杂交能量;生态人

当今时代,媒介之网紧紧包裹着我们的生活世界,以至于我们所感知的全部世界都由媒介提供的信息所打造,人成了悬挂于媒介之网上的动物,媒介已然成了一种社会环境。这个不争的事实促使人们从环境角度理解媒介,将媒介作为环境来解读,也使得媒介生态学派(或称媒介环境学派)应运而生。[①]这

---

① 目前国内外学术界在对这个新兴学科的命名和译名上尚不统一。何道宽教授在同林

一学派关注文化、科技与人类传播之间的互动共生关系。作为媒介研究领域之一,"媒介生态学的独特性表现在将研究重点放在研究传播技术本质或内在符号和物质结构如何对文化导致深远的微观及宏观影响"①。然而,包含在社会环境中的千差万别的媒介之间是一种怎样的关系呢?作为社会环境的媒介与人之间又如何关联呢?这种关联的理想状态又该是什么呢?案诸人类历史,我们发现,作为社会环境的媒介呈现出时间性与空间性、口语性与文字性、视觉性与听觉性、持存性与革新性等诸多关系之间的偏至与偏废。如何解决这些关系之间的平衡问题,使之成为人类的生态友好型社会环境,就成了媒介生态学的理论和实践的当务之急。

媒介生态学者在如上问题研究方面做出了富有成效的探索,其中加拿大媒介理论家马歇尔·麦克卢汉的研究尤为难能可贵。首先,从最初的词源学背景来看,"媒介生态"一词最早是麦克卢汉在20世纪60年代提出的。在麦氏许多著名的著述中,有两本研究媒介和文化的经典之作:《古登堡星汉》(1962)和《理解媒介——论人的延伸》(1964)。据笔者考证,麦氏在其《古登堡星汉》里使用了 cultural ecology("文化生态学")这一术语,指出文化生态学建立在人类感觉系统之上,技术扩张造成的感觉系统的延伸在建构感觉比率或比例方面有清晰可见的效果。②他在《理解媒介——人的延伸》中有两处用到"生态的"这一术语,一

(接上页)文刚教授探讨 media ecology 一词的中文翻译时,共同决定将过去的译名"媒介生态学"更名为"媒介环境学";邵培仁等学者则坚持使用"媒介生态学"并将媒介作为绿色生态来研究。本文采用"媒介生态学"术语,以此兼取两个术语的思想内涵,不拟在两个概念之间做硬性区分。

① 〔美〕林文刚:《媒介生态学在北美之学术起源简史》,《中国传媒报告》2003 年第 2 期。

② Marshall McLuhan, *The Gutenberg Galaxy: The Making of Typographic Man*, Toronto: University of Toronto Press, 1962, p. 35.

处为"electric or ecological man (man of the total field)"[①]（电力人或生态人，整体场的人），另一处为"the ecological sweep of new electric media"[②]（新型电力媒介在生态学上所向披靡的力量）。研究者通常认为他创立这一表述方式是将其作为一个比喻，来帮助我们理解传播技术和媒介文化在深度和广度方面所起到生态式的影响。[③] 媒介生态学学科和机制的创立者波兹曼发现，麦克卢汉在20世纪晚期才在我们现在理解的含义上使用"生态"一词。他指出，在媒介生态学这个术语里，"我们把'媒介'放在'生态'前面，意思是说，我们感兴趣的不仅是媒介，我们还想说，媒介与人互动的方式给文化赋予特性，你不妨说，这样的互动有助于文化的象征性平衡。如果我们想要把生态一词的古代意义和现代意义联系起来，那就不妨说，我们需要使地球这个大家庭维持井然有序的环境"[④]。

与波兹曼的科学定义不同，麦克卢汉的确一定程度上是在比喻的意义上使用"生态"一词的，但他毕竟是将生态与媒介问题并置起来的第一人，这一措辞形式本身包含着媒介生态学思想的丰富胚芽，值得深入研究。其次，从基本的学术谱系来看，麦克卢汉的老师伊尼斯的媒介理论分离出媒介的两种偏向：口头传播的偏向和书面传播的偏向、时间的偏向和空间的偏向，进而提倡诸偏向之间的平衡。[⑤] 受到麦克卢汉深刻影响的波兹曼则强调生态

[①] Marshall McLuhan, *Understanding Media: The Extensions of Man*, Massachusetts: The MIT Press, 1994, p.156. 亦参见〔加〕马歇尔·麦克卢汉著，何道宽译：《理解媒介——论人的延伸》，商务印书馆2007年版，第200页。

[②] Marshall McLuhan, *Understanding Media: The Extensions of Man*, p. 199. 亦参见〔加〕马歇尔·麦克卢汉著，何道宽译：《理解媒介——论人的延伸》，第251页。

[③] 〔美〕林文刚：《媒介生态学在北美之学术起源简史》，《中国传媒报告》2003年第2期。

[④] 〔美〕尼尔·波兹曼：《媒介环境学的人文关怀》，载〔美〕林文刚编：《媒介环境学——思想沿革与多维视野》，北京大学出版社2007年版，第44页。

[⑤] 〔加〕哈罗德·伊尼斯著，何道宽译：《传播的偏向》，中国人民大学出版社2003年版。

偏向、保存与革新的偏向和文明／文化里信息偏向之间和内部的交叉平衡。① 处在媒介环境学谱系关键链条上的麦克卢汉则主要强调人类诸感觉偏向之间的平衡，认为一切媒介无非是人类感官的延伸。意识的理想状态是感觉系统的成分保持平衡，人类历史上这些成分之间的偏至与偏废，导致了感官之间的专业分工与肢解分割。电子媒介趋于整合，使人回到整体思维的前印刷时代，此谓"重新部落化"。

当然，麦克卢汉的媒介生态学思想绝不仅此，它触及了这个学科的几乎所有方面。北美的多伦多学派和纽约学派的着力点都"主要是从符号环境、感知环境和社会环境等角度和层面来进行媒介的研究与分析"②，在每个角度和层面上都可见出麦克卢汉思想的存在和影响。本文试图从如上三个基本方面梳理、剖析和反思麦克卢汉的媒介生态学思想。

一、媒介感知环境的生态互动论

综观麦克卢汉使用"生态"一词的各种语境，我们发现他不仅仅在比喻的意义上使用这个词，而是赋予其实际的内涵，尤其"生态人"这个术语，具有明确的所指，具体指"游牧民"、"重新部落化的人"和"整体场的人"，是"感觉比率"协调的人，是各种感觉之间互动互补的"通感"的人，是感知系统完整的人，一句话，是感知环境中各要素间能够生态式融合共生的人。

对人来说，感知对象世界的最简单的形式仅仅是感觉，但它

---

① 〔美〕林文刚编，何道宽译：《媒介环境学——思想沿革与多维视野》，北京大学出版社 2007 年版。
② 邵培仁等著：《媒介生态学：媒介作为绿色生态的研究》，中国传媒大学出版社 2008 年版，第 323 页。

却是其他一切意识产生的条件。因此，麦克卢汉从其基本的人本主义立场出发，集中论述了各种感觉的具体特征、其间的比率平衡和贯通互动问题，以及它与作为人的延伸的各种媒介之间的呼应和共成关系。在此方面，麦氏的生态观念集中体现在其"感觉比率"（sense ratio）这一轴心概念中。sense ratio 这一术语，在麦克卢汉的《古登堡星汉》一书中，共出现 12 次之多，包括注释中出现的共 14 次；在其《理解媒介》中，这一词共出现 6 次。这个概念指的是各种感觉成分之间的比例和比率，其替代表述或许就是他从莎士比亚剧作中借用的"square of sense"（感觉矩阵），指的是作为理性构成部分的诸感觉之间比率与互动。① 感觉系统在功能上的理想形态即是"通感"（synesthesia）的机制，即感官之间自由互动，大脑把一种感知转换成另一种感知的正常机制，这是整体的、全面的人应该具备的感知系统。

在其"媒介是人的延伸"的总命题下，麦克卢汉认为口头文化媒介延伸并对应着人的声觉空间，读写文化媒介延伸并强化着人的视觉空间。不过，也还存在着一种由五种感官输入集合而成但经过第六感官调节的感官系统（sensorium），即被他称为"偏重触觉"的感觉。一方面，他将这种感觉与触觉等同起来，它延伸人的大脑中枢神经并表现为电子媒介文化；另一方面，他又认为这种感觉超越了单纯的触觉，能够促进各种感官之间的"互动"。他指出，"'把握'（grasp）或'领悟'（apprehension）这个词，指出借助一物求得他物的过程，即使用多种感官去感知许多侧面的过程。事情开始明显起来，'接触'并不是只是皮肤的感觉，而是几种感官的相互作用；'保持接触'或'与人接触'，是多种感官有效交汇的问题，是视觉转换成声觉，声觉又转换成动觉、味觉和嗅觉的问题。过去的许多世纪之中，'常识'被认为是

---

① Marshall McLuhan, *The Gutenberg Galaxy: The Making of Typographic Man*, p. 13.

人的独特能力，是一种感觉经验转换成全部感觉的能力，是将感觉的结果不断以统一的表象展现给人脑的能力。实际上，各种感觉比率统一的表象长期被认为是我们理性的标志；在电脑时代，它也许又会轻易成为我们理性的标志。因为现在有可能给人的各种感觉编制程序，使之接近于人的意识"①。他认为，意识的理想状态是感官系统的成分保持平衡，这是理想的理性的标志。西方人偏重书面文化的狭隘的理性建立在大脑里纯视觉结构的基础之上，它是由拼音文字的延伸性、线性和同质性培养起来的，在印刷术的作用下进一步强化。理想的文化应该是一切人造物都促进感觉比率平衡的文化，但人却总是通过制造工具和创造文化而打破感知系统的平衡，又总是谋求随时保持平衡或稳定。

感觉系统的不平衡可以通过"关闭"机制而缓解，实现这种"关闭"靠的是放大或延伸某一感官而使之麻木。如"病人戴上耳机，转动旋钮将噪音调到需要的音量，直到他感觉不到牙钻引起的疼痛为止。挑选一种感官去对付强烈的刺激，或者挑选一种延伸的、分离的、'截除的'感觉用于技术，在一定的意义上说，是技术使创造者和使用者麻木的原因"②。通过这种关闭，它表面上恢复了与其他感官的平衡，但事实上并非如此。"任何发明或者技术都是人体的延伸或自我截除。这样一种延伸还要求其他器官和其他的延伸产生新的比率，谋求新的平衡。"③文字和更加强大的印刷媒介依靠眼睛来确认真相，信奉"眼见为实"；而在口语文化里，则崇尚"耳听为实"。但这种意识的效能不是彰显在外，而是隐含在潜意识里，作为由媒介形式形成的过滤器，打造我们的感知系统和感知内容，并将这种打造过的系统和内容"自然化"，将一切与过滤器特征不同的、竞争的和冲突的过滤器都视为缺乏理

---

① 〔加〕马歇尔·麦克卢汉著，何道宽译：《理解媒介——论人的延伸》，第 97 页。
② 〔加〕马歇尔·麦克卢汉著，何道宽译：《理解媒介——论人的延伸》，第 77 页。
③ 〔加〕马歇尔·麦克卢汉著，何道宽译：《理解媒介——论人的延伸》，第 78 页。

性特征和"自然"结构的过滤器,衍生出文化的、种族的、代际的和形态的冲突。

这种无意识层面运作的麻木或"自我截除"使我们把技术创造的感知环境当作"真实"的环境。媒介偷偷潜入我们的意识,因为我们的脑子持续不断地渴望满足、成就或关闭。这种渴望背后隐藏着通感机制,这是正常的感知平衡机制,一般都处在潜意识里,差不多每个人都是这样的;不过在有些人身上,通感机制突破底层进入表层,这些人被叫作有通感的人。对变化之中的环境来说,感知关闭似乎有好处;然而实际上,关闭对我们不利,尤其是因为我们意识不到关闭的运行机制,尤其意识不到媒介变化对脑子的负面影响。①

在这个意义上,麦克卢汉所讲的"通感",事实上指的是感知系统内各种感觉之间的比率、和谐、共生、互补、平衡、共鸣、杂交、调节和转换。这是一种典型的感觉系统论思想,是生态学的核心内容,其实也是一种生态美学思想。难得的是,麦氏并不将"通感"看成是人的一种超历史的、天赋的神秘能力,而看成由媒介形式所塑造的一种有历史具体的感觉功能,这使其对"通感"亦保持着一种批判的态度,也使"通感"作为一种感觉系统和感知环境中的高超功能,与符号环境和社会环境之间保持着互通和互证关联。

我们看到,麦克卢汉在论述各种感官的功能时仍然沿用着硬性二分方式。在传统上,与超验感觉相区分的感官系统,经常被划分为两类:远感受器(distance receptors)和近感受器(contact receptors),视觉和听觉属于前者,长期以来被认为是审美的专属感觉;嗅觉、触觉和肌肉的运用感觉属于后者,长期以来被认为

---

① 〔美〕林文刚编,何道宽译:《媒介环境学——思想沿革与多维视野》,第136—137页。

并不参与审美活动。① 但这种划分仅仅存在于逻辑分析和实验状态中,在现实生活中,尤其是在环境感知中,通感则更为强烈,因为我们实际上投入了全部感官系统,它们相互作用。与区分各种感觉类型同等重要的是认识到各种感觉间的通感,意指不同感觉形式的融合。即使将环境区分为表层和深层的看法,也是类似于远感受器与近感受器之类的区分的二元论,生态学主张通过广义的感觉体验来把握世界,让自身成为一个有感觉、有身体,积极的、贯通的,而非纯主观的人。"人类的感觉环境,说到底是一个感知系统,即由一系列体验构成的体验链。从美学的角度而言,它具有感觉的丰富性、直接性和当下性,同时又受文化意蕴及范式的影响,所有这一切都赋予环境体验沉甸甸的质感。""环境作为一个物质—文化领域,它吸收了全部行为及其反应,由此才汇聚成人类生活的汪洋巨流,其中跳跃着历史、社会的浪花。"② 一定程度上,麦克卢汉也意识到了这一点,他以电视为例指出,"电视形象所引起的新的感觉比率或感觉关闭,是没有办法不去服从的。但是,电视形象进入生活所产生的效果,却因文化的不同而不同,其差别随每一文化现存的感觉比率而定。……作为感知生活的延伸和加速器,任何媒介都立刻影响人体感觉的整体场"③。看来,麦克卢汉还是更倾向于在自足的感觉系统或感觉的整体场内讨论问题。而生态美学则认为,媒介感知环境论最终必然是一种环境美学,而后者又终究是一种文化美学(a cultural aesthetics),它"是一个巨大的感知母体(matrix),它真正构成每个社会中的环境。它整合了环境的物理特征,如建筑结构特色、景致的外形,以及心理感受,如感受形式、主导感觉等,共同组成一系列体验。这

---

① 〔美〕阿诺德·伯林特著,张敏、周雨译:《环境美学》,湖南科学技术出版社 2006 年版,第 17—18 页。
② 〔美〕阿诺德·伯林特著,张敏、周雨译:《环境美学》,第 20 页。
③ 〔加〕马歇尔·麦克卢汉著,何道宽译:《理解媒介——论人的延伸》,第 78 页。

个母体里包括了各具特色的颜色、声音、肌理、光线、运动（包括感觉本身的运动）、嗅觉、味觉、空间（包括距离）、时间和大小，这些因素一起决定了特定时空中环境体验所具有的独特性"①。

可见，麦克卢汉在一定范围内将诗学和美学对感知和美感的研究结论运用到媒介感知环境的论述中了，构成一种感官的诗学，它强调了感官的"生产性"内涵，与钱钟书对诗歌联觉的论述相印证，是各种感官之间的联系性和互动互补性。难怪麦氏在论证中使用了许多艺术和审美的例证，并认为"艺术和科学都证明是属于诗学的"②。不过我们发现，他在对触觉和听觉的偏爱中，对视觉的综合功能重视不够；在对人的感觉系统自足性的强调中，对感觉系统与历史文化之间的互动关系阐述不足；在论证媒介形式对感觉比率和感觉平衡的影响作用时，对媒介的社会内容及其物质性基础论述不够。

二、媒介符号环境的生态循环论

在麦克卢汉看来，媒介是人的身体感觉和神经中枢系统的延伸，缘于前者的是口语媒介和文字印刷媒介，缘于后者的则是电子媒介。但由于受新批评形式主义深刻影响，他强调媒介形式而漠视媒介内容，他借用新批评派所喜爱的比喻，认为"媒介的'内容'好比是一片滋味鲜美的肉，破门而入的盗贼用它来涣散看门狗的注意力"③。所以他所使用的媒介概念更多的是指符号化的媒介，而非实体性的媒介。因此，"媒介即讯息"适可表述为"形式

---

① 〔美〕阿诺德·伯林特著，张敏、周雨译：《环境美学》，第21页。
② 〔加〕埃里克·麦克卢汉、弗兰克·秦格龙主编，何道宽译：《麦克卢汉精粹》，南京大学出版社2000年版，第592—593页。
③ 〔加〕马歇尔·麦克卢汉著，何道宽译：《理解媒介——论人的延伸》，第46页。

即内容",是一套媒介符号形式的诗学,强调了媒介符号的生产性、构成性和虚构性特点。在他看来,"所谓媒介即讯息只不过是说:任何媒介(即人的任何延伸)对个人和社会的任何影响,都是由于新的尺度产生的;我们的任何一种延伸(或曰任何一种新技术),都要在我们的事务中引进一种新的尺度"①。"任何媒介的内容都是另一种媒介。文字的内容是言语,正如文字是印刷的内容,印刷又是电报的内容一样。"②媒介即讯息,因为对人的组合与行动的尺度和形态,媒介正在发生着塑造和控制作用,这与媒介,比如飞机,具体承载什么内容"毫无关系"。③因此,尽管麦克卢汉在其著述中大量涉及了对轮子、飞机、自行车、住宅、服装等实在物的讨论,但他对这些媒介的具体的社会历史内容毫无兴趣,而只专注于其形式所引起的尺度的变化;由于专注于符号形式,因此,尽管世界存在着千姿百态的媒介,但在他的眼中,作为人的延伸的媒介只有三种类型:口头文化媒介、文字印刷文化媒介和电子文化媒介,它们共同概括了人类符号环境的所有"尺度"。因此,讨论三种媒介各自的本质特征及三者间的关系,就成为其符号环境生态学的主要内容。

正如我们所见,麦克卢汉致力于"三部曲的叙事:原始的统一(存在于原始的、口头的文化)、分裂化(在书写和印刷中)及重新统一(在电子媒介中)"④。从一定程度上说,这一螺旋式的上升的媒介符号环境转型论具有生态系统的特点。麦克卢汉用"能量"和"杂交能量"(hybrid energy)的概念表达了三种符号媒介之间的生态关联。能量守恒是生态学所倚重的重要观念。文化

---

① 〔加〕马歇尔·麦克卢汉著,何道宽译:《理解媒介——论人的延伸》,第33页。
② 〔加〕马歇尔·麦克卢汉著,何道宽译:《理解媒介——论人的延伸》,第34页。
③ 〔加〕马歇尔·麦克卢汉著,何道宽译:《理解媒介——论人的延伸》,第77页。
④ 〔英〕克里斯托夫·霍洛克斯著,刘千立译:《麦克卢汉与虚拟实在》,北京大学出版社2005年版,第88页。

生态学认为，"所有的系统都依赖能量。热力学第一定律指出，能量可以转换但无法创造或摧毁，尽管它可以在系统之内和系统之间运动……热力学第二定律指出，有些能量在从一个层次向另一层次转化的过程中会耗散，所以转化从来都不是100%有效的"[1]。怀特曾借用热力学第二定律指出，"宇宙整体在结构上正在分解，在动力上正在变弱，物质日渐无序，能量则在均速耗散。但是，在宇宙的一个极小片断，即在有生命的物质系统中，宇宙过程的发展方向恰好相反。物质变得高度有序，能量日益聚汇起来"[2]。麦克卢汉可以说综合了这两种观念，提出其符号媒介杂交能量的观念，认为媒介杂交释放出新的力量和能量，正如原子聚变和裂变要释放出巨大的核能一样。在所有产生巨大能量和变革的大规模杂交结合中，没有哪一种能超过读写文化和口头文化交汇时所释放的能量，而当读书识字的人突然被电磁场攫住时，电力聚变（或内爆）就产生巨大的社会能量和心理能量，这是我们从平常的恍惚和麻木状态获得解放的契机。[3] 这说明，媒介符号环境的转型，并不是线性替代，而是杂糅、交汇和化合，进而产生一种更具包容性的生态整体。

更具生态学特点的则是麦氏发展和运用的亚里士多德以来的形式因、物质因、直接因和终极因等四元因果关系理论所形成的四元定律。四元定律可以用问题的形式表述如下：这个媒介使什么得到提升或强化？它使什么东西过时或者说它取代什么东西？它使什么过时的东西得到再现？它被极端挤压后产生什么东西或变成什么东西？这样，"提升"、"过时"、"再现"和"逆转"就

---

[1] Mark Q. Sutton and E. N. Anderson, *Introduction to Cultural Ecology* (second edition), Maryland: AltaMira Press, 2010, p. 50.

[2] 〔美〕怀特著，沈原等译：《文化的科学——人类与文明研究》，山东人民出版社1988年版，第354页。

[3] 〔加〕马歇尔·麦克卢汉著，何道宽译：《理解媒介——论人的延伸》，第91页。

成为对媒介转型过程的基本描述,这个四元定律是多线条的、同步的和多重原因的。①麦克卢汉指出,其媒介定律旨在提供方便的手段,使人们能够确认技术、媒介和人工制造物的属性及其影响。它们表现的不是一个序列的过程,而是一个同步的定律。这四个侧面从一开始就是每一种人工制造物固有的定律。它们相互补充,要求将人工制造物与其背景联系起来观察,而不是抽象地进行考虑。"人工制造物这种四位一体的形式,并不是中性或被动的东西,而是人的身心活跃的标识或言语,这种形式使使用者及其背景发生转化。"②在他看来,提升和过时是两种互补的作用。任何新的技术、思想和工具使用者能够进行一套新的活动;同时,它又把过去做事的办法搁置一边。"老陈词重新启用时,既是固有的原理,又是原型意义上的怀旧形象。作为原理,它给新的基础和新的意识提供信息。作为原型意义上的怀旧形象,它与新基础的关系发生转换。"③"媒介的四定律中关于重新启用和逆转的那两条原理都涉及变形。那个陈词电影被作为娱乐环境的电视取代之后,它就成了一种艺术形式。同样,作为新兴的卫星背景的副产品,整个地球作为可以编程的资源和艺术(生态学)而被重新启用。"④媒介四定律逆转的侧面简洁明快地证实了信息论的一条箴言:数据超载等于模式识别。一个词、一个过程或一种形式推进到潜力的极限之后,它的特征就会逆转,它就会成为一个补充的形式。⑤

麦克卢汉父子的《媒介定律:新科学》(1988)对麦氏研究媒

---

① 〔美〕林文刚编,何道宽译:《媒介环境学——思想沿革与多维视野》,第145页。
② 〔加〕埃里克·麦克卢汉、弗兰克·秦格龙主编,何道宽译:《麦克卢汉精粹》,第566页。
③ 〔加〕埃里克·麦克卢汉、弗兰克·秦格龙主编,何道宽译:《麦克卢汉精粹》,第575页。
④ 〔加〕埃里克·麦克卢汉、弗兰克·秦格龙主编,何道宽译:《麦克卢汉精粹》,第576页。
⑤ 〔加〕埃里克·麦克卢汉、弗兰克·秦格龙主编,何道宽译:《麦克卢汉精粹》,第579页。

介的方法进行了归纳,进入了一个全新的领域:定律。与此同时,该书宣称完成了一个历史悠久的工程:17世纪由培根提出"新科学"开始,然后在18世纪由维科《新科学》接手的工程。麦克卢汉认为他发现的四条定律有特别的联系。"这种特别的关系不仅揭示了媒介的语法,而且揭示了人类一切创新的语法……这些定律扫荡了继续分割艺术和科学的一切基础,因为艺术和科学都证明是属于诗学的。由于对人类语言的揭示,这些定律及其内涵对一系列领域成果的有效性提出了挑战,包括符号学和语言学这两个领域。他发现,这些定律适用于一切人类的东西,尤其是人的创新和言语——这就产生了哲学和人文科学的一些命题。"[1]

这些麦氏媒介定律强调了事物之间的普遍联系和相互作用,强调了自然科学与人文社会科学符号媒介的一致性,显现出同时并存、共生互动、相反相成、相克相生、亦此亦彼、"动态构成性关系"[2]等一系列生态学思想。当然,从一定角度看,麦克卢汉的媒介循环理论还是略显机械,它并未重视即使在有了文字印刷这种"主导媒介"之后,口语文化或"次生口语文化"大量存在的事实。沃尔特·翁提出的次生口语文化(secondary orality)概念可以视为对麦氏相关论述的补充和矫正,他认为电子媒介恢复了古代口语文化的一些特征,口语文化占据电子世界舞台的中心,但其形式与原生口语文化不同。在这里,口语文化不是真实的会话,而是虚拟的仿真会话,是一种感觉,一种言语—视觉—声音构建的公共会话。[3]如此看来,麦氏对于符号媒介环境中各具体成

---

[1] 〔加〕埃里克·麦克卢汉、弗兰克·秦格龙主编,何道宽译:《麦克卢汉精粹》,第592—593页。

[2] 〔美〕格里芬主编,王成兵译:《后现代精神》,中央编译出版社1998年版,第21—22页。格里芬认为,后现代作家把一切关系描述为内在的、本质的和构成性的(constitutive)。

[3] 〔美〕沃尔特·翁著,何道宽译:《口语文化与书面文化:语词的技术化》,北京大学出版社2008年版,第104页。

分及其间关系的论述有过分简单、过分概括之嫌。

三、媒介社会环境的生态整体论

媒介生态学最核心的理论命题即是"媒介作为环境"。环境又可分为自然环境和社会环境,而媒介环境学则主要关注媒介与社会的互动关系。伊尼斯认为,一种新媒介的长处将导致一种新文明的产生,比如广播电台促使西方文明进入一个新阶段,倚重的是集中化和传播的连续性。而麦克卢汉强调,技术媒介影响了人类的感知方式,改造了主体间关系,调整了时间和空间,重构了社会环境。他的研究说明,印刷的专业化,划分了美学、政治学、经济学以及公共和私人各领域,然而这些领域的纵向和横向联系,已因电子传播的影响而得到根本性修正。这种新的媒介技术已重构了社会生活,以致人们没有必要必须成为一个专家才能去参与。在他看来,人们现在生活于一个"重叠性的世界",这个世界消除了文化等级和各领域之间的分离,全球已在纵向上、时间上和横向上内爆。人类已自我崩溃,回归到口语社会那种乡村式社会。[1]因此,在他那里,媒介会促使各种不同的物质的、社会的、意识的、经济的、政治的和文化的因果关系的生成和改变。

在人与社会的共时关系方面,针对长期存在于西方人意识中"人类中心主义"的非生态学思想,麦克卢汉提出"伺服系统"的观念来矫正。他指出,"正是因为持续不断地接受日常使用的技术,所以在与我们自身这些形象的关系中,我们才进入了纳西索斯潜意识知觉和麻木的角色。由于不断接受各种技术,我们成了它们的伺服系统。所以说,如果要使用技术,就必须为它

---

[1] 〔英〕史蒂文森著,王文斌译:《认识媒介文化》,商务印书馆2003年版,第193页。

服务，就必须把我们自己的延伸当作神祇或小型的宗教来信奉。印第安人成为他的独木舟的伺服系统，同样，牛仔成为其乘马的伺服系统，行政官员成为其钟表的伺服系统"①。因此，人并不是凌驾于他所创造的技术和社会历史之上，而是不可避免地处身其中，成为伺服者。对于人所创造的技术和社会历史来说，人是主体（subject）也是"屈从体"（subject to）。②"从生理上说，人在正常使用技术（或称之为经过多种延伸的人体）的情况下，总是永远不断受到技术的修改。反过来，人又不断寻找新的方式去修改自己的技术。……从社会层面上说，正是群体压力和刺激的积累，才促发了抗刺激的发明和革新。"③在这个意义上说，电力时代给予我们视通万里的整体场知觉媒介，它需要一种结构的哲学才能解释。因为，在这个时代每个人都深刻地涉及其他人，"我们身披全人类，人类就是我们的肌肤"④。这样，社会和他人就都成了我们自身有机的组成部分，三者间相互"伺服"，共同构成一个生态整体。

在社会形态变迁的历时维度上，针对长期以来存在的线性进步论的非生态观念，他提出"后视镜"（rear-view mirror）的观念来矫正。正如我们所见，麦克卢汉的历史三阶段又呈现一种螺旋式的上升，前拼音文字媒介，是听觉的、整体的、浑一的、场论的、多维的、同步的、顿悟的，是有机整体论；拼音媒介与之相反，是视觉的、切割的、分类的、几何的、三维的、线型的、理解的，是机械整体论。虽然第三个阶段是在更高的质量上向第一阶段的回归，如麦克卢汉说，只有电子媒介是人的神经系统的延

---

① 〔加〕马歇尔·麦克卢汉著，何道宽译：《理解媒介——论人的延伸》，第79页。
② Louis Althusser, *Lenin and Philosophy and Other Essays*, London: Monthly Review Press, 1971, p. 152.
③ 〔加〕马歇尔·麦克卢汉著，何道宽译：《理解媒介——论人的延伸》，第78—79页。
④ 〔加〕马歇尔·麦克卢汉著，何道宽译：《理解媒介——论人的延伸》，第81页。

伸，以前的一切媒介都是人的部分的延伸，又如只有电子媒介是瞬息同步的，前拼音文字媒介只是同步。然而就有机整体论这一总体性质来说，电子媒介与拼音文字媒介是完全相同的，而与拼音文字—印刷媒介是截然相反的。因此，"历史的三阶段又可作性质二分，以拼音文字—印刷媒介为一方，以前拼音文字—电子媒介为一方。正因第一阶段与第三阶段的同一性，麦克卢汉认为，世界历史（从现代向后现代）的发展，表现为'城市'的重新'部落化'和'市民'的重新'游牧者化'"①。然而，历史的三阶段之间是如何更替的呢？这涉及麦克卢汉对媒介的后视镜的说法：各种媒介是根据先前技术的角度得到理解和概念化的。社会和个人面临新的境遇时，他们会依附于不久之前的过去。因此我们好像通过一个后视镜来感知现在。包括汽车和计算机在内的新媒介，问世之初均是以先前的技术如马车和打字机做比照。②当我们面对一个全新的情况时，我们总是反对接受新事物，而更倾向于陶醉于过去的东西。我们通过后视镜来观察现在，倒退着进入未来。麦克卢汉总是试图用历史事实作为他的理论注脚。尽管麦克卢汉在使用这一术语时也还带着一定批判的态度（他认为艺术和艺术家可以不受这种后视方式的束缚而可以预见），但他自己借助前文字社会以界定新兴电子时代的做法，似乎印证了他的后视镜理论。由于人们"倒退着进入未来"，社会形态之间便成为一个有机整体，而不是被范式激变所产生的鸿沟割裂开来，这样整个社会历史就生态式的关联起来了，这是一种社会历史观上的生态学思想。它与库恩所主张的人文学科通过不断回归过去而进行范式转换，自然科学通过毁灭自己的过去而实现范式转换的说法不同，麦克卢汉通过其"媒介定律"进一步完善了这一认识，认为媒介

---

① 张法：《麦克卢汉的媒介哲学与美学》，载王岳川主编：《媒介哲学》，河南大学出版社2004年版，第7—8页。
② 〔英〕克里斯托夫·霍洛克斯著，刘千立译：《麦克卢汉与虚拟实在》，第120页。

杂交"适用于一切人类的东西，尤其是人的创新和言语——这就产生了哲学和人文科学的一些命题"[①]。

在社会的时空整合维度，针对长期以来存在的社会分裂和等级制度的非生态思想，麦克卢汉用"内爆"的观念来矫正。社会环境的要素之间的关系由于"内爆"而变成具有生态式关联的系统，整个社会环境成为一种"共鸣场"。[②] 他认为，经过3000年专业分工的爆炸性增长之后，经历了由于肢体的技术延伸而日益加剧的专业化和异化之后，我们这个世界由于戏剧性的逆向变化而收缩变小了。"由于电力使地球缩小，我们这个地球只不过是一个小小的村落，一切社会功能和政治功能都结合起来，以电的速度产生内爆，这使人的责任意识提高到了很高的程度。"[③] 每一个人的生活都与他人息息相关，每一个人都与他人的生活紧紧地纠缠在一起，每一个人都介入他人的生活并参与他人的行动。传播技术将我们的中枢神经系统扩展到其他人类的能激起美感的全球性整合之中。"这使时间（过去和现在）与空间（近处和远处）之间的区别变得多余。"[④] 内爆使一切已有的界限和等级制轰然坍塌，使界限内外实现杂交化合，释放出新的巨大的杂交的能量和力量，使人与人、人与社会、社会与社会之间相互依存，共处于同一个整体的生态场和共鸣场之中。

我们发现，麦克卢汉的"三部曲叙事"提供了一个历史和空间的维度，在其中，"人"与实在的接近程度，要视媒介技术在历史的每个阶段或在全球中的所属地区的条件而定。表面上，这可能会使我们设想，对麦克卢汉而言，媒介与实在之间联系的条件

[①]〔加〕埃里克·麦克卢汉、弗兰克·秦格龙主编，何道宽译：《麦克卢汉精粹》，第592—593页。
[②]〔加〕马歇尔·麦克卢汉著，何道宽译：《理解媒介——论人的延伸》，第42页。
[③]〔加〕马歇尔·麦克卢汉著，何道宽译：《理解媒介——论人的延伸》，第22页。
[④]〔英〕史蒂文森著，王文斌译：《认识媒介文化》，第191页。

是根据历史环境决定的,然而,他的分析却是以知觉心理学为基础的,"社会性已被历史地丢掉了"。① 这造成他的生态理论对起决定作用的政治经济方面的分析显得薄弱,他忽视了社会控制等政治经济重大因素对媒介的反作用,在诠释现实时具有一定的乌托邦色彩。其主要着力点在于媒介(或者说媒介技术)对社会的作用(可能是正面的,也可能是反面的),而并未更多关注社会环境是如何影响媒介运用的。② 在他看来,媒介技术复制、重组或展演既存媒介,这本是一个有益的洞见。然而,"麦克卢汉对这种媒介交互性的特征化以两种方式受到了阻滞。第一,它仅以时间上的线性模式向某种模糊地建构在他的模式中的某种媒介的终极状态进步。第二,它强调全部形式而非多个部分、推动力和成分构成的装置"③。"装置"则是既有形式也有内容的"环境"。

当然,从我们的论述角度看,在媒介感知环境、媒介符号环境与媒介社会环境之间,尽管麦克卢汉指出了其间的互动关联,但他过分强调了处于其论说中心的媒介符号环境的决定性作用,弱化了三者间的生态式关联。马克思指出,"五官感觉的形成是以往全部世界史的产物",只从媒介符号形式方面不仅无法解释感觉系统的复杂性和社会历史成因,也使他向技术乌托邦主义滑动,尽管他并非对所有的媒介技术都持肯定态度,与同时代的主流观点相反,他对印刷技术对人脑的机械化影响持相当的批判态度。

总之,麦克卢汉是一座迷宫,生态思想和生态诗学或许是引导人们走出迷宫的"阿里阿德涅之线"。

---

① 〔英〕克里斯托夫·霍洛克斯著,刘千立译:《麦克卢汉与虚拟实在》,第88页。
② 魏武挥:《修习媒介环境学:从〈知媒者生存〉开始》,《数字时代阅读报告》2011年第7辑。
③ Matthew Fuller, *Media Ecologies: Materialist Energies in Art and Technoculture*, Cambridge, MA: The MIT Press, 2005, p. 81.

《理解媒介》与北美媒介生态学的承传流转

何志钧

【作者简介】何志钧,鲁东大学文学院教授。

内容提要:《理解媒介》是北美媒介生态学发展历程中承上启下的巨著。《理解媒介》诞生半个世纪以来,产生了世界性的深远影响。《理解媒介》接通了麦克卢汉和哈罗德·伊尼斯、刘易斯·芒福德等先驱的思想,也对众多后继者产生了深刻影响。《理解媒介》留给众多媒介生态学家的不仅是研究的方法论和理论框架、基本命题、一整套概念范畴,而且是无尽的启迪,众多后来者正是沿着麦克卢汉开启的道路不断挺进、探索、开拓,不断生发出新的洞见,实现对《理解媒介》的引申、发挥、超越、扬弃,甚至质疑、重构。

关键词:《理解媒介》;媒介生态学;麦克卢汉

1964 年,一部划时代的巨著《理解媒介》(*Understanding Media: The Extensions of Man*)诞生了,它诞生后产生了世界性的深远影响,迄今,这部经典之作流传已逾 50 周年。半个世纪以来,《理解媒介》深刻影响了世人对媒介、感知、语言、技术乃至诸多社会文化问题的认识,甚至在相当程度上改变了人们的思维方式。

《理解媒介》堪称是北美媒介生态学发展历程中承上启下的奠基之作，它接通了赫伯特·马歇尔·麦克卢汉（Herbert McLuhan）和哈罗德·伊尼斯（Harold Innis）、刘易斯·芒福德（Lewis Mumford）等先驱的思想，让我们感受到其间声息相通的思想共振。《理解媒介》作为麦克卢汉影响最大的著作更对众多后继者产生了深刻影响，在麦克卢汉之后，媒介生态学派的众多后来者无不从中汲取灵感，套用麦克卢汉评价伊尼斯的话，可以说多伦多学派和纽约学派中几乎所有麦克卢汉的后学的著述都是《理解媒介》的注释和发挥。例如麦克卢汉的同事和追随者、多伦多学派的第三代传人德里克·德克霍夫（Derrick de Kerckhove）就曾明确谈到："我从麦克卢汉那里学到的最重要的东西，就是当你试图了解一种文化时，要密切关注传播媒介。"[1] 麦克卢汉的同事罗伯特·洛根（Robert Logan）说麦克卢汉分析他那个时代的新媒介取得了惊人的成功，但他研究的是电力大众媒介以及它们如何使教育、工作和社会面目一新。他立志"延伸麦克卢汉"，在网络时代重新审视麦克卢汉的《理解媒介》，将各种媒介置入互动式数字媒介的背景中去考察。[2] 显然，不能在《理解媒介》和众多媒介生态学家的煌煌著述之间简单地画等号，抹杀麦克卢汉之后众多媒介生态学家的理论创新和探索成就。《理解媒介》留给众多媒介生态学家的不仅是研究的方法论和理论框架、基本命题、一整套概念范畴，而且是无尽的启迪，众多后来者正是沿着麦克卢汉开启的道路不断挺进、探索、开拓，不断生发出新的洞见，实现对《理解媒介》的引申、发挥、扬弃、超越，甚至质疑、重构。因此有必要梳理《理解媒介》与媒介生态学理论家著述的承传关

---

[1]〔加〕德克霍夫著，汪冰译：《文化肌肤：真实社会的电子克隆》，河北大学出版社1998年版，中文版《序言》，第1页。

[2]〔加〕罗伯特·洛根著，何道宽译：《理解新媒介——延伸麦克卢汉》，复旦大学出版社2012年版，第6页。

系，审察《理解媒介》在媒介生态学理论家著述中的回响，对麦克卢汉和其后学的有关著述和思想心得进行辨析，考量其同中之异和异中之同。

一

透过《理解媒介》，我们可以明确、清晰、强烈地感受到麦克卢汉与对他产生过重大影响的先驱伊尼斯、芒福德在思想和学术上的血肉联系。

麦克卢汉和伊尼斯心有灵犀，伊尼斯在多个方面深刻影响了麦克卢汉，特别是伊尼斯后期从传播媒介的效果研究角度考察媒介变革对社会关系、权力格局、文化心理的影响，他"深入到隐蔽的历史背景中去，从内部去探察文化，了解其运行机制"[①]的思路令麦克卢汉刻骨铭心，其关于媒介影响社会形态和政治格局的论述、关于口头文化与书面文化差异的论述、关于媒介时空偏向的论述都在麦克卢汉的著作中不断回响。在《帝国与传播》和《传播的偏向》中，伊尼斯考察了古埃及以来深刻影响帝国政治形态的传播媒介，揭示了不同的制度如何驾驭不同的媒介，而不同的媒介又如何影响到社会权力关系和文化格局。他将众多媒介分为有利于时间上延伸的媒介和有利于空间上延伸的媒介，具有时间偏向的媒介如羊皮纸、黏土、石头等，更具耐久性，利于宗教、信仰历久不废的沿袭和绝对王权的代代传承。具有空间偏向的媒介如莎草纸、电报和广播等则利于信息在空间上的广泛、迅捷地传播、覆盖，便于对广袤的国土有效地进行管控，因此是庞大帝

---

① 〔加〕哈罗德·伊尼斯著，何道宽译：《帝国与传播》，中国人民大学出版社 2003 年版，第 2 页。

国形成和维系的基本条件。"根据传播媒介的特征,某种媒介可能更加适合知识在时间上的纵向传播,而不是适合知识在空间中的横向传播,尤其是该媒介笨重而耐久,不适合运输的时候;它也可能更加适合知识在空间中的横向传播,而不是适合知识在时间上的纵向传播,尤其是该媒介轻巧而便于运输的时候。所谓媒介或倚重时间或倚重空间,其含义是:对于它所在的文化,它的重要性有这样或那样的偏向。"① 在《理解媒介》中我们可以频频看到麦克卢汉对伊尼斯上述理论的"复述"。例如,他指出,"任何传送信息的新媒介,都会改变权力结构,这一点完全可以预见。只要新媒介在各地同时可资利用,就有可能只改变结构而不至于造成崩溃。……有了印刷品之后,凭借同质性的政治统一,首次有了现实的可能。但是,在古罗马却只有轻便的纸写手稿去穿透部落村的模糊性,或减少其非连续性。纸的供应一衰竭,繁忙的道路上就不见车马,正像在我们这个时代里汽油限额供应时公路上冷清的情况一样。所以,原有的城市国家又再次出现,封建主义就取代了共和政体"②。在《理解媒介》中他还不厌其烦地回顾和论述了轮子、道路和莎草纸所引起的空间组织的结构变化,与伊尼斯有关媒介偏向的论述可谓高度照应。

伊尼斯认为这两种类型的媒介在人类文明史上并行不悖,此起彼伏,二者不可偏废,一个帝国要想长治久安,必须保持时间偏向和空间偏向的平衡,这一观点在麦克卢汉的《理解媒介》等著作中也打下了深深的烙印。麦克卢汉一生关注的是媒介对人类感知的影响及如何动态地维护人类感知的平衡、文化的平衡。在《理解媒介》中,他表示赞同教皇庇护十二世的观点:"现代社会

---

① 〔加〕哈罗德·伊尼斯著,何道宽译:《传播的偏向》,中国人民大学出版社 2003 年版,第 27 页。

② 〔加〕马歇尔·麦克卢汉著,何道宽译:《理解媒介——论人的延伸》,商务印书馆 2000 年版,第 129 页。

的未来及精神生活是否安定，在很大程度上取决于在传播技术和个人的回应能力之间，是否能维持平衡。"① 如果说伊尼斯更多关注的是媒介的时间偏向与空间偏向问题，由此也触及了权力的偏向、社会的偏向、文明的偏向，那么，麦克卢汉则对伊尼斯提出的媒介偏向的命题做了拓展和发挥，形成了自己关于"感知偏向"的新见解，与伊尼斯的论述可谓各有千秋。在《理解媒介》中，他指出"技术的影响不是发生在意见和观念的层面上，而是要坚定不移、不可抗拒地改变人的感觉比率和感知模式"②。在麦克卢汉之后，这种媒介偏向理论经过尼尔·波兹曼（Neil Postman）的进一步发挥，转变为了一种关于意识形态偏向的理论，在尼尔·波兹曼看来，麦克卢汉所谓媒介引致的"新的尺度"就是新的意识形态偏向。③ 而且，他把伊尼斯和麦克卢汉关注的媒介偏向问题与《理解媒介》中麦克卢汉提出的著名命题"媒介即讯息"结合起来进行了新的阐述，在他看来，"媒介即讯息"也就是说媒介本身就隐含着意识形态偏向，"每一种工具里都嵌入了意识形态偏向，也就是它用一种方式而不是用另一种方式构建世界的倾向，或者说它给事物赋予更高价值的倾向；也就是放大一种感官、技能的能力，使之超过其他感官、技能或能力的倾向"④。

在《理解媒介》中麦克卢汉不仅拓展了伊尼斯的理论，更多论述感知的偏向，而且他还把伊尼斯的时空偏向命题与他自己所谓的冷媒介、热媒介命题进行了饶有意味的嫁接，生发出了新的意义。"象形文字或会意文字之类的冷媒介，与拼音文字之类的热烈而爆发性的媒介，也具有不大一样的影响。拼音字母抽象的视

---

① 〔加〕马歇尔·麦克卢汉著，何道宽译：《理解媒介——论人的延伸》，第49页。
② 〔加〕马歇尔·麦克卢汉著，何道宽译：《理解媒介——论人的延伸》，第46页。
③ 金惠敏：《"图像—娱乐化"或"审美—娱乐化"——波兹曼社会"审美化"思想评论》，《外国文学》2010年第6期。
④ 〔美〕尼尔·波斯曼著，何道宽译：《技术垄断：文化向技术投降》，北京大学出版社2007年版，第7页。

觉程度被推向高峰时,就成为印刷术。带有专一视觉强度的印刷文字,冲破了中世纪团体性行会和修道院的束缚,创造了极端个体性模式的企业和垄断现象。……文字媒介逐渐升温,热到可以多次重印的强度时,就导致了16世纪的民族主义和宗教战争。笨重不便、大而无当的媒介,比如石头,把纵向的时间粘合起来。他们被用来书写时,是很冷的媒介,它们把许多个时代粘合成一个整体。另一方面,纸却是热媒介,他把横向的空间连成一片,在政治帝国和娱乐帝国里都是这样的。"① 这里,麦克卢汉对媒介冷热问题的诠释饶有新意,时间偏向的媒介往往是冷媒介,而空间偏向的媒介更多的是热媒介,这显示了媒介的冷热不仅与信息的清晰度、受众的参与度有关,还与时空偏向有关,这从另一个角度佐证了"热媒介有排斥性,冷媒介有包容性"②。

媒介生态学的另一位先驱芒福德的见解也在《理解媒介》中频频被引述,芒福德的崇论宏议也给麦克卢汉带来了无尽的灵感。在《理解媒介》中,麦克卢汉多次征引芒福德的论述。如他指出,"芒福德在《历史名城》中认为,有围墙的城市是我们皮肤的延伸,正如住宅和衣物是我们皮肤的延伸一样……在电子时代,我们身披全人类,人类就是我们的肌肤"③。"正如芒福德在《历史名城》中阐述的那样,村庄实行了人的一切官能在社会和制度两方面的延伸。"④ 这可谓是麦克卢汉的"媒介是人的延伸"思想的滥觞。在《理解媒介》中麦克卢汉也不乏类似的表述:服装是"个体皮肤的延伸","住宅是人体温度控制机制的延伸","城市则是适应大群体需要的、人体器官的进一步延伸"。⑤ 而德克霍夫正是

---

① 〔加〕马歇尔·麦克卢汉著,何道宽译:《理解媒介——论人的延伸》,第52页。
② 〔加〕马歇尔·麦克卢汉著,何道宽译:《理解媒介——论人的延伸》,第52页。
③ 〔加〕马歇尔·麦克卢汉著,何道宽译:《理解媒介——论人的延伸》,第80—81页。
④ 〔加〕马歇尔·麦克卢汉著,何道宽译:《理解媒介——论人的延伸》,第131页。
⑤ 〔加〕马歇尔·麦克卢汉著,何道宽译:《理解媒介——论人的延伸》,第163页。

由此生发出了他著名的"文化皮肤"说。他的《文化肌肤：真实社会的电子克隆》可谓是对麦克卢汉中枢神经系统延伸说的进一步发挥。芒福德在《技术与文明》中还谈到电报、电话、电视等媒介技术不仅促成了信息的超越时空局限的广泛传播，而且人们的信息交流重新显现了古代社会中人际传播的实时交互、即刻反应、在场互动的特征。这又可谓是麦克卢汉"重新部落化"命题的雏形。① 芒福德关于机械技术对文明的影响的论述和对"王者机器"、有机技术论的见解也在《理解媒介》中不断激起反响。芒福德津津乐道的"王者机器"也引发了麦克卢汉的热烈共鸣，在谈到芒福德对17世纪城市中新建的笔直而宽敞的街道的论述时，麦克卢汉像芒福德一样把军队（军事机器）和能建造金字塔这样宏伟建筑的劳动大军（"王者机器"）、工业革命时代的大工业流水线（工业机器）相提并论，他指出"以士兵为统一的可替换零件，罗马的军事机器运输货物时，很像工业革命初期工业运转的情况。罗马军团所到之处，贸易总是接踵而至。而且，罗马军团本身就是工业机器"，在此，他强调了"训练相同的士兵和创造财富的产业工人之间不可分割的联系"。② 在《技术与文明》中，芒福德曾断言"现在工业社会的关键机器不是蒸汽机，而是钟表"③，麦克卢汉在《理解媒介》中也高度赞同芒福德的这一见解。他指出："芒福德把'钟表、印刷机和鼓风机'相提并论，说它们是文艺复兴时代的伟大发明时，这一提法并非是不合理的。钟表和鼓风机一样，加速了材料的熔化，促进了社会生活外形整齐划一性的兴起。在18世纪后期工业革命兴起之前很久，人们已经开

---

① Lewis Mumford, *Technis and Civilization*, Harcout: Brace and Company Inc., 1934, p. 239；李明伟：《知媒者生存：媒介环境学纵论》，北京大学出版社2010年版，第32页。
② 〔加〕马歇尔·麦克卢汉著，何道宽译：《理解媒介——论人的延伸》，第139页。
③ 〔美〕刘易斯·芒福德著，陈允明、王克仁、李华山译：《技术与文明》，中国建筑工业出版社2009年版，第15页。

始抱怨,社会成了一台'枯燥的机器',它以令人头晕目眩的速度把人放在里面搅拌。""钟表把人从季节节律和循环的世界中拽出来,其有效性和拼音字母表把人从口头语言的魔幻回响和部落的陷阱中释放出来一样有效。"① 值得注意的是,芒福德的见解令麦克卢汉更深邃地洞察到了文化范型的剧变,他已意识到"抽象性"、"符号性"、"脱域性"是机械文明的重要特征,"不是时钟,而是受时钟强化的书面文化,造成了抽象的时间……刘易斯·芒福德的洞察很有见地,他说文艺复兴时期的抽象时间感觉,使当时的人生活在历史上的古典时期,使人能摆脱当时的现实。同样,正是印刷机通过大规模生产古典文献和经文,才使得重新构建过去的古典时代成为可能。机械而抽象的时间模式很快就延伸为衣服款式的周期变化,很像大规模生产延伸为报纸杂志的周期出版一样"②。

在《理解媒介》中,麦克卢汉甚至视言语为人类文明史上最早的技术,"言语是人最早的技术,借此技术人可以用欲擒先纵的办法来把握环境。……借助语词把直接的感觉经验转换成有声的语言符号,我们可以在任何时刻召唤和找回整个的世界"③。而"对部落人来说,巫术仪式是'应用知识'的手段。没有文字的土著人不是把自然转化成人为技术,而是力图给自然美赋予精神的活力"④。从这里也不难窥见芒福德式的以技术为文明的核心的理念。但是,麦克卢汉比芒福德更进一步,他不仅强调技术是文明的核心,重视从技术演进的角度审视和理解文明的变迁,而且追根究源,揭橥了拼音字母才是西方科技理性之源。在《理解媒介》中,他批评芒福德,"刘易斯·芒福德认为,在对社会机械化的影

---

① 〔加〕马歇尔·麦克卢汉著,何道宽译:《理解媒介——论人的延伸》,第199页。
② 〔加〕马歇尔·麦克卢汉著,何道宽译:《理解媒介——论人的延伸》,第198页。
③ 〔加〕马歇尔·麦克卢汉著,何道宽译:《理解媒介——论人的延伸》,第93页。
④ 〔加〕马歇尔·麦克卢汉著,何道宽译:《理解媒介——论人的延伸》,第95—96页。

响上，钟表应排在印刷机的前面。但是，他却没有注意拼音字母表的影响……他没有意识到拼音字母表是西方机械主义之源，正如他不知道机械化是社会从听觉触觉型转向视觉价值型的过程一样"①。他也不仅仅推重有机技术论，而是更进一步，深究有机技术产生的根由，把电力技术视为是有机技术时代来临的前提。他也把芒福德式的"城市是人的肌肤的延伸"的命题提升为了"电力技术是人的中枢神经系统的延伸"的命题。"我们的新型电力技术的趋向是有机的、非机械型的，因为它延展的不是我们的目力，而是我们类似行星网罩的中枢神经系统。"②

二

口语文化和书面文化、听觉文化与视觉文化的差异一直是媒介生态学理论家们用力最勤的研究课题。在《传播的偏向》中，伊尼斯已用大量篇幅描写了学习过程中的口头法和书面法的对立。曾与他共事的哈弗洛克（E. A. Havelock）在《柏拉图导论》等著作中也对希腊口头文化和新兴书面文化的冲突多有论析。在《理解媒介》等著作中，麦克卢汉对口语文化、书面文化、电力文化的差异和媒介文化的历史变迁尤其进行了详赡的论述。麦克卢汉的高明之处在于他总能透过口语、文字、印刷术、电视，洞察到与之相应的"思想和社会组织的形态革命"的奥秘，为历史学、社会经济史研究补全这"缺失的一环"。③他指出："在所有产生巨大能量和变革的大规模的杂交结合中，没有哪一种更能超过读

---

① 〔加〕马歇尔·麦克卢汉著，何道宽译：《理解媒介——论人的延伸》，第189页。
② 〔加〕马歇尔·麦克卢汉著，何道宽译：《理解媒介——论人的延伸》，第189页。
③ 〔加〕马歇尔·麦克卢汉著，何道宽译：《麦克卢汉精粹》，南京大学出版社2000年版，第150页。

写文化和口头文化交汇产生的能量。读写文化赋予人的,是视觉文化代替听觉文化。在社会生活和政治生活中,这一变化也是任何社会结构所能产生的最激烈的爆炸。"① 在他看来,口头文化是一种听觉文化、触觉文化、在场文化,而书面语意味着视觉文化时代的到来,使社会日益专业化、分割化、个人化。"书写倾向于一种分离和专门化的行为……有文化的人或社会都培养出了一种能力,就是做任何事情都抱相当疏离超脱的态度。不识字的人或社会却事事经历感情或情绪上的卷入。"② 口语词要求人们的在场参与,它与个人主义、保守隐私的习惯格格不入,"由于拼音文字着重视觉形象,它养成了隐私的价值观念"③。印刷术的出现尤其使文化分化和普世化以并行不悖的方式产生了无远弗届的影响,"它的作用就是结束狭隘的地域观点和部落观念,在心灵上和社会上、空间上和时间上结束地方观念和部落观念"④。与文字文化、印刷术导致的专门化、分割化、去部落化不同,麦克卢汉认为电力技术则使人类重新部落化,"任何其他形式的媒介,只要它专门从某一个方面加速交换或信息流通的过程,都起到分割肢解的作用。与此相似,一种非常之大的加速现象,比如随电力发生的加速现象,又可能有助于恢复参与强度高的一种部落模式。收音机在欧洲推广之后出现的情况就是一个例子。电视在美国的普及如今又倾向于产生这样的结果。专门化的技术产生非部落化的影响,非专门化的技术又产生重新部落化的后果"⑤。由此,西方长期以来建立在书面词基础上的价值观念势必受到电话、电台、电视等电力媒介的剧烈冲击。

---

① (加)马歇尔·麦克卢汉著,何道宽译:《理解媒介——论人的延伸》,第83页。
② (加)马歇尔·麦克卢汉著,何道宽译:《理解媒介——论人的延伸》,第115页。
③ (加)马歇尔·麦克卢汉著,何道宽译:《理解媒介——论人的延伸》,第114页。
④ (加)马歇尔·麦克卢汉著,何道宽译:《理解媒介——论人的延伸》,第217页。
⑤ (加)马歇尔·麦克卢汉著,何道宽译:《理解媒介——论人的延伸》,第53页。

在麦克卢汉之后，罗伯特·洛根、德克霍夫、沃尔特·翁（Walter J. Ong）、爱森斯坦（Elizabeth Eisenstein）等后继者都曾高度关注口语文化与文字文化。沃尔特·翁的《口语文化与书面文化》对口语文化与书面文化的差异、精神心理效应做了专门研究，每有神来之笔。其中，对于口语文化中思维和说话的"冗余"特点、"情景化"特点的论述有理有据，对于口语文化把知识纳入人生世界，把知识放进生存竞争的环境，还未形成因果思维，而文字把人和认识对象分离开来，生成"客观性"的差异的论述也入情入理。罗伯特·洛根的《字母表效应：拼音文字与西方文明》重点关注的是拼音文字与西方文明的内在联系。德克霍夫的《字母和人脑：写作的偏侧性》重点关注的是拼音字母对人类认知的影响。爱森斯坦的《印刷业：变化的媒介》、《作为变革动因的印刷机——早期近代欧洲的传播与文化变革》等则系统论述了印刷文化促成的文化变革。他们的著述既延续了麦克卢汉的基本思路，又新见迭出，别具匠心。

在《理解媒介》中麦克卢汉多次谈及偏重视觉的美国文化、高度理性化的欧洲文化与偏重听觉的东方文化的差异，他强调拼音字母表是理解欧洲文明的关键，"个体的分离性、时空的连续性和法典的一致性，是有文字的文明社会的首要标志。部落文化，如像印度文化和中国文化，可能会比西方文化优越得多，它们在文化知觉和表达的广度和精巧方面要优越得多。……作为视觉功能的强化和延伸，拼音字母在任何有文字的社会中，都要削弱其他官能（声觉、触觉和味觉）的作用。这一情况没有发生在诸如中国这样的文化中，因为它们使用的是非拼音文字，这一事实使它们在经验深度上保留着丰富的、包容宽泛的知觉。这种包容一切的知觉，在拼音文字的发达文化中要受到侵蚀"[①]。"用拼音书写

[①]〔加〕马歇尔·麦克卢汉著，何道宽译：《理解媒介——论人的延伸》，第121页。

的词汇牺牲了意义和知觉,而埃及的圣书文字及中国的会意汉字之类的文字却能将意义和知觉固定下来。"①与麦克卢汉相似,德克霍夫在他的著作中也把"口语的听"与"能读能写的听"区别开来,认为识字影响了西方人,导致了西方人的听觉缺失,形成了一种重视轻听的传统。②在《文化肌肤》一书的中文版《序言》和第三章《字母程序——语言技术的起源》中,他还专门探讨了中国汉字和希腊字母的差异及其对使用这些语言的人们的心智产生的深远影响。此外,他还强调了智能与语言之间的共生关系,阐述了文字怎样扩展了智能。在德克霍夫看来,语言和字母构成了使我们容易接受技术的一种"软件"③,这从另一个角度丰富、充实了麦克卢汉把语言视为人类最早的技术的命题。罗伯特·洛根则将传播媒介研究的视线越过伊尼斯和麦克卢汉,向前向后大幅度延展,他指出伊尼斯和麦克卢汉认为只有三个基本的传播时代:口语传播时代、书面传播时代和电力传播时代。而他则将之更新为五个时代:(1)非言语的模拟式传播时代(远古智人的特征);(2)口语传播时代;(3)书面传播时代;(4)大众电力传播时代;(5)互动式数字媒介或"新媒介"时代。他强调在言语滥觞之前,人类就有传播行为,其形式是模拟式传播,在口语里恰恰也包含了模拟式传播的退化层。而在电力传播时代之后,数字媒介传播时代已经降临。④保罗·莱文森则立足手机的移动传播,对包括口语传播和人体传播在内的传统人类交流方式进行了独特的论析:"手机问世之前,人就是交流的移动家园。……这种一心多用的交流全部是短距离的交流。……我把人类交流这个漫长的

---

① 〔加〕马歇尔·麦克卢汉著,何道宽译:《理解媒介——论人的延伸》,第120页。
② 〔加〕德克霍夫著,汪冰译:《文化肌肤:真实社会的电子克隆》,第128—129页。
③ 〔加〕德克霍夫著,汪冰译:《文化肌肤:真实社会的电子克隆》,"导言",第5页。
④ 〔加〕罗伯特·洛根著,何道宽译:《理解新媒介——延伸麦克卢汉》,复旦大学出版社2012年版,第24—25页。

黎明期称之为第一阶段。"① 沃尔特·翁也把人类文明划分为"听觉文明"、"读写文明"、"电子文明"等几个阶段，这看起来似乎和麦克卢汉的划分没有什么区别。但沃尔特·翁不像麦克卢汉那样笼统地把电子时代的文化新态势阐释为"重新部落化"。他细致区别了"原生口语文化"（primary orality）与"次生口语文化"（secondary orality）。在《口语文化和书面文化》一书中，他指出，电子技术把我们带进了一个"次生口语文化"时代。这种新的口语文化和古老的原生态的口语文化看似类同，实际上却有着质的差异，"次生口语文化"是电子时代的虚拟的模拟会话。② 也就是说，电子技术导致的人类的"重新部落化"与远古的"部落化"不可同日而语。

三

与重点关注工业人的《机器新娘》、关注印刷人的《古登堡星汉》不同，《理解媒介》重点关注的是"电子人"。因此，在《理解媒介》中，麦克卢汉对电视的论述着力尤多。在他看来，电视塑造的一代是听觉—触觉的一代，与印刷人判然有别。对于电视引起感觉关闭，令人无法自已地服从，深深卷入其中，麦克卢汉和德克霍夫都有论述，但角度和见解却不尽相同。麦克卢汉指出"冷性的电视媒介促成了艺术和娱乐中的深度结构，同时又造成了受众的深度卷入"③。他指出纳西索斯神话的要旨是："人们对自己

---

① 〔美〕保罗·莱文森著，何道宽译：《手机》，中国人民大学出版社2004年版，第45页。
② 〔美〕沃尔特·翁著，何道宽译：《口语文化与书面文化》，北京大学出版社2008年版，第103—104页。
③ 〔加〕马歇尔·麦克卢汉著，何道宽译：《理解媒介——论人的延伸》，第385页。

在任何材料中的延伸会立即产生迷恋"①，电视的影响是尤其麻木的、阈下的。德克霍夫也认为电视是我们无意识情感的一种投射，他也高度关注电视的催眠效应，认为电视是与身体而非心智在对话。②但两人的侧重点、见解和思考问题的角度却有很大差异。

麦克卢汉论述自恋着眼的是技术的延伸对心理平衡的影响，在他看来，印刷时代以来，特别是在电力时代里，资讯激增，信息爆炸，这对人的中枢神经系统形成巨大冲击，使之无法承受压力，"震惊诱发泛化的麻木，使各种感知的阈限增高"③。因此，麻木反应实际上是人体力求保持平衡的一种应急努力。关于这一点，他曾不厌其烦地进行阐述。他指出："任何发明或技术都是人体的延伸和自我截除。这样一种延伸还要求其他的感官和其他的延伸产生新的比率、谋求新的平衡。"④"从生理学的角度看，有充分的理由说明，我们的延伸会使我们麻木。医学专家如汉斯·赛尔耶、阿道夫·乔纳斯认为，我们的一切延伸，无论是病态的还是健康的，都是保持平衡的努力。他们把人的任何延伸都看成是'自我截除'。人体无法探查或避免刺激的根源时，就诉诸自我截除的力量或策略。……身体受到超强刺激的压力时，中枢神经系统就截除或隔离使人不舒适的器官、感觉或机能，借以保护自己。……唯有借助麻木和堵塞感知通道，神经系统才能承受这种强度。这才是纳西索斯神话的真正意义。"⑤而德克霍夫则是从认知心理学的角度对电视进行论析的。他认为电视之所以能在我们的意识控制之外强烈地吸引我们，是因为"当我们看电视时，我们被拒绝给予足够的时间来充分地、有意识地整合信息"⑥。"正如麦

---

① 〔加〕马歇尔·麦克卢汉著，何道宽译：《理解媒介——论人的延伸》，第74页。
② 〔加〕德克霍夫著，汪冰译：《文化肌肤：真实社会的电子克隆》，第10页。
③ 〔加〕马歇尔·麦克卢汉著，何道宽译：《理解媒介——论人的延伸》，第76页。
④ 〔加〕马歇尔·麦克卢汉著，何道宽译：《理解媒介——论人的延伸》，第78页。
⑤ 〔加〕马歇尔·麦克卢汉著，何道宽译：《理解媒介——论人的延伸》，第75页。
⑥ 〔加〕德克霍夫著，汪冰译：《文化肌肤：真实社会的电子克隆》，第13页。

克卢汉不厌其烦地反复重申的那样，电视的主要作用并不体现在内容层次上，而是体现在带着电子束扫描设备的闪光的媒介自身这一层次上。节目的变化或切换诱发了连续的适应性反应，吸引了人们的注意力……不过，我们根本对付不了电视的初始刺激：电视会诱发快速的、连续的适应性反应，根本不给我们感觉闭合的时间。"① 由于快速变化的图像损害了言辞表达。受众被逼着从一幅图像换到另一幅图像。这势必使看电视的人在内心停止标识。"当这种情况出现时，我们发现个人是用更兴奋的、被唤起的生理状态来行动并做出反应的，这反过来又会导致理解力的下降。"② 但是，这并不意味着德克霍夫认为人在媒介技术面前是完全消极被动的。他只是强调观看电视和阅览图书的心理反应、情绪反应极为不同，不可混为一谈。在谈到电视对政治现实的影响时，他认为电视促成了一种功能性的、参与式的民主——电视民主③，对于麦克卢汉所谓的"纳西索斯神话"，他的理解和麦克卢汉有很大不同，他认为"当民用技术最终被引入我们的生活中时，它们会使其用户产生一种恋物情结，麦克卢汉称之为'纳西索斯'的麻醉作用。事实上，看来我们想要的是个人机器，不管它是一辆汽车还是一台计算机，还要赋予它远远超过我们可以利用之用处的威力"④。显然，在此他强调的是"个人机器"与人形成的伙伴般的亲密关系，这和麦克卢汉的关注点是不一样的。麦克卢汉更多地是以警惕的心态关注人被技术奴役的危险，"由于不断接受各种技术，我们成了它们的伺服系统。所以，如果要使用技术，就必须为它服务，就必然要把我们自己的延伸当作神祇或小型的宗教来信奉。印第安人成为他的独木舟的伺服系统，同样，牛仔成为其

---

① 〔加〕德克霍夫著，汪冰译：《文化肌肤：真实社会的电子克隆》，第12页。
② 〔加〕德克霍夫著，汪冰译：《文化肌肤：真实社会的电子克隆》，第12页。
③ 〔加〕德克霍夫著，汪冰译：《文化肌肤：真实社会的电子克隆》，"导言"，第4页。
④ 〔加〕德克霍夫著，汪冰译：《文化肌肤：真实社会的电子克隆》，第3—4页。

乘马的伺服系统，行政官员成为其钟表的伺服系统"①。而尼尔·波兹曼可谓是承继和强化了麦克卢汉对媒介技术的警惕与忧虑。他将人类文化划分为工具使用文化阶段、技术统治文化阶段和技术垄断文化阶段，他充满忧虑地强调文化向技术投降将瓦解人类精神价值，失控的技术"造就的文化将是没有道德根基的文化"。②

但是，也不能由此把麦克卢汉判定为一个技术悲观主义者。实际上，他对技术革新演进的态度总体看是辩证的、积极的，他甚至倾向于谨慎、乐观地展望媒介技术演进的前景。例如，麦克卢汉在谈到《理解媒介》时曾说过："本书追求弄懂许多媒介，弄懂产生媒介的冲突和媒介所产生的更大的冲突，并且通过增加人的独立自由，以提出削弱这些冲突的希望。"③他还认为"两种媒介杂交或交汇的时刻，是发现真理和给人启示的时刻，由此而产生新的媒介形式。……媒介交汇的时刻，是我们从平常的状态的恍惚和麻木状态中获得自由解放的时刻"④，例如，"电影是老式的机械技术和新兴的电力世界最令人叹为观止的结合。……拍摄马蹄腾空的镜头就具有象征意义：因为用一组照相机来记录动物的运动，就是以特殊的方式把机械的东西和有机的东西融合起来"⑤。麦克卢汉认为，"任何媒介的'内容'都是另一种媒介。文字的内容是言语，正如文字是印刷的内容，印刷又是电报的内容一样"⑥。新媒介总是积极利用旧媒介的资源，通过整合，实现升级换代。这一观点在许多后继者的著述中也不断激起回响。如莱文森和洛根就将麦克卢汉的这一思想运用于对数字媒介的分析中，洛根指出：

---

① 〔加〕马歇尔·麦克卢汉著，何道宽译：《理解媒介——论人的延伸》，第79—80页。
② 〔美〕尼尔·波斯曼著，何道宽译：《技术垄断：文化向技术投降》，北京大学出版社2007年版，"自序"，第2页。
③ 〔加〕马歇尔·麦克卢汉著，何道宽译：《理解媒介——论人的延伸》，第85页。
④ 〔加〕马歇尔·麦克卢汉著，何道宽译：《理解媒介——论人的延伸》，第91页。
⑤ 〔加〕马歇尔·麦克卢汉著，何道宽译：《理解媒介——论人的延伸》，第350页。
⑥ 〔加〕马歇尔·麦克卢汉著，何道宽译：《理解媒介——论人的延伸》，第34页。

"我们将一种媒介在另一种媒介里的再现称为补救,我们认为,补救是新数字媒介的界定性特征。"① 莱文森更坚信新媒介总是作为补救性媒介出现的,总比旧媒介更胜一筹,因为它总是把旧媒介的优点吸纳到自身中,同时又具有旧媒介不具备的优势,例如因特网就力图把一切既往的媒介都变成自己的内容,"开始的时候,因特网的内容是文本。到了 90 年代,它扩张以后就包括了图像和声音。到了世纪之交,它又提供了网络电话(Internet Telephone)、在线音频播放(RealAudio)、在线视频播放(RealVideo)。因特网证明且暗示,这是一个宏大的包含一切媒介的媒介"。②

20 世纪 80 年代逝世的麦克卢汉虽然生在"电力时代",但它的目光早已超越了所处的时代,他热情展望未来的网络传播时代,大胆而天才地预见到了新的媒介转型潮流。例如他预言了 iPad 式的播放器的发明,"目前,电影仿佛仍处在手抄本的阶段。不久,在电视的压力下,它将进入便携便读的印刷品的阶段。要不了多久,人人都会有一台小型价廉的 8 毫米电影机,就像在电视屏幕上看电视一样看电影。⋯⋯目前放映机和银屏分离的形式,是过去爆炸和功能分离的机械世界的残迹"③。莱文森也曾谈到麦克卢汉所谓的"地球村"在网络时代才真正成为现实,麦克卢汉实际上是在电力时代预先描绘了数字化时代的景观。④ 由此可见,电子时代的麦克卢汉和身处数字媒介与网络传播时代的莱文森、洛根等人是声息相通、心心相印的。

---

① 〔加〕罗伯特·洛根著,何道宽译:《理解新媒介——延伸麦克卢汉》,第 4 页。
② 〔加〕保罗·莱文森著,何道宽译:《数字麦克卢汉——信息化新纪元指南》,社会科学文献出版社 2001 年版,第 7 页。
③ 〔加〕马歇尔·麦克卢汉著,何道宽译:《理解媒介——论人的延伸》,第 359 页。
④ 〔加〕保罗·莱文森著,何道宽译:《数字麦克卢汉——信息化新纪元指南》,第 39 页。

理解社交媒介：马歇尔会如何说？

马尔科·阿德里亚 著

刘 宝 译

【作者简介】马尔科·阿德里亚（Marco Adria），加拿大阿尔伯塔大学教授。

【译者简介】刘宝，中国矿业大学徐海学院外语系讲师；中国社会科学院研究生院2015级博士生。

内容提要：马歇尔·麦克卢汉关于媒介观点的杰出之处在于，它是一个具有参与性的、开放式的认识论形式。运用这种形式，我们可以就社交世界引入新媒介的问题生发新的讨论。本文应用麦克卢汉的观点来阐述当下社交媒介的特征，指明媒介对于读者和文本之间关系的深刻意义。另外，通过纪实图片，本人还将对麦克卢汉的早年生活做出一些评论，尤其是草原三省城市的出生与童年时期对其思想的影响。

一、概 述

很荣幸来到西安与各位学者共同探讨麦克卢汉，他的思想今天已经传遍世界各个角落。加拿大的埃德蒙顿市，是我的家乡，也是麦克卢汉的出生之地，金惠敏先生偕夫人去年曾到访此处。麦克卢汉在加拿大和英国接受教育，先后在美国与多伦多执教并生活。

今天我想分析一下为何马歇尔思想的影响力变得如此巨大。我们对麦克卢汉的研究，不仅集中在传播方面，还包括对艺术、设计和文学的研究。如马克·波斯特（Mark Poster）所说，马歇尔是"媒介文化研究的一把钥匙"（2010，p. 2）。他影响了我们诸多方面的思想，除媒介之外，还有文学、政治、商业，甚至社区生活以及人们如何和谐共处。那么，我们该如何描绘他的作品和公众演讲的本质呢？

关于马歇尔思想的风格，我这儿有一条已经准备好了的线索。我提及他的公众演讲，是因为那些记录在音频或者电视节目中的马歇尔讲话的方式、口头交流的风格，都有着重要的意义。如果你听到或者看过马歇尔的讲话，你一定会记住他的一些特点，因为他本来就是一个热爱演讲的人。他的风格很重要，他把风格作为一种方式，来引导我们对自己的思想进行反思。他想让我们注意到这个世界在如何发生变化，而我们应该怎样看待这个世界。新的媒介本身就会转移和调整人们的感知，所以我还想和大家探讨一下我认为马歇尔会如何评价社交媒体。我想借用他在自己那个时代用来理解媒介的技术，作为理解我们今天媒介的一个方法。但在我进入这两个重要的话题——马歇尔思想的本质和对社交媒介的观点——之前，我想展示一些马歇尔故乡的照片，1911年7月21日，在加拿大草原三省中部的一个小城，他就出生在这里。许多到过加拿大的人都在多伦多机场进港，走出机场大门左转，小城埃德蒙顿就在3473公里之外的地方。

在这些照片中，我们可以看到马歇尔父亲为家人建造的房屋。当时他们在埃德蒙顿生活富足，家境殷实，图片中可以看到他父亲做生意的场景。直到今天依然有其族人在小城居住，如果你来探访马歇尔故居,就极有可能遇到斯图亚特·麦凯(Stuart McKay),他父亲是马歇尔的堂兄弟,而他本人也在继续做着家族历史的研究工作。

在麦克卢汉出生之际,埃德蒙顿是哈德逊湾公司的贸易中心,是毛皮交易的必经要道,同时还是3条洲际铁路的交汇之处。马歇尔对于风景视野的最初记忆,以及他对我们空间知觉的影响,便始于这个小城。在他两三岁大的时候,"看到远处成群的牛马,便为之所动,它们看起来那么渺小,似乎可以装进他的婴儿床"(玛钱德,1989,p. 8)。马歇尔曾多次返回故乡,探访亲友或者与同事一起工作。在他晚年成为教授之后,还回来拜访过他的同事威尔弗莱德·沃特森(Wilfred Watson),即他在20世纪70年代出版的那本《从套语到原型》(*From Cliché to Archetype*)的合作者。

二、马歇尔作为世界历史性人物

现在来探讨一下马歇尔演讲风格和社交媒介两个方面的话题。首先是风格。作为具有世界历史意义的人物,马歇尔一直致力于改变我们看待事物的方式,这正是名垂青史的大家所做的事情,比如弗洛伊德、马克思和达尔文。与这些名人一样,马歇尔从事的工作被文化理论家米歇尔·福柯称为"话语性的奠基"(discursivity founding)(福柯,1979,p. 155)。鉴于他媒介话语的特点,我认为学者们在未来很有可能会对其思想产生新的兴趣,并不断更新。在科学发展的过程中,一个理论家的"奠基性工作"(founding acting)可能:

表现在写作(文学创作)上,也有可能表现在奠基者广泛的活动上。这些活动包括那些有或者没有明确记录的语言交流、非语言的符号，以及与追随者的对话等。就马歇尔而言，我们有许多关于其采访或演讲的音频和电视资料，在网上随处可得。我们还有很多关于他在多伦多大学等地与学生进行学术交流的新闻报道。当然，我们还有关于那些与麦克卢汉共同工作或生活的人的报告和分析，包括罗伯特·洛根（Robert Logan）、德克霍夫（Derrick de Kerckhove）以及鲍威（B. W. Powe）。

作为一个更普遍现象的"特例"出现，而随后会变得越来越清晰。马歇尔的理论一直被局限在电视理论和20世纪60年代的特殊背景下，那些应用广泛、名声显赫的传播理论教材只是把麦克卢汉的遗产归入媒介自身的语境之中。然而有些其他的此类探究性分析技术，比如探针理论和四元论，一直被学者们用在电视与相对局限的媒介领域之外。

产生于直觉或经验主义的偏见。大量的批评家将马歇尔的做法批判为"技术决定论"。他自己坦言只是对当时之事进行评论，而不是对未来之事预测，但是，尽管他坚持声明他的感觉都是清晰的媒介应用模式，他还是受到了学者们的指责，被扣上了"主观主义"的帽子，被认为没有认识到人类能动性的巨大潜力。

产生于草率的一般化过程。马歇尔那句著名的论断"媒介即信息"，在20世纪70年代和80年代受尽雷蒙德·威廉斯（Raymond Williams）等人的指责和批判，当时的论辩认为内容才更为重要。但是到了最近，越来越多毫无内容可言的媒介开始出现，比如推特软件，它们用一种40年前无法想见的方式推翻了之前的辩争。

在话语转换的大机器中再次被引入。福柯所描述的话语类别转变，主要发生在马歇尔100周年诞辰之时，在世界范围内的各种座谈与会议上得以实现。马歇尔有很多思想需要表达，也有很多新的方法去表达。对马歇尔智力遗产的全面评价，需要时间和对历史的回顾。

马歇尔的方法具有很强的可参与性与开放性。其探针理论强调的是媒介集中使用的本体论和认识论内涵。探针就像广告标语一样具有很强的吸引力，容易被记忆，是一种开拓人与媒介之间关系的极有价值的方式。

三、理解社交媒介

马歇尔于 1964 年出版的《理解媒介》一书，注定成为媒介科学发展的奠基之作。书中强调了媒介使用的历程以及历史上出现的感知变化，并将其作为新媒介的后果。在 20 世纪 50 年代和 60 年代，当马歇尔在审视电视这一新媒介的时候，他把观众的表现描述为浸入式的"整体参与"。他认为，虽然电视调动了观众的听觉和视觉功能，但它根本上还是一个声学媒介，并由此回归到一种前文字时代的感知形式上来。（麦克卢汉，1964）

在社交媒介的时代，当人们使用手机、平板电脑和大屏幕的时候，浸入式的整体参与就是这种行为的核心之处。社交媒介的浸入式环境从某种交往（transaction）开始。推特和脸书上的帖子构建了一种社会或经济资本交换的过程，当然，这个过程可能会有些符号化。下面分析一下社交媒介行为的典型之处。

媒介理论家们认为，新技术产生了新的社会和心理环境，在这种环境中，行为模式的大规模改变得以彰显。一个新媒介，总是会有选择地偏爱某些改变，比如梅罗维茨认为，有些话题孩子们比较热衷，有些内容成年人比较喜爱，不管是过去还是现在，这些事情上都存在着差异，而在晚上的黄金时间观看电视节目，虽然不能完全消除这种差异，却可以在很大程度上使它大大减少。

社交媒介使一些新的交往形式兴起。在社交媒介时代，这种交往：
　　非常迅速地得以实现（快捷性）
　　强调策略价值，而非交流价值（工具性）
　　在所有社交环境下适用（普遍性）

首先，浸入式环境为用户寻求一种时空上的超越，从这种意义上说，通过将各种交往行为隐藏在环境之中，各种宣传与口号才能发挥作用，才能繁荣发展。其次，在社交媒介的浸入式环境中，由于转发技术和混合技术的影响，作者身份会变得越来越不清晰。最后，在浸入式环境中，社交媒介用户会交流个人身份以便与更多具有相同身份的人建立联系。

（1）快捷性（Speed）

在社交媒介时代，交往实现的速度极快，这与社会和经济资本的交换有关。因特网的快捷性就印证了伊尼斯关于"空间消失"的概念（伊尼斯，1951），快捷性就是网络的决定性特征。

社交媒介中交往行为越是快捷，就意味着交往数量会变得越大，换句话说，速度扩大了容量。交往行为由于不同的社交背景而富有变化性，从菜谱和家庭装修，到政治观点、激进行为甚至恐怖主义，再到主体性的交往和情感。交往的快捷性增加了个体间身份整合的难度，人们每天都可能经历不同的"文化冲击"。

广泛超越时空的神话，支撑了宗教、艺术以及当今科技的发展（格兰特，1969）。这个神话取代了个体身份的整合，也减小了媒介使用过程中的不连续性和不统一性。有一个典型的例子，通过借助技术使超越时空的神话得以产生——脸书的"时间轴"（timelines），在这个时间轴上，脸书出现之前的用户历史通过想象的方式得以存在。

（2）工具性（Instrumentality）

在社交媒介时代，交往的目的更多是为了实现策略价值，而非传播价值。这意味着社交媒介交往的目的是为了实现策略价值的任务。传播模式的目的是为了让双方互相理解，而以工具模式出现的社交媒介交往与此有很大不同（哈贝马斯，1984）。哈贝马斯理论指向的是当代社会工具模式越来越多地取代了传播模式。哈贝马斯口中生活世界的基础是传播模式，主体间的相互理解必须通过这一模式才能先于实际的社会行为而存在，而经济体系和管理体系看起来"殖民"了这个生活世界。

我们可以再通过麦克卢汉的媒介传播研究来思考他的观点。用他自己的话说，社交媒介是一种"服务环境"（麦克卢汉1964）。麦克卢汉仔细研究了服务环境的起源，寻找到他所谓的第一服务环境——字母表，之所以将字母表称为服务环境，是因为它创造了"作家"这一使用者。新媒介带来了情景式服务偶遇，这种服务偶遇与对某种职业的持续关注无关，它随着电报技术的出现在19世纪获得发展，现在已经延伸到许多新的社会领域之中（鲁布拉诺，1997；斯坦达格，1998；凯里，2003），比如在线医疗咨询、呼叫中心以及自动取款机等。

（3）普遍性（Universality）

在社交媒介时代，通过时空消失的神话，交往在所有的社交环境下都适用，这就是交往的普遍性。让社交媒介交往得以生长的土壤毫无疑问是无限的，比如建立或恢复浪漫关系（安德森，2005）、创建公众参与决策的机会（舒勒、戴，2004）或者悼念逝者（罗斯，2011）等等。

埃吕尔认为，社会必须包含两方面意识形态的因素，即个人主义和大众社会。在社交媒介的浸入式环境中，使用者搭建了个体身份与集体身份之间的桥梁，对于宣传功能的持续性来说，这是一个必需的过程。

四、结　论

今天我们一共讲了三个方面：马歇尔的故乡、话语性奠基的认识论方法、用媒介理论的延伸来理解现代社会下的社交媒介。

我有一些想法，或许马歇尔也希望我们都能做出思考：

首先，网络传播的作者身份变得越来越模糊。社交媒介用户交换个人身份以融入集体的行为，使宣传的功能变得更为有效。这一点对于在座各位学者来说意义巨大，特别是文学领域的学者，毕竟对你们来说，作者身份是一个中心问题。

其次，我们必须认识到文字阅读正在被模式识别所取代。新一代的年轻人可能早就不再逐字逐句去理解一个文本，他们更倾向于快速浏览相关词汇，将信息重组以便于后续提取。

最后，我想为大家读一段马歇尔传记中的精彩文字，我将这本加拿大视觉艺术家和小说家道格拉斯·库普兰（Douglas Coupland）所作的传记推荐给大家，因为它极具文学性和创造性，它为我们这个时代的媒介问题开拓了新的空间。在下面这段引文中，库普兰大概回答了我今天提出的问题。我曾经问过他："马歇尔向我们传递的是什么思想？""我们今天如何看待他的思想？"库普兰给出的答案是，马歇尔给我们的思想让我们能够理解今天这个时代，这些思想也激励着我们寻求对世界更加深入的理解。他说：

马歇尔总是把人们当作灵魂独立的个体。他从不说教——他可能是一个信息的鼓风机，但他从不命令别人做东做西。他相信人们能够得出自己的结论，也能够被他的思想所感染和激励。马歇尔给我们带来安慰，又不断帮助我们向前进，他让我们懂得人类是漫长而宏大历史的一个组成部分，而不仅仅是屏幕上的一个个光点。他帮我们理解目前的世界以及世界的运行规律，还有它将走向何方，为什么走向那里。在马歇尔的指引下，我们懂得去选择社会而不是个人，选择明智而不是愚蠢，选择理性而不是冲动，还有对马歇尔自己来说更重要的——选择我们自己的灵魂。（库普兰，p.232）

参考文献

Adria, M. (2003)."Arms to Communications: Idealist and Pragmatist Strains of Canadian Thought on Technology and Nationalism". In *Canadian Journal of Communication* 28, pp.167-184.

Anderson, T. (2005). "Relationships Among Internet Attitudes, Internet Use, Romantic Beliefs, and Perceptions of Online Romantic Relationships". In *Cyber Psychology & Behavior* 8 (6), 6. December.

Carey, J. (2003)."Time, Space, and the Telegraph".In *Communication in History: Technology, Culture, Society*, Crowley, D. & Heyer, P. (eds.). Toronto: Pearson, pp.157-165.

Coupland, D. (2009). *Marshall McLuhan*. Toronto: Penguin.

Deibert, R. (1997). *Parchment, Printing, and Hypermedia: Communication in World Order Transformation.* New York: Columbia University Press.

Etzioni, A. & Etzioni, O. (1999). "Face-to-Face and Computer-Mediated Communities: A Comparative Analysis". In *The Information Society* 15, pp.241-248.

Ellul, J. (1973). *Propaganda: The Formation of Men's Attitudes*. Trans. Konrad Kellen & Jean Lerner. New York: Vintage Books.

Feenberg, A. & Bakardjieva, M. (2004). "Consumers or Citizens? The Online Community Debate". In Feenberg, A. & Barney, D. (eds.). *Community in the Digital Age: Philosophy and Practice*. Lanham, Maryland: Rowman & Littlefield, pp. 1-28.

Fortunati, L. (2002). "The Mobile Phone: Towards New Categories and Social Relations". In *Information, Communication & Society* 5 (4), pp. 513-529.

Foucault, M. (1979)."What is an author? ". In J. Harari (ed.). *Textual Strategies: Perespectives in Post-structuralist Criticism*. Ithaca: Cornell University Press, pp. 141-160.

Grant, G. (1969). *Technology and Empire: Perspectives on North America*. Toronto: House of Anansi.

Grosswiler, P. (1996)."The Dialectical Methods of Marshall McLuhan, Marxism, and Critical Theory". In *Canadian Journal of Communications* 21 (1). http://www.cjc-online.ca/index.php/journal/article/view/925/831

Innis, H. (1951). *The Bias of Communication*. Toronto: University of Toronto Press.

Littlejohn, S. & Foss, K. (2002). *Theories of Human Communication*, 7th edition. Belmont, Cal.: Wadsworth.

Lubrano, A. (1997). *The Telegraph: How Technology Innovation Caused Social Change*. New York, USA: Garland Publishing, Inc.

Marchand, P. (1989). *Marshall McLuhan: The Medium and the Messenger*. Cambridge, MS: The MIT Press.

McLuhan, M. (1964). *Understanding Media: The Extensions of Man*. New York: New American Library.

McLuhan, M. & McLuhan, E. (1988). *The Laws of Media: The New Science*. Toronto: University of Toronto Press.

McLuhan's Wake (2002). Directed by Kevin McMahon. National Film Board of Canada. http://www.onf-nfb.gc.ca/eng/collection/film/?id=51036

Meyrowitz, J. (1985). *No Sense of Place: The Impact of Electronic Media on Social Behavior.* New York: Oxford University Press.

Poster, M. (2010). "McLuhan and the Cultural Theory of Media". In *Media Tropes* eJournal 2 (2), pp. 1-18.

Ross, C. (2011). *Digital Condolences: Are We Trivializing the Language of Death.* Available at: http://tinyurl.com/kc2rue9

Schuler, D. & Day, P. (eds.). (2004). *Shaping the Network Society: The New Role of Civil Society in Cyberspace.* Cambridge, MA: MIT Press.

Standage, T. (1998). *The Victorian Internet: The Remarkable Story of the Telegraph and the Nineteenth Century's On-line Pioneers.* New York: Walker.

Thrift, N. (2001)."Timing and Spacing. Paper presented to 'Spacing and Timing: Rethinking Globalization and Standardization'". In *Palermo*, Italy, 1-3 November.

Virilio, P. (2006). *Speed and politics.* M. Polizzotti, tr. Los Angeles: Semiotext(e).

Williams, R. (1974). *Television-Technology and Cultural Form.* London: Routledge.

理解大数据的温度
——以麦克卢汉"冷热"媒介理论为基础

李 璐

【作者简介】李璐,西北政法大学新闻传播学院副教授。

内容提要:麦克卢汉依据受众参与程度和信息清晰程度来区分媒介的"冷"、"热"属性。"冷媒介"一般被认为是受众参与度较高和信息清晰度较低的媒介。依据这两个标准判断,大数据技术亦是一种"冷媒介"。本文以"冷、热"媒介理论为依据,从两个角度剖析大数据技术的"冷媒介"属性形成的根本原因:数据分析在意思表达上的"去精求全"和受众在数据库形成中起到的能动作用,其本质在于大数据技术对人类感知能力的数据化。

关键词:麦克卢汉;冷媒介;大数据;参与度;清晰度

未来学家阿尔文·托夫勒的著作《第三次浪潮》中将大数据(Big Data)生动地描述为"第三次浪潮的乐章"。其基本特征是数据库规模大、数据种类繁多、高价值数据少、处理数据速度快。数据库规模大即指大数据技术是建立在搜集一切尽可能全面的数据基础上;数据种类繁多即指大部分人类信息形式都被涵盖于大数据搜集的范围内;高价值数据少是指海量的数据值中有价值的片段可能只有沧海一粟;处理速度快是指各类型的数据进行综合分析和筛选速度快。同一般电子媒体技术相比，大数据的独特优势在于"以一种前所未有的方式，通过对海量数据进行分析，获得有巨大价值的产品和服务，或深刻的洞见"①。大数据技术经过对数据的分析与处理，帮助受众对信息达成新的认识和理解。从这个角度来看，大数据将人类行为数字化，使受众可以在一定程度被"识别"。受众既是构成数据库来源的主体，又是数据库的使用主体。受众的高频率参与使得大数据技术具有鲜明的"冷媒介"属性。笔者从"冷媒介"理论的辨析入手，研究作为媒介的大数据因具有信息低清晰度和受众高参与度而呈现出的"冷媒介"属性，以及作为"冷媒介"的大数据技术对受众的感知世界的影响。

一、"冷媒介"的清晰度与参与度

麦克卢汉在《理解媒介》一书中将媒介属性划分为"冷媒介"和"热媒介"两种。他认为："照片从视觉上说具有'高清晰度'。卡通画却只有'低清晰度'。原因很简单，因为它提供的信息非常之少。电话是一种冷媒介，或者叫低清晰的媒介，因为它给耳朵提供的信息相当匮乏。言语是一种低清晰度的冷媒介，因为它提供的信息少得可怜，大量的信息还得由听话人自己去填补。与此相反，热媒介并不留下那么多空白让接受者去填补或完成。因此，热媒介要求的参与程度低；冷媒介要求的参与程度高，要求接受者完成的信息多。"②麦克卢汉在论述中正是以这样一种直观的方式描述了媒介的属性特征，并将其作为区别"冷热"媒介的标

---

① 〔英〕维克托·舍恩伯格著，周涛译：《大数据时代：生活、工作与思维的大变革》，浙江人民出版社2013年版，第4页。
② 〔加〕马歇尔·麦克卢汉著，何道宽译：《理解媒介——论人的延伸》，译林出版社2011年版，第51—52页。

准。这是以媒介信息清晰度作为评判基础,以受众参与度作为衍生标准。这样划分"冷热"媒介实质是探究媒介为受众提供信息的清晰度及受众在信息接收过程中的参与程度:"信息清晰度低、个人参与度高"是为冷媒介,"信息清晰度高、个人参与度低"是热媒介。其具体依据有以下两个:

第一,媒介信息的清晰度。麦克卢汉区分"冷热"媒介遵循一条基本原则:"热媒介只延伸一种感觉,具有'高清晰度',高清晰度是充满数据的状态。"[①]"冷热"媒介所涉及的清晰度不仅仅指受众感知信息形式与内容的清晰程度,更多的是指向了媒介与受众的接触紧密程度:即媒介为受众理解信息提供帮助的充分与否。能够为帮助受众理解提供充分信息的就是"热媒介",反之就是"冷媒介"。因此,照片是"热"的,卡通画是"冷"的;电影是"热"的,电视是"冷"的;收音机是"热"的,而电话是"冷"的。

第二,媒介容许的参与程度。低清晰度的"冷媒介"可提供帮助受众理解的信息少,受众必须自己去寻找大量的信息填补空白,造成受众积极主动参与传播过程;而"热媒介"能够提供的信息充分,并不会出现很多模糊信息让受众去填补,其受众参与传播过程的程度低。这里的受众参与"不是指思想或反思性参与,而是指媒介受众感官卷入的程度。热媒介的参与度或感官卷入度低;冷媒介要求的参与度高或感官的卷入度高"[②]。

在麦克卢汉眼中,划分"冷热"媒介的核心标准是受众的参与度,即受众发动自身感官感知信息的程度。热媒介因其信息表达明确,受众参与度低,受众调动感官的能动性较差,接受信息是被动的过程;冷媒介无法传递明确的信息,留下大段意义空白。

---

① 〔加〕马歇尔·麦克卢汉著,何道宽译:《理解媒介——论人的延伸》,第51—52页。
② 〔加〕马歇尔·麦克卢汉著,何道宽译:《理解媒介——论人的延伸》,第4页。

因为这种相对模糊的、低清晰度的信息，受众为了更加全面的理解信息意义，不得不大规模调动感官，因此参与信息传播的主动性高。根据媒介清晰度来推断信息传播过程中受众的参与度，进而引申受众感知的主动性，这就是麦克卢汉划分"冷热"媒介的根本目的。

二、低清晰度和高参与度的大数据媒介

麦克卢汉所谓的媒介并非仅着眼于传播概念上的媒介，而是立于泛媒介论的层面强调所有的技术都是人类联系外界的媒介。在理解媒介属性时，可以将"冷媒介"和"热媒介"看作"冷技术"与"热技术"。在麦克卢汉眼中，"热媒介"具有鲜明的形式主义色彩，而"冷媒介"则体现着人本主义。他在"过热媒介的逆转——媒介的发展趋势"①中的论述充分表明了自己的态度：强调集中式、秩序化、共性生产的"热媒介"时代已经结束，更重视受众在信息接收过程中的个人体现和个人意思表达的"冷媒介"时代将要到来。作为信息时代的新兴媒介技术手段——大数据技术与传统媒介技术相比具有更加突出的"冷媒介"特征。

第一，"大数据"的低清晰度。大数据技术为媒介信息传播实现了两个转变：首先，媒介传播的信息开始大量采用分析处理过的数据来替代传统的感知信息。这种方式的基本原理是对全部搜集的数据进行全程比对，而不再依靠随机抽样。这样的信息不单一强调精度，更多的要求体现数据的多样性、丰富性。庞大的数据库是保证数据统计多样性的基础，其中大量的干扰数据和冗余数据会给数据统计增加不确定因素。所以，大数据技术依靠统

---

① 〔加〕马歇尔·麦克卢汉著，何道宽译：《理解媒介——论人的延伸》，第5页。

得出的数据信息在遇到对复杂意义的传播时仅能对肤浅的表面进行再现，难以探究事物的本质。最明显的表现就是可供接受者选择的信息规模巨大，却意义含混；只能展现表面现象，难以解释现象背后的缘由。这是大数据技术在信息传播过程中造成低清晰度的第一个方面。其次，以数据为主的信息传播强调数据之间的相关关系，而传统信息传播中更关注因果关系的探索。受众只需要知道"是什么"，不需要知道"为什么"。维克托·舍恩伯格教授在《大数据时代》一书中，这样解释了相关关系："相关关系的核心是量化两个数据值之间的数理关系。相关关系强是指当一个数据值增加时，另一个数据值很有可能也会随之增加。相反，相关关系弱就意味着当一个数据值增加时，另一个数据值几乎不会发生变化。"① 大数据技术普及之前媒介遵循严格的因果推理逻辑来传播信息，力图通过全面的信息帮助受众还原事物的本来面貌。互联网的应用带来大量个体数据的产生，大数据通过收集我们产生的一切数据并分析的方式，可以轻而易举地发现某些信息之间是否存在着相关关系，一旦确定它们存在相关关系，受众就可以完全不用去考虑这些信息的背后存在着什么样的内在因果联系。

　　简单来说，基于数据分析的信息帮助受众发现看似无关的事物之间存在的相关性，但是大数据技术能做的仅限于此，因为它无法告诉受众这种相关性形成的原因。这种基于统计学基础上的量化手段对巨量、多样的数据进行提取、管理和分析，并将结果注入媒介渠道进行传播的方式，其依托的认识论和方法论基础是模糊思维，不考虑受众明确的理解所获信息的要求。受众在接受信息时无法做到"知其然，而知其所以然"。这是大数据技术在信息传播过程中造成低清晰度的第二个方面。

---

①〔英〕维克托·舍恩伯格著，周涛译：《大数据时代：生活、工作与思维的大变革》，第56页。

第二,"大数据"的高参与度。传统媒介时代,媒介与受众的关系是媒体占有绝对的主导,受众处在从属、接受的地位。受众在媒介的影响下形成其社会认知模式和社会行为方式。大数据时代来临后,媒介信息与受众的关系不仅是"受众在媒介接触的过程中被经过加工的信息影响"那么简单。一方面,媒介通过大数据技术为受众提供了越来越多的信息内容,受众的信息选择权被无限的放大;另一方面,受众的信息接受行为成为数据库搜集数据的来源,受众使用媒介的过程中留下的痕迹被大数据精准地记录,媒介低成本地获取这些由受众生产的数据。通过这些数据,媒介不仅能够追踪受众的信息接收行为,而且还能预测其行为发展,为媒介对受众行为的精确影响提供了条件和基础。受众生产的数据作为信息内容生产的一部分被并入信息的流通之中,以吸引更多的受众。随着数据统计"以受众为中心"的理念的确立,大数据建构了一种新型的媒介生产方式,即普通受众开始参与媒介信息构建过程。大数据时代的人们生活在大数据构建的虚拟空间中,通过信息接收形成数据,参与虚拟环境的构建。在这个过程中,受众跨越了信息消费与信息内容制造的鸿沟,带来了信息传播过程的结构性变化。受众参与信息内容生产越主动,大数据能够产生的信息就越多;相反,如果受众对参与信息生产毫无兴趣,大数据技术就将失去其最重要的信息源,并走向衰亡。理论上来讲,媒介信息的受众越多,可供统计的数据信息也将变得无限多。

三、大数据作为"冷媒介"的本质:人的数据感知

在阅读麦克卢汉时,经常遇到"感知"这个词:"感知比率"、"感知模式"、"感知平衡"等等,可以说"感知"范畴涉及

麦克卢汉理论的方方面面。麦克卢汉是这样描述阅读乔伊斯的感受的:"诗歌创作的过程就是认知的过程。感知本身就是模仿,因为感知中的事物的形态依然存在于一种新的物质之中。这种新的物质就是人体器官。"①他对于感知的认识来自于文学领域,他认为"感知"是指人使用各种感觉器官同外部世界相接触,从而形成关于世界的认识;麦克卢汉的看法是当各种感官处于平衡的状态之下,人便处于一个均衡发展的良好状态。显而易见,由于感官比率并不能够被量化,所以发现这种平衡是一个相当有挑战性的任务。麦克卢汉能发现的只是变化和因变化而带来的不平衡。他从而认识到"技术的影响不是发生在意见和观念的层面上,而是要坚定不移、不可抗拒地改变人的感觉比率和感知模式"②。在麦克卢汉看来,某一种技术条件可能导致某一种感官的过度膨胀,从而压抑其他感官的作用,这样就造成了感官的失衡。他所言的"冷热"媒介其实也是在描述这种失衡的状态。将这种感官的失衡状况还原到大数据的语境中去,可以发现习惯使用大数据技术感知世界的现代人事实上是使用大数据技术的数据搜集、整理、推介功能代替了自身的感官。大数据作为一种感知方式常态化后,它就会成为人的感官麻醉剂。

1. 大数据对公共领域的再造。"公共领域"与大数据技术的应用有着天然的亲近性。公共性是"冷媒介"低清晰度的基本结果。"公共领域是介于市民社会中日常生活的私人利益与国家权利领域之间的机构空间和时间。"③大数据技术的使用为公众意见提供了新的拓展空间,大数据具备公共领域最核心的因素——公共

---

① 〔加〕梅蒂·莫利纳罗等编,何道宽、仲冬译:《麦克卢汉书简》,译林出版社2005年版,第262页。
② 〔加〕马歇尔·麦克卢汉著,何道宽译:《理解媒介——论人的延伸》,第46页。
③ 〔德〕尤尔根·哈贝马斯著,曹卫东等译:《公共领域的结构转型》,学林出版社1999年版,第7页。

性。大数据就像一张可供围坐的桌子，人们可坐在四周各抒己见，分享从其上获得的相关信息。大数据的使用者认为在这种环境下可以畅所欲言，能够自由选择接受或拒绝相关的信息。以数据共享为基础建构受众的交往纽带，是大数据技术之于传统媒介的颠覆性。这种共享不仅将选择信息的权利还给了受众，促进了其主体意识和创造能力的完善；而且每个被选择的信息将作为数据被精确搜集再推送于受众，形成受众需要的与原有认知相符的信息。这种以数据筛选为基础的信息传播，既实现了传统媒介信息传播的逼真度，又具备模拟真实世界的欺骗性特点。在这过程中，受众感知世界的方式依然是经过筛选的数据，筛选的标准和方法并不是由受众自由控制的。值得一提的是，通过传播方式所形成的公共领域大都由公众与媒介的对话产生，公共舆论由意见领袖掌握；而大数据的公共领域则主要是公众与数据之间的虚拟交流，所形成的舆论空间大都是通过数据统计所做的信息再造。

2. 大数据对意义的创造性价值。"冷媒介"鼓励受众参与的最终结果是受众进行意义的创造。意义的创造意味着对原始信息的复制，以及在此基础上的扩充，以承载更多的意义。大数据技术开放式的搜集数据使意义的生产更加多元。大数据使用者的使用行为被迅速的记录和分析，产生新的内容，使数据库爆炸式增长的"受众生产内容"方式就是创造性价值的体现。德克霍夫曾说，"在电子时代，我们以全人类为自己的肌肤"[①]。它想告诉我们，媒介技术会延伸受众的感知系统，这同样适用于大数据时代。与传统媒介技术强调身体感知的延伸不同，大数据技术是人的意识的延伸。大数据时代"受众生产内容"的核心在于：媒介以受众为中心，通过数据分析其行为痕迹，传播能满足受众个性化需

---

① 〔加〕德克霍夫著，汪冰译：《文化肌肤：真实社会的电子克隆》，河北大学出版社1998年版，卷首语。

求的信息，尽量满足受众的一对一沟通需求。基于数据库的存储与分享功能，大数据的使用者全面参与信息意义的创造，人体和大脑的感官都得以外化。人的意识被数据化呈现于数据库中，并于相互碰撞之间激发灵感，受众的创造性得到前所未有的展现，成为新生信息意义的催化剂。

3. 大数据技术对人的改造。人的每一次交往形态的变化大都是由新的媒介技术的投入使用开始的。金惠敏教授曾言："麦克卢汉不是将技术仅仅作为技术，而是认定作为技术的媒介就是一种认识论，一种'视角'（透视角度），即每一种技术或媒介都规定了我们对于世界的认识和认识方式。"① 大数据技术能够促进受众信息接收的增量，但是大数据的传播不同于现实生活中面对面的交流，通过数据的整理筛选，传播者们可以更好地隐藏自己的传播意图，受众在不知不觉中按照传播者希望的那样理解传播者的意图，并习惯于这样的接受方式。这种"习惯"的养成就是交往形态的改变，其实质就是大数据所造成的受众的数据感知，是数据对人的认识方式的改造。在大数据时代，虽然表面上人们的信息获取在科技的作用下更加便捷和人性化，受众通过大数据技术看到的世界更加丰富和全面。但实际上，组成数据的"他者"的真实感受我们永远无法真切地感知到——再多的数据统计又怎能比得上真实世界中的一次相遇？大数据带来认识便利的同时也很有可能造成人对世界的理解误差。

首先，大数据技术对人类信息接受的方式和能力有所改变。大数据庞大的数据规模，繁多的数据种类满足了我们无限的接受信息的欲望。人们开始习惯借用数据筛选确定自己的喜好，达成自己的目标，形成自己的交际圈。信息像洪水一样扑面而来，这

---

① 金惠敏：《"媒介即信息"与庄子的技术观——为纪念麦克卢汉百年诞辰而作》，《江西社会科学》2012 年第 6 期。

些信息其实都是经过分析得出的数据,我们认识的世界通过数据而不是一般的信息展现出来,我们也越来越相信统计数字带给我们的世界是真实的世界。一旦人们将数据模拟出来的现象当作世界本质时,探究信息本源的兴趣随之大大减少。我们没有以前阅读的耐心,所有东西都想通过快速浏览、数据统计来达到知晓目的,在线搜索是获取知识的主要途径。我们的思维也由传统媒体时代逻辑的、追寻深度的方式转变为现在非逻辑的、追求数量的数据库方式。更糟的是,生活在其中的人们并没有意识到这一点,反而随着大数据技术的日渐完善,更加深陷其中。

其次,大数据技术使人类审美感知力蜕化。大数据时代人们依靠各种数据统计来解读信息和获取信息,其最终趋势将是虚拟化,即审美事物符号化和审美感知数据化。大数据技术的商业数据搜集模式导致审美世俗化。通过商业模式筛选过的数据结果成为审美象征物。我们的整个审美情趣也由传统媒体时代的自由选择、多样发展转化为现在的数据筛选。功利性代替非功利性,迎合受众代替精神追求成为大数据时代审美文化的主要特征。市场需要的审美符号通过数据的方式潜移默化地影响着受众。与此同时,数据统计结果形成的虚拟世界削弱了人的审美感知力。数据模拟现实使得审美活动慢慢消失在虚拟世界中,人们用数据筛选和分析替代了审美感知,审美感官也日渐迟钝。人类审美活动的基础是审美感知力,这也是形成审美文化的基本要求。一般情况下,审美感知是从人们对现实生活的观照中获得延续和发展。随着大数据技术的兴起,人们在数据营造的氛围中载波载浮,审美感知也由对社会现实的观照,转变为对数据的观照。

麦克卢汉为了说明受众常处于被媒介"蒙蔽"的险境,常用"暴君"来称呼媒介:"暴君搞统治不是靠棍棒或拳头,而是把自己伪装成市场调研人。他像牧羊人一样用实用和舒适的方式,把羔羊赶上崎岖的小道。"① 大数据恰恰是用这样一种"实用和舒适"的方式将接受者们赶上一条数据化之路。讨论其"冷媒介"属性的现实意义在于说明人从强调信息真实转换到强调信息技术，人们习惯通过数据技术感知"真实世界"。过于依赖数据技术意味着思想的数据化和受数据掌控。这将会成为大数据时代人文研究者们重点反思的地方。

---

① 〔加〕马歇尔·麦克卢汉著，何道宽译：《机器新娘——工业人的民俗》，中国人民大学出版社2004年版，第6页。

媒介、文化、身份
——麦克卢汉思想映照下的当代媒介与文化转型分析

克里斯蒂娜·夏希特纳 著

唐 涛 译

【作者简介】克里斯蒂娜·夏希特纳（Christina Schachtne），奥地利克拉根福大学教授。

【译者简介】唐涛，陕西师范大学外国语学院讲师。

内容提要：麦克卢汉认为，任何媒介或任何技术都将改变人类活动的规模、进度或形态。[①] 在此意义上，麦克卢汉强调的是媒介本身的文化意义，而非媒介传达的内容。这为传统上认为媒介非中立的媒介研究提供了一个新的视角。事实上，媒介是对应于特定社会的文化模式的，因此社会中媒介的形成与分布也就不是偶然的。本文将首先具体探讨麦克卢汉此观点在当今世界的现实意义：面对跨越国家及社会制度的数字媒介全球化传播及应用，以及由此带来的媒介化进程，媒介生态的发展趋势是什么？接下来，作者尝试联系文化和公民来对当代数字媒介传递的信息做出解读。

关键词：媒介；文化；身份；转型；麦克卢汉

---

① Marshall McLuhan, *Understanding Media, Die magischen Kanäle*, 1968, Düsseldorf, Wien, p. 22.

麦克卢汉在与埃里克·诺顿（Eric Norden）的访谈中解释说，"我是想绘出新的地形图，而不是标出旧的地标"[1]。正如马克·波斯特（Mark Poster）指出，麦克卢汉所做的是从文化角度研究媒介的一把钥匙[2]，同时笔者也想强调，这是因为麦克卢汉突破了已有的媒介研究领域，将目光放在了媒介自身的未来发展。

一、理解本文之重要的麦克卢汉理论观点

（1）媒介即信息[3]；
（2）所有媒介都是人的延伸[4]；
（3）电子媒介构成文化的整体转型[5]；
（4）电子媒介构成价值观和态度的转型并产生新的人的延伸[6]。

第一个观点："媒介即信息"。麦克卢汉认为：媒介和技术引起社会变革，而其传达的信息则是此变革在规模、速度或类型上的反映。[7] 例如，自动化技术的出现就是为了消除日常工作的烦琐；Web 2.0 则实现了全世界的网络化沟通。在此意义上，麦克卢汉强调的是媒介本身的文化意义，而非媒介传达的内容。这为传统上认为媒介非中立的媒介研究提供了一个新的视角。事实上，媒介是对应于特定社会的文化模式的，因此，此社会中媒介的形成与分布也就不是偶然的。

---

[1] Martin Baltes and Rainer Höltschl, *Absolute Marshall McLuhan*, Freiburg, 2011, p. 6.
[2] Mark Poster, "McLuhan und die Kulturtheorie der Medien", in Derrick De Kerckhove, Martina Leeker and Kerstin Schmidt (eds.), *McLuhan neu lesen*, Bielefeld, 2008, p. 182.
[3] Marshall McLuhan, *Understanding Media, Die magischen Kanäle*, p. 21.
[4] Marshall McLuhan, *Understanding Media, Die magischen Kanäle*, p. 43.
[5] Martin Baltes and Rainer Höltschl, *Absolute Marshall McLuhan*, p. 10.
[6] Martin Baltes and Rainer Höltschl, *Absolute Marshall McLuhan*, pp. 10, 49.
[7] Marshall McLuhan, *Understanding Media, Die magischen Kanäle*, p. 22.

麦氏的第二个观点:"媒介是人的延伸",认为其是"人的器官、感觉或功能的强化或放大"①;并由此引起个体的变化进而改变个体的环境。②电视延伸了我们的视觉,汽车延伸了我们的活动能力,互联网则延伸了我们的交际半径。另两个涉及文化与个体改变的观点可以由前两个观点得出。媒介技术依赖于社会文化,确切地说依赖于特定的社会价值、规范、阐释框架和行为类型,而所有这一切在文化规制由媒介传递时又实现、强化与区分了不同的文化模式。计算机技术已经强化了诸如加速、恒久进入以及效率等概念,使之与之前的缓慢、闲散以及周到相比明显高出一筹。在麦克卢汉看来,这些文化转型是与"人的深远且长久的改变"③相对应的,因为人必须妥协于由媒介实现的文化模式;他们不得不采纳、避开或修改这种模式,这必然对人的自我观念有所影响。

麦克卢汉曾做出预测,"新技术一旦进入社会,每项社会制度都将充分吸收其影响"④。麦氏认为语音字母表的创制即为此进程的开端。媒介专家弗里德里希·克罗茨(Friedrich Krotz)和安德里亚斯·海普(Andreas Hepp)用"媒介化"这个概念来描述当代媒介转型与文化的关系。用克罗茨的话说,媒介化意味着"由于因具体目的而产生的新媒介的出现和建立以及与此同时发生的旧媒介的有意使用,社会内部的交流产生了改变,而个体的由交际构成的社会现实,即文化与社会、身份与日常生活也产生改变"⑤。媒介化是一个根本的社会文化转型过程,这个长期的过程在不同

---

① Martin Baltes and Rainer Höltschl, *Absolute Marshall McLuhan*, p. 8.
② Martin Baltes and Rainer Höltschl, *Absolute Marshall McLuhan*, p. 8.
③ Martin Baltes and Rainer Höltschl, *Absolute Marshall McLuhan*, p. 8.
④ Martin Baltes and Rainer Höltschl, *Absolute Marshall McLuhan*, p. 11.
⑤ Friedrich Krotz, "Leben in mediatisierten Gesellschaften. Kommunikation als anthropologische Konstante und ihre Ausdifferenzierung heute", in Pietraß, Manuela and Rüdiger Funiok (eds.), *Mensch und Medien. Philosophische und sozialwissenschaftliche Perspektiven*, Wiesbaden, 2010, p. 106.

文化和历史时期有不同的发展，并在当代与其他如全球化以及个体化等重大进程相关联。安德里亚斯·海普则在时间、空间以及社会层面上对电视和互联网的媒介化做了区分。① 从时间上来说，越来越多的技术媒介可被花费越来越多的时间：以互联网为例，人们可以全天 24 小时地上网遨游。从空间上来说，媒介可在更多的地点获取。移动设备使得用户几乎在任何地点都可获取信息或被联系到。最终，媒介化的社会维度反映了这样一个事实：比以往更多的社会现实由媒介的使用为特征反映出来，媒介已经大大延伸出家庭、休闲、就业以及政治的范围。媒介化的概念显示出与媒介生态学的相通之处，两种方法都试图探究文化、技术以及人的交流三者之间的关系。②

回到麦克卢汉的"媒介即信息"的观点，我想对其在当今世界的意义做具体讨论。面对跨越国家及社会制度的数字媒介全球化传播及应用，以及由此带来的媒介化进程，媒介生态的发展趋势是什么？接下来我将尝试对文化和此主题相关的数字媒介的时代意义做出回应。

二、媒介发展趋势的文化意义

我将提出两种媒介发展趋势，其正对西方世界的文化价值和规范体系产生根本挑战，并可能在将来在各个方面上加剧生活情境的多元化和边界的消解。此论证包括我"主体建构与数字文化"

---

① Andreas Hepp, "Mediatisierung und Kulturwandel. Kulturelle Kontextfelder und die Prägekräfte der Medien", in Maren Hartmann and Andreas Hepp (eds.), *Die Mediatisierung der Alltagswelt*, Wiesbaden, 2010, p. 36.

② Zhou Min, "Toward a Global Ecology of Media: A Transcultural Analysis of America and China's Approaches to Media 'Ecology' in the Twenty-first Century", unpublished paper, 2013.

研究的成果和案例，该项研究基于我与来自6个欧洲国家、4个阿拉伯国家以及美国的网络参与者的访谈。

1. 生活情境的多元化

电影、无线电广播、电话以及电视曾扩展了我们的经验世界。如约书亚·梅罗维茨（Joshua Meyrowitz）指出：因为电子媒介使我们能够远距离沟通，它们确保了我们所居住的地方现在是个"不会大受限制并且独一无二的环境"①。数字媒介使空间和生活情境的多元化增加了好几倍。作为通用媒介，它们能承载所有种类的内容。在数字空间里，我们可以工作、学习、娱乐、谈情说爱、交流以及分享信息。② 以个人媒介如照片、电影、音乐和广播日益融合为特征的媒介聚合给我们提供了传送文本、影像以及声音的空间。

作为网络媒介，它们给了引领我们从一个数字空间到下一个数字空间的链接、路径和流动性，甚至使同时在不同渠道操作变成可能。网络结构发挥了连接而不是分裂的作用。不像有着有限网格的渔网或发网，相互重叠、相互交织的数字网络因技术发展及网络参与者的互动而处在永恒的流动状态。联系到电视，麦克卢汉已经指出这种发展的开端，他认为电视让我们觉得我们"与一切事物产生联系，任何事都可在同一时刻发生……"③。数字空间的多元化可以由网络参与者的多元化存在反映出来，"主题构建与数字文化"研究表明了这一点。该研究指出：青少年通常使用不止一个网络平台，他们同时关注多个博客，自己也常常拥有不止一个博客。一名19岁的网络参与者用下图画出了她在网络中的

---

① Joshua Meyrowitz, *Überall und nirgends dabei, Die Fernseh-Gesellschaft* 1, 1990, p. 10.
② Christina Schachtner, "Im Gespinst der Netze", in *Medien Journal*, vol. 37, no. 4, 2013, p. 20.
③ Martin Baltes & Rainer Höltschl, *Absolute Marshall McLuhan*, p. 29.

多元化存在。（见图 1）

在画中，此网络参与者将自己描绘成分散在几个数字空间，像一个既各自独立又没有空隙而完美结合在一起的拼图板。在不同的数字空间中，一个人生活的不同方面可被检测，人际关系的不同网络可被维系，不同的身份可被显示。在屏幕上，这些个人数字空间甚至是一个挨着一个可视化的。谢莉·图科尔（Sherry Turkle）在她的美国访谈对象身上也观察到这个现象，她用这样一句话总结："她（访谈对象）能够在屏幕上将自己生活的不同方面像打开窗户一样公开给别人。"一位来自上海的 21 岁学生的图画同样说明了这个问题，画中她几乎同时身处不同的数字空间。（见图 2）这就表明我们经验世界中不同空间是相互转换和重叠的，我们面对的是交织在一起的不同空间以及来自不同知识和生活领域的叠加在一起的刺激、需求和价值观，而这一切都没有国界的区分。①

作为跨越所有界别的媒介，数字媒介使得文本和

图 1　数字网络中的多元化存在（德国某 19 岁的网络参与者）

图 2　数字媒介带来的生活情境的多元化（中国某 21 岁网络参与者）

---

① Christina Schachtner, "Im Gespinst der Netze", in *Medien Journal*, vol. 37, no. 4, 2013, p. 22.

影像在全世界不同的生活模式以及价值规范体系之间交叉往返流动。① 麦克卢汉也预见到了这种发展趋势，他指出："借助广播、电视和计算机，我们已经进入一个全球剧院，同一个世界，同一个事件。"②

文化流动③，在数字媒介语境下表现为信息、影像和交流的运动，是和全球化进程相互关联的并同时伴随着资本、商品和人员的流动。④ "流动"的比喻可以让我们在程序的层面上认识文化。文化流动远不限于从西方工业化国家到南半球国家，这个过程也可是反向的，因此我们完全可以说这是一个"全球文化互动"⑤。

以这个流动的比喻为基础，文化不是一个"封闭的球体"⑥；从哲学家沃尔夫冈·韦尔施（Wolfgang Welsch）的观点来看，它是可渗透的；它完全开放于由媒介维系的文化流动产生的外部冲击。韦尔施已经观察到跨文化的倾向，这是一个不同文化互相渗透、互相影响的发展趋势。⑦ 社会人类学家乌尔夫·翰纳兹（Ulf Hannerz）则强调跨文化过程令人担忧，其伴随着"不确定性……

---

① Sabine Hess and Ramona Lenz, "Kulturelle Globalisierung und Geschlecht-ein Buchprojekt", in Sabine Hess and Ramona Lenz (eds.), *Geschlecht und Globalisierung. Ein kulturwissenschaftlicher Streifzug durch transnationale Räume*, Königstein i. Taunus, 2001, p. 19.

② Martin Baltes and Rainer Höltschl, *Absolute Marshall McLuhan*, p. 40.

③ Ulf Hannerz, "Flows, Boundaries and Hybrids: Keywords in Transcultural Anthropology", in Rogers, Alisdair (ed.), *Working Paper Series, WPTC-2K-02, Transnational Communities Programme*, Oxford University, http://www.transcomm.ox.ac.uk/working%20papers/hannerz.pdf, accessed 17. 08. 2014.

④ Christina Schachtner, "Cultural Flows und virtuelle Öffentlichkeiten. Die Rolle digitaler Medien in transkulturellen/transnationalen Diskursen", in *Medien und Kommunikationswissenschaft*, no. 4, 2012, p. 536.

⑤ Andrea Harmsen, *Globalisierung und lokale Kultur. Eine ethnologische Betrachtung*, 1999, p. 95.

⑥ Wolfgang Welsch, "Auf dem Weg zur transkulturellen Gesellschaft", in *Paragrana*, 10 (2), 2001, p. 259.

⑦ Wolfgang Welsch, "Auf dem Weg zur transkulturellen Gesellschaft", in *Paragrana*, 10 (2), 2001, p. 263.

误解以及损失"①。

2. 边界的消失

媒介带给我们的第二个信息是：边界正在被消解。这在联系到数字媒介时尤其有争议。这样的边界并不独立于生活情境的多元化而存在。如前所述，生活情境的多元化包含情境的延伸以及重叠，而情境的重叠是与边界的消解相伴相生的。按我对麦克卢汉著作的理解，这个信息补充了他的思想框架。媒介正在剧烈地改变着我们的日常生活，甚至改变着我们对自身的理解，我将从四个方面探讨边界如何在媒介的作用下消解：公众与个人、工作时间与空闲时间、虚拟与现实以及人与技术。

（1）公众与个人之间的边界消解

公众生活与个人生活的分离在尤尔根·哈贝马斯（Jürgen Habermas）看来是西方资产阶级社会的必要构件。② 而媒介在动摇这种差异的诸因素中起了主要作用。西方国家电视上出现了比以往更多的这样的节目：挑战观众或参与者，让其暴露隐私。伴侣、性及婚恋等关于私生活的问题变成了媒体上的策划事件或公众话题。③ Facebook，YouTube 和 MySpace 之类的数字平台诱使用户将自己的个人相片和视频发布给全世界看。媒体使用的技术不但使模糊公众与个人的界限变为可能，并使之成为一定的必然。至今尚无标准来重新定义公众与个人空间的关系。就像我们在"主体建构与数字文化"研究中看到的，个人只能任其发展并常常感到

---

① Ulf Hannerz, "Flows, Boundaries and Hybrids: Keywords in Transcultural Anthropology", in Rogers, Alisdair (ed.), *Working Paper Series, WPTC-2K-02, Transnational Communities Programme*, Oxford University, http://www.transcomm. ox.ac.uk/working%20papers/hannerz.pdf, accessed 17. 08. 2014.

② Jürgen Habermas, *Strukturwandel der Öffentlichkeit*, Frankfurt a. Main, 1990, p. 268.

③ Karin Jurczyk and Oechsle Mechthild (eds.) *Das Private neu denken, Erosionen, Ambivalenzen, Leistungen*, Münster, 2008, p. 8.

不安全。(见图3)

(2) 工作时间与空闲时间之间边界的消解

数字网络使工作者在工作时间和地点的选择上更加灵活，由此工作时间和空闲时间的差别变得不再那么固定。我们可以清楚地看到唯利是图的雇方不再信奉福特主义和泰勒主义，两者都严格区分受雇工作和个人生活时间并把工作定义为首先是生意，从而设想出生产与再生产之间的一个严格的空间区分。① 越来越多的职业不再有严格的工作时间和空闲时间的区分，工作者现在就面对这种灵活性：可能在家中的客厅、在咖啡馆、在机场或是度假期间。在需要做出决定要保留、接受或是拒绝何种边界的时候，受访者再次无能为力，只能任其发展。可能的情况是：工作时间与空闲时间边界的消解尤其在西方工业化国家被看作一个新的现象并在那里被认作是一个问题；我在上海期间的观察似乎表明在这样的程度上这种严格的区分并不真实，至少对中国人中的特定部分来说。

(3) 虚拟与现实之间边界的消解

跨国界的数字媒体应用意味着我们每天面对虚拟与现实之间越来越模糊的界限。让我用下面的例子来说明这一点：你在西安某所大学透过你办公室的窗户望向窗外，看着太阳落下。你此时正在参加一个和世界其他地方同行的视频会议，你可以看到他们的办公室，你也可以透过他们办公室的窗户看到天空中不同位置

图 3 有时她知道冰箱里有什么，有时（她知道）她的感受。隐私在网上都是可见的（中国某 23 岁网络参与者）

---

① Anne von Streit, *Entgrenzter Alltag – Arbeiten ohne Grenzen? Das Internet und die raum-zeitlichen Organisationsstrategien von Wissensarbeitern*, Bielefeld, 2011, p. 24.

的太阳。这些其他地方的太阳有什么特点？你感受不到它们的温暖，它们也照不亮你的办公室，但这能让它们的真实性有丝毫减损吗？

让·鲍德里亚（Jean Baudrillard）已经联系电视论述了媒介表征现实的问题，她观察到现实和虚拟之间的竞争：虚拟趋向于替代现实。[1]鲍德里亚因其论证的二元论视角受到批评，而我们对一个有着鲜明区分、严格分割和纯粹二分世界的愿景也正是此二元论的反映。[2]后续推荐考虑到作为现实之一的物理现实，也承认虚拟是现实之一种。[3]然而，相比物理世界，媒体的虚拟世界有其特殊性质，很少有面对面的冲突，不是所有的感觉都能被处理。虽然在如医学或电脑游戏中有尝试去克服这些差异，但是此刻电子媒介的虚拟世界仍让我们面对诸如真实性、可靠性以及归属感的问题。

（4）人与机器之间边界的消解

在把人与机器的差别付诸检验方面，数字技术比以往任何技术都进一步。我们在语言和认知层面上与其互动。可以说，当我们键入命令而它经常以令人吃惊的方式回应的时候，我们就在与之交谈，就像和一个人一样。我们的想法、梦想和目标，像是我们对完美、无瑕以及永生的渴望，都可以由这项技术实现。所有这一切都因为技术是人造的产品，它为社会的质量标准和人的欲望所影响。[4]数字技术的互动影响引领我们进入一个混合的世界，

---

[1] Jean Baudrillard, *Agonie des Realen*, Berlin, 1978, p. 46.

[2] Stephan Münker, "Was heißt eigentlich:'virtuelle Realität'? Ein philosophischer Kommentar zum neuesten Versuch der Verdopplung der Welt", in Stephan Münker and Alexander Roesler (eds.), *Mythos Internet*, Frankfurt a. Main, 1997, p. 117.

[3] Stephan Münker, "Was heißt eigentlich:'virtuelle Realität'? Ein philosophischer Kommentar zum neuesten Versuch der Verdopplung der Welt", in Stephan Münker and Alexander Roesler (eds.), *Mythos Internet*, p. 119.

[4] Bruce Mazlish, *Faustkeil und Elektronenrechner, Die Annäherung von Mensch und Maschine*, 1998; Christina Schachtner, "Mensch und Maschine, Nachdenken über ein ambivalentes Verhältnis", in *Jahrbuch für Bildungs- und Erziehungsphilosophie*, no. 5, 2003.

其中人与机器的区别越来越模糊。（见图4）

3. 媒介化与身份

在勾勒出结构层面的几个发展趋势之后，我想来探讨下个人层面上的几个发展趋势，而这正是麦克卢汉思想的前沿内容。媒介引起了生活情境的扩散和重叠，这样的文化结构变化带来了新的体验和认识，而这一定影响到我们的意识和自我概念。麦克卢汉预测新的电子文化将会使我们被新的信息模式淹没，进而造成身份危机。[①]这里我们不能确定这样的危机是否已经发生，或哪一代人、哪一社会阶层会被牵涉其中，但我们可以观察到：作为在全球化和媒介化社会里的争议现象，身份已经成为众多学科的普遍话题。我现在通过三个有代表性的学科，即文化研究、社会心理学以及社会学，对当下的身份话题做一表述来证明此点。

按照克里斯·巴克（Chris Barker）的说法，"我们是如何成为我们现在这样的"是文化研究的中心主题。[②]确实，在文化研究中，身份并不被假设为"确定要被拥有或被发现"[③]；巴克建议把身份理解为一个固定于"有条件的、特定历史和文化社会建构"之中的过程。[④]如巴克指出，一个全球化和媒介化的社会给我们提供了非常多的文化资源，这促成了"去中心的主体，一个有多重

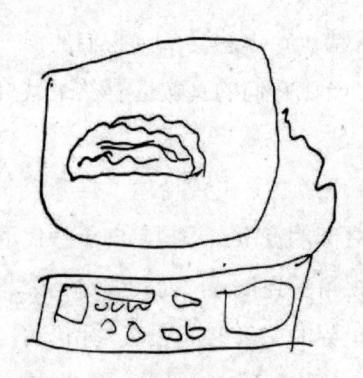

图4 一台人机混合体：当人的思想与技术逻辑融合（德国某30岁程序员）

[①] Martin Baltes and Rainer Höltschl, *Absolute Marshall McLuhan*, p. 26.
[②] Chris Barker, *Television, Globalization and Cultural Identities*, Buckingham / Philadelphia, 1999, p. 2.
[③] Chris Barker, *Television, Globalization and Cultural Identities*, p. 7.
[④] Chris Barker, *Television, Globalization and Cultural Identities*, p. 7.

变化身份的自我"的产生。社会心理学家海尔格·比尔登（Helga Bilden）给出了类似的观点。她同样观察到社会中的混杂话语，无处不在的媒体造成了新的文化自我形式。自我所处的文化及情境是混合和处于变动的，新自我声音的多样性特征正是和个体自身感知位置的多维度相一致的。① 社会学家扬·耐得温·皮特艾斯（Jan Nederveen Pieterse）使用全球多元文化的概念来解释当代社会的特征②，基于此，他像巴克一样发现了更多的自我来源，这就造成了"身份变得更加不固定和有更多回路"③。这些理解身份的方式——现在和将来的——共同之处在于它们都假设：对应于生活情境的多元化，自我也是多元化的；自我是由许多拼块组成的，因为自我利用了大量的文化动因并像文化一样被认为是一个过程。

如何评判这些对身份的不同理解呢？是放在相互冲突的一争高下的自决和他决之间吗？有观点强调这是有利条件，一个去中心化的、发出多种声音的、不断发展的自我会给我们新的获得自由的机会。也有人持怀疑观点，例如社会学家安德里亚斯·拉克维茨（Andreas Reckwitz）相信：现代人为了获得认可不得不屈服于新的文化标准。④ 在他看来，这最终会导致现代人只是获得了表面上的自治。对马克·波斯特来说，电视、纸媒和互联网在构建主体和定义身份意义上像是学科制度。⑤ 如何理解人与媒介之间的确定性关系是这些怀疑观点的基础。布鲁诺·拉图尔（Bruno

---

① Chris Barker, *Television, Globalization and Cultural Identities*, p. 198.
② Jan Nederveen Pieterse, "Global Multiculture. Cultures, Transnational Culture, Deep Culture", in Claudio Baraldi, Andrea Borsari and Augusto Carli (eds.), *Hybrids, Differences, Visions: On the Study of Culture*, Aurora, CO, 2010, p. 11.
③ Jan Nederveen Pieterse, "Global Multiculture. Cultures, Transnational Culture, Deep Culture", in Claudio Baraldi, Andrea Borsari and Augusto Carli (eds.), *Hybrids, Differences, Visions: On the Study of Culture*, p. 9.
④ Andreas Reckwitz, *Subjekt*, Bielefeld, 2008, p. 14.
⑤ Mark Poster, "McLuhan und die Kulturtheorie der Medien", in Derrick De Kerckhove, Martina Leeker and Kerstin Schmidt (eds.), *McLuhan neu lesen*, p. 187.

Latour）的参与者—网络理论代表了这个问题的中间立场。按他的观点，个体是他与其他人与事物联系形成的网络的一部分，这其中就包含媒介技术。他认为媒介和技术都是系统或事件的参与者。① 他同时指出，我们赋予媒体技术越多的功能，结果媒体技术就越像我们自己，它就更加代替，虽然不直接决定，我们的行动和思想。② 但是总有某种东西当我们思考的时候它也思考，当我们行动的时候它也行动，我们就像集体一样共同行动。③ 人类在媒介的帮助下变得更加多样化，这是一个织出有着人与非人参与者的网络的过程。拉图尔反对臣服于客体力量的技术决定论，但同时他也反对高估人类自身的构建能力。④ 参与者—网络理论是和"部分自治体"模式一致的⑤，后者至少在一定程度上坚持了自己的思想和行动。部分自治的可能性是因为随着媒介的先验性使用，我们总是有可能以不同方式或为不同目的去使用它们⑥，并且因为人类是有反思能力的，这就使得我们能够对媒介的发号施令保持怀疑。

另一方面，让我们再次回到麦克卢汉的观点，当新的媒介出现时，为保护自己，人们的反应常常是"一种奇怪的自我催眠、

---

① Bruno Latour, *Eine neue Soziologie für eine neue Gesellschaft, Einführung in die Akteur-Netzwerk-Theorie*, Frankfurt a. Main, 2007, p. 124.

② Bruno Latour, *Eine neue Soziologie für eine neue Gesellschaft, Einführung in die Akteur-Netzwerk-Theorie*, p. 124.

③ Nina Degele, Timothy Simms Degele and Simms, "Bruno Latour. Post-Konstruktivismus pur", in Martin Ludwig Hofmann, Tobias F. Korta and Sibylle Niekisch (eds.), *Culture Club, Klassiker der Kulturtheorie*, Frankfurt a. Main , 2004, p. 268.

④ Nina Degele, Timothy Simms Degele and Simms, "Bruno Latour. Post-Konstruktivismus pur", in Martin Ludwig Hofmann, Tobias F. Korta and Sibylle Niekisch (eds.), *Culture Club, Klassiker der Kulturtheorie*, p. 274.

⑤ Karin Harrasser, *Körper 2.0, Über die technische Erweiterbarkeit des Menschen*, Bielefeld, 2013, p. 73.

⑥ Karin Harrasser, *Körper 2.0, Über die technische Erweiterbarkeit des Menschen*, p. 116.

麻醉昏迷形式",并且"不能清醒地意识到发生了什么"。① 在媒介化的社会里,我们无能为力去做出反应。理解媒介,如麦克卢汉所言,对于我们维系和巩固参与者的地位来说极其重要。这一点对于普通个人和组织或公司来说都是一样的。学术界一直都被赋予使命来构建知识,从而促进对当代媒介和文化景象转型的理解,并促进行动策略的形成以守卫公民的部分自治。

---

① Martin Baltes & Rainer Höltschl, *Absolute Marshall McLuhan*, p. 8.

技术与感性
——在麦克卢汉、海森伯和庄子之间的互文性阐释

金惠敏

【作者简介】金惠敏，中国社会科学院文学所理论室主任、研究员。

内容提要：以麦克卢汉对海森伯和庄子的援引和评论为根基，以技术与感性为中心议题，本文试图建立起三位思想家之间的互文性阐释。在此互文性阐释中，海森伯是徘徊在主体统一场和客体统一场之间，而麦克卢汉则径直从电子媒介技术走向主观统一场。庄子是这两个极端的综合和超越，即在感性活动中通达世界本身。对于他们三人来说，现代技术通向的是美学。换言之，现代技术内在地具有美学的维度。

关键词：麦克卢汉；海森伯；庄子；统一场；感性；美学

将麦克卢汉、庄子、海森伯放在一起谈论可能具有先天性的障碍。其一，他们分属于不同的文化或理论系统，"风马牛不相及也"；其二，更大的问题是麦克卢汉论及庄子和海森伯的文字少之又少，"文献""不足征也"。但是对于"技术"这一堪以界定现代社会的主题，他们三位的思想则是异乎寻常的丰裕，且贡献甚巨。麦克卢汉是媒介时代的技术理论家，而技术又是海森伯表

现对经典物理学的认识论批判的一个重要组成部分。庄子所生活的战国时代，技术的发展水平及其在社会中的作用虽不可与现今同日而语，但它确已浮现为一个不容忽视的问题，矗立成一个哲学思考的对象。前人对他们三人的技术思想分别做过不少探讨，然而能够将他们三人联系起来，让他们同时进入互文性阐释的著述，看来尚祈来者。

本文拟从麦克卢汉对于庄子和海森伯的援引和评论出发，不过由于这样的文字在数量上极其有限，毋宁说它们只是作为一种契机，将我们对于技术本质的追寻导向他们之间潜在的互文性阐释。所有"阐释"（inter-pretation）都是相互阐释，相互召唤，相互激活，以及相互呈现。表面上看来是麦克卢汉去阐释庄子和海森伯，他是施动者，而实质上其亦为被动者，即他同时被后者所阐释。阐释者必被阐释，这不关阐释者的意愿。互文性阐释，若是依据克里斯蒂瓦的看法，则可能带来"互文不确定性"，文本的自主性、权威性在互文中被颠覆、瓦解，但另一方面它也可能带来"互文确定性"，文本在互文中被定位、勘测、厘清，从而被效果化，如传统中国解释学命题"互文见义"所表明的。

经过这样的互文性阐释，本文将走向现在读来可能使人惊厥的断语，但我们还是先行给出吧。庄子，或扩大而言，中国文化，是麦克卢汉媒介研究的标尺，他以此检验、评骘媒介技术的后果；其也是海森伯技术论述的归宿或真谛，他之返回柏拉图也是回到庄子，当然，再往上说，也是回到老子。不过，庄、老或中国文化此一形象之生成反过来同样依赖于与麦克卢汉和海森伯的阐释性对话。思想的互文将是彼此的增益。

一、海森伯：技术的经验后果

麦克卢汉并未直接读过庄子文本，他是通过德国物理学家维尔纳·海森伯（Werner Karl Heisenberg，1901—1976）而与庄子相结识的。海森伯在其《物理学家的自然观》一书引述了庄子"抱瓮出灌"的故事[①]：

> 子贡南游于楚，反于晋，过汉阴，见一丈人方将为圃畦，凿隧而入井，抱瓮而出灌，搰搰然用力甚多而见功寡。
>
> 子贡曰："有械于此，一日浸百畦，用力甚寡而见功多，夫子不欲乎？"
>
> 为圃者卬而视之曰："奈何？"
>
> 曰："凿木为机，后重前轻，挈水若抽，数如泆汤，其名为槔。"
>
> 为圃者忿然作色而笑曰："吾闻之吾师，有机械者必有机事，有机事者必有机心。机心存于胸中，则纯白不备；纯白不备，则神生不定；神生不定者，道之所不载也。吾非不知，羞而不为也。"[②]

海森伯不能完全同意庄子对技术的弃绝，其原因在于：第一，就历史层面而言，它无法解释何以"两千年过去了，人依旧在创造着世界上最美丽的艺术作品，这位圣人所言及的心灵的纯白状态

[①] 参见 Werner Heisenberg, *The Physicist's Conception of Nature*, trans. by Arnold J. Pomerans, New York: Harcourt, Brace and Company, 1958, pp. 20-21.

[②] （清）郭庆藩辑：《庄子集释》第二册，中华书局1978年版，第433—434页。

从未丧失殆尽"①。海森伯看见,"在多少个世纪的长河中,它(指心灵的纯白状态——引注)可能表现得起起伏伏,但总是在其全部的丰硕果实中再度显示出来"②。第二,海森伯进一步辩驳:"毕竟,人类(human race)的出现乃工具发展的结果。"③在哲学层面上,这意味着,工具或一般而言,技术,是人之为人的前提,是人的类本质;否定技术便是否定人的类存在。恩格斯早就断称过"劳动创造了人类本身"④,且未曾忽视工具于劳动中的作用;不过,在他似可继续争辩的是:劳动的真髓在于对工具或技术的使用;而单单的使用肢体(甚至重要如手者)之作用于自然界则只是"本能",不堪以"劳动"称之。还是海森伯来得透辟:"人类的出现乃工具发展的结果。"若套用恩格斯的句式,海森伯一定会毫不犹豫地说:技术创造了人类本身。基于以上两点论辩,海森伯于是坚持:"**技术本身**(technology itself)绝不能解释我们时代何以丧失了对于那么多价值准则的意识。"⑤与庄子的"为圃者"不同,海森伯毅然决然地为技术免除责任。

但是,若非技术造成了人类在现代社会的心灵危机即"神生不定",那么依据海森伯,其肇事者又将是在哪里逃匿着呢?海森伯接下来的一段话好像顷刻间就要将其缉拿归案了,然而实际效果却是愈加踪迹杳然:

> 如果把大部分困扰归咎于最近 50 年内技术的突然涌现及

---

① 〔德〕海森伯著,吴忠译:《物理学家的自然观》,商务印书馆 1990 年版,第 9 页。凡出自该译本的引文均核校过其英文底本(Werner Heisenberg, *The Physicist's Conception of Nature*, trans. by Arnold J. Pomerans, New York: Harcourt, Brace and Company, 1958)。除特殊情况外,改动处不做说明。

② 〔德〕海森伯著,吴忠译:《物理学家的自然观》,第 9 页。

③ 〔德〕海森伯著,吴忠译:《物理学家的自然观》,第 9 页。

④ 恩格斯著,曹葆华、于光远译:《劳动在从猿到人转变过程中的作用》,人民出版社 1952 年版,第 1 页。

⑤ 〔德〕海森伯著,吴忠译:《物理学家的自然观》,第 9 页。黑体为引加。

其——与以前的变化相比——迅猛异常的发展,也许我们将更接近于真理。与前此世纪截然不同的是,这种迅猛的变化简直没有给人留下时间去适应新的生活情况。不过,对此前所未有的人类困境的性质,这仍不算是恰切的解释。①

不说"技术本身"而说"技术的突然涌现及其……迅猛异常的发展",二者之间不存在什么根本性的区别,因而也不会更趋近于问题的答案。兴许能够看到希望的是,倘使技术缓缓地发展,似闲闲地踱着方步,而不是迅疾地推进、爆炸性地奔突,人类当会心态从容地应对其效果。但海森伯旋即又打消了这种希望:技术发展的缓急问题与现代"人类困境的性质"无关!这让我们真有点儿丈二和尚摸不着头脑了。但是对于技术时代"人类困境"的特征,海森伯的描绘又是毫无歧义的清晰。这庶乎提供了一种机会,由此而顺藤摸瓜,期以最终找出其真正意谓:

"现代人仅仅面对着他自己"这句话愈来愈适用于这一技术的时代。在以前的各个时期里,人类觉得他所面对的只是大自然本身。万物聚集的自然界是一个按其自身的规律而存在的领域,人类不得不设法使自己去适应它。然而在我们这个时代,我们生活在一个被人类如此彻底地改造过的世界,以致在每一领域——无论我们拿起日常生活用具,还是啜食机器制备的食品,再或者旅行在一个被人类根本地改造过的乡村——我们总会遇到人工创造物,因此从某种意义上说,我们遇到的只是我们自己。诚然,在地球上的某些地方,这一过程远未结束,但在那些地方,人类迟早也必定建立起自

---

① 〔德〕海森伯著,吴忠译:《物理学家的自然观》,第9页。

己的霸权。①

在一个技术持续推进而自然日益退缩的时代，我们面对的只是我们自己，只是我们人类自身，这当然可以被认为是技术的后果，但还不能说是"技术本身"，因为技术并非从来就如此，海森伯辨别出一个"技术的初级阶段"（我的术语），即"先前，人类遭到野兽、疾病、饥饿、寒冷和其他自然力的威胁，在这一斗争中，技术的每一扩展都意味着人类地位的一种巩固，也就是说，一种前进"②。但在一个"技术的高级阶段"（仍然是我的术语），情况就变得完全不同了："在我们这个时代，地球上人口日渐稠密，因而对生存可能性的限制从而威胁主要来自于其他一些人，他们也正在要求自己对这个世界上的物品的权利。这时，技术的扩展便不再必然地导向进步了。"③如果说在前一个时代，人类的主要工作是与天斗，与地斗，那么在现一阶段则就是与人斗了。见证了两次世界大战尤其是大规模杀伤武器（特别是原子弹）淫威的20世纪，已经昭示我们：由于现代技术的高歌猛进，从此而后，人祸将猛于天灾！技术伦理也将因而成为未来相当一段时间哲学的一大热门话题。对于技术之何以由其原本作为"一种前进"（an advance）而蜕变到其不再必然地引向进步，反倒有可能成为一种灾难，海森伯这位科学和技术的天才和宠儿——我们知道，他26岁当上了物理学教授，32岁获得诺贝尔奖——没有在"技术本身"寻找原因，如前所示，他不想仿效中国圣人去谴责"技术本身"，他之划分技术的发展为性质不同的两个阶段再次表明，他有强烈意图将技术从其可能招致的谴责中拯救出来，坚持不懈，想方设法！

---

① 〔德〕海森伯著，吴忠译：《物理学家的自然观》，第10页。
② 〔德〕海森伯著，吴忠译：《物理学家的自然观》，第10页。
③ 〔德〕海森伯著，吴忠译：《物理学家的自然观》，第10页。

海森伯虽未明言给出但确实意在言中的关于技术发展两个阶段的划分，对于回答是否该由"技术本身"承担"人类困境"的问题至关重要，值得强化论证。如果说以上的划分是在古今之间，从而稍嫌粗略的话，那么相对精细的是，海森伯还对18世纪和19世纪初与19世纪后半叶的技术之间进行区分：

从18世纪和19世纪初起，形成了一门以发展机械过程为基础的技术。机械通常不过是模仿人手的动作去纺纱、织布、提升重物或锻造大铁块。因此这种类型的技术起初只是老式手工艺的发展和扩充，旁观者能像理解老式手工艺本身一样来领悟它；每个人都可以理解其基本原理，虽然他未必有能力去重复那些具体的手工技艺。甚至在蒸汽机得到应用之后，技术的这一特点也未根本改变，虽然到了这个阶段，技术得到空前规模的推广，因为此时人类已能支配贮藏在煤中的自然力，用它取代体力劳动。

然而，上个世纪后半叶，随着电力技术的发展，技术的性质就真的发生决定性的变化了。技术与老式手工艺的直接联系已不复存在，因为那些人们从其关于自然界的直接经验几乎毫无了解的自然力正在得到开发。甚至时至今日，许多人仍感到电力技术有着某些神秘之处；虽然我们周围到处都是电，人们还是觉得它不可思议……

或许仍可把化工技术看作老式手工艺分支的延续；我们不能不想到染色、制革工艺和药物学。不过自从进入本世纪以来，化工技术的范围已经发展到如此的程度，它不再允许与从前的情况做任何的类比。最后，原子能技术仅仅关注于从天然的经验世界绝对不能认识的自然力的开发。[①]

[①]〔德〕海森伯著，吴忠译：《物理学家的自然观》，第6—7页。

在此，海森伯描绘出老式手工艺逐渐淡出历史的悲壮过程，而体现此一过程之渐进性质的是它在机械技术、早前化工技术中尚可辨认的残迹，在电力技术中的闪闪烁烁，在晚近化工技术特别是原子能技术中最终的湮灭。

既然在海森伯技术有一演变过程，即是说，有始有终，那么这在他也必然意味着存在泰初的技术，这样的技术被他名之曰"手工艺"。而假使承认"手工艺"亦可侧身于技术之列，作为技术发展的低级或初级阶段，海森伯当然是承认的，尽管他试图区别，则从逻辑上说海森伯就不会笼统地去批判技术了。他保留了作为"手工艺"的技术，这因而也是区分了两种技术："技术本身"与技术的现代展开或曰"现代技术"，换言之，技术的"伊甸园"与技术的"失乐园"，或者，技术的"乌托邦"（utopia）与技术的"歹托邦"（dystopia）。需要辩解的是，尽管从理论上说，"技术本身"乃一抽象概念，它既存在于手工艺，也存在于现代技术，但手工艺是堕落的现代技术应该回归的伊甸园，代表了技术的道德与理想，那么是有理由将它当作"技术本身"而非一种形式的技术了。我们知道，任何事物一旦被当作一种典范，则其立刻就会进入大文豪苏轼所描绘的"飘飘乎如遗世独立，羽化而登仙"的曼妙境界，这也就是说，它脱离了它的现实性或物质性而成为一种符号，有指涉而又是抽象的。

海森伯不忧心"技术本身"，技术在其本初的意义上是"善"的，他忧心如焚的是技术的后果，这一后果是"恶"的，尽管在海森伯可能不会说"恶之技术"或"技术之恶"。技术本是为了人之更好地利用和掌控自然，但它一路奔腾下来，竟将人封闭在一个完全由它所创造的即一个全然被人化了的世界，人从此与自然隔绝，而仅仅面对他自己。技术本质上属于人的生命活动，但这生命活动似乎注定走向到它的反面，如同作茧自缚。根据青年马克思的思想，这种现象当是技术的"异化"；根据阿多诺、霍克海默,是"技术辩证法";或者套用新近社会理论家如吉登斯、贝克和拉什的概念"自反性现代化"[①],我们也可以说这是技术的"自反性"或"自反性技术",不过需要指出,"自反性"已不同于过去的"异化"或"启蒙辩证法",不再只是具有批判的意义。

  人封闭于自己的世界,海森伯称此为"人类困境"、"我们处境的危险"[②],这种处境之所以有危险,之所以为"困境",乃是因为当人封闭于自己的世界而不再与外部世界相联系时,他便无从为自身定位,无从达到一个行动的目的,甚至无从确立其生命的意义。海森伯用一个比喻来描述这种困境:"人类发觉自己处在一位船长的位置,其船为钢铁所造,坚固无比,以致在其中罗盘的磁针不再对任何东西起反应,除了那个钢铁船体之外;它不再指向北了",于是"这条船便不再能够驶向任何目标(any goal),它只会在原地打转,成为风暴和海潮的牺牲品"。[③] 无论在实践的抑或心理、信仰的层面上,人都需要某种外在性才能生存和生活下去。主客体二元对立曾在后现代哲学中饱受诟病,然而若是移除客体一极,客体完全为主体所征服、收编,那个因伟大的主体而伟大的人类雕塑将轰然坍塌。从前,是客体、他者甚或上帝这些外在性一直在默默地支撑着人类,无论以什么方式。海森伯以其轮船之喻向我们表达了外在性之于人类生存的不可祛除性。我们相信,外在性将把人类从那钢铁怪物的钳制中解救出来。

  显然,海森伯的技术批判所针对的不是"手工艺",不是"技术本身",而是从"手工艺"中走出来,最后超出了"技术本身"

[①] 参见〔英〕吉登斯:《现代性的自反性》,载〔英〕吉登斯著,田乐译:《现代性的后果》,译林出版社2000年版;〔德〕贝克、〔英〕吉登斯、拉什著,赵文书译:《自反性现代化》,商务印书馆2001年版;〔英〕吉登斯、皮尔森著,尹宏毅译:《现代性——吉登斯访谈录》,新华出版社2001年版;〔德〕贝克著,何博闻译:《风险社会》,译林出版社2004年版。
[②] 〔德〕海森伯著,吴忠译:《物理学家的自然观》,第14页。
[③] 〔德〕海森伯著,吴忠译:《物理学家的自然观》,第14页。

之善的现代技术，其所造成的后果是"现代人仅仅面对着他自己"。

这不是海森伯从庄子那儿得到的结论，庄子对他没有这样的启迪。可以发现，庄子寓言让海森伯感兴趣的仅仅是抱瓮丈人控诉机械所带来的"神生不定"，"也许是对现代危机中我们人类状况的一个最贴切的描述"①，如此而已。不过，且慢！海森伯与庄子的思想关系并非"如此""而已"。切莫小看这个"如此"，在这"如此"之中蕴含着值得发掘的深意。可以"如此"，但不可以就此"而已"，尤其在我们这方面。海森伯指出："我们时代的任务显然是在生活的每一领域里与这种新情境达成协议，因为只有这样做了，我们才能恢复那位中国圣人所说的'神生有定'。"② "神生有定"或庄子原词"神生不定"涉及的是人的感性和知性生活，因而这也是在一个有限的意义上，海森伯承认庄子对"机械的危害"③的警示，从而对技术之现代危机的预示："这个技术时代给我们的环境和生活方式所带来的深远变化，也已危险地改变了我们的思维方式，这里面埋伏着使我们的时代发生动摇的种种危机的根源，这些在现代艺术中也有表现。"④ 显而易见，庄子的技术观，即使仅仅体现在"抱瓮出灌"这个小故事中的庄子的技术观，对于海森伯所具有的潜在意义，尚未在海森伯的引述中充分地展露出来。海森伯似乎暗示，庄子的技术批判即便不是与他本人的命题"现代人仅仅面对着他自己"毫无关联，但至少也是有一段相当模糊的距离，需要花费许多阐释才能达到。海森伯无此耐心以及敏感。就此而言，庄子之被海森伯引述也是被这引述所遮蔽。很可惜了！

---

① 〔德〕海森伯著，吴忠译：《物理学家的自然观》，第9页。
② 〔德〕海森伯著，吴忠译：《物理学家的自然观》，第11页。这里海森伯根据其表达需要将庄子的"神生不定"改为"神生有定"。
③ 〔德〕海森伯著，吴忠译：《物理学家的自然观》，第9页。
④ 〔德〕海森伯著，吴忠译：《物理学家的自然观》，第8—9页。

不过，宽容地说，海森伯以他对庄子技术观的不多的发现已经成功地将庄子举荐给麦克卢汉了。这些发现是：第一，现代技术改变了我们的思维方式；第二，它也**在感受性的意义上**作用于我们的心理，例如使我们"神生不定"。这就是说，海森伯是以主体性视角来观察技术的后果的。至于什么样的"**主体性**"和什么样的"后果"，且听下回分解。

二、海森伯：技术的哲学后果

由于麦克卢汉是通过海森伯的引介而认识庄子的，其任务至少应包含四项内容：既要阐释庄子本人，其一也，也要阐释海森伯，此其二也，其三还要阐释海森伯对庄子的阐释，而主导这三种阐释的是他先已了然其胸的他自己的技术观，此为其四。以上四项内容穿梭交织、互为表里，需要我们仔细辨认方或理出头绪。

麦克卢汉两次援引和评述海森伯对庄子的援引和评述，一处在《古登堡星汉：印刷人的形成》(1962)，一处在《理解媒介——论人的延伸》(1964)。

首先，我们必须舍弃一些对麦克卢汉在阅读海森伯《物理学家的自然观》时所发生的令人遗憾的细节错误或疏忽。例如，他说，"海森伯指出，技术不仅改变生活习惯，而且还有思想和价值的范型，他赞同性地援引了中国圣人"[①]。其实第一，我们已经知道，就其领会到的庄子而言，海森伯并非深度同意庄子的技术观，尤其是其中的悲观主义，毋宁说，这样说会更准确一些，他只是**浅浅地**触及了一下庄子，因为他认为庄子仅是**浅浅地**谈到了技术

---

① Marshall McLuhan, *Understanding Media: The Extensions of Man*, New York: McGraw-Hill Book Company, 1965 [1964], p. 63.

的危害，谈到了技术**在感性意义上**的危害，而未能像他自己那样将技术的危害更哲学地因而也是更本质地描述为"现代人仅仅面对着他自己"；还有，庄子只是笼统地谴责技术，而未能将技术的发展进行分期，将"手工艺"与现代技术区别开来，这就是说在他还存在一种理想的不能连带着被否弃的技术，而庄子，很遗憾，却没有这样做。因此第二，那种认为技术将改变我们的思维方式、生活习惯的观点，尽管不能说有什么错误，但不过是"人云亦云"的凡俗之论。麦克卢汉没有注意到海森伯是怎样走到庄子那儿的：海森伯不想把这种关于技术后果的观点掠为己有，他声明"经常有人说"①，而且他还使用了一个让步句式，因为他试图先退后进："**的确**，这一反对意见要比现代技术和科学早得多，工具的使用可以追溯到人类最早的开端。例如，2500 年以前中国圣人庄子就谈到了机器的危害，他说……"②——以下就是那个故事。不是多么赞同或者为了赞同庄子，海森伯无疑是想用庄子做个铺垫，以便把自己的观点推向高潮。应该承认，海森伯用"现代人仅仅面对着他自己"这一命题来揭示技术和科学的后果，确乎远远地超越了这方面的习见之论。但庄子的技术观是不能简单地归于这种习见之论的。海森伯没有看到，如果依照庄子，将存在两种"他自己"，一是本真的"他自己"，另一是人为的"他自己"。庄子的故事是说，机械的使用将使人失去其本真的"他自己"，而变成人为的"他自己"——这个"他自己"是一人为的世界，一机械的或工具的世界。因此，麦克卢汉之认为海森伯"赞同性地援引了中国圣人"，只能表明，对于庄子的技术观，他尚未超出于海森伯的视界。海森伯未能看到的，他亦未能看到。

再如，我们宁愿相信，是由于印刷错误而非麦克卢汉的粗枝

---

① 〔德〕海森伯著，吴忠译：《物理学家的自然观》，第 8 页。
② 〔德〕海森伯著，吴忠译：《物理学家的自然观》，第 9 页。黑体为引加。

大叶，海森伯紧接着庄子引文的一段评论被原封不动地移植到他麦克卢汉的名下。①

不管这些了，这都是些没有多少意义的错误，无论出自哪种情况。但是指出这样的低级错误，一是能够让我们对麦克卢汉之阅读海森伯和庄子全时间葆有一双机警之眼，二是可以转至和更专注于麦克卢汉对海森伯和庄子之意味深长的误读或创造性阐释，对其做出积极的评价。

麦克卢汉关于海森伯与庄子的思想关系有一论断，即"现代物理学家与东方场论亲如一家"②。他指出，海森伯征引庄子故事，其值得玩味之处在于，庄子吸引的是海森伯而不大可能是牛顿、笛卡尔和亚当·斯密等。个中原因他分析称，后者是"伟大的专门家与分割式、专业化之研究的鼓吹者"③，而言下之意，海森伯作为现代物理学家则是这种经典研究范型的反对者，他所倡导的当是整合性和整体性的研究。但是细读海森伯的《当代物理学中的自然观》，将会发现，麦克卢汉这说法对于此一文本中的海森伯即使算不上是全然的无稽之谈，也是似通非通之论，其间关联晦暗不明、错综复杂，需要做艰苦卓绝的探索和阐释。

容或另有一种可能，麦克卢汉将他在别处对海森伯的阅读印象不自觉地移植或叠加于此处。在麦克卢汉的私人藏书中，笔者见到了海森伯最具代表性的哲学文集《物理学与哲学》（1958）④，而若是依据该书，问题的症结可能会显露得清晰一些⑤。但是，很遗憾：第一，翻检此书，不见麦克卢汉点滴的阅读痕迹，而麦克卢汉的习惯是不动刀笔不读书的；第二，更为关键的是，麦克卢

---

① 参见 Marshall McLuhan, *The Gutenberg Galaxy: The Making of Typographic Man*, London: Routledge & Kegan Pauol, 1962, p. 30.
② Marshall McLuhan, *The Gutenberg Galaxy: The Making of Typographic Man*, p. 28.
③ Marshall McLuhan, *Understanding Media: The Extensions of Man*, p. 64.
④ 现存于加拿大多伦多大学托马斯·费舍尔珍本图书馆麦克卢汉个人图书专藏。
⑤ 整体的、联系的观点在该书有充分的表述。

汉无论在《古登堡星汉》抑或《理解媒介》都未提及该书。

故此，让我们暂且还是逗留于《物理学家的自然观》中的海森伯吧！这样也好使我们的论述线索显得纯朗一些。

在海森伯的这部著作中，确切地说，在该书的第一章"当代物理学中的自然观"中，与麦克卢汉"分割式、专业化之研究"之语最切近的段落应该是：

> 将世界划分为存在于时空中的客观过程与反映这些过程的思维活动——换言之，即笛卡尔的思维实体（res cogitans）和广延实体（res extensa）的区分——这种陈旧的划分不再是我们理解现代科学的适当的出发点。在这一科学看来，那首先存在的毋宁是人与自然关系的网络，是会聚的网络；在此会聚中，作为肉体存在，我们是自然的零部件，而同时作为人，我们又将此自然作为我们思维和行动的对象。科学不再作为客观的观察者而面对自然，它把自己看成在人与自然这一相互作用中的一位演员。**分析、解释和分类的科学方法**（此处黑体为引加——引注）已经意识到它的局限，这是因为科学以其参与其中而改变和重塑了探索的对象。换言之，**方法与对象不再能够分开**（此处黑体为引加——引注）。**科学的世界观已不是如其字面意义所表示的一种科学的观念。**①

海森伯这段话的意思明白如画、一览无遗，就如前文已讨论过的技术一样，科学因其介入对象而使之不再是对象本身，它成了科学的对象，成了被科学所界定和修正的对象，也就是说，成了人在其中的对象。在这一意义上，海森伯指出："科学永远以人的存

---

① 〔德〕海森伯著，吴忠译：《物理学家的自然观》，第13—14页。此段中译文所据之英译文有较严重的错误，现据德文版（Werner Heisenberg, *Das Naturbild der heutigen Physik*, Hamburg: Rowohlt Taschenbuch Verlag, 1956 [1955], S. 21）校正。

在为前提"①,就如"在生活的舞台上,我们不仅是观众,而且也是演员"②。

与这种量子物理学关于科学对象或自然的哲学相对立,"分析、解释和分类的科学方法"、笛卡尔将世界划分为思维实体与广延实体的做法,则是严守主客体之间的楚河汉界,企图以此进入一个纯粹的自然,收获一个纯粹的真理。借用鲁迅先生的一个比喻,就像一个人不可能揪着自己的头发就离开地球,因为他所使用的工具即他的手与其试图作用的对象即他的身体为不可分割之一体,科学也不能将其自身带到科学之外,现在的科学没有外在,它只有它自己,如"现代人"只有"他自己"一样。在海森伯看来,自然既已终结,终结于科学和技术,终结于人化,那么,研究"自然"又谈何可能呢?显然,正是在科学之使自然终结这一理路上,海森伯来揭露"分析、解释和分类的科学方法"的局限;他要拆解这种科学方法所一直守持的主客体二元对立概念,而完全代之以主体,变客体为主体。在现代技术语境中,所谓"世界"就是人的世界。自然、客体,或者,任何外在性,均被吸入这一世界。让我们重申海森伯的发现:现代人仅仅面对着他自己!这既是,我们已经论述过,海森伯对现代技术"后果"的批判,但也是海森伯所收获的丰硕的哲学果实。

看来,不借助海森伯的其他论著,单是阅读其《物理学家的自然观》中的"当代物理学中的自然观"一章,我们也可以获得一个并不模糊的海森伯形象。但问题在于这样的海森伯是否足以支持麦克卢汉关于海森伯与庄子亲如一家的论断,更具体地说,在于海森伯的自然终结论或者其命题"现代人仅仅面对着他自己"是否表达了或者能否逻辑地通向与"分析、解释和分类的科学方

---

① 〔德〕海森伯著,吴忠译:《物理学家的自然观》,第6页。
② 〔德〕海森伯著,吴忠译:《物理学家的自然观》,第6页。海森伯"观众"、"演员"之喻直接来自于玻尔。

法"相对立的一种整体性思维。对于其间的关联，作为普通读者，我们感到了理解的难度，甚至是智力的短路：现代技术的"后果"，如果不只是"恶果"的话，怎么会带来麦克卢汉所向往、所渴求的统一场论？这里我们必须暂时抛开对技术后果的情感态度和价值评判，而冷静地、客观地研读和揭开麦克卢汉和海森伯是如何地从前者过渡到后者。也许长久以来润泽我们的、与工具理性相对抗的人文立场潜在地妨碍我们心平气和地去发现二者之间的相通性。

三、麦克卢汉：自然的消逝与统一场的出现

先从麦克卢汉开始吧！有材料显示，麦克卢汉曾多次尝试将它们联系起来。这样做在他似乎是不言而喻的，他不感到有什么困难，因而也想不到有必要来费神解释。以下我们逐次给出一些例证，并略作评论。

在其《文化是我们的事务》（1970）中，麦克卢汉声言：

> 自从有了人造卫星，便再也没有自然。自然成了包含在卫星和信息的人工环境之中的某种东西。目标（Goals）现今不得不予以取缔，代之而起的是对于整体环境以及 DNA 粒子都相同的感性编程。地球变为一个老鼻椎。
>
> 旧的硬件将家庭和事务中心化。而新的软件则将二者消散为一种信息环境……[1]

---

[1] Marshall McLuhan, *Culture Is Our Business*, New York & Toronto: McGraw-Hill Book Company, 1970, p. 330.

在其《从套语到原型》(1970)中，麦克卢汉操着差不多同样的话语：

> 自从人造卫星将地球置于一个"舞台穹庐"，以及地球村被改造为一个地球剧场（通行的译法是"环球剧场"——引注），其结果差不多就是利用公共空间"做某人的事情"。被人造环境悬括起来的地球不再对民族或个人提供任何方向（directions）或目标（goals）。①

在其《把握今天》(1972)中，麦克卢汉一方面继续着和丰富着以上话题，恕不赘引②，另一方面则开始转向古老的神话智慧及其与当今信息环境的本质性衔接：

> 新的信息环境倾向于取代自然，而古老的神话智慧则试图解释（explain）自然。因此现代人便不得不在神话之中生活，与此相对照的是，其古代的先人则寻求在神话中思维。神话是对于处在一个相互转化过程中的原因与结果的同时感知的记录。今日有可能在30秒内将世界艺术史浏览一遍。一张报纸虽然标记的只是某一天，然而给你的却是"你的今日世界"。从速度和压缩方面看，这些都是神话形式。当我们听到卡德摩斯国王种下龙牙而长出武士的时候，我们得到的是一种关于声音字母如何影响人与社会的瞬时的历史。神话不会艰难爬行，它跳跃式前进。③

---

① Marshall McLuahn with Wilfred Watson, *From Cliché to Archetype*, New York: The Viking Press, 1970, p. 12.
② 参见 Marshall McLuhan and Barrington Nevitt, *Take Today: The Executive as Dropout*, Don Mills, Ontario: Longman Canada Limited, 1972, pp. 6-8。
③ Marshall McLuhan and Barrington Nevitt, *Take Today: The Executive as Dropout*, p. 8.

在该书的另一处，麦克卢汉再次将神话世界与电子情境并置和相比照，若是理解为麦克卢汉等而视之，大概也不算得多么错误：

> 从前所谓"神话"纯粹是说一个关于某种复杂过程的瞬时视像，或者，一个关于这样过程的概要讲述。处身于电子速度，我们在自己的一举一动中都无可避免地成为神话性的。随着电子速度所发生的是现在涵括了所有的、无论其怎样的过去，包括最基本的和最原始的形式。①

在以上的引文中，可以十分清楚地看到：第一，麦克卢汉复制了海森伯"现代人仅仅面对着他自己"那一命题以及关于人类在自己制造的钢铁巨轮中找不着北的比喻，甚至也复制了海森伯在做此比喻时所使用的关键术语，如"目标"（goals）、"方向"（directions）② 等。麦克卢汉未曾引用海森伯的这些论述，但可以肯定他是读过这些论述并留有深刻印象的，否则无法解释它们之间的重合。我们不是指责麦克卢汉抄袭海森伯，我们指出这种相似只是为了揭示麦克卢汉如何从与海森伯相重合的理论前提过渡（毋宁说是"跳跃"）到他本人的下一步的论断，还是前面的问题：从"现代人仅仅面对着他自己"命题能否走向海森伯和麦克卢汉本人的统一场论？

第二，海森伯"现代人仅仅面对着他自己"这原本寓意显然的命题被麦克卢汉解读、转绎和发展为由电子媒介所催生的人造环境。"我们生活在一个由信息造成的环境之中。自然的

---

① Marshall McLuhan and Barrington Nevitt, *Take Today: The Executive as Dropout*, p. 84.
② 除了前面引文包含"目标"（goals）之外，接此引文往下部分亦可见到海森伯对"目标"（两次）和"方向"（一次）以及其他相关词语如"向导"（guides）、"再定向"（re-orientate）的使用（参见 Werner Heisenberg, *The Physicist's Conception of Nature*, pp. 30-31）。

栖居地被一个人造环境所封闭，甚至连地球本身也被封闭了起来。"[1] 在此，麦克卢汉的潜台词是人造卫星——在描述信息环境的出现及其对自然世界的阻绝时，他屡屡将人造卫星作为最具标志性的事件。这不难理解，迄今的确还没有哪种技术能够像人造卫星那样将整个地球都包裹起来，将地球的每个角落都纳入计算机的纵横编程。用老子的话说，"天网恢恢，疏而不失"[2]。或者，贴合于麦克卢汉的比喻，用中国古代一首民歌的语言，"天似穹庐，笼盖四野"。不过，这"天网"，这如天的"穹庐"，已不再是古人言下的巨幅自然，如今它变成了由人造卫星所编织的信息之网。

麦克卢汉为人造卫星所带来的信息环境以及与之相伴生的自然的终结所吸引、所吸附，有无暇他顾之嫌，但他实际上并未因此而多少偏离海森伯关于技术的论断，因为如果说在海森伯是现代技术将人类与自然相隔绝，那么到了麦克卢汉这儿，他不过是将此技术与时俱进地更新和具体为卫星技术或电子技术而已。本质上，他们讲述的是一样的故事、一样的经验。

第三，麦克卢汉认为，信息的人造环境与神话的人造环境具有高度的相似性。意译麦克卢汉关于神话特征的描述，神话性就是打破日常的叙述逻辑、线性的组织范式，人们能够在过去、现在和未来之间自由穿梭，往来无碍。神话是古人的想象和梦境，它们是弗洛伊德等人的"意识流"，不接受理性的训诫和规制；但麦克卢汉的信息环境则不是神话的想象和梦境，即不是仅仅停留于想象和梦境层面的环境。他指出，古人只是通过神话的方式想想而已，而今人则就真实地生活在神话般的世界里。由于信息化，如今人们越来越少地依赖于物理的束缚，

---

[1] Matie Molinaro, Corinne McLuhan and William Toye (eds.), *Letters of Marshall McLuhan*, Toronto: Oxford University Press, 1987, p. 336.

[2] 《老子》第 73 章。

依赖于身体,依赖于处所,例如电子通信能够将我们的声音、视像传播到我们身体缺席的地方,我们分身有术,无处不在、无时不有,我们成了既往的神祇。在这个意义上,菲利普·马尔尚推测,麦克卢汉当会说:"今天,人没有物理性的身体。他被转化为信息,或一个形象。"① 恩格斯曾经断言过,技术的进步造成了神话的消失。这种说法应该说是客观而可信的。但如果在麦克卢汉看来,电子技术实现了曾经的神话梦想。我们真的就生活在古人梦寐以求的神话世界了。麦克卢汉相信,"神话即今日的现实"②。这就是前引他所谓"现代人便不得不在神话之中**生活**"的意指。

第四,或许不大关紧,麦克卢汉在将技术的人造环境与神话的人造环境等而视之的过程中,已经抛弃了海森伯对于现代技术切断人与自然之联结的忧虑和批判,而陶醉于、委身于其对海森伯而言破除主客体分裂的积极的哲学意义。这种哲学上对主客体分裂的弥合、整合现在为电子技术的效果所实证。前引所谓"人造卫星将地球置于一个'舞台穹庐',以及地球村被改造为一个地球剧场"云云即此之谓也。我们已经知道了"穹庐"之喻指,即人造卫星所建造的无所不包的信息天网。那么"舞台"以及"地球剧场"又指的是什么呢?好像是接续前面未完成的描述,麦克卢汉在另一处说:"莎士比亚曾在环球剧院里把整个世界看作一座舞台,但由于人造卫星,这世界便名副其实地成了环球剧院,

---

① Philip Marchand, *Marshall McLuhan: The Medium and the Messenger*, Cambridge, Massachusetts: The MIT Press, 1998 [1989], p. 30. 马尔尚的推测当是麦克卢汉真实的想法——麦克卢汉本来就说过类似的话,例如:"你打电话或播音时……你这个发送信息的人也被发送出去了……去身体化(disembodied)的使用者被发送到电子信息接收者的跟前。"(转引自〔美〕保罗·莱文森著,何道宽译:《数字麦克卢汉:信息化新纪元指南》,社科文献出版社 2001 年版,第 54 页。译文略有变动。)所谓"信息",就其本质而言,就是消除了物理的或身体的障碍。在麦克卢汉的"地球村"理论中,时间和空间也属于这样的障碍。

② Marshall McLuhan and Barrington Nevitt, *Take Today: The Executive as Dropout*, p. 83.

其中不再有观众,而只有演员。"① 如所周知,莎士比亚在其剧作《皆大欢喜》中曾说过"整个世界就是一座舞台,所有的男男女女都只是演员";而海森伯,如前所引,也说过"在生活的舞台上,我们不仅是观众,而且也是演员"。麦克卢汉此处未提及海森伯的名字,似乎是莎士比亚给了他"环球剧场"的灵感,但就"环球剧场"的哲学意谓来说,他显然更是采用、化用了海森伯的意思:"不再有观众"就是不再有主客体之分;同样,"只有演员"就是只有一个世界,即没有客体的纯主体的即纯然属于人的世界。对于这样的世界,海森伯的态度是矛盾的:一方面他愤然于这一世界对自然的排除,另一方面又欣欣然于其对以主客体分裂所标记的传统思维模式的破除。而且,他亦无意于将此矛盾统一起来,因为他好像根本就未意识到此矛盾的存在。与海森伯不同,麦克卢汉虽也看到了自然在电子技术中的终结,但他毫无忧愤可言,只是欢欢喜喜地、毫无窘迫地从现代技术的人造环境阔步进入信息的或神话的人造环境。在麦克卢汉那儿不是不存在对技术的批判,例如对文字技术以及印刷技术的批判,但其侧重点则是抱怨这些技术造成一种主客体分裂的"视觉空间",这时他似乎全然忘记了在其他任何时候他都可能坚持的技术与人造环境的必然关联。

我们能够说海森伯作为技术批判的"现代人仅仅面对着他自己"这一思想将麦克卢汉带入了统一场论吗?虽然在海森伯那里,这种关联飘忽不定,然而以上引文和相关分析却强劲地推出,麦克卢汉确乎从前者读出了他所需要的统一场论。他多次都是绝不拖泥带水地从人造卫星之造成自然的消逝走向统一场——他使用

---

① Marshall McLuhan, *Understanding Me: Lectures and Interviews*, Stephanie McLuhan and David Staines (eds.), Cambridge, Massachusetts: The MIT Press, 2003, p. 197. 环球剧院是莎士比亚戏剧活动的主要场所,其剧作《皆大欢喜》中有一句台词是"整个世界就是一座舞台"。麦克卢汉将这两项内容合并在一句话中。

的是统一场的一些同义语，如"艺术"：

> 当地球突然间被一个人造制品所包裹时，自然就翻转为艺术形式。①

如"生态"：

> 也许我们可以想象到的最伟大的信息革命发生在1957年10月17日（应为4日——引注），其时人造卫星为地球创造了一个新环境。自然世界第一次被完全囊括在一个人造的容器之中。在地球走进这一新的人工制品时，自然终结了，而生态（ecology）却诞生了。一旦地球上升至艺术作品的位置，"生态"思维便成为不可避免的事情。②

而且，在麦克卢汉，"艺术"与"生态"是可以互换的术语，例如在一个与上面引文完全相同的语境里，他斩钉截铁地断言："生态学就是艺术。"③ 进一步说，"艺术"、"生态"也联通于"声觉"，甚至说，这三者都是可以互换的："对于前文字的人来说，生态思维和规划总是与生俱来，这是由于他不是以视觉的方式（visually）而是以听觉的方式（acoustically）生活。"④ 显然，麦克卢汉说到"生态思维"便立刻联想到"听觉"，而"听觉"不过是统一场的另一种表述。

---

① Marshall McLuhan, *Understanding Me: Lectures and Interviews*, p. 197.
② Marshall McLuhan, "At the Moment of Sputnik the Planet Became a Global Theater in Which There Are No Spectators But Only Actors", in *Marshall McLuhan Unbound* (05), Eric McLuhan and W. Terrence Gordon (eds.), Corte Madera, CA: Gingko Press, 2005, p. 4.
③ Marshall McLuhan, *Understanding Me: Lectures and Interviews*, p. 242.
④ Marshall McLuhan, "At the Moment of Sputnik the Planet Became a Global Theater in Which There Are No Spectators But Only Actorss", in *Marshall McLuhan Unbound* (05), Eric McLuhan amd W. Terrence Gordon (eds.), p. 4.

在此我们暂不展开解说何谓"艺术"、何谓"生态"以及何谓"听觉"、"统一场"等等,我们即刻需要追讨的是,麦克卢汉何以能够说自然终结或者人造环境必然导向"艺术"、"生态"、"听觉"和"统一场"的诞生。

对于解决这一问题,如果以上资料还嫌薄弱的话,那么笔者在阿尔伯塔大学档案馆中搜寻到的麦克卢汉致其《从套语到原型》一书合作者威尔弗莱德·沃特森的一则书札看来是更加有力的帮助——它将人造环境与统一场论之间的联系揭露得淋漓尽致:

> 在阅读理查德·希纳斯(Richard Hinners)的《意识形态与分析》时,我意识到,前文字时代的人有一个强烈的感受,就是觉得他生活在一个他自己所创造的世界里。其环境就是其仪式的产物。今天我们再次生活在一个人造的环境之中,一个信息的环境之中。它取代了过去的自然环境。同时性的一个效果是,外部世界现在模拟我们的无意识世界。我们推展了我们的潜意识,而非意识。潜意识是一切事物的领域,而一切事物都处在一种潜意识的状态。它就是一种拼贴(collage)——那么,为什么还要拼学(college)呢?①

相对于前面的几处引文,此信并未增加什么新的实质性的内容,但它将麦克卢汉前面分散的思想串联起来,凝聚起来,使之产生出一种清晰的逻辑贯通:人造环境有两个阶段,一个是前文字的人造环境,例如,神话的人造环境;另一个是信息的人造环境。自然环境与人造环境在历史上先后相继,也相互对立,前者之中

---

① Marshall McLuhan, "A Letter to Wilfred Watson, Oct. 27, 1966" (the title added), The University of Alberta Archives, Box 5. 该馆藏有麦克卢汉与沃特森在"合著"《从套语到原型》一书期间的大量通信,据其电子化整理者保罗·哈特森(Paul Hjartarson)教授透露,多数麦克卢汉研究者尚不知道这些书信的存在。感谢该档案馆许可笔者在本书中使用这些书信。

有自然的存在，而在后者之中，自然被人改造，被改造为人的世界，结果自然如果说不是被排挤出去，就是消融、消逝于其中。无自然存在的人造环境有何特点呢？麦克卢汉用"同时性"来表示，但"同时性"又是什么呢？作为媒介研究者，麦克卢汉所意谓的"同时性"当然主要是指向电子媒介所造成的时空压缩或消失，但对于普通人来说毕竟是相对较新的东西，有着理解的困难，于是麦克卢汉向后扩展以神话，它是想象的空间，是"神思"的空间——中国古代文学理论家刘勰将今人所称的"想象"叫作"神思"[①]——其间庸常的逻辑、理性不再发生作用，一切转瞬即有，一切同时发生。为了解释"同时性"，麦克卢汉还联系弗洛伊德的潜意识：不像意识之在呈现事物的同时也排除事物，潜意识是一切事物，是一切事物的同时存在，它不显现任何事物，从而也不丢弃任何事物。最后，麦克卢汉拈出现代艺术中常见的"拼贴"，我们知道，所谓"拼贴"就是将事物从其先前语境中抽离出来，置其于新的情境，准确地说，是组成新的情境，让原本毫无关联的事物能够相互作用，即进入"同时性"状态。麦克卢汉做了一个语词游戏，将"拼贴"（collage）与"学院"（college）拼贴起来，以凸显二者在性质上的对立："拼贴"是并置的、意义模糊的，而"学院"（为了呼应"拼贴"，笔者将"college"译为"拼学"）是线性的、意义清晰的，用中国古代教育的术语，是"发蒙"。

毫无疑义，体现在神话、潜意识、电子信息、人造环境、拼贴中的"同时性"是统一场论的根本内容。但它们又是怎样创造

---

① 刘勰在其《文心雕龙》中是这样描述"神思"的："古人云：'形在江海之上，心存魏阙之下。'神思之谓也。文之思也，其神远矣。故寂然凝虑，思接千载；悄然动容，视通万里。"（周振甫：《文心雕龙选译》，中华书局1980年版，第130页。）其中，"思接千载"是指"神思"不受时间的限制，而"视通万里"则是其对空间的突破。此非常人或常态下所可致，故曰"神思"。"神"既指精神、思维等，也有神秘莫测的意思。刘勰在两种意义上使用"神"字。

出"同时性"或统一场呢?其谜底在"人造环境"一语。"人造"消除了自然的僵硬,自然对人的束缚,于是在"人造环境"中,一切便"灵"动和飘忽起来。

四、海森伯:主体统一场抑或客体统一场

如果说任何人造环境都在远离自然,而海森伯所谓的"现代人仅仅面对着他自己"也明确地被他界定为技术的后果,那么既然前者能够带来统一场,那么后者又有什么不可能呢?在麦克卢汉的思想中,即便不考虑海森伯做过统一场研究的传记事实,只是"现代人仅仅面对着他自己"这一命题也足以导向统一场论。

然而,这毕竟只是根之以麦克卢汉理解的推论,我们还必须求证于、求教于海森伯本人的论述,检查在海森伯那里从没有客体的主体(尽管这是一个悖论性的措辞)出发是否真的就能够通达统一场。虽然,敏感的读者也许能够看到,前文在通过援引海森伯之"方法与对象不再能够分开"云云而提出这一问题时,其实已经是肯定性地回答了这一问题,但这只能是一个起点,可能被人疑为孤例。为了令人信服地接受这一答案,我们仍需提供进一步的证明及分析。让我们还是从海森伯《物理学家的自然观》第一章"当代物理学中的自然观"讲起吧!

我们已经知道,"现代人仅仅面对着他自己"是海森伯从科学技术的极度扩张所得出的结论,而我们尚未指出的是,文中还存在一条与此相穿插的论证路线。如果说前者是轻车熟路,任何人包括不谙科学技术的人文学者都能看到、想到或强烈感受到,那么后者则非普通人所可寓目,它隐秘而独特地属于海森伯自己,直接地说,海森伯从其作为量子力学家的科学实验出发,殊途同

归地走向了"现代人仅仅面对着他自己"这一断语。海森伯或者让两条线路单独向前延伸,或者让它们相互交错,因此它们或是彼此分别地,或是相互辉映着达到主体性的统一场。我们不拟分头举证了,一是因为这将增加大量没有逻辑推进的引文,徒费笔墨,二是前文已经仔细地走过了第一条线路了。或许一种比较经济的做法是观览两条路线的会聚:

> 不管怎样,这种新局面最为明显地出现在现代科学本身,在那里,正如我在前面所指出的,我们再也不能"按其自身"来考虑那些我们起先以为是最终客观实在的物质的建筑石料。之所以如此,是因为**这些粒子抗拒一切时空中的客观定位形式,而且从根本上说那种能够被我们作为科学研究对象的东西始终只是我们对于这些粒子的知识**(此处黑体为引加——引注)。因此,研究的目的不再是理解原子及其运动"自身",即独立于对实验问题的表述。我们从一开始便卷入自然与人类的争辩,其中科学仅仅扮演了一个角色,因此,通常将世界划分为主体和客体、内部世界和外部世界、肉体和心灵已不再适宜,它把我们引入困境。于是,即使在科学中,**研究的对象也不再是自然本身,而是人对自然的探索。**这里,人所面对着的又仅仅是他自己。①

如果说在前文,"现代人仅仅面对着他自己"这一论断只是建基在现代科学的应用即技术之上,那么在这段引文中,海森伯则回溯性地进一步归之于"现代科学本身"。这就是说,不是科学的延伸——我们很容易想到青年马克思的"异化"概念——而是"科学本身"就早已将我们幽禁在人自身的世界之内了。这里海森

---

① 〔德〕海森伯著,吴忠译:《物理学家的自然观》,第11页。

伯所谓"科学本身"显然指的是他本人所从事的量子力学研究[①]，再具体地说，是他关于粒子测量的不确定性原理（也译"测不准原理"）。

对此原理，海森伯在其《物理学家的自然观》第二章"原子物理学和因果律"——自此我们开始使用麦克卢汉多半没有阅读过的海森伯文本——有一通俗易懂的描述：

> 业已发现，想以任何一种事先规定的精确度来同时描述一个原子粒子的位置和速度，是不可能的。我们只能做到要么十分精确地测出原子的位置，这时观测工具的作用模糊了我们对速度的认识，要么精确地测定速度而放弃对其位置的知识。[②]

不确定性原理的革命性贡献是将"观测工具"引入现代物理学。不过，这不是说经典物理学研究就不重视工具，即便在日常生活中我们也每每将"工欲善其事，必先利其器"或者"磨刀不误砍柴工"挂在口头，而是说工具从此被它赋予全新的意义和价值：它不再是服务和从属于某种目的的手段，其本身就是目的；它不再独处一个局外者的位置，而是内在地交织进研究对象。海森伯是这样说的：

> 如果说早先时空描述对于一个孤立的对象还是可能的话，

[①] 海森伯关于科学之使自然终结的说法与他关于量子论之使自然终结的说法如出一辙："在量子论中……新的数学公式所描述的不再是自然本身，而是我们关于自然的知识。"（〔德〕海森伯著，吴忠译：《物理学家的自然观》，第11页。）当他说"科学"时，他想的是"量子论"。换言之，其"科学"之所指就是其量子论，尽管他并非不知道"科学"一语在外延上要远远大于"量子论"。反过来，当其想对整个的科学下判断时，他便将其具体的量子论研究成果做了提升性使用。

[②] 〔德〕海森伯著，吴忠译：《物理学家的自然观》，第20页。

那么如今这种描述则必须被实质性地结合于对象与观测者或其工具之间的相互作用。全然孤立的对象原则上不再具有可描述的特性。现代原子物理学于是不处理原子的本质和构造，而是处理我们观测原子时所觉察的过程；重点总是落在这一概念："观测过程"。这一观测过程不再被单纯地客观化，其结果亦非与真实的对象直接相关。①

将观测工具之带入观测对象，这实际上就是将主体性带入客体性。说"观测工具的作用模糊了我们对速度的认识"无异于说我们作为观测者妨碍了我们对于观测对象的准确认识，因为观测工具为观测者所建造，且代表着他对观测对象的探究方式。② 不确定性原理于是乎说到底便是一种主体性原理，它是从科学实验中所获悉的一种主体性原理。海森伯放大他得之于这一科学实验的主体性原理，以至于声称："自然科学不是自然本身，而是人与自然关系的一个部分，所以是从属于人的。"③ 在其《物理学之道》一书，卡普拉看到："是海森伯将观察者的关键性作用带入量子力学。依照海森伯，如果不同时谈论我们自己，我们将永远无法谈论自然。"④

这种对于自然向人臣属和融汇的科学发现在哲学上的收获，如前文所示，就是突破了笛卡尔僵硬的主客体对立，而在麦克卢汉眼中则是开辟了通向统一场的道路。但是，我们必须追问：海森伯的不确定性原理通向的是哪一种统一场？是主体性统一

---

① Werner Heisenberg, „Kausalgesetz und Quantenmechatik", in Rudolf Carnap und Hans Reichenbach (Hrsg.), *Erkenntnis*, zweiter Band, 1931, S. 182.

② Vgl. Werner Heisenberg, *Physik und Philosophie*, 3. Auflage, Stuttgart: S. Hirzel Verlag, 1978, S. 41.

③ Werner Heisenberg, "The Development of the Interpretation of Quantum Theory", in W. Pauli, L. Rosenfeld and V. Weisskopf (eds.), *Niels Bohr and the Development of Physics*, New York: McGraw-Hill, 1955, p. 28.

④ Fritijof Kapra, *The Tao of Physics: An Exploration of the Parallels between Modern Physics and Eastern Mysticism*, London: Flamingo, 1991 [1975], p. 363.

场吗？

解答如此的疑难，首先必须注意到，在以上引文中，海森伯是严格地将主体性限定在物理学研究或自然科学的范围之内的，他绝不否认超越这个范围仍有自然本身的存在，甚至事实上即便在这个范围之内也不乏自然本身的存在，它不过是被主体的作用所"模糊"罢了。他虽然极力倡导现代物理学的研究重点必须放在观测过程，放在观测工具、观测者与对象之间的相互作用，但他从未将这相互作用的另一极即对象从观测过程中剔除出去。从他所使用的钢铁巨轮之喻中，应当不难推知，其"现代人仅仅面对着他自己"之假定不过是说现代人自外于自然或实在而已，自然或实在从未消失，它仍然存在着，存在于人的世界之外。海森伯的批评者薛定谔认为不确定性原理无非是说："有一个完全确定的物理客体存在着，但我并不能全部了解它。"①

因此，说到统一场，在海森伯就可能存在两种情况：主体的统一场和客体的统一场。前者确切地说应当叫作统一场"论"。依据我们对于其基本粒子统一场论的有限知识，统一场在他大概首先应该就是客体世界的统一场。海森伯的同事和弟子们在一本纪念他的文集里高度称赞他在量子力学上的巨大贡献，而其中便透露出海森伯基本粒子场统一场研究的主要内容：

> 正是海森伯首先尝试将所有的力统一在一个量子场论和基本粒子物理学的框架之中。他担任这个研究所所长一职差不多有三十年之久，起初在柏林，而后在哥廷根，最终是慕

---

① Erwin Schrödinger, *Nature and the Greeks, and Science and Humanism*, Cambridge: Cambridge University Press, canto edition, 1996, p. 154. 薛定谔接着说："然而，这将完全误会了玻尔、海森伯及其追随者的真实意谓。他们说的是，客体没有独立于观察主体的存在。他们说的是，物理学新近的发现已经推进到**主体**和**客体**之间那个神秘的边界，结果它根本就不是一个壁垒森严的边界。"（Erwin Schrödinger, *Nature and the Greeks, and Science and Humanism*, p. 154.）至少对于海森伯来说，此话显得不够公允。

尼黑，直到他 1970 年退休为止。他的兴趣在于统一，或者毋宁说，在于将支配基本粒子动态关系的一个基本法则予以公式化。这种兴趣可以一直追溯到三十年代末期。激发此兴趣的是对于在宇宙射线中基本粒子的多倍增值的观测。①

据说，该研究所的宗旨是"为在自然中所观察到的各种力和粒子结构建立一个共同的动态基础"，"寻求一种能够主宰所有物体动态机制的统一论"。② 海森伯曾经写过一部科普性著作《基本粒子统一场导论》，他引导我们注意到基本粒子之间的相互界定而产生的一个动态性的特征："每一基本粒子都由所有其他粒子构成。"③ 简单地浏览一下该书就可以得到如下印象：在他是既存在着客观的粒子统一场，也存在着对客观的粒子统一场进行描述的量子物理学。薛定谔确有理由怀疑"是否宜于将物理上相互作用的两个系统中的一个称为'主体'"，"**因为观察着的心灵不是一个物理系统，它不能与任何物理系统发生作用**"。他建议："也许较好的做法是把'主体'这个术语保留给观察着的心灵。"④ 一个客观统一场的存在应该是没有疑问的。

但是，有无可能存在一个完全消除了主客观界限的统一场？海森伯看来是想通过不确定性原理而走向这样的统一场，但严格地说，如卡普拉所发现，那是东方神秘主义而非海森伯的信念：

---

① P. Breitenlohner and H. P. Dürr, "Preface", in P. Breitenlohner and H. P. Dürr (eds.), *Unified Theories of Elementary Particles: Critical Assessment and Prospects, Proceedings, München 1981*, Berlin: Springer-Verlag, 1982, p. III.

② P. Breitenlohner and H. P. Dürr, "Preface", in P. Breitenlohner and H. P. Dürr (eds.), *Unified Theories of Elementary Particles: Critical Assessment and Prospects, Proceedings, München 1981*, p. III.

③ Werner Heisenberg, *Einführuung in die einheitliche Feldtheorie der Elementarteilchen*, Stuttgart: S. Hirzel Verlag, 1967, S. 2, und vgl. auch S. 48.

④ Erwin Schrödinger, *Nature and the Greeks, and Science and Humanism*, p. 157.

任何神秘主义学者都很熟悉，求知的过程就是人所理解的实在的一个构成部分。神秘的知识永远不能通过分离的和客观的观察所取得。它涉及的总是一个人全副身心的投入。事实上，神秘主义者远远超越了海森伯的立场。在量子物理学中，观察者与被观察者不再能够分开，但是它们仍然可以区分。神秘主义者在深度的沉思默想中达到这样一种境界，在此观察者与被观察者的界限全面崩溃，主体与客体浑融起来。①

海森伯或许并非不想建构一个主体性的统一场，只是在理论上难以讲通而已。尽管他愿意把康德的"物自体"表述为一种"数学结构"（mathematische Struktur），然此"数学结构"，他老实承认，亦如他所批评的康德的先天综合判断或先验概念那样，具有一定的适用范围，是"相对真理"（relative Wahrheit）。② 而这也就意味着，总有无法被观念化或公式化的"物自体"或客体性。了解到这一点，我们便不会如有的学者那样③只是简单地将海森伯划归20世纪所谓"语言论转向"的后现代阵营。语言有其边界，边界之外就是实在。固然，认识这一实在仍需借助于语言或公式，但表述语言之不断更新，例如从经典物理学到现代物理学，并不至于取消其客观对象或对象的客观性。

在主观统一场与客观统一场之间，或者说，在物理学与哲学之间，海森伯是左右摇摆的，他既不想将自己归属于东方神秘主义阵营，但又对它抱有浓厚的兴趣，他甚至认为科学真理与宗教

---

① Fritijof Kapra, *The Tao of Physics: An Exploration of the Parallels between Modern Physics and Eastern Mysticism*, pp. 363-364.
② Vgl. Werner Heisenberg, *Physik und Philosophie*, S. 76-79.
③ 参见 Kristian Camilleri, "Heisenberg and the Transformation of Kantian Philosophy", in *International Studies in the Philosophy of Science*, vol. 19, no. 3, Oct. 2005, p. 278, p. 285.

真理并不矛盾：

> 物理学家沃尔夫冈·泡利曾谈到过两个极限的概念，尽管它们并不对应于任何真正的实在，然在人类思想史上却是异乎寻常地硕果累累。在一个极端上是客体世界的观念，这一世界遵从在时空中的正常程序，独立于任何观察着的主体；这是现代科学的主导形象。在另一极端上是主体的观念，这一主体体验世界的统一，不再与客体或任何客体世界相面对；这是亚洲神秘主义的主导形象。我们的思维游走在某个中间的位置，在两个极限概念之间；我们必须保持产生于这些对立项之间的张力。①

海森伯希望在两个极端之间，即在客观世界与主观世界之间，在量子力学与东方神秘主义之间，取得一种平衡或平行。这首先是态度上的，即对两种极端保持理解和宽容。但是，若从坚硬的事实看呢？我们还是倾向于薛定谔对他的批评。

回到前面的话题，当麦克卢汉断言海森伯与庄子等人的东方场论亲如一家时，其所谓的"东方场论"便只能是主体统一场论了。客体统一场论未现身其视野之内。但是，在庄子那儿真的就存在一个主体性的东方场论吗？我们能够以这一主体性的东方场论将海森伯与庄子相连属和比附吗？因为，前文已经交代，从其主观意图看，海森伯并不情愿去攀庄子这门东方远亲。对此，在考察麦克卢汉如何通过自己特有的阐释让有意拒绝庄子的海森伯与庄子变得亲如一家时，我们当牢记于心。阐释总是一种意义强暴。

---

① Werner Heisenberg, *Across the Frontiers*, trans. Peter Heath, New York: Harper & Row, 1974, p. 227.

限于篇幅,庄子的东方场论只能另文论述了。然而,通向庄子的道路已然被昭示出来:这是一条感性的道路,且有一可期待的目标。如果说海森伯徘徊在主体统一场和客体统一场之间,与此相对照,麦克卢汉径直从电子媒介技术走向主观统一场,一种通感,一种"同时性关系"①,那么庄子则是这两个极端的综合和超越,即在感性活动中通达世界本身。不过,对于他们三人来说共同的是,现代技术通向的是美学。换言之,现代技术内在地具有美学的维度。从此而后,技术便可以做美学或感性的观照了。

---

① Marshall McLuhan, *The Gutenberg Galaxy: The Making of Typographic Man*, p. 30.

麦克卢汉的昨天、今天和明天

何道宽

【作者简介】何道宽,深圳大学文学院教授。

内容提要:本文试图勾勒麦克卢汉热的三次高潮,描绘媒介环境学的崛起,建议拓展麦克卢汉及其学派研究的几条路径,思考传播学的均衡发展和本土化。

关键词:麦克卢汉百年诞辰;媒介环境学;均衡发展;本土化

本文将重点讲述全球的三次麦克卢汉热,阐述他的主要思想,介绍发扬光大其思想的媒介环境学派以及传播学本土化的成就。

一、麦克卢汉热的三次高潮

第一波的麦克卢汉热兴起于20世纪60年代,遍及全球。因其1964年的代表作《理解媒介》的出版而起,又因其思想的超前而短命。麦克卢汉像一颗巨星,以其独特的媒介理论照亮传播学晦暗的一隅,他又像一颗短命的彗星,20世纪70年代,黯然消逝。

第二波的麦克卢汉热兴起于 20 世纪 90 年代，因互联网而起。

第三波的麦克卢汉热兴起于 21 世纪 10 年代，因互联网的第二代媒介即"新新媒介"而起，又借其百年诞辰的东风而势头更猛。

2000 年，我曾论及前两次热潮："世界范围的麦克卢汉热，一共有两次。第一次是 60 年代，时间不长。目前的麦克卢汉热，开始于 90 年代中后期。这是理性的回归，也是历史的必然。历史是公正的，在学术殿堂里给他留下了神圣的一席。学界是清醒的，纠正了过去对他的误读。"(《麦克卢汉在中国》，《深圳大学学报》2000 年第 6 期)

2011 年，我在《理解媒介》(扩编评注本)译者序里说："欧美几十个地方纷纷举办高端学术论坛予以纪念。我们借第三个译本缅怀这位大师，并推进中国的麦克卢汉研究。"(译林出版社，2011)

第一波的麦克卢汉热令人震撼，标志很多，难以尽述。择其要者有：1966—1967 年，北美的全部宣传机器似乎都开足马力为他鼓吹；主流的和通俗的媒体发表了数以百计的评论、报道和访谈录；《理解媒介》的封面赫然印出《纽约先驱论坛报》的评论文字，宣告麦克卢汉是"继牛顿、达尔文、弗洛伊德、爱因斯坦和巴甫洛夫之后的最重要的思想家……"；1969 年《花花公子》3 月号以超乎寻常的篇幅发表了几万字的《麦克卢汉访谈录》，称他为"高级祭司"、"北方圣人"；各界的要求应接不暇；几所大学想用诱人的高薪挖走他，纽约的福德汉姆大学以首位"施韦策讲座教授"之名特聘他工作一年，其年薪高出一般教授好几倍；欧洲的麦克卢汉迷创造了 mcluhanism, mcluhanist 等词汇；日本人几乎翻译了麦克卢汉的全部著作，所谓"麦克卢汉学"随之而起。

20 世纪 90 年代，第二波麦克卢汉热兴起。全球化、信息化、网络化、数字化的加速使人赫然顿悟：原来麦克卢汉是对的！

新媒体的喉舌《连线》(Wired, 1993)在创刊号的刊头上封他为"先师圣贤"(patron saint),表露了新一代电子人的心声,创办者坦承麦克卢汉是《连线》的助产士。20世纪60年代读不懂的天书,看上去胡说八道的东西,到了20世纪90年代末,都明白如话了。

这一次的热,可以用亚马逊网上书店的书目为证。这个书店的麦克卢汉著作和有关他的著作一共有数十种。托夫勒(Alvin Toffler)、奈斯比特(John Naisbitt)、亨廷顿(Samuel P. Huntington)、福柯(Michel Foucault)、赛义德(Edward Said)这些在中国红得不能再红的大牌人物,书目的总数却远远不能与他相比。

这一次的热,以1994年麻省理工学院版的《理解媒介》为标志,这就是我翻译的第二版《理解媒介》(商务印书馆,2000)。推动这次热潮的还有专著、专刊、专题研讨会和麦克卢汉传记。

研究麦克卢汉的专著有:《数字麦克卢汉》(保罗·莱文森,1999)、《虚拟现实与麦克卢汉》(克里斯托夫·霍洛克斯,2000)。

那个阶段的麦克卢汉传记有十来种,单就我收藏和涉猎的,至少有七八种:《用后视镜看未来》(Paul Benedetti and Nancy DeHart,eds., *Forward Through the Rearview Mirror: Reflections On and By Marshall McLuhan*, Toronto: Prentice Hall Canada, 1996)、《麦克卢汉:轻轻松松读懂他》(W. Terrence Gordon, *Marshall MaLuhan: Escape into Understanding*, Toronto: Stoddart, 1997)、《麦克卢汉入门》(W. Terrence Gordon, *McLuhan for Beginners*, New York and London: Writers & Readers Publishing, 1997)、《谁是麦克卢汉?》(Barrington Nevitt and Maurice McLuhan,eds., *Who Was Marshall McLuhan?* Toronto: Stoddart, 1995)、《麦克卢汉:其人其讯息》(George Sanderson and Frank Macdonald,eds., *Marshall*

McLuhan: The Man and His Message, Golden, Colorado: Fulcrum, 1989)、《媒介是后视镜：理解麦克卢汉》（Donald F. Theall, *The Medium Is the Rear-View Mirror: Understanding McLuhan,* Montreal: McGill-Queen's University Press, 1971）、《虚拟麦克卢汉》（Donald F. Theall, *The Virtual Marshall McLuhan,* Montreal: McGill-Queen's University Press, 2001）、《麦克卢汉：媒介及信使》（菲利普·马尔尚著，何道宽译，中国人民大学出版社 1998 年版）。

专刊有 1998 年《加拿大传播学季刊》夏季号的两篇专论，题为：《麦克卢汉：自何而来？去了何方？》、《麦克卢汉：渊源及遗产》。

还有 2000 年春季号的《澳大利亚国际媒介》专刊，含 8 篇文章，撰稿者都是西方研究麦克卢汉的大腕儿，文章分别题为：《重温麦克卢汉》、《麦克卢汉是何许人？有何作为？》、《媒介即是讯息：这是麦克卢汉给数字时代的遗产吗？》、《麦克卢汉式的社会预测和社会理论：几点思考》、《匹夫参政开始露头：冲破麦克卢汉所谓听觉空间》、《"媒介即是讯息"的再思考：麦克卢汉笔下的中介和技术》、《麦克卢汉，你在干吗？》、《梳理麦克卢汉》。值得注意的是，过去对麦克卢汉不太恭维的詹姆斯·凯瑞也对他赞不绝口："在我们对文化、媒介和传播的理解中，他是一个关键人物。"最值得注意的是，大腕儿们众口一词，交口称赞，几无批评。麦克卢汉"复活"啦！

第三波的麦克卢汉热兴起于 2010 年前后，以麦克卢汉百年诞辰的纪念活动为高潮。国外的主要成果首推林文刚（Casey Man Kong Lum）编辑并撰写的《媒介环境学：思想沿革与多维视野》（北京大学出版社，2007）。这本书是媒介环境学的小百科全书，以纪传体的方式介绍了该学派的十余位代表人物，是该学派划时代的成就。媒介环境学派已经进入自觉反思、系统总结、清理遗产、推陈出新、问鼎主流的新阶段。

在这个阶段，媒介环境学人研究麦克卢汉的其他成就有：会长兰斯·斯特拉特（Lance Strate）编辑的《麦克卢汉的遗产》（*The Legacy of McLuhan*，2005）和《呼应与反思：媒介环境学论集》（*Echoes and Reflections: On Media Ecology as a Field of Study*，2006）；科里·安东（Corey Anton）编辑的《价值评定与媒介环境学》（*Valuation and Media Ecology: Ethics, Morals, and Laws*，2010）；保罗·格罗斯韦勒（Paul Grosswiler）编辑的《麦克卢汉的重新定位：文化、批判和后现代视角》（*Transforming McLuhan: Cultural, Critical, and Postmodern Perspectives*，2010）；道格拉斯·库普兰（Douglas Coupland）为麦克卢汉作的传记《麦克卢汉说：你对我的著作一无所知！》（*Marshall McLuhan: You Know Nothing of My Work!* Atlas，2010）。

特别值得注意的两本书是：特伦斯·戈登编辑的《理解媒介》（扩编评注本，中译本已出）和罗伯特·洛根（Robert K. Logan）的专著《理解新媒介：延伸麦克卢汉》（*Understanding New Media: Extending Marshall McLuhan*，2010）。洛根是麦克卢汉思想圈子不多的仍在世的权威人士之一，这本书是对麦克卢汉思想的权威解读和最新发展。

二、中国大陆的麦克卢汉研究

令人高兴的是，大陆学者赶上了第二波和第三波的麦克卢汉热。他的代表作《理解媒介》已经由我出了3个译本，只是名字略有不同。三者相距大约都在10年，第一本名为《人的延伸——媒介通论》（四川人民出版社，1992），第二本为《理解媒介——论人的延伸》（商务印书馆，2000），第三本叫《理解媒介》（扩编评注本）（译林出版社，2011）。

国内第一批十余种传播学教材均用大篇幅介绍麦克卢汉的媒介理论，要者有戴元光等著的《传播学原理与应用》（1988）、张咏华著的《大众传播学》（1992）、李彬著《传播学引论》（1993）、董天策著《传播学导论》（1995）、张国良主编的《传播学原理》（1995）以及邵培仁著《传播学导论》（1997）。

在第二波的麦克卢汉热中，大陆学者的成果数以十计，择其要者有：大学学报和其他刊物上数以十计的论文，出版社出版的麦克卢汉著作、传记、讲演录和研究麦克卢汉的著作十余种。

以我个人为例，我主持、参与或主译的"大师经典译丛"（中国人民大学出版社）、"麦克卢汉研究书系"（中国人民大学出版社）、"媒介环境学译丛"（北京大学出版社）等相继问世。《机器新娘》、《理解媒介》、《麦克卢汉精粹》、《数字麦克卢汉》、《麦克卢汉如是说》、《麦克卢汉书简》、《麦克卢汉：媒介及信使》等相继出版。此外，与麦克卢汉研究相关的其他译作有：《传播的偏向》、《帝国与传播》、《手机：挡不住的呼唤》、《真实空间：飞天梦解析》、《莱文森精粹》、《新新媒介》和《软利器》。

我发表的麦克卢汉研究论文有：《麦克卢汉在中国》、《媒介革命与学习革命》、《媒介即是文化》、《硕果永存——麦克卢汉媒介理论述评》、《多伦多传播学派的双星》、《天书能读：麦克卢汉的现代诠释》、《麦克卢汉的学术转向》等。我评介以麦克卢汉为代表的"媒介环境学派"的论文详见下文。

更可喜的是，国内学者研究麦克卢汉及其学派的专著问世了，已知的有4本：《媒介分析：传播技术神话的解读》（张咏华，2002）、《媒介的直观：论麦克卢汉传播学研究的现象学方法》（范龙，2008）、《知媒者生存：媒介环境学纵论》（李明伟，2010）、《媒介现象学：麦克卢汉传播思想研究》（范龙，2011）。张咏华是国内研究麦克卢汉学派的先驱，李明伟的书是全面论述媒介环境学的第一部专著，范龙的2本书是将麦克卢汉与现象学嫁接的可贵尝试。张咏华的书是国内第二波麦克卢汉热的重要成果，后面这 3 本书为国内的第三波麦克卢汉热推波助澜。

胡翼青的《再度发言：论社会学芝加哥学派传播思想》（中国大百科全书出版社，2007）和《传播学：学科危机与范式革命》（首都师范大学出版社，2004）提醒学界注意传播学的平衡发展，追溯了媒介环境学的芝加哥社会学派源头。

在第三波的麦克卢汉热中，我译介了保罗·莱文森（"数字时代的麦克卢汉"）论媒介演化史的姐妹篇《新新媒介》（*New New Media*，2011）和《软利器》（*Soft Edge*，2011），这两本书进入了"复旦新闻与传播学译库"的启动篇。《新新媒介》介绍互联网上的第二代媒介，包括硬件（黑莓手机、iPhone 手机、iPad 平板电脑等）和软件（博客网、维基网、"第二人生"、聚友网、脸谱网、播客网、掘客网、优视网和推特网等）。《软利器》是媒介演化史最权威的著作之一，论述人类从古到今波澜壮阔的媒介演化，始于最古老的口语，直到 20 世纪末的互联网。《新新媒介》是《软利器》的后续篇。

三、媒介环境学的思想谱系

1968 年，尼尔·波兹曼（Neil Postman，1931—2003）首次公开使用"媒介环境学"这个术语。1970 年，他接受麦克卢汉的建议，在纽约大学创建媒介环境学的博士点。

任何学派的创生都必须同时具备三个条件：领军人物、原创思想和制度构建。媒介环境学的创建满足了这三个条件。

媒介环境学派的正名和定名经历了一个漫长的过程。它问鼎北美传播学核心和主流的征途也历经磨难。

该学派滥觞于 20 世纪初，却定名于 20 世纪后半叶。1998 年

8月4日媒介环境学会才正式成立。该学派命途多舛,姑不论其萌芽和滥觞,即使从伊尼斯(Harold Innis,1894—1952)算起,也经历了几十年的坎坷。

媒介环境学经过了三代人的生命历程。

先驱人物有帕特里克·格迪斯(Patrick Geddes)、刘易斯·芒福德(Lewis Mumford)、本杰明·李·沃尔夫、苏珊·朗格等人。格迪斯是百科全书式人物,芒福德是城市生态学的创始人,沃尔夫主张语言相对论,强调语言对思维的影响,朗格是符号论美学代表人物。

第一代的代表人物有伊尼斯和麦克卢汉,他们是该学派的奠基人和旗手,他们的学问在20世纪50年代以后走向成熟。

第二代的代表人物在20世纪70年代登场。其中的代表人物尼尔·波兹曼、沃尔特·翁(Walter Ong,1912—2003)、詹姆斯·凯瑞(James Carey,1934—2006)国内学界也相当熟悉了。

跨越第二代和第三代的核心人物罗伯特·洛根(1939—),其著作非常值得我们注意和研究。

第三代的代表人物有保罗·莱文森、约书亚·梅罗维兹、林文刚、德里克·德克霍夫、兰斯·斯特拉特、埃里克·麦克卢汉,他们多半在20世纪90年代以后登场,目前活跃在世界各地。前四位的著作已陆续引进国内。

媒介环境学派的两个中心是多伦多和纽约。伊尼斯(惜过早去世)和麦克卢汉是多伦多学派的双星,麦克卢汉是其精神领袖,"文化与技术研究所"是其制度保证,《探索》和《预警线通讯》是主要的学术阵地。这里形成了一个跨学科研究的麦克卢汉圈子。

纽约学派和多伦多学派有明显的承继关系。1967年,麦克卢汉成为福德汉姆大学的特聘教授,他播下了媒介环境学的种子,约翰·卡尔金(John Culkin,1928—1993)在此培育种子,莱文森在这里耕耘,经过三代人的努力,媒介环境学春华秋实,蔚为壮观。

尼尔·波兹曼是纽约学派的精神领袖和旗手。1970年，他在纽约大学创建媒介环境学博士点，培养了100多位博士生、400多位硕士生。他的诸多学生已经成为媒介环境学会的领导骨干。

媒介环境学的思想源头之一是芝加哥社会学派，胡翼青的专著和论文已对此进行论述，参见下文。

四、媒介环境学在中国

中国大陆的媒介环境学研究分为两个阶段，以2006年为界，此前的研究多半"见树不见林"，是对学派个别人物比如麦克卢汉和伊尼斯的研究，此后才转向对整个学派的研究。

分界点的标志之一是论文《异军突起的第三学派：媒介环境学评论之一》（何道宽，《深圳大学学报》2006年第6期）。

这篇论文有三个助产士。一是林文刚教授编著的《媒介环境学：思想沿革与多维视野》（何道宽译，北京大学出版社，2007）。2006年，他以媒介环境学会副会长的身份访问深圳大学，委托我翻译这本书。二是李明伟的博士论文《媒介形态理论研究》（2005），其"形态理论"就是北美的"媒介环境学"，后经他改写为专著《知媒者生存：媒介环境学纵论》（北京大学出版社，2010）。三是胡翼青博士的专著《传播学：学科危机与范式革命》（首都师范大学出版社，2004），他论述的传播学三大学派（经验学派、批判学派和技术学派）与我异曲同工，他笔下的"技术学派"就是我所论的"媒介环境学派"。他的《传播学：学科危机与范式革命》启动了传播学界反思与前瞻的讨论。

国内"反思与前瞻"的学术氛围推动了媒介环境学的介绍和研究。仅以2007年的几个重要会议为例，2007年5月在南京大学召开的"新闻传播学前沿课题研讨会"、8月在江西师范大学召开的"中国传播学高端学术研讨会"、12月在深圳大学召开的"中国传播研究之未来"等会议的核心课题都是"反思与前瞻",着重从宏观上研究学科危机、范式和发展、学派的梳理等问题。国人的研究不再局限于以施拉姆(Wilbur Lang Schramm, 1907—1987)等人为代表的经验学派、德国法兰克福学派、英国文化研究学派和政治经济学派、法国结构主义学派,美国的批判学派、北美的媒介环境学派都纳入了我们的视野。

推动传播学"反思与前瞻"的主要成果有:陈卫星的论文《麦克卢汉的传播思想》(《新闻与传播研究》1997年第4期)和专著《传播的观念》(人民出版社,2004);胡翼青的两部专著,《传播学:学科危机与范式革命》和《再度发言——论社会学芝加哥学派传播思想》;陈力丹为胡翼青专著《传播学:学科危机与范式革命》所做的笔记。

从麦克卢汉研究转向整个学派研究的其他标志有:胡翼青的专著《再度发言》以及他的论文《媒介环境学的发端:从芝加哥学派到波兹曼》、《媒介环境学的思想谱系:从芝加哥到波兹曼》;李明伟的专著《知谋者生存:媒介环境学纵论》以及他的论文《媒介环境学派与技术决定论》、《印刷传播与印刷时代的社会化》和《作为一个研究范式的媒介环境学派》。

一批新秀崭露头角。胡翼青唤起国内传播界的危机意识,追溯了北美传播学的主要源头"芝加哥社会学派",难能可贵。李明伟以其博士论文、专著和系列论文为媒介环境学研究做出了特殊贡献。范龙博士将麦克卢汉研究与现象学嫁接,开辟跨学科研究的新视野,引人注目。刘海龙博士的教材《大众传播理论:范式与流派》(中国人民大学出版社,2008)"不追求面面俱到的传统教科书的叙述方式"(第437页),最后一章专讲麦克卢汉及其学派,相当公允。他认为,用技术决定论"这样一种简单的方式来评价麦克卢汉的理论并不公平"（第437页）。

从2007年到2010年，由我操刀的北大"媒介环境学译丛"出了4本书：《媒介环境学：思想沿革与多维视野》、《技术垄断》、《口语文化与书面文化》、《作为变革动因的印刷机：早期近代欧洲的传播与文化变革》，其中前两种在台湾出了繁体字版（《技术垄断》更名为《科技奴隶》）。《作为变革动因的印刷机》是跨学科的奇书，许多学科争夺的宝贵资源。这套书为大中华媒介环境学研究提供了丰富而坚实的文献基础，也为传播史、神话研究、口语文化、科技史、技术哲学史、印刷史、欧洲近代史等学科提供了新的素材。

从2006年到2007年，我发表了评介媒介环境学的5篇论文，除上文提到的《异军突起的第三学派》外，其余4篇是：《媒介环境学辨析：媒介环境学评论之二》（《国际新闻界》2007年第1期）、《媒介环境学的思想谱系：媒介环境学评论之三》（南京大学新闻传播学前沿课题研讨会，2007年5月）、《三代学人的薪火传承：媒介环境学评论之四》（中国传播学高端学术研讨会，2007年8月）、《媒介环境学派的理论命题、源流与阐释：媒介环境学评论之五》（《新闻与信息传播研究》2008年第1期）。

紫竹（秦州）撰《与女儿谈麦克卢汉》（长篇连载于紫金网，2009），对麦克卢汉及其学说做了详尽的普及。魏武挥撰长篇博客，逐章逐节为林文刚的《媒介环境学：思想沿革与多维视野》做详细笔记，并注入了自己的思考。他们两人扎扎实实的工作推进了媒介环境学的普及。秦州先生还率先开设了媒介环境学的专业课程。东北师大等学校也开设了类似的课程。麦克卢汉及其学派的思想和学说在中国进一步被拓宽了。

五、海外的纪念热潮

麦克卢汉遗产管委会（The Estate of Corinne & Marshall McLuhan）推出纪念"麦克卢汉百年诞辰"的官方网站（MMXI, Commemorate 100 years of McLuhan），排出了一个日程，简单介绍全球各地的40余场论坛、讲演等纪念活动。

这仅仅是纪念活动的信息源头之一。其他值得重视的源头是多伦多大学的"麦克卢汉计划"、加拿大的多伦多大学出版社和斯多达特出版社（Stoddart Publishing）、美国的金科出版社（Gingko Press）和汉普顿出版社（Hampton Press）、德国的彼得·朗出版社（Peter Lang Publishing）。

兹将麦克卢汉遗产管委会提供的信息摘要介绍如下：

在2011年10月下旬布鲁塞尔的"麦克卢汉的媒介哲学"研讨会上，主题讲演人有麦克卢汉的儿子埃里克·麦克卢汉（Eric McLuhan）、罗伯特·洛根、保罗·莱文森、格雷厄姆·哈尔曼（Graham Harman）和彼得-保罗·维比克（Peter-Paul Verbeek）。这将是一场跨学科的思想碰撞会。

其他值得注意的研讨会有：斯洛伐克3月份的"媒介大趋势"（Megatrends & Media: From Classroom to Global Village），布达佩斯3—4月间的"麦克卢汉在匈牙利"（McLuhan in Hungary Workshops），奥斯陆4月间的"重访麦克卢汉"（Marshall McLuhan Revisited），多伦多5月间的"数字时代的外观—背景迁移"（Figure-Ground Shifts in the Digital Age），德国马堡5月中旬的"地球村的今天：媒介与讯息的跨洋对话"（McLuhan's Global Village Today: Transatlantic Perspectives on Medium and Message），罗马5—6月间的"理解今天的媒介"（Understanding

Media Today),渥太华7—10月的"媒介融合"论坛(Media Mix: Communications in the Age of McLuhan),多伦多11—12月的"麦克卢汉的昨天、今天和明天"论坛(McLuhan: Then, Now, Next)等。

六、如何深化麦克卢汉研究

我在此提出一些不成熟的建议,供同仁参考。

第一,扬弃"技术决定论"一说,采用林文刚教授的"文化／技术共生论",既不接受"硬"技术决定论,又有条件地接受"软"技术决定论。

关于技术与文化的关系,过去常有人用"技术决定论"的帽子来贬低麦克卢汉。

粗线条地说,在这个关系上,媒介环境学派内部有三种倾向:麦克卢汉偏向"硬"决定论,莱文森偏向"软"决定论,林文刚主张"文化／技术共生论"。现在看来,林文刚的主张比较合理、更加成熟。

1978年,麦克卢汉的私淑弟子莱文森初生牛犊不怕虎,批评麦克卢汉的"技术决定论",麦克卢汉当即予以驳斥。

1999年,在撰写《数字麦克卢汉》时,莱文森修正自己对麦克卢汉的评价:"如今,用事后诸葛亮的眼光来看问题……我可以清楚地看见,用'媒介决定论'来描写他未必是妥当的。"莱文森提出"人性化趋势论"和"补救性媒介论",他张扬人在技术发展中的创造能力和理性选择,对媒介演进和人类前途抱积极乐观的态度。

2005年,在编写《媒介环境学》时,林文刚将以上这三种偏重不同的理论概括成一个连续体,处于两极的是硬决定论和软决定论,处于中间的是共生论。他说:"处在这个连续体中部的是我所谓的'文化/技术共生论'。这个视角认为,人类文化是人与技术或媒介不间断的、互相依存因而互相影响的互动关系。"

第二,开拓麦克卢汉研究的新路子。我们再也不能只满足于"老三论"(延伸论、讯息论和冷热论)。早在1999年的《数字麦克卢汉》里,保罗·莱文森就用14条麦克卢汉语录作为题解,分14章阐述麦克卢汉的14条理论:"媒介即讯息"/"声觉空间"/"无形无象之人"/"地球村"/"处处皆中心,无处是边缘"/"光透射媒介对光照射媒介"/"冷媒介与热媒介"/"人人都出书"/"电子冲浪"/"机器把自然变成艺术品"/"我们没有艺术,我们把一切事情都干好"/"后视镜"/"媒介定律"。

罗伯特·洛根的《理解新媒介:延伸麦克卢汉》(2010)是对麦克卢汉理论的继承和发展。全书分三部,第一部是作者的立论,第二部逐一讲解新媒介对麦克卢汉所论媒介的影响,第三部用麦克卢汉的视角解读"新媒介"。我期待着尽快将其介绍给华人读者。

胡翼青的《再度发言》和范龙论"媒介现象学"的两本书《媒介的直观》、《媒介现象学》是可喜的成果,已如上述。

第三,以麦克卢汉百年诞辰为契机,继续引进因各种条件限制尚未译介的媒介环境学派经典著作,再引进三五种21世纪的新锐著作。译林出版社和复旦大学出版社已迈出了大胆的步子。

第四,鼓励胡翼青、李明伟、刘海龙、范龙、秦州、魏武挥等青年才俊继续开拓,创造条件帮助他们出版新的论著。

第五,研究麦克卢汉"媒介环境学"之外的媒介理论,比如他以《机器新娘》为代表的文化批判思想和文学批评思想。

第六,关注2011年世界各地麦克卢汉百年诞辰的最新成果。最值得注意的是:2011年6月下旬在阿尔伯塔大学举办的媒介环境学学会年会,2011年10月下旬在布鲁塞尔举办的"麦克卢汉的媒介哲学"研讨会，以及在多伦多、巴塞罗那、柏林、布达佩斯等地的研讨会。

七、为传播学的均衡发展和本土化而努力

30多年来，我译介了人文社科经典和名著40余种，多半集中在文化史、传播学、人类学等领域。传播学的介绍集中在麦克卢汉及其学派，经验学派的介绍仅限于施拉姆的《传播学概论》，批判学派介绍了两本：汉诺·哈特（Hanno Hardt）的《传播学批判研究：美国的传播、历史和理论》（北京大学出版社，2008）和吉姆·麦圭根（Jim McGuigan）的《重新思考文化政策》（中国人民大学出版社，2010）。

学界对传播学派的划分略有差异，但大体上可归为三类：经验学派、批判学派和媒介环境学派。几十年来的历史证明：经验学派一派独大，批判学派在欧洲有市场，在美国"水土不服"，媒介环境学派长期在美国受经验学派排斥。我深感有必要矫正传播学圈子失衡的缺憾，我非常希望批判学派和媒介环境学派能够问鼎北美传播学的主流圈子。

从哲学高度俯瞰这三个学派，其基本轮廓是：经验学派埋头实用问题和短期效应，重器而不重道；批判学派固守意识形态批判，重道而不重器；媒介环境学着重媒介的长效影响，偏重宏观的分析、描绘和批评，缺少微观的务实和个案研究。

在传播学发展史上，首先成气候的是经验学派。它在第二次世界大战期间正式诞生，由拉扎斯菲尔德（Paul Lazarsfeld）、勒温（Kurt Lewin）、拉斯韦尔（Harold Lasswell）与霍夫兰（Carl Hovland）四位先驱开拓，战后由"祖师爷"威尔伯·施拉姆钦定，具有明显的热战背景和冷战背景，其首要关怀是宣传、说服、

舆论、民意测验、媒介内容、受众分析和短期效果，其哲学基础是实用主义和行为主义，其方法论是实证研究和量化研究，其研究对象是宣传、广告和媒体效果，其服务对象是现存的政治体制和商业体制。该学派称霸美国传播研究达数十年，其根源在于美国文化里根深蒂固的实用主义和"崇美主义"。它骨子里抗拒和恐惧马克思主义，鄙视兴起于北美的媒介环境学。

后起的批判学派包括马克思主义的和非马克思主义的批判理论。批判学派的代表有德国法兰克福学派、英国文化研究学派、传播政治经济学派和法国结构主义学派。法兰克福学派是西方马克思主义的突出代表，对美国传播学产生影响的代表人物有霍克海默（M. Max Horkheimer）、阿多诺（Theodor W. Adorno）、马尔库塞（Herbert Marcuse）、席勒（Herbert Schiller）、本雅明（Walter Benjamin）等。这些学派对既存的美国体制产生强大的冲击，它们高扬意识形态的旗帜，因不服水土，故只能够在高校和文人的圈子里产生影响。

真正摆脱服务现存体制、解放传播学的却是以麦克卢汉为代表的北美传播学的第三学派——媒介环境学派。该学派有强烈的人文关怀、道德关怀、社会关怀，具有明显的批判倾向。

哈罗德·伊尼斯批判英帝国和当代资本主义在空间上的极度扩张，警惕美国文化对加拿大文化的负面影响，唤醒政府和民众抵制美国的文化霸权。

1951年，麦克卢汉用《机器新娘》对美国文化的种种弊端和广告的"洗脑"本质进行辛辣的鞭笞。20世纪60年代，他又以堂吉诃德的勇武单挑美国的主流传播学，把传播学从体制和书斋里解放出来。

1970年，尼尔·波兹曼接受麦克卢汉的建议在纽约大学创建媒介环境学的博士点，高扬人文主义和道德关怀的旗帜，深刻反思当代美国社会的弊端，严厉批判技术垄断，揭示电视文化和通俗文化的负面影响，高扬美国传播学的批判意识。他的媒介批评三部曲《技术垄断》、《娱乐至死》和《童年的消逝》都已引进国内，并掀起了不小的波澜，引起了持续的关注。

媒介环境学以人、技术和文化的三角关系为研究重点，以泛环境论著称，主要旨趣在于传媒对人和社会心理的长效影响。这个学派的崛起有力地矫正了经验学派独霸、批判学派式微的局面，为传播学研究开辟了一方新的天地。

传播学引进之初，学者们就对其本土化进行了严肃思考，提出"系统了解、分析研究、批判吸收、自主创造"的"16字方针"。

1988年，吴予敏博士撰写《无形的网络：从传播学角度看中国传统文化》，为传播学的本土化开了一个好头。

厦门大学郑学檬教授主编的"华夏传播研究丛书"得到大中华地区学者的赞扬。这套书2001年由文化艺术出版社推出，共出了3本：《传在史中：中国传统社会传播史料选辑》（郑学檬）、《说服君主》（黄鸣奋）、《汉字解析与信息传播》（李国正）。

探索本土化的重要论文有：《华夏传播刍议》（黄星民，《新闻与传播研究》2002年第4期）、《一个传播学本土研究规范的考量》（王怡红，《中国传媒报告》2008年第1期）、《传播学理论研究的东方版本——关于华人本土传播研究若干基本问题的思考》（吴赟，2009）。

2009年8月20日，华夏传播者联盟成立，其宗旨是："联合一切传媒界、广告界、企业界、知识精英等有志于建立一个可执行、实用化、实效化、易传播的华夏'和谐'文明体系的所有传播者，一起构建并传播这个体系，立足国内，面向全球，让华夏文化在世界文化之林有立足之地，为重塑世界文化新体系而奉献终身。"

任何东渐的西学都有一个消化、吸收、发展的过程，传播学的本土化路漫漫，学界和业界正艰苦跋涉，向这个崇高的目的地前进。

延伸麦克卢汉

——"麦克卢汉/媒介研究与当代文化理论"国际研讨会学术综述

陈 海

【作者简介】陈海,西北大学文学院副教授。

内容提要:当代文化理论无法摆脱电子媒介的纠缠,麦克卢汉理论的学术地位因此日益重要。2014年9月19日至21日,在西安举办了"麦克卢汉/媒介研究与当代文化理论"国际研讨会。国内外专家学者从美学、传播学、人文和文化维度对麦克卢汉进行了深入探讨。此次会议既是全球麦克卢汉研究动向的总结,又开启了麦克卢汉研究的新局面。

关键词:麦克卢汉;美学;媒介;文化;延伸

2014年是麦克卢汉堪称20世纪思想经典的《理解媒介——论人的延伸》(1964)出版50周年。9月19日至21日,陕西师范大学文学院、中国社会科学院文学所理论室、加拿大多伦多大学麦克卢汉研究部及中国中外文艺理论学会媒介分会在西安联合召开"麦克卢汉/媒介研究与当代文化理论"国际研讨会。来自加拿大、美国、英国、意大利、奥地利和塞尔维亚等国家的麦克卢汉研究专家与中国社会科学院、中国人民大学、北京师范大学、江西师范大学、西南大学及陕西师范大学等国内科研院所和高校的专家学者共 70 余人齐聚古城，探讨麦克卢汉的媒介理论及其当代意味。会议开幕式由中国社会科学院金惠敏研究员主持。陕西师范大学校长助理党怀兴教授和文学院院长张新科教授分别致辞欢迎国内外与会专家。加拿大阿尔伯塔大学的马尔科·阿德里亚教授致辞充分肯定麦克卢汉研究的当代价值。中国社会科学院外文所党委书记党圣元教授强调对西方理论的研究要"洋为中用"和"接地气"。

麦克卢汉一直被视为传播学中媒介生态学派的代表人物。随着对麦克卢汉及媒介生态学派研究的不断深入，国内外学界逐步发现了麦克卢汉及媒介生态学派的超媒介价值。正如金惠敏研究员所提醒的：一直以来"麦克卢汉媒介研究的内在精神却被相对地忽视了，这个精神是美学精神，是以想象性文学所代表的人文价值"。金惠敏的这一观点成为此次会议与会专家的共识。会议期间，有 30 余位专家宣读了学术论文，围绕着麦克卢汉的美学、媒介、人文价值以及媒介生态学和当代电子文化等各抒己见。在短短两天的会议中，专家学者们展开了激烈坦诚而又热情友好的交流，激发出精彩纷呈的诸多创见。下面我们拟分类综述此次研讨会的学术成果。

一、麦克卢汉的美学延伸

本次国际研讨会的学术召集人，也是麦克卢汉研究专家，中国社会科学院文学研究所的金惠敏先生近年致力于对麦克卢汉美学问题的研究，在国内外权威期刊发表了一系列相关论文。他的研究明确了麦克卢汉美学理论的一些核心概念，明确了麦克卢汉美学研究的基本问题域。在本次会议中提交的《感性整体：麦克卢汉的媒介研究与文学研究》一文，更为当下麦克卢汉文学及美学研究奠定了哲学基础。金惠敏认为，提出"全球村"、"媒介即信息"等理论的麦克卢汉虽然被视作媒介学者，但其媒介研究的范式和真髓则是文学研究或者美学研究。麦克卢汉自己曾坦承其媒介研究就是"应用乔伊斯（applied Joyce）"。沟通媒介研究和文学、美学研究的是麦克卢汉对感性整体的寻求，由此他可以被归类为媒介研究领域的审美现代派。在中国媒介研究日益走向实证的今天，我们尤其需要加强其文学性和批判性；而对于自我封闭已久的文学研究来说，则需要关注其身外媒介技术的内在性影响或影响方式，按照麦克卢汉的说法，是感知比率的变化。金惠敏的这些看法指明了中国麦克卢汉研究的努力方向。在强调麦克卢汉理论的文学和美学价值的共同语境下，国内外学者展开了对麦克卢汉美学问题的讨论。下面简单列举一二。

中国社会科学院外文所李昕揆博士后近年一直专注对麦克卢汉美学思想的研究。他指出，麦克卢汉采取的没有固定形式、不做解释、只讲探索的媒介研究方法，以"媒介重构感知"的媒介感知论、以"感知操练"界定文学艺术的媒介文艺思想，以及从"媒介即信息"推导出的"后视镜"和"反环境"理论，共同构成了麦克卢汉媒介生态学美学的核心观念。同样，中国社会科学院文学研究所刘玲华博士对麦克卢汉的媒介观做了美学思考。她先分析麦克卢汉"马赛克"式文风和主题集中之间的互相统一，再对麦克卢汉的媒介技术决定观进行分析和反思，最后指出艺术作为对抗麻木的防御机制对媒介技术提出了挑战，并带来了各种消除界限的泛化审美效果。值得一提的是，陕西师范大学陈海博士将媒介生态学与网络小说的研究相结合。不仅总结了麦克卢汉的印刷美学理论，而且运用此理论对网络玄幻小说进行了分析。他通过对网络玄幻小说的超越对象、灭神情节和修炼行为的考察，发现网络玄幻小说具有视觉性而非听觉性、世俗性而非神圣性、技术性而非技艺性等印刷特质，并认为这些证明了网络玄幻小说所具有印刷文学特质。他进而指出，我们如此展开对网络玄幻小说的媒介批判，可以揭示被隐藏的电子技术对大众意识的"麻木"性，破除将网络玄幻小说认为是电子文学的流俗之见。同样，来自贝尔格莱德艺术大学的包亚娜·玛特吉兹（Bojana Matejić）博士也在关注新媒介艺术的美学特质问题。她认为在当前后福特主义生产阶段，所谓的新媒介艺术具有了革命性的新感知方式。如果新媒介的力量足以改变人际交往的模式，那么根据麦克卢汉关于异化的观点，不管科学技术如何发展，这种极具艺术气息的改变应该被看作是能带来普通感官方式物质化的唯一的变革方式。

除了对麦克卢汉进行美学延伸，麦克卢汉思想中的文艺问题成为当前研究的热点。在麦克卢汉研究界享有盛誉的加拿大多伦多大学麦克卢汉研究部主任谢菲尔-杜南（Dominique Scheffel-Dunand）教授对此从根本方法的维度进行了探索。她指出，应该对麦克卢汉的文学问题采用"定量研究法"。她希望采用不同的文本研读技巧来识别那些文学史中重复出现的流派，并理解其核心因素。正是这些流派和因素使我们通过媒介研究的书籍中那些有代表性的语料库，抓住了文学传统的功能。这些语料库按照时间顺序（从1950年到2011年）建立，所涵盖的研究成果要么在该领域备受推崇（例如伊尼斯、麦克卢汉和乔姆斯基等人的成果），要么就是文学经典（出自选集、教材）。杜南教授指出这种定量研究方法的双重价值。首先，它清楚地表述出语料库中文学媒介的含混和臆造之处。其次，该研究旨在以关于媒体影响的一般性视角来比较这两个不同的领域。

而来自陕西师范大学的尤西林教授则关注的是麦克卢汉的"冷媒介"概念与艺术的关系问题。他将艺术视为一种冷媒介，并揭示了冷媒介的艺术尺度的意义。首先，冷媒介揭示出艺术在信息媒介社会中的独立的功能：艺术成为受众积极参与的动员方式，以及克服单一角度思维局限而保持整体想象与创新的培养方式。其次，艺术成为引导冷媒介积极价值功能的尺度。尤教授还指出了在从属热媒介的冷媒介与对抗热媒介的冷媒介之间，还存在着既不从属也不对抗，而保持自在独立地位的一类冷媒介。这类冷媒介是作为潜在信源的世界万物，这类"物"与人，被道家称为"自然"。中国人民大学陈奇佳教授则从麦克卢汉媒介视角对传统文学史进行了考察。他从《水浒》的刊刻问题入手，指出了随着媒介变化所导致的传统意识形态的压抑和复兴。他认为明代印刷术使得《水浒》显示出市民的自有意识，然而到了清代却反而遭受到压抑，出现传统意识形态的复兴。中国矿业大学（北京）国荣博士认为媒介与文学应是一种共生关系。她从自身经历的有关"文学终结论"的讨论谈起，反思了该命题的"名"与"实"。最后指出，文学与媒介从来就没有分开过。作为文学研究者，面对文学边缘化，采取客观务实的态度，也许比粉饰太平更可取一些。外交学院赵冰博士对麦克卢汉和理查德·霍加特进行了比较研究。首先，她认为此二人同为文学教授，又都超越了文学。麦克卢汉走向了媒介，而霍加特走向了文化研究。其次，二人都从现代主义作家那里汲取了灵感和养分。最后，二人都经历了从作者到读者的过渡。

麦克卢汉思想的人文色彩也引起研究者的兴趣。意大利博洛尼亚大学的艾琳娜·兰伯特（Elena Lamberti）教授就注意到了麦克卢汉坚实的人文主义背景，并以此为视野进行研究。她指出，在20世纪30年代末，麦克卢汉在英国剑桥大学的博士研究引领他进入了古典三学科中的人文学科领域，两次战争之间的先锋派运动使他意识到自己研究的价值。几年以后，作为多伦多大学的年轻英语教授，麦克卢汉开始"应用艺术分析的方法进行社会批判"（《机器新娘》，1951）。在一个文化和社会变化如此迅速的社会，麦克卢汉对新旧技术环境的独创性研究引起了很多艺术家和批评家的注意。兰贝特教授的研究试图恢复麦克卢汉研究的人文主义根源,讨论在 20 世纪 60 年代和 70 年代后期原初艺术经验的形成以及在复杂的媒介现实的研究中人文主义思想可以扮演的角色,具有非常重要的理论价值。剑桥大学克莱尔学院终身成员乔纳森·哈特(Jonathan Hart)教授的学术兴趣则在讨论媒介、文化和理论的关系。他和我们分享了他与麦克卢汉的相遇和交往,向我们介绍了许多麦克卢汉不为人知的个人经历和学术背景,为我们理解麦克卢汉提供了宝贵的资料。

二、麦克卢汉的媒介延伸

除了对麦克卢汉的美学及文艺问题进行研究之外,专家们还对麦克卢汉的媒介理论进行了当代延伸,获得了一些开创性的成果。比如美国格兰谷州立大学的张先广(Peter Zhang)教授探讨《易经》与麦克卢汉作品之间的联系。他把《易经》视为一种元媒介,认为从《易经》中可以找到麦克卢汉媒介四定律的前身,并评价《易经》在数字时代的应时性。张教授进行的中西比较研究扩展了麦克卢汉的媒介思想,使中西思想相得益彰。同样,中国社会科学院文学所丁国旗研究员则将麦克卢汉与马克思进行了比较,重点讨论了"媒介即人体的延伸"这一主题。他认为,二者的相同之处有二:第一,他们从不同角度表达了对人的本质力量的重视,或者说看到了人的解放的本质所在;第二,他们都看到了工业成果给人的本质力量所带来的收获,看到了人的解放的物质基础。而他们的不同在于:马克思在辩证法的推动下,走向了对人的"异化"的批判;而麦克卢汉则以其始终不变的媒介立场,极端夸大媒介或技术的作用,忽略了技术必然会成为压抑人的工具这一可能的方向。对外经济贸易大学英语学院许德金教授以麦克卢汉的《理解媒介》为出发点，结合当今媒介的特点，提出媒介具有的9个含义，并认为，媒介既是文化（尤其是技术文化）的产物，也是（技术）文化的创造者，媒介既是文学文本的传播媒介和存储者，也是文学文本的依附者或曰自身就是文学文本不可分割的一部分。深圳大学何道宽教授最早将麦克卢汉著作引入中国，他向我们介绍了麦克卢汉百年诞辰的纪念活动，并勾勒了世界麦克卢汉热的三次高潮。何教授通过描绘"媒介环境学"（即"媒介生态学"）的崛起，提出了拓展麦克卢汉及媒介生态学学派研究的几条路径。最后他号召应为传播学的均衡发展和本土化而努力。同样，来自北京第二外国语学院的梁虹教授讨论了从伊尼斯到麦克卢汉一以贯之的口语文化问题，她认为伊尼斯和麦克卢汉对口语文化的思考对今天的媒介文化现状仍有深刻的意义。尤其是伊尼斯有关在大学教育中兴起辩论和演讲的传统，借此恢复口语文化对人类感知，尤其是理性的影响的观念对今天的大学教育具有很重要的启示。

加拿大阿尔伯特大学的马尔科·阿德里亚（Marco Adria）教授注意到了麦克卢汉媒介理论在新媒介时代的变化。他认为，麦克卢汉关于媒介的观点采用了显著的可供参与和开放性知识论的形式。采用这种形式，我们可以继续提出关于在人类世界中引入新媒介的问题。他使用麦克卢汉的观点来描述当今社会媒介的特征，指出这些媒介与读者和文本之间的关系。另外，他还介绍了麦克卢汉早期的生活，尤其是麦克卢汉在加拿大草原城市所度过的孩童时代对其思维方式的影响。同样，奥地利克拉根福大学的克里斯蒂娜·夏希特纳（Christina Schachtne）教授也采用麦克卢汉理论分析当前媒体和文化景观的转变。按照麦克卢汉的说法，任何媒体或技术的信息都是规模、速度或人类事务模式的改变。从这一角度看，麦克卢汉没有关注媒体的内容而是关注了媒介的文化含义。这为媒体研究引入了一个新的观点。这一观点声称媒介并非是中立的。媒介相当于社会的文化代码。结果就是发展和分布于特殊社会的媒介并不是偶然的。此外，克里斯蒂娜教授还探讨了跨越国别和社会背景的全球传播即数字媒体的运用所催生的媒介化过程的发展趋势及与文化和主体有关的数字媒体中的信息问题。

除了对麦克卢汉媒介理论的梳理和延伸，当代麦克卢汉研究领域还出现了使用其理论分析当代新媒介产品的学术动态。英国南安普顿大学约翰·阿米蒂奇（John Armitage）教授就基于麦克卢汉的媒介理论来对电话进行研究。他试图解决的问题是：电话作为对麦克卢汉而言具有深刻意义的新媒介形式是如何通过分享参与以社会内爆的形式促进了我们对它的痴迷。他认为，电话的形式包含了十分复杂的对我们空间感觉的废除，并与意料之外的社会文化影响交织在一起。结果电话不但造就新的主体性，同时也造就了一个不靠理解而依靠直觉的新的分离形式。为了探讨这些影响的政治性，受泄密者爱德华·斯诺登的启发，阿米蒂奇教授将移动电话视为新的媒介形式，并且指出它不再是麦克卢汉所说的"人的延伸"，而是美国的延伸，它正在生产社会文化崩溃的新形式。接着，他研究了"恐怖电话"（Terrorphone）对时间和空间的远程控制如何实现以及语言的当代可视性问题。最后，阿米蒂奇教授对今日大众的行为提出了质疑，他们把无止境地通过移动电话进行互动作为今天唯一"聪明"的选择。因为他认为这样的互动并不是如麦克卢汉所说的是我们中枢神经系统的伟大延伸，而是对它的损害。

当然，也有学者对麦克卢汉的媒介理论持批评态度。比如贝尔格莱德艺术大学的安德里亚·菲力波维茨（Andrija Filipović）博士通过同时代的人类本体论问题的讨论，对麦克卢汉媒介与技术观念进行了批评。他强调无论是麦克卢汉认为的技术是人类的延伸，还是后人文主义传统所认为的技术是人类的基础，它们都在很大程度上忽视了生命自身的问题。他认为只有发展与非人类本体论、无人性及后人类相反的人类本体论，人们才能用钻研的眼光来接近同时代。北京师范大学蒋原伦教授也对麦克卢汉的媒介理论进行了批评。他谈到了媒介研究的两大误区：第一个误区是热媒介与冷媒介的提法。蒋教授认为麦克卢汉的热媒介和冷媒介的分类是从媒介的数据状态来分析的，然而数据状态由于同接受者的状况相联系，所以不是一个可以简单量化的对象。第二个误区是媒介四定律。蒋教授认为，当某种定律既适应于筷子，又适应于电影，那么这种定律的意义就基本没什么意义，所以有关研究媒介四定律的大量研究文章，就像研究人需要补充营养才能生存一样，其实没有什么学术价值。最后他强调：媒介研究的方向是在大的背景中将具体媒介的功能分解出来，并关注它们的互动效果，而不是站在媒介统一论的立场下断言。

三、媒介生态学的延伸

除了对麦克卢汉的研究外，近年对媒介生态学的研究也颇为可观。陕西师范大学文学院李西建教授有感于波兹曼在《娱乐至死》（1985）一书中所显示的深刻的文化反省与理论预见，以消费时代的价值期待为主旨，结合消费时代"泛娱乐化"现象，进一步探讨了媒介生态学的人文理论面向及其未来。首先，李教授从《娱乐至死》引出了对消费时代娱乐问题的讨论，采用波德里亚的消费理论对消费时代的娱乐问题进行了深刻反思；其次，他对中国文化进程中的娱乐化现象进行了分析和批判，既肯定其出现的合理性，也对其弊端加以揭示；最后，李教授强调了消费时代对媒介生态学的人文价值期待。他认为，为了有效避免传播媒介的泛技术化或过度娱乐化所造成的人文性缺失，以及它为人的发展所带来的诸多弊端，应特别重视媒介生态学的人文关怀及价值建构，使审美文化的宗旨和原则渗透在技术媒介中，使技术本身更多体现审美的内涵与性态。鲁东大学文学院的何志钧教授对媒介生态学派的生态价值进行了研究。他着重讨论了刘易斯·芒福德的技术生态学、麦克卢汉的媒介感知影响论、哈罗德·伊尼斯的媒介偏向论、罗伯特·洛根的媒介生态系统论、尼尔·波兹曼的媒介环境论、保罗·莱文森的媒介进化论。何教授认为，生态学范式贯穿于整个媒介生态学研究之中，媒介影响着生物生态、社会生态、文化生态，这是众多媒介生态学家的共识。

四、麦克卢汉的文化延伸

对当代电子文化的研究正在成为文化研究的热点。麦克卢汉为我们打开了一扇理解电子时代的大门，当代文化研究可以从中汲取营养，生发自身。基于电子媒介理论，学者们对电子时代的感知变化、网络语言、网络书写、微信和电影等进行了探讨。

江西师范大学的傅修延教授是国内听觉叙事领域的开拓者。近年来他致力于对听觉文化的研究。他明确指出了"被听"和"被看"的性质及差异。首先，"听"是唯一与人的生命相始终的感觉。其次，声音的转瞬即逝要求接受者集中注意力，人类听觉的相对"迟钝"反而有利于增强思维的专注和想象的活跃。再次，听觉往往比视觉更能触动情感。傅教授进而指出，因为说话者的声音被别人和自己同时听见，这种"不求助于任何外在性"的内部传导使得能指与所指完全不隔，声音因此成为一种最为"接近"自我意识的透明存在。声音传递的"点对面"格局，赋予"被听"之人某种特殊地位，听觉沟通对人类社会架构的"塑形"作用体现于此。西南大学的肖伟胜教授讨论了作为青年亚文化现象的网络语言。他认为伴随计算机传播媒介而衍生的网络语言是一种典型的青年亚文化现象。它的创制和使用既体现了青少年网民的生理—心理特征，同时更为重要地反映出亚文化与主流文化之间暧昧复杂的结构性关联。它们之间既对立又有着潜在一致性的辩证关系决定了创制网络语言的两种方式，即拼贴与同构。拼贴与同构作为对抗正统书面语言的两种方式虽然存在着一些策略上的差异，但它们都在符号的游击战即象征性抵抗中对付、挑战强势者所宰制的社会秩序，进而寻求自身的价值判断和意义建构。中国青年政治学院张跣教授讨论了当代中国的电子书写问题。他认为，电子书写的迅猛发展正在对艺术发展和社会话语产生深远影响。以穿越、玄幻、耽美等类型化小说为代表的网络文学，连同微博上广为流传的各种段子，构成了当代中国电子书写的基本景观。"意淫"是这些景观共同的精神内涵，也是当代中国电子书写的基本叙事策略。它是屌丝对白富美的幻想性性侵，更是屌丝阶层对日益固化的社会层级的幻想性逆袭。就其历史观而言，意淫表现出"架空化"、"碎片化"、"他者化"三个基本特点，就其文化逻辑而言，意淫表现出"身体逻辑"、"民粹逻辑"和"消费逻辑"三种基本倾向。江汉大学的陈小娟副教授分析了微信传播的文化心理。她认为以微信为载体和传播途径所进行的各种文化活动作用于生活景观和文化范式，导致了人们生存方式、工作方式、交往方式的变化，催生出新的社会文化心态，表现为社交的虚拟与现实的疏离、自我身份认同与主体焦灼、对消费主义的追求与抗拒等多元交织、矛盾冲突的特征。中国社会科学院文学研究所的李闻思博士分析了电子媒体时代的邪典电影（Cult film）。她认为邪典电影已经作为某种标志、惯例、策略和手段。通过对邪典电影概念的考察和历史的回顾，她着重研究了在新媒介、后现代、碎片化、微型化、"全球性地下"、便携式移动媒介普及的时代，我们应该如何理解邪典电影。江西师范大学杨拓博士对电子媒介文学文本的跨媒介性进行了探讨。他认为，随着电子科技的发展，媒介的重心也正在经历着从非电子媒介向电子媒介的转变，媒介自身主体理性开始慢慢觉醒。文学开始呈现出在不同媒介间转换的现象，文本由单一的媒介性走向了跨媒介性。很多文学文本开始在不同的载体下呈现出多元化的生存状态。在不同媒介下的文本发展，必然会产生新的文学样式、新的文学审美，为文学未来的发展产生新的助力。因此如何看待文学文本的跨媒介性转变，将会成为研究文学未来发展的新方向。华侨大学的王福民教授讨论了当代文化视野下的家庭问题。包括以下三个方面：首先，王教授总结了家庭的多向度功能及其张力；其次，回顾了家庭结构之历史嬗变，进而指出其变化的内在逻辑；最后，他强调了家庭空间问题的民生价值及其存在论意义。美国加州州立大学刘军教授是飞散文学的研究专家，此次主要在飞散文学的背景下讨论单一语言翻译和家园问题。他首先介绍了飞散文学中单一语言翻译的内涵；接着指出单一语言翻译中的悖论；然后他还谈到了家园问题以及单一语言主义中的他者问题；最后刘教授以3位亚裔美国作家的作品为例具体进行了分析。

　　会议是短暂的，然而对麦克卢汉的延伸还将继续。可以确定的是，未来的研究将不再局限于传播学麦克卢汉，而将指向一个跨学科、跨文化的麦克卢汉。尤其值得指出的是，麦克卢汉的美学延伸，由于其具有的哲学奠基价值，将作为媒介延伸和文化延伸的前提和基础。这将是麦克卢汉研究的新方向。

编后记

2012年6月，金惠敏在《江西社会科学》这一期刊上组织"麦克卢汉与媒介生态学研究"专栏，发表了4篇重量级论文，"尝试在媒介研究中开辟出一种美学研究的路向，同时在美学研究中开辟出一条媒介研究的路向"（主持人语）。自此，在"媒介麦克卢汉"之外，一个"美学麦克卢汉"开始浮现于国内学术视界。

2014年是麦克卢汉堪称20世纪思想经典的《理解媒介——论人的延伸》（1964）出版50周年。借此机缘，2014年9月19日至21日，金惠敏以陕西师范大学曲江学者特聘教授身份在西安召开"麦克卢汉/媒介研究与当代文化理论"国际研讨会。这一事件标志着"美学麦克卢汉"研究达到一个高潮。

本文集既是当年麦克卢汉会议盛况和精深研究的反映，也是此前此后国内国际学界对"美学麦克卢汉"的一个研究结晶。有必要指出，"美学麦克卢汉"的目标不只是丰富或改写我们对麦克卢汉本人形象的认识，更是"将媒介研究与美学研究结合起来，开拓'媒介美学'新天地"。

当年麦克卢汉会议的召开与本文集的出版得到陕西师大校领导、文学院领导的鼎力支持。著名文艺理论家李西建教授一直是这些活动中的灵魂人物。刘宝先生对全书进行了编辑加工。李璐先生除参与部分编辑之外，在组稿以及出版流程中做了大量工作。无论从哪个方面说，本书都是一个合作与友谊的成果。

让我们延伸这份难得的合作和友谊，不断开拓新的学术疆域！

编者

2016 年 12 月 15 日星期四